高等院校“十三五”规划教材
“互联网+”融媒体系列教材

财务会计

赵威／主编
赖丽娜 王岚 曹春嫚／副主编
魏标文／主审

立信会计出版社
LIXIN ACCOUNTING PUBLISHING HOUSE

图书在版编目(CIP)数据

财务会计 / 赵威主编. —上海：立信会计出版社，2022.8(2023.12 重印)
ISBN 978-7-5429-7013-8

Ⅰ.①财… Ⅱ.①赵… Ⅲ.①财务会计—教材 Ⅳ.①F234.4

中国版本图书馆 CIP 数据核字(2022)第 150133 号

策划编辑　赵志梅
责任编辑　赵志梅

财务会计
CAIWU KUAIJI

出版发行	立信会计出版社		
地　　址	上海市中山西路 2230 号	邮政编码	200235
电　　话	(021)64411389	传　　真	(021)64411325
网　　址	www.lixinaph.com	电子邮箱	lixinaph2019@126.com
网上书店	http://lixin.jd.com	http://lxkjcbs.tmall.com	
经　　销	各地新华书店		

印　　刷	浙江天地海印刷有限公司	
开　　本	787 毫米×1092 毫米	1/16
印　　张	21	
字　　数	538 千字	
版　　次	2022 年 8 月第 1 版	
印　　次	2023 年 12 月第 2 次	
书　　号	ISBN 978-7-5429-7013-8/F	
定　　价	49.00 元	

如有印订差错，请与本社联系调换

前　言

《国家职业教育改革实施方案》为办好新时代职业教育作了顶层设计和施工蓝图。该方案明确指出，促进产教融合校企“双元”育人机制，建设一批校企“双元”合作开发的国家规划教材，倡导使用新型活页式、工作手册式教材并开发配套资源，推动教师、教材、教法改革。这为“财务会计”课程建设和教材开发指出了具体路径。

“财务会计”课程是会计专业知识结构的主体，也是财会类专业核心课程。为实现高素质、高技能人才培养目标，依据《企业会计准则》新变化，我们以会计工作确认、计量、记录、报告的核算过程为导向，按会计要素划分学习领域，对接会计专业技术初级资格考试内容，通过校企合作精心编写了本书。

本书共8章，包括概述，会计基础，流动资产，非流动资产，负债，所有者权益，收入、费用和利润，财务报告。在编写过程中，我们按照会计核算工作内容梳理知识点，遵循学生认知规律对内容进行必要整合，主要有以下特点。

1. 融入思政内容，以立德树人为根本落脚点

本书以高素质、高技能人才培养为目标，在会计理论认知中，注重培养学生爱岗敬业、诚实守信的职业精神；在核算工作中，注意培养学生严谨细致、精益求精的工匠精神。

2. 体现最新《企业会计准则》、税收法律制度变化，核算业务符合实际会计工作标准

本书根据《财政部关于修订印发 2019 年度一般企业财务报表格式的通知》(财会〔2019〕6 号)中附件 2 一般企业财务报表格式(适用于已执行新金融准则、新收入准则和新租赁准则的企业)的要求调整了财务报表的格式，依据《企业会计准则》编写了收入核算内容，业务核算按照税法、《企业会计准则》新要求进行处理，符合企业实际会计工作标准。

3. 结合最新的会计专业技术初级资格考试的考试大纲编写，实现课证融通

满足学习者参加会计专业技术初级资格考试的需要，本书按照最新的会计专业技术初级资格考试科目《会计》考试大纲内容编写。内容紧扣考试大纲和考试要求，覆盖的知识点全面，会计核算体系完整，真正实现课证融通。

4. 精心策划安排学习内容，符合学生的认知规律

本书的学习内容以案例导入，明确知识、技能与思政目标；为便于学生课前自学，教材内容增加必要的“理论点拨”和“小思考”，重点内容配有微课讲解；为了强化学生实操能力，在学习内容中安排了“做中学”；为提升学习效果，每章习题融合了会计专业技术初级资格考试的真题等，进一步帮助学生在厘清思路的基础上，通过练习来巩固所学知识。

5. 校企合作开发教材，力争做到教学内容贴近实际

本书的编者与企业专家讨论教材编写方案，邀请了杭州朗辉财务咨询有限公司财务主管王翠翠参加教材内容设计，采用企业在实际会计工作中的案例，使教材内容实务性更强，力求培养与实际工作岗位零距离的毕业生。

本教材由赵威任主编，赖丽娜、王岚、曹春嫚任副主编，魏标文任主审，具体编写分工如下：赵威编写第四章第三节、第五节和第七章；赖丽娜编写第三章；王岚编写第一章和第二章第一节至第四节；曹春嫚编写第五章和第八章；韩静编写第二章第六节和第四章第一节；王珂编写第二章第五节和第四章第四节；黄敏编写第六章；章卓君编写第二章第六节和第四章第二节；王翠翠参与企业财务数据资料计算，并参与了教材方案设计与资料收集。

虽然我们在本书的编写过程中尽了最大努力，但由于水平有限，可能存在不足之处，恳请各位读者在使用本书的过程中提出宝贵意见，以便再版时修正。

编　者

2022年8月

目　录

第一章 概　　述

【案例导入】

课程思政

会计的历史

会计是一门古老的学科，它与人类的经济活动密切相关。中国早在远古时期，就有“刻树为记”“结绳记事”的活动，这是会计的萌芽。《史记·夏本纪》中记载：“自虞、夏时，贡赋备矣。或言禹会诸侯江南，计功而崩，因葬焉，命曰会稽。会稽者，会计也。”即大禹在会稽山组织了一次大会计活动。“计功”这个活动很丰富，至少在记录与反映的基础上，做到了“爵有德，封有功”，“防风氏后至，杀而戮之”，进行了绩效考评。也就是说，这个活动涉及很多会计内容，大禹根据索取贡物的多少和会计记录的内容来进行考评，奖优罚劣。这是一次典型的大会计活动，根据其谐音，顺理成章地命名为“会计”。“会计”一词从此流传下来。

随着社会的不断发展，人类引用了“数”的概念后，会计开始有了自己的语言。1494 年，意大利数学家、会计学家卢卡·帕乔利在威尼斯出版了著作《算数、几何、比及比例概要》，标志着近代会计的开端。

十八九世纪，英国开始了工业革命，出现了最早的股份制企业，形成了所有权与经营权的分离。所有者委托经营者经营企业，所有者必须定期了解企业的经营状况。经营者提供的企业经营情况是否真实，需要公正的机构给予审核。最早的这样的机构于 1853 年成立，即爱丁堡会计师协会。

会计是由于人类管理经济的客观需要而产生的，并随着社会生产和管理水平的提高而不断发展。

【资料来源】根据网络资料改编。

【请思考】会计与经济发展的关系。

【知识目标】

1. 了解会计的概念和职能。
2. 掌握会计基本假设、会计基础和会计信息质量要求。
3. 熟悉会计基本职能、会计目标和内部控制的要素。
4. 了解会计职业风险和内部控制目标。

【技能目标】

1. 能分辨会计目标和内部控制目标。
2. 能理解会计基本假设和会计基础的含义。
3. 能知道会计信息质量的要求。

【思政目标】

1. 了解会计的历史，体会会计的变化。
2. 遵守会计法规、制度和会计职业道德。
3. 培养诚实守信的品质。

第一节　会计的概念、职能和目标

一、会计的概念

会计是随着人类社会生产的发展和经济管理的需要而产生、发展并不断完善起来的。人类的生存与发展始终面临经济资源有限与需求不断增长的矛盾，提高经济资源使用效率，讲求经济效益，必然要求对经济活动过程及其结果进行如实计量和记录。随着社会生产力的发展、人类文明的不断进步以及经济社会组织的不断变革与发展，社会的生产、分配、交换和消费的协调与和谐发展问题日益复杂和突出，会计的内容和方法等也随之不断发展，原本作为生产附带部分的会计逐渐从生产活动中独立出来，成为一项专门的经济管理活动。特别是，为适应市场经济发展和现代企业制度建立的需要，基于经济资源配置和生产组织的委托代理关系中权属性质界定，如实反映受托责任履行情况的诚实性和可靠性，成为会计的基本职责。保护财产安全、落实经管责任、有效配置经济资源、合理分配经济利益，进而促进社会进步与和谐发展成为现代会计的基本属性。经济越发展，会计越重要。

（一）会计的定义

现代会计是以货币为主要计量单位，采用专门的方法和程序，对企业和行政、事业单位的经济活动过程及其结果进行准确完整、连续系统的核算和监督，以如实反映受托责任履行情况和提供有用经济信息为主要目的的经济管理活动。本章未特别说明时，均以企业会计为对象进行介绍。

（二）会计的基本特征

会计的基本特征表现为以货币为主要计量单位和准确完整性、连续系统性两个方面。

1. 以货币为主要计量单位

对经济社会生产、分配、交换和消费过程及其结果进行计量的尺度通常有实物计量尺度、劳动计量尺度、时间计量尺度和货币计量尺度等。其中，货币计量尺度由货币为一般等价物的性质所决定，具有全面性、综合性等特征，是衡量一般商品价值的共同尺度。因此，以货币为主要计量单位、其他计量尺度为辅助性补充成为会计的基本特征之一。

2. 准确完整性、连续系统性

会计产生于人们对经济活动过程中生产耗费、生产成果的观察、计量以及记录和比较的需要，会计记录和会计计量的准确完整性是经济社会对会计的基本要求，是会计的一个基本特征。从宏观经济角度而言，生产、分配、交换和消费是一个连续系统的过程；从微观企业单位角度而言，经济活动或业务活动也是一个连续系统的过程，这决定了会计核算和会计监督的过程也必然是一个连续系统的过程。同时，会计履行核算和监督职能是一项十分复杂缜密的有机整体性工作，其所采用的各种专门方法和程序之间也形成了一个科学系统，会计凭证、会计账簿和会计报表是一个有机整体。因此，连续系统性是会计的另一个基本特征。

·理论点拨·

会计对象

会计对象是指会计核算和会计监督的内容。从一般意义上讲，会计对象就是社会再生产过程中的资金运动。即会计对象是企业和行政、事业单位的以货币表现的经济活动。比如，企业的筹资、采购、生产、销售都是会计核算和监督的对象，具体也可称为经济业务(如企业向银行借款200万元，采购原材料10万元，销售产品20万元等)。

二、会计职能

会计职能是指会计在经济管理过程中所具有的功能。作为过程的控制和观念总结的会计，具有会计核算和会计监督两项基本职能，还具有预测经济前景、参与经济决策、评价经营业绩等拓展职能。

(一) 会计核算

会计核算职能是指会计以货币为主要计量单位，对特定主体的经济活动进行确认、计量、记录和报告的功能。会计核算贯穿于经济活动的全过程，是会计最基本的职能。会计确认是指依据一定的标准，核实、辨认经济交易或事项的实质，确定应予以记录的会计对象的要素项目，并进一步确定已记录和加工的会计资料是否应列入财务报告(又称财务会计报告)以及如何列入财务报告的过程。会计确认包括初始确认和再确认两个环节。会计计量是指主要以货币为计量单位对各项经济交易或事项及其结果进行计量的过程。会计计量包括计量属性的选择和计量单位的确定。会计记录是指对经过会计确认、会计计量的经济交易或事项，采用一定方法填制会计凭证、登记会计账簿的过程。会计报告是指以会计账簿记录为依据，采用表格和文字等形式，把会计凭证和会计账簿记录的会计资料进一步进行系统性加工汇总整理形成财务状况、经营成果和现金流量等的结构性表述的过程。

会计核算的内容主要包括：①款项和有价证券的收付；②财物的收发、增减和使用；③债权债务的发生和结算；④资本、基金的增减；⑤收入、支出、费用、成本的计算；⑥财务成果的计算和处理；⑦需要办理会计手续、进行会计核算的其他事项。

【做中学·多项选择题】 根据会计法律制度的规定，下列各项中，属于会计核算内容的有（　　）。

A. 资本、基金的增减　　B. 财务成果的计算和处理

C. 款项和有价证券的收付　　D. 债权债务的发生和结算

【答案】 ABCD

【解析】 会计核算的内容主要包括：①款项和有价证券的收付（选项C）；②财物的收发、增减和使用；③债权债务的发生和结算（选项D）；④资本、基金的增减（选项A）；⑤收入、支出、费用、成本的计算；⑥财务成果的计算和处理（选项B）；⑦需要办理会计手续、进行会计核算的其他事项。

（二）会计监督

会计监督职能是指会计机构、会计人员对其特定主体经济活动和相关会计核算的真实性、完整性、合法性和合理性进行审查，使之达到预期经济活动和会计核算目标的功能。真实性审查是指检查各项会计核算是否根据实际发生的经济业务进行，是否如实反映经济交易或事项的真实状况。完整性审查是指检查会计核算的范围和内容是否全面，是否有遗漏等不完整的情况。合法性审查是指检查各项经济交易或事项及其会计核算是否符合国家有关法律、法规，遵守财经纪律，执行国家各项方针政策，以杜绝违法乱纪行为。合理性审查是指检查各项财务收支是否符合客观经济规律及经营管理方面的要求，保证各项财务收支符合特定的财务收支计划，实现预算目标，保持会计核算的准确性和科学性。

会计监督的依据主要有：①财经法律、法规、规章；②会计法律、法规和国家统一会计制度；③各省、自治区、直辖市财政厅（局）和国务院业务主管部门根据《中华人民共和国会计法》（以下简称《会计法》）和国家统一会计制度制定的具体实施办法或者补充规定；④各单位根据《会计法》和国家统一会计制度制定的单位内部会计管理制度；⑤各单位内部的预算、财务计划、经济计划和业务计划等。

会计监督的主要内容有：①对原始凭证进行审核和监督；②对伪造、变造、故意毁灭会计账簿或者账外设账行为，应当制止和纠正；③对实物、款项进行监督，督促建立并严格执行财产清查制度；④对指使、强令编造、篡改财务报告行为，应当制止和纠正；⑤对财务收支进行监督；⑥对违反单位内部会计管理制度的经济活动，应当制止和纠正；⑦对单位制定的预算、财务计划、经济计划和业务计划的执行情况进行监督等。

（三）会计核算与会计监督的关系及其职能的拓展

1. 会计核算与会计监督的关系

会计核算与会计监督是相辅相成、辩证统一的。会计核算是会计监督的基础，没有会计核算提供的各种系统性会计资料，会计监督就失去了依据；会计监督是会计核算质量的保障，只有会计核算没有会计监督，就难以保证会计核算提供信息的质量。

2. 会计职能的拓展

会计职能的拓展是指会计基本职能的延伸与扩展，具体如下：

（1）预测经济前景，是指根据财务报告等提供的信息，定量或者定性地判断和推测经

济活动的发展变化规律，以指导和调节经济活动，提高经济效益。

(2) 参与经济决策，是指根据财务报告等提供的信息，运用定量分析和定性分析方法，对备选方案进行经济可行性分析，为企业经济管理等提供与决策相关的信息。

(3) 评价经济业绩，是指利用财务报告等提供的会计资料，采用适当的方法，对企业一定经营期间的资产运营、经济效益等经营成果，对照相应的评价标准，进行定量及定性对比分析，作出真实、客观、公正的综合评判。

【做中学·多项选择题】 下列各项中，属于会计基本职能的有(　　)。

A. 参与经济决策　B. 进行会计核算　C. 实施会计监督　D. 预测经济前景

【答案】 BC

【解析】 选项 AD，属于会计拓展职能。

三、会计目标

会计目标是要求会计工作完成的任务或达到的标准。会计的基本目标是向财务报告使用者提供企业财务状况、经营成果和现金流量等有关的会计资料和信息，反映企业管理层受托责任履行情况，有助于财务报告使用者作出经济决策，达到不断提高企业和行政、事业单位乃至经济社会整体的经济效益和效率的目的。从更高层面看，会计的目标还包括规范会计行为，保证会计资料真实、完整，加强经济管理和财务管理，提高经济效益，维护社会主义市场经济秩序，为市场在资源配置中起决定性作用和更好发挥政府作用提供基础性保障，实现经济高质量发展。会计目标的实现状况及其结果主要表现为会计的经济后果，即反映受托责任的履行情况和有助于作出经济决策以及维护经济秩序、提高经济效益等所产生的影响及其经济结果。

四、会计资料及会计信息的使用者

会计资料是指会计凭证和会计账簿记录以及进一步进行系统性加工汇总整理形成财务状况、经营成果和现金流量等结构性表述的会计核算专业资料，是企业尚未对外报告或披露的会计处理结果的资料，其存在或储存形式可以是纸质资料也可以是电子文档资料。会计资料通常由企业内部保管与使用。会计信息是指由会计凭证、会计账簿、财务报告和其他相关资料等构成的综合反映企业财务状况、经营成果、现金流量和所有者权益变动等内容的财务、会计信息的总称。会计信息除包括会计信息或财务信息，还包括必要的非财务信息。会计资料是会计信息的基础。

会计资料及会计信息的使用者既包括企业和行政、事业单位的内部使用者又包括外部使用者，即投资者、债权人、政府及其有关部门和社会公众等。满足投资者的信息需要是企业财务报告编制的首要出发点，企业编制财务报告、提供会计信息必须与投资者的决策密切相关。因此，财务报告提供的信息，应当如实反映企业所拥有或者控制的经济资源、对经济资源的要求权，以及经济资源及其要求权的变化情况；如实反映企业的各项收入、费用和利润的金额及其变动情况；如实反映企业各项经营活动、投资活动和筹资活动等所形成的现金流入和现金流出情况等。这有助于现在的或者潜在的投资者正确、合理地评价企业的资产质量、偿债能

会计的规范

力、盈利能力和营运效率等；有助于投资者根据相关会计信息作出理性的投资决策；有助于投资者评估与投资有关的未来现金流的金额、时间和风险等。除投资者以外，企业财务报告的使用者还有债权人、政府及其有关部门、社会公众等。由于投资者是企业资本的主要提供者，如果财务报告能够满足这一群体的会计信息需求，通常情况下也可以满足其他使用者的大部分信息需求。

第二节　会计基本假设和会计基础

一、会计基本假设

（一）会计基本假设的概念

会计基本假设是对会计核算时间和空间范围以及所采用的主要计量单位等所作的合理假定，是企业会计确认、计量、记录和报告的前提。会计基本假设对于履行会计职能、实现会计目标等具有重要的作用和意义。

（二）会计基本假设的主要内容

会计基本假设包括会计主体、持续经营、会计分期和货币计量。

1. 会计主体

会计主体是指会计工作服务的特定对象，是企业会计确认、计量、记录和报告的空间范围。会计核算应当集中反映某一特定企业的经济活动，并将其与其他经济实体区别开来。在会计主体假设下，企业应当对其本身发生的交易或事项进行会计确认、计量、记录和报告，反映企业本身所从事的各项生产经营活动和其他相关活动。如果企业所有者的经济交易或事项是属于企业所有者主体所发生的，则不应纳入企业会计核算的范围。如果企业所有者向企业投入资本或企业向投资者分配利润，则属于企业会计主体的核算范围。

【做中学·多项选择题】 下列各项中，可确认为会计主体的有（　　）。

A. 子公司　　B. 销售部门　　C. 集团公司　　D. 母公司

【答案】 ABCD

【解析】 选项ABCD，均可以进行独立核算，均属于会计主体。

2. 持续经营

持续经营是指在可以预见的将来，企业将会按当前的规模和状态继续经营下去，不会停业，也不会大规模削减业务。在持续经营假设下，会计确认、计量、记录和报告应当以企业持续、正常的生产经营活动为前提，企业的资产将按照既定用途使用、债务将按照既定的债务合约条件进行清偿，企业会计在此基础上进行会计估计并选择相应的会计原则和会计方法。

3. 会计分期

会计分期是指将一个企业持续经营的生产经营活动划分为一个个连续的、长短相同的期间。会计分期的目的是据以分期结算盈亏，按期编报财务报告，从而及时向财务报告使用者提供有关企业财务状况、经营成果和现金流量的信息。会计期间通常分为会计年度和中期。中期是指短于一个完整的会计年度的报告期间，如月度、季度、半年度等。

4. 货币计量

货币计量是指会计主体在会计确认、计量、记录和报告时主要以货币为计量单位，来反映会计主体的生产经营活动过程及其结果。货币是商品的一般等价物，是衡量一般商品价值的共同尺度，具有价值尺度、流通手段、贮藏手段和支付手段等特点。选择货币作为共同尺度进行计量，具有全面、综合反映企业的生产经营情况及其结果的作用。其他计量单位，如重量、长度、容积、台、件等，只能从一个侧面反映企业的生产经营情况，难以对不同性质、不同种类、不同质量的交易或事项按照统一的计量单位进行会计确认、计量、记录和报告，难以汇总和比较。采用货币计量单位进行会计核算和会计监督不排斥采用其他计量单位，其他计量单位可以对货币计量单位进行必要的补充和说明。例如，原材料的实物量度（千克等）可以补充说明原材料的储存、耗费等经管责任的落实状况。

【做中学·单项选择题】 为了将本企业经济活动与其他企业经济活动加以区分，企业在核算时所建立的基本假设是（ ）。

A. 会计主体 B. 持续经营 C. 会计分期 D. 货币计量

【答案】 A

【解析】 会计主体假设就是为了确定会计核算和会计监督的特定单位或组织，它确立了会计核算的空间范围。

二、会计基础

会计基础是指会计确认、计量和报告的基础，具体包括权责发生制和收付实现制。

（一）权责发生制

权责发生制是指以取得收取款项的权利或支付款项的义务为标志来确定本期收入和费用的会计核算基础。

在实务中，企业交易或者事项的发生时间与相关款项收付时间有时并不完全一致。例如，本期款项已经收到，但销售并未实现而不能确认为本期的收入；或者款项已经支付，但与本期的生产经营活动无关而不能确认为本期的费用。为了真实、公允地反映财务状况和经营成果，企业应当以权责发生制为基础进行会计确认、计量和报告。

根据权责发生制，凡是当期已经实现的收入和已经发生或者应当负担的费用，无论款项是否收付，都应当作为当期的收入和费用记入利润表；凡是不属于当期的收入和费用，即使款项已在当期收付，也不应当作为当期的收入和费用。

（二）收付实现制

收付实现制是指以现金的实际收付为标志来确定本期收入和支出的会计核算基础。在我国，政府会计由预算会计和财务会计构成。其中，预算会计采用收付实现制，国务院另有规定的依照其规定；财务会计采用权责发生制。

（三）权责发生制和收付实现制下会计处理结果的差异

权责发生制和收付实现制是相对应的两种会计核算基础。与收付实现制相比，权责发生制下会计处理较为复杂，其会计处理结果存在一定的差异。在交易或者事项的发生时间与相关款项收付时间不一致时产生两种会计核算基础下确认的利润差额。例如，在商品销售收入已经实现而销售款项尚未收到时，按照权责发生制确认的当期收入和利润高于按照收付实现制确认的当期收入和利润，在资产负债表日应对应收款项的账面价值进行评估，即基于应收款项的信用减值迹象进行职业判断并获得已发生信用减值损失的评估结果，从而影响当期损益，因此，权责发生制为企业管理层进行会计政策选择和盈余管理留有一定的判断空间。

【做中学·单项选择题】 甲公司某年12月的办公楼的租金费用为200万元，用银行存款支付180万元，20万元未付。按照权责发生制和收付实现制，甲公司该年12月应分别确认费用（　　）。

A. 180万元、20万元　　B. 20万元、180万元

C. 200万元、180万元　　D. 180万元、200万元

【答案】 C

【解析】 按照权责发生制，甲公司应按200万元确认费用；而按照收付实现制，甲公司应按实际支付的180万元确认费用。

第三节　会计信息质量要求

一、会计信息

（一）会计信息作用

会计信息是企业和外部利益相关者进行交流的较为直接重要的信息来源和载体。会计信息的主要作用有：降低企业和外部利益相关者之间的信息不对称；有效约束公司管理层的行为，提高公司治理的效率；帮助投资者甄别其投资的优劣进而作出投资决策；有利于债权人作出授信决策；提高经济和资本市场的运作效率等。

（二）会计信息质量

会计信息质量是指会计信息符合会计法律、会计准则等规定要求的程度，是满足企业利益相关者需要的能力和程度。

二、会计信息质量要求

会计信息质量要求是对企业财务报告所提供会计信息质量的基本要求，是使财务报告所提供会计信息对投资者等信息使用者决策有用应具备的基本特征，主要包括可靠性、相关性、可理解性、可比性、实质重于形式、重要性、谨慎性和及时性等。

（一）可靠性

可靠性要求企业应当以实际发生的交易或者事项为依据进行确认、计量和报告，如实反映符合确认和计量要求的会计要素及其他相关信息，保证会计信息真实可靠、内容完整。

可靠性是提高会计信息质量的重要基础和关键所在。如果企业以虚假的交易或者事项进行确认、计量和报告，属于违法行为，不仅会严重损害会计信息质量，而且会误导投资者，干扰资本市场，导致会计秩序、财经秩序混乱。

(二) 相关性

相关性要求企业提供的会计信息应当与投资者等财务报告使用者的经济决策需要相关，有助于投资者等财务报告使用者对企业过去、现在或未来的情况作出评价或者预测。

相关的会计信息应当能够有助于使用者评价企业过去的决策，证实或者修正过去的有关预测，因而具有反馈价值。相关的会计信息还应当具有预测价值，有助于使用者根据财务报告提供的会计信息预测企业未来的财务状况、经营成果和现金流量。

(三) 可理解性

可理解性要求企业提供的会计信息应当清晰明了，便于投资者等财务报告使用者理解和使用。

企业编制财务报告、提供会计信息的目的在于使用，要想让使用者有效使用会计信息，就应当让其了解会计信息的内涵，弄懂会计信息的内容，这就要求财务报告提供的会计信息应当清晰明了，易于理解。只有这样，才能提高会计信息的有用性，实现财务报告的目标，满足向投资者等财务报告使用者提供决策有用信息的要求。

(四) 可比性

可比性要求企业提供的会计信息应当相互可比，主要包括两层含义：

(1) 同一企业不同时期可比。即同一企业不同时期发生的相同或者相似的交易或者事项，应当采用一致的会计政策，不得随意变更。但是，如果按照规定或者在会计政策变更后能够提供更可靠、更相关的会计信息，企业可以变更会计政策。有关会计政策变更的情况，应当在附注中予以说明。

(2) 不同企业相同会计期间可比。即不同企业同一会计期间发生的相同或者相似的交易或者事项，应当采用规定的会计政策，确保会计信息口径一致、相互可比，以使不同企业按照一致的确认、计量和报告要求提供有关会计信息。

(五) 实质重于形式

实质重于形式要求企业应当按照交易或者事项的经济实质进行会计确认、计量和报告，不应仅以交易或者事项的法律形式为依据。

在实际工作中，交易或者事项的外在法律形式并不总能完全反映其实质内容。在大多数情况下，企业发生交易或者事项的经济实质和法律形式是一致的。但在有些情况下，两者会出现不一致。例如，企业租入的资产(短期租赁和低值资产租赁除外)，虽然从法律形式来讲企业并不拥有其所有权，但是由于租赁合同规定的租赁期相当长，往往接近于该资产的使用寿命，租赁期结束时承租企业有优先购买该资产的选择权，在租赁期内承租企业有权支配资产并从中受益等，从其经济实质来看，企业能够控制租入资产所创造的未来经济利益，在会计确认、计量和报告时就应当将租入的资产视为企业的资产，在企业的资产负债表中进行反映。

【做中学·判断题】 实质重于形式要求企业应当按照交易或者事项的经济实质进行会计确认、计量和报告，而不仅仅以交易或者事项的法律形式为依据。（　　）

【答案】 √

（六）重要性

重要性要求企业提供的会计信息应当反映与企业财务状况、经营成果和现金流量有关的所有重要交易或者事项。

在实务中，如果某项会计信息的省略或者错报会影响投资者等财务报告使用者据此作出决策，该信息就具有重要性。重要性的应用需要依赖职业判断，企业应当根据其所处环境和实际情况，从项目的性质和金额大小两方面加以判断。例如，企业发生的某些支出金额较小，从支出的受益期来看，可能需要在若干会计期间进行分摊，但根据重要性要求，可以一次性计入当期损益。

（七）谨慎性

谨慎性要求企业对交易或者事项进行会计确认、计量和报告应当保持应有的谨慎，不应高估资产或者收益、低估负债或者费用。

在市场经济环境下，企业的生产经营活动面临着许多风险和不确定性，会计信息质量的谨慎性要求，需要企业在面临不确定性因素作出职业判断时，保持应有的谨慎，充分估计到各种风险和损失，既不高估资产或者收益，也不低估负债或者费用。例如，企业对售出商品很可能发生的保修义务确认预计负债、对很可能承担的环保责任确认预计负债等，就体现了会计信息质量的谨慎性要求。

【做中学·单项选择题】 下列各项中，体现会计信息质量的谨慎性要求的表述是（　　）。

A. 不同时期发生的相同交易，应采用一致的会计政策，不得随意变更

B. 提供的会计信息应当清晰明了，便于理解和使用

C. 对已售商品的保修义务确认预计负债

D. 及时将编制的财务报告传递给使用者

【答案】 C

【解析】 谨慎性要求企业对交易或者事项进行会计确认、计量和报告保持应有的谨慎，不应高估资产或者收益、低估负债或者费用，选项C正确；选项A，体现的是可比性；选项B，体现的是可理解性；选项D，体现的是及时性。

（八）及时性

及时性要求企业对于已经发生的交易或者事项，应当及时进行确认、计量和报告，不得提前或延后。

在会计确认、计量和报告过程中贯彻及时性要求，一是要求及时收集会计信息，即在交易或者事项发生后，及时收集整理各种原始单据或者凭证；二是要求及时处理会计信息，即按照会计准则的规定，及时对交易或者事项进行确认和计量并编制财务报告；三是要求及时传递会计信息，即按照国家规定的有关时限及时地将编制的财务报告传递给财务报告使用者，便于其及时使用和作出决策。

·小思考·

会计信息需要达到什么样的标准?

【做中学·单项选择题】 在不同会计期间发生的相同的或相似的交易或者事项,应当采用一致的会计政策,不得随意变更。下列各项中,对这一会计信息质量要求表述正确的是(　　)。

A. 谨慎性　　B. 重要性　　C. 可比性　　D. 可理解性

【答案】 C

【解析】 可比性要求企业提供的会计信息应当相互可比,主要包括两层含义:一是同一企业不同时期可比(纵向可比)。即同一企业不同时期发生的相同或者相似的交易或者事项,应当采用一致的会计政策,不得随意变更。但是,如果按照规定或者在会计政策变更后能够提供更可靠、更相关的会计信息,企业可以变更会计政策。有关会计政策变更的情况,应当在附注中予以说明。二是不同企业相同会计期间可比(横向可比)。即不同企业同一会计期间发生的相同或者相似的交易或者事项,应当采用规定的会计政策,确保会计信息口径一致、相互可比,以使不同企业按照一致的确认、计量和报告要求提供有关会计信息。

第四节　会计职业道德和内部控制

一、会计职业道德

会计职业道德

会计职业道德是指会计人员在会计工作中应当遵循的、体现会计职业特征的、调整会计职业关系的职业行为准则和规范。会计职业道德由特定的社会生产关系和经济社会发展水平所决定,属于社会意识形态范畴。会计职业道德由会计职业理想、会计职业责任、会计职业技能、会计工作态度、会计工作作风和会计职业纪律等构成。在现代市场经济和现代企业制度环境条件下,基于经济资源配置和生产组织的委托代理关系中的权属性质界定,如实反映受托责任履行情况的诚实性和可靠性是会计的基本职责,因此,会计职业道德的核心是诚信。诚信是诚实、守信、真实的总称,也就是实事求是、真实客观、不弄虚作假,它要求会计人员客观公正、遵守国家统一的会计制度,言行一致,表里如一,不做假账,忠诚为人,以诚待人。准确核算、如实反映、讲求诚信是决定会计工作成败和质量好坏的根本标准,会计人员应当以诚信为本,保持客观公正。区块链、云计算、大数据、人工智能等现代信息技术在会计工作中广泛运用,也对会计诚信提出了更高的要求。

二、内部控制

内部控制是指由企业董事会、监事会、经理层和全体员工实施的、旨在实现控制目标的过程。内部控制对企业生产经营管理过程中各种资源、权力和活动进行掌握、支配和牵制，使控制对象的各项活动不超出一定的控制目标范围。

内部控制

内部控制的实施主体由企业董事会、监事会、经理层和全体员工所构成。各控制主体在职务职权、业务岗位、控制范围及内容体系中互为分工、互为控制，共同构成企业内部控制的主体。控制的过程涵盖三个方面：一是企业生产经营管理活动全过程的控制；二是企业风险控制的全过程，包括风险控制目标设定、风险识别、风险分析和风险应对等各环节的控制；三是信息收集、整理、传递与运用的全过程，包括会计确认、计量、记录和报告等会计信息和生产经营管理活动中非财务信息以及可能对企业产生影响的外部信息的收集整理与传递使用的全面控制。

第一章思考题和习题

第二章 会计基础

【案例导入】

课程思政

会计记账方法的演变

在我国，会计记账方法的发展，经历了不同的时期，可以说会计经历了从简单到复杂，从原始简单的记录计量，到单式记账，再到后来的初创时期的复式记账法等一系列的演变，再加上后来西方文化的引进，最终形成了我们现在通用的复式记账。

(1) 在原始计量时期，人们以实物、绘画、结绳、刻契等方式来表现经济活动及其所反映的数量关系。由实物记事(计数)、绘画记事(计数)、结绳记事(计数)、刻契记事(计数)等方式所体现的原始计量记录行为，可以说是当时的会计行为。

(2) 在西周以后我国就有了初期的会计工作组织系统并形成了以文字叙述的方式来记账的单式记账法。到了秦汉时期，在记账方法上，我国又发展出了另一种形式的单式记账法，即以"入""出"为会计记录符号的会计记录方法。它以"入一出＝余"作为结算的基本公式，也叫作"三柱结算法"，或者称为"入出(或收付)记账法"。

(3) 明末清初之际，山西人傅山根根据"四柱结算法"原理设计出一种适合于民间商业的会计核算方法——"龙门账法"。它是将全部账目划分为"进""缴""存""该"四大类。四者的关系是："该＋进＝存＋缴"，或"进－缴＝存－该"。也就是说，结账时"进"大于"缴"或"存"大于"该"即为盈利。这种既能计算盈亏，又可以检查账目平衡关系的会计方法，又被称为"合龙门"，"龙门账"因此而得名。它的诞生标志着中式簿记由单式记账向复式记账的转变。复式记账真正得到发展并有突破是在清代，即在"龙门账"的基础上设计发明了"四脚账法"。它是一种比较成熟的复式记账方法，其特点是：注重经济业务的收方(即来方)和付方(即去方)的账务处理，不论是现金收付事项还是非现金收付事项(转账事项)都在账簿上记录两笔，既记入"来账"，又记入"去账"，而且"来账"和"去账"所记金额必须相等；否则，说明账务处理有误。这种记账方法的基本原理已与西式复式记账法相同。

(4) 随着现代化生产的迅速发展，经济管理水平的提高，电子计算机技术广泛应用于会计核算，受社会政治、经济和技术环境的影响，传统的财务会计不断充实和完善，财务会计核算工作更加标准化、通用化和规范化。再加上西方文化、科学的不断引入，会计信息的收集、分类、处理、反馈等操作程序摆脱了传统的手工操作，大大地提高了工作效率，会计科学实现了根本变革，也就形成了我们现在普遍使用的复式记账法。当今运用最广泛的复式记账法是目前我国法定的记账方法——借贷记账法。这个时期会计方法的发展有两个重要的体现:一个是会计核算手段方面的发展——会计电算化,它是现代电子技术与会计的融合。对于现在来说,我们可以将其看作财务软件的使用和普及。比如,智能财务软件录入凭证就能生成财务报表,充分发挥了计算机的核算能力。另一个就是会计伴随着生产和管理科学的发展,有了更加细致的分化,如财务会计、管理会计、税务会计等分支。

综上所述,我国的会计记账从简单到复杂,从原先的原始计量到如今的借贷记账法,逐渐形成了一套能够满足我国现代经济发展需求的会计系统。这使我们的财务管理更加全面系统,也有利于提高企业和行政、事业单位的经济活动的效率。

【资料来源】根据网络资料改编。

【请思考】会计记账方法的演变过程。

【知识目标】

1. 熟悉会计要素及其确认与计量、会计计量属性、会计等式。
2. 掌握会计科目和借贷记账法。
3. 掌握会计凭证、会计账簿与账务处理程序。
4. 掌握财产清查的方法。
5. 了解成本会计、管理会计和政府会计基础知识。

【技能目标】

1. 能分辨会计要素的种类。
2. 能理解借贷记账法并运用借贷记账法。
3. 能正确识别常见原始凭证。
4. 能正确编制和审核会计凭证。
5. 能正确登记会计账簿。
6. 能规范书写数字、金额、中文大写数字。
7. 能理解账务处理程序。
8. 能理解财产清查的方法并进行财产清查。

【思政目标】

1. 熟悉会计行业发展和政策导向,树立依法核算观念。
2. 培养爱岗敬业、尽职尽责的职业精神。
3. 培养不做假账的意识。

第一节 会计要素及其确认与计量

一、会计要素及其确认条件

会计要素是根据交易或者事项的经济特征所确定的财务会计对象及其基本分类。会计要素按照其性质分为资产、负债、所有者权益、收入、费用和利润，其中，资产、负债和所有者权益要素侧重于反映企业的财务状况，收入、费用和利润要素侧重于反映企业的经营成果。

（一）资产

1. 资产的定义

资产是指企业过去的交易或者事项形成的，由企业拥有或者控制的，预期会给企业带来经济利益的资源。根据资产的定义，资产具有以下三方面特征：

(1) 资产应为企业拥有或者控制的资源。资产作为一项资源，应当由企业拥有或者控制，具体是指企业享有某项资源的所有权，或者虽然不享有某项资源的所有权，但该资源能被企业控制。

(2) 资产预期会给企业带来经济利益。资产预期会给企业带来经济利益，是指资产直接或者间接导致现金或者现金等价物流入企业的潜力。这种潜力可以来自企业日常的生产经营活动，也可以是非日常生产经营活动；带来的经济利益可以是现金或者现金等价物，或者是可以转化为现金或者现金等价物的形式，或者是可以减少现金或者现金等价物流出的形式。例如，已经淘汰的生产线，预期不会给企业带来经济利益，不能再作为资产，应予以转销。

(3) 资产是由企业过去的交易或者事项形成的。资产应当由企业过去的交易或者事项形成，过去的交易或者事项包括购买、生产、建造行为等。只有过去的交易或者事项才能产生资产，企业预期在未来发生的交易或者事项不形成资产。例如，企业制订了某项设备的采购计划，但是采购行为尚未发生，就不符合资产的定义，不能因此而确认为企业的资产。

2. 资产的确认条件

将一项资源确认为资产，需要符合资产的定义，还应同时满足以下两个条件：

(1) 与该资源有关的经济利益很可能流入企业。从资产的定义可以看出，能为企业带来经济利益是资产的一个本质特征，但在现实生活中，由于经济环境瞬息万变，与资源有关的经济利益能否流入企业或者能够流入多少实际上带有不确定性。因此，资产的确认还应与经济利益流入企业的不确定程度的判断结合起来。

(2) 该资源的成本或者价值能够可靠地计量。只有当有关资源的成本或者价值能够可靠地计量时，资产才能予以确认。在实务中，企业取得的许多资产都需要付出成本。例如，企业购买或者生产的商品、企业购置的厂房或者设备等，对于这些资产，只有实际发生的成本或者生产成本能够可靠计量，才符合资产确认的可计量性条件。

3. 资产的分类和内容

企业资产分为流动资产和非流动资产两大类。其中,流动资产包括货币资金、交易性金融资产、衍生金融资产、应收票据、应收账款、应收款项融资、预付款项、其他应收款、存货、合同资产、持有待售资产、一年内到期的非流动资产和其他流动资产;非流动资产包括债权投资、其他债权投资、长期应收款、长期股权投资、其他权益工具投资、其他非流动金融资产、投资性房地产、固定资产、在建工程、生产性生物资产、油气资产、使用权资产、无形资产、开发支出、商誉、长期待摊费用、递延所得税资产和其他非流动资产。

【做中学·多项选择题】 下列各项中,不属于企业资产的有(　　)。

A. 约定未来购入的存货　　B. 盘亏的固定资产

C. 临时租入的半年租期的仓库　　D. 生产成本

【答案】 ABC

【解析】 选项A,不是由企业过去的交易或者事项形成的;选项B,预期不会给企业带来经济利益;选项C,不是企业拥有或者控制的资源。以上均不属于企业的资产。选项D,构成在产品成本的一部分,属于资产。

(二)负债

1. 负债的定义

负债是指企业过去的交易或者事项形成的,预期会导致经济利益流出企业的现时义务。根据负债的定义,负债具有以下三方面特征:

(1) 负债是企业承担的现时义务。负债必须是企业承担的现时义务,这里的现时义务是指企业在现行条件下已承担的义务。未来发生的交易或者事项形成的义务,不属于现时义务,不应当确认为负债。

(2) 负债预期会导致经济利益流出企业。预期会导致经济利益流出企业是负债的一个本质特征,只有履行义务会导致经济利益流出企业的,才符合负债的定义。在履行现时义务清偿负债时,导致经济利益流出企业的形式多种多样。例如,用现金偿还或以实物资产形式偿还;以提供劳务形式偿还;以部分转移资产、部分提供劳务形式偿还;将负债转为资本等。

(3) 负债是由企业过去的交易或者事项形成的。负债应当由企业过去的交易或者事项所形成。换句话说,只有过去的交易或者事项才形成负债,企业将在未来发生的承诺、签订的合同等交易或者事项,不形成负债。

2. 负债的确认条件

将一项现时义务确认为负债,需要符合负债的定义,还需要同时满足以下两个条件:

(1) 与该义务有关的经济利益很可能流出企业。从负债的定义可以看出,预期会导致经济利益流出企业是负债的一个本质特征。在实务中,企业履行义务所需流出的经济利益带有不确定性,尤其是与推定义务相关的经济利益通常需要依赖大量的估计。因此,负债的确认应当与经济利益流出企业的不确定程度的判断结合起来。

(2) 未来流出的经济利益的金额能够可靠地计量。负债的确认在考虑经济利益流出企业的同时,对于未来流出的经济利益的金额应当能够可靠计量。

3. 负债的分类和内容

企业负债分为流动负债和非流动负债两大类。其中,流动负债包括短期借款、交易性金融负债、衍生金融负债、应付票据、应付账款、预收款项、合同负债、应付职工薪酬、应交税费、其他应付款、持有待售负债、一年内到期的非流动负债和其他流动负债;非流动负债包括长期借款、应付债券、租赁负债、长期应付款、预计负债、递延收益、递延所得税负债和其他非流动负债。

(三) 所有者权益

1. 所有者权益的定义

所有者权益是指企业资产扣除负债后,由所有者享有的剩余权益。公司的所有者权益又称为股东权益。所有者权益是所有者对企业资产的剩余索取权,是企业的资产扣除债权人权益后应由所有者享有的部分。它既可反映所有者投入资本的保值增值情况,又体现了保护债权人权益的理念。

所有者权益的来源包括所有者投入的资本、其他综合收益、留存收益等。所有者权益通常由实收资本(或股本)、资本公积(含股本溢价或资本溢价、其他资本公积)、其他综合收益、盈余公积和未分配利润等构成。

所有者投入的资本是指所有者投入企业的资本部分。它既包括构成企业注册资本或者股本的金额,也包括投入资本超过注册资本或股本部分的金额,即资本溢价或股本溢价。后者作为资本公积(资本溢价)反映。

其他综合收益是指企业根据《企业会计准则》规定未在当期损益中确认的各项利得和损失。

留存收益是指企业从历年实现的利润中提取或形成的留存于企业的内部积累。它包括盈余公积和未分配利润。

2. 所有者权益的确认条件

所有者权益体现的是所有者在企业中的剩余权益,因此,所有者权益的确认和计量主要依赖于资产和负债的确认和计量。例如,企业接受投资者投入的资产,在该资产符合资产确认条件时,就相应地符合所有者权益的确认条件;当该资产的价值能够可靠计量时,所有者权益的金额也就可以确定。

·小思考·

负债和所有者权益有何区别?债权人和所有者有何区别?

(四) 收入

1. 收入的定义

收入是指企业在日常活动中形成的、会导致所有者权益增加的、与所有者投入资本无关的经济利益的总流入。根据收入的定义,收入具有三方面特征:

(1) 收入是企业在日常活动中形成的。日常活动是指企业为完成其经营目标所从事的经常性活动,以及与之相关的活动。例如,工业企业制造并销售产品,就属于企业的日常活动。日常活动产生的收入通常包括主营业务收入和其他业务收入,即营业收入。

(2) 收入是与所有者投入资本无关的经济利益的总流入。收入应当会导致经济利益的流入,从而导致资产的增加。例如,企业销售商品,应当收到现金或者有权在未来收到现金,才表明该交易符合收入的定义。但是在实务中,经济利益的流入有时是所有者投入资本的增加导致的,所有者投入资本的增加不应当确认为收入,应当将其直接确认为所有者权益。

(3) 收入会导致所有者权益的增加。与收入相关的经济利益的流入应当会导致所有者权益的增加,不会导致所有者权益增加的经济利益的流入不符合收入的定义,不应确认为收入。

2. 收入的确认条件

当企业与客户之间的合同同时满足下列条件时,企业应当在客户取得相关商品控制权时确认收入:①合同各方已批准该合同并承诺将履行各自义务;②该合同明确了合同各方与所转让商品或提供劳务相关的权利和义务;③该合同有明确的与所转让商品或提供劳务相关的支付条款;④该合同具有商业实质,即履行该合同将改变企业未来现金流量的风险、时间分布或金额;⑤企业因向客户转让商品或提供劳务而有权取得的对价很可能收回。

【做中学·多项选择题】 下列各项中,不考虑其他因素,符合收入定义的有(　　)。

A. 提供服务收入

B. 销售商品取得的收入

C. 销售材料取得的收入

D. 出售固定资产取得的净收益

【答案】 ABC

【解析】 选项D,不是企业在日常活动中形成的,不是收入。

(五) 费用

1. 费用的定义

费用是指企业在日常活动中发生的、会导致所有者权益减少的、与向所有者分配利润无关的经济利益的总流出。根据费用的定义,费用具有三方面特征:

(1) 费用是企业在日常活动中形成的。费用必须是企业在日常活动中形成的,这些日常活动的界定与收入定义中涉及的日常活动的界定相一致。日常活动产生的费用通常包括营业成本(主营业务成本和其他业务成本)、税金及附加、销售费用、管理费用和财务费用等。将费用界定为日常活动形成的,目的是将其与损失相区分,企业非日常活动形成的经济利益的流出不能确认为费用,而应当计入损失。

(2) 费用是与向所有者分配利润无关的经济利益的总流出。费用的发生应当会导致经济利益的流出,从而导致资产的减少或者负债的增加,其表现形式包括现金或者现金等价物的流出或者存货、固定资产和无形资产等的流出或者消耗等。企业向所有者分配利润也会导致经济利益的流出,而该经济利益的流出属于所有者权益的抵减项目,不应确认为费用,应当将其排除在费用的定义之外。

(3) 费用会导致所有者权益的减少。与费用相关的经济利益的流出应当会导致所有者权益的减少,不会导致所有者权益减少的经济利益的流出不符合费用的定义,不应确认为费用。

2. 费用的确认条件

费用的确认除了应当符合其定义，还至少应当符合以下条件：①与费用相关的经济利益应当很可能流出企业；②经济利益流出企业的结果会导致资产的减少或者负债的增加；③经济利益的流出额能够可靠计量。

（六）利润

1. 利润的定义

利润是指企业在一定会计期间的经营成果。在通常情况下，如果企业实现利润，表明企业的所有者权益增加；反之，如果企业发生亏损（即利润为负数），表明企业的所有者权益减少。

利润包括收入减去费用后的净额、直接计入当期利润的利得和损失等。其中，收入减去费用后的净额反映的是企业日常活动的业绩。直接计入当期利润的利得和损失，是指应当计入当期损益、会导致所有者权益发生增减变动的、与所有者投入资本或者向所有者分配利润无关的利得或损失。其中，利得是指由企业非日常活动所形成的、会导致所有者权益增加的、与所有者投入资本无关的经济利益的流入；损失是指由企业非日常活动所发生的、会导致所有者权益减少的、与向所有者分配利润无关的经济利益的流出。

2. 利润的确认条件

利润反映的是收入减去费用、利得减去损失后净额的概念。因此，利润的确认主要依赖于收入和费用，以及利得和损失的确认，其金额的确定也主要取决于收入、费用、利得和损失金额的计量。

·理论点拨·

收入、费用、利得和损失

收入和费用是企业日常经营活动产生的，如主营业务收入、主营业务成本和管理费用等；利得和损失是企业非日常经营活动产生的，主要有营业外收入和营业外支出。

二、会计要素的计量属性及其应用原则

会计计量是为了将符合确认条件的会计要素登记入账并列报于财务报告而确定其金额的过程。会计计量属性主要包括历史成本、重置成本、可变现净值、现值和公允价值等。

（一）历史成本

历史成本又称实际成本，是指取得或制造某项财产物资时所实际支付的现金或者现金等价物金额。采用历史成本计量时，资产按照其购置时支付的现金或者现金等价物的金额，或者按照购置时所付出对价的公允价值计量。负债按照其因承担现时义务而实际收到的款项或者资产的金额，或者承担现时义务的合同金额，或者按照日常活动中为偿还负债预期需要支付的现金或者现金等价物的金额计量。

（二）重置成本

重置成本又称现行成本，是指按照当前市场条件，重新取得同样一项资产所需支付的

现金或现金等价物金额。采用重置成本计量时，资产按照现在购买相同或者相似资产所需支付的现金或者现金等价物的金额计量。负债按照现在偿付该项债务所需支付的现金或者现金等价物金额计量。

（三）可变现净值

可变现净值是指在生产经营过程中，以预计售价减去进一步加工成本和销售所必需的预计税金、费用后的净值。采用可变现净值计量时，资产按照其正常对外销售所能收到现金或者现金等价物金额，扣减该资产至完工时估计将要发生的成本、估计的销售费用以及估计的相关税费后的金额计量。

（四）现值

现值是指对未来现金流量以恰当的折现率进行折现后的价值，是考虑货币时间价值因素等的一种计量属性。采用现值计量时，资产按照预计从其持续使用和最终处置中所产生的未来净现金流入量的折现金额计量。负债按照预计期限内需要偿还的未来净现金流出量的折现金额计量。

（五）公允价值

公允价值是指市场参与者在计量日发生的有序交易中，出售一项资产所能收到或者转移一项负债所需支付的价格。

【做中学・判断题】 公允价值是指市场参与者在计量日发生的有序交易中，出售一项资产所能收到或者转移一项负债所需支付的价格。（ ）

【答案】 √

【做中学・多项选择题】 企业的会计计量属性包括（ ）。

A. 重置成本　　B. 历史成本　　C. 公允价值　　D. 现值

【答案】 ABCD

【解析】 会计计量属性主要包括历史成本、重置成本、可变现净值、现值和公允价值等。

三、会计等式

会计等式又称会计恒等式、会计方程式或会计平衡公式，是表明会计要素之间基本关系的等式。

（一）会计等式的表现形式

企业要进行经济活动，必须拥有一定数量和质量的能给企业带来经济利益的经济资源，即资产。企业的资产最初来源于两个方面：①由企业所有者投入；②由企业向债权人借入。前者称为所有者权益，后者则称为债权人权益，即负债。所有者和债权人将其拥有的资产提供给企业使用，就相应地对企业的资产享有一种要求权。

资产表明企业拥有什么经济资源和拥有多少经济资源，负债和所有者权益表明经济资源的来源渠道，即谁提供了这些经济资源。因此，资产和负债、所有者权益三者之间在数量上存在恒等关系，用公式表示为：

$$资产=负债+所有者权益 \tag{2.1}$$

等式(2.1)反映了企业在某一特定时点资产、负债和所有者权益三者之间的平衡关系，因此，该等式被称为财务状况等式、基本会计等式或静态会计等式。它是复式记账法的理论基础，也是编制资产负债表的依据。

企业进行生产经营活动的目的是获取收入，实现盈利。企业在取得收入的同时，必然要发生相应的费用。通过收入与费用的比较，企业才能确定一定期间的盈利水平，确定实现的利润总额。在不考虑利得和损失的情况下，它们之间的关系用公式表示为：

综合会计等式

$$收入-费用=利润 \tag{2.2}$$

等式(2.2)反映了企业利润的实现过程，称为经营成果等式或动态会计等式。收入、费用和利润之间的上述关系，是编制利润表的依据。

(二) 交易或者事项对会计等式的影响

企业发生的交易或者事项按其对反映财务状况的会计等式的影响不同，可以分为以下 9 种基本经济业务类型：

(1) 一项资产增加、另一项资产等额减少的经济业务。

(2) 一项资产增加、一项负债等额增加的经济业务。

(3) 一项资产增加、一项所有者权益等额增加的经济业务。

(4) 一项资产减少、一项负债等额减少的经济业务。

(5) 一项资产减少、一项所有者权益等额减少的经济业务。

(6) 一项负债增加、另一项负债等额减少的经济业务。

(7) 一项负债增加、一项所有者权益等额减少的经济业务。

(8) 一项所有者权益增加、一项负债等额减少的经济业务。

(9) 一项所有者权益增加、另一项所有者权益等额减少的经济业务。

以反映财务状况的会计等式为例，上述 9 种基本经济业务的发生均不影响会计等式的平衡关系，具体分为三种情形：基本经济业务类型(1)、基本经济业务类型(6)～(9)使会计等式左、右两边的金额保持不变；基本经济业务类型(2)和基本经济业务类型(3)使会计等式左、右两边的金额等额增加；基本经济业务类型(4)和基本经济业务类型(5)使会计等式左、右两边的金额等额减少。

经济业务对会计等式的影响如下。

【例 2-1】 2×21 年 1 月，悦兴公司发生的经济业务资料如下：

(1) 从银行提取现金 1 万元。该项经济业务发生后，悦兴公司的一项资产(库存现金)增加 1 万元，另一项资产（银行存款)同时减少 1 万元，即会计等式左边资产要素内部的金额有增有减，增减金额相等，其平衡关系保持不变。该项经济业务属于上述第(1)种基本经济业务类型。

(2) 从银行借入期限为 3 个月的短期借款 5 000 万元，存入银行。该项经济业务发生后，悦兴公司的一项资产(银行存款)增加 5 000 万元，一项负债（短期借款)同时增加 5 000 万元，即会计等式左、右两边金额等额增加，其平衡关系保持不变。该项经济业务属于上述第(2)种基本经济业务类型。

(3) 收到投资者投入的机器一台,价值为2 000万元。该项经济业务发生后,悦兴公司的一项资产(固定资产)增加2 000万元,一项所有者权益(实收资本)同时增加2 000万元,即会计等式左、右两边金额等额增加,其平衡关系保持不变。该项经济业务属于上述第(3)种基本经济业务类型。

(4) 以银行存款1 000万元偿还前欠货款。该项经济业务发生后,悦兴公司的一项资产(银行存款)减少1 000万元,一项负债(应付账款)同时减少1 000万元,即会计等式左、右两边金额等额减少,其平衡关系保持不变。该项经济业务属于上述第(4)种基本经济业务类型。

(5) 股东大会决定减少注册资本4 000万元,以银行存款向投资者退回其投入的资本。该项经济业务发生后,悦兴公司的一项资产(银行存款)减少4 000万元,一项所有者权益(实收资本)同时减少4 000万元,即会计等式左、右两边金额等额减少,其平衡关系保持不变。该项经济业务属于上述第(5)种基本经济业务类型。

(6) 已到期的应付票据500万元因无力支付转为应付账款。该项经济业务发生后,悦兴公司的一项负债(应付账款)增加500万元,另一项负债(应付票据)同时减少500万元,即会计等式右边负债要素内部的金额有增有减,增减金额相等,其平衡关系保持不变。该项经济业务属于上述第(6)种基本经济业务类型。

(7) 宣布向投资者分配利润1 500万元。该项经济业务发生后,悦兴公司的一项负债(应付利润)增加1 500万元,一项所有者权益(未分配利润)同时减少1 500万元,即会计等式右边一项负债增加而一项所有者权益等额减少,其平衡关系保持不变。该项经济业务属于上述第(7)种基本经济业务类型。

(8) 经批准将已发行的公司债券8 000万元转为实收资本。该项经济业务发生后,悦兴公司的一项负债(应付债券)减少8 000万元,一项所有者权益(实收资本)同时增加8 000万元,即会计等式右边一项所有者权益增加而一项负债等额减少,其平衡关系保持不变。该项经济业务属于上述第(8)种基本经济业务类型。

(9) 经批准将资本公积2 000万元转为实收资本。该项经济业务发生后,悦兴公司的一项所有者权益(实收资本)增加2 000万元,另一项所有者权益(资本公积)同时减少2 000万元,即会计等式右边所有者权益要素内部的金额有增有减,增减金额相等,其平衡关系保持不变。该项经济业务属于上述第(9)种基本经济业务类型。

由此可见,每一项经济业务的发生,都必然会引起会计等式的一边或两边有关项目相互联系地发生等额变化,即当涉及会计等式的一边时,有关项目的金额发生相反方向的等额变动;当涉及会计等式的两边时,有关项目的金额发生相同方向的等额变动,但始终不会影响会计等式的平衡关系。

·理论点拨·

交易或事项对会计等式影响的基本经济业务类型总结

交易或事项对会计等式影响的基本经济业务类型总结如表2-1所示。

表 2-1　　交易或事项对会计等式影响的基本经济业务类型总结

序号	资产	=	负债	+	所有者权益	举例
1	一增一减					从银行提取现金
2	增		增			从银行借入短期借款
3	增				增	收到投资者投入的机器
4	减		减			以银行存款偿还前欠货款
5	减				减	以银行存款向投资者退回其投入的资本
6			一增一减			已到期的应付票据因无力支付转作应付账款
7			增		减	股东大会批准向投资者宣告分配现金股利
8			减		增	经批准将已发行的公司债券转为实收资本
9					一增一减	经批准用资本公积转增实收资本

【做中学·单项选择题】 下列各项中，引起资产与负债同时增加的是(　　)。

A. 从银行提取现金备用

B. 向银行借入期限为 5 个月的款项

C. 签发期限为 3 个月的商业承兑汇票抵付前欠货款

D. 收到投资者投入资本存入银行

【答案】 B

【解析】 选项 A，账务处理为，借记“库存现金”科目，贷记“银行存款”科目，属于资产内部的增减变动；选项 B，账务处理为，借记“银行存款”科目，贷记“短期借款”科目，属于资产与负债同时增加；选项 C，账务处理为，借记“应付账款”科目，贷记“应付票据”科目，属于负债内部的增减变动；选项 D，账务处理为，借记“银行存款”科目，贷记“实收资本”科目，属于资产和所有者权益同时增加。

【做中学·单项选择题】 下列各项中，引起企业资产和所有者权益同时增加的是(　　)。

A. 经股东大会批准向股东宣告分配现金股利

B. 收到投资者投入的一台设备

C. 取得一笔短期借款并存入银行

D. 经股东大会批准以现金回购本企业股票方式减资

【答案】 B

【解析】 选项 A，借记“利润分配——应付现金股利或利润”科目，贷记“应付股利”科目，所有者权益减少，负债增加；选项 B，借记“固定资产”等科目，贷记“实收资本(或股本)”等科目，资产和所有者权益同时增加；选项 C，借记“银行存款”科目，贷记“短期借款”科目，资产和负债同时增加；选项 D，借记“库存股”科目，贷记“银行存款”科目，资产和所有者权益同时减少。

第二节 会计科目和借贷记账法

一、会计科目和账户

(一) 会计科目

会计科目简称科目,是对会计要素具体内容进行分类核算的项目,是进行会计核算和提供会计信息的基本单元。会计科目可以按反映的经济内容(即所属会计要素)、提供信息的详细程度及其统驭关系分类。

1. 按反映的经济内容分类

会计科目按其反映的经济内容不同,可分为资产类科目、负债类科目、共同类科目、所有者权益类科目、成本类科目和损益类科目。每一类会计科目可按一定标准再分为若干具体科目。

(1) 资产类科目是对资产要素的具体内容进行分类核算的项目,按资产的流动性分为反映流动资产的科目和反映非流动资产的科目。反映流动资产的科目主要有"库存现金""银行存款""应收账款""原材料""库存商品"等科目;反映非流动资产的科目主要有"长期股权投资""长期应收款""固定资产""在建工程""无形资产"等科目。

(2) 负债类科目是对负债要素的具体内容进行分类核算的项目,按负债的偿还期限长短分为反映流动负债的科目和反映非流动负债的科目。反映流动负债的科目主要有"短期借款""应付账款""应付职工薪酬""应交税费"等科目;反映非流动负债的科目主要有"长期借款""应付债券""长期应付款"等科目。

(3) 共同类科目是既有资产性质又有负债性质的科目,主要有"清算资金往来""货币兑换""套期工具""被套期项目"等科目。

(4) 所有者权益类科目是对所有者权益要素的具体内容进行分类核算的项目,主要有"实收资本(或股本)""资本公积""其他综合收益""盈余公积""本年利润""利润分配""库存股"等科目。

(5) 成本类科目是对可归属于产品生产成本、劳务成本等的具体内容进行分类核算的项目,主要有"生产成本""制造费用""合同取得成本""合同履约成本""研发支出"等科目。

(6) 损益类科目是对收入、费用等要素的具体内容进行分类核算的项目。其中,反映收入的科目主要有"主营业务收入""其他业务收入"等科目;反映费用的科目主要有"主营业务成本""其他业务成本""销售费用""管理费用""财务费用"等科目。

2. 按提供信息的详细程度及其统驭关系分类

会计科目按其提供信息的详细程度及其统驭关系,可分为总分类科目和明细分类科目。总分类科目又称总账科目或一级科目,是对会计要素的具体内容进行总括分类,提供总括信息的会计科目。

明细分类科目又称明细科目,是对总分类科目作进一步分类,提供更为详细和具体会计信息的科目。如果某一总分类科目所辖的明细分类科目较多,可在总分类科目下设置二级明细科目，在二级明细科目下设置三级明细科目，以此类推。二级明细科目是对总分类科目进一步分类的科目，三级明细科目是对二级明细科目进一步分类的科目。

（二）账户

账户是根据会计科目设置的，具有一定格式和结构，用于分类核算会计要素增减变动情况及其结果的载体。

会计科目仅仅是对会计要素的具体内容进行分类核算的项目，它不能反映交易或者事项的发生所引起的会计要素各项目的增减变动情况和结果。各项核算指标的具体数据资料，只有通过账户记录才能取得。因此，在设置会计科目后，我们还必须根据会计科目开设相应的账户，以便对交易或者事项进行系统、连续的记录，向有关各方提供有用的会计信息。

与会计科目分类相对应，账户可以根据核算的经济内容、提供信息的详细程度及其统驭关系进行分类。按核算的经济内容不同，账户分为资产类账户、负债类账户、共同类账户、所有者权益类账户、成本类账户和损益类账户；根据提供信息的详细程度及其统驭关系不同，账户分为总分类账户和明细分类账户。

【做中学·单项选择题】 根据科目内容记入成本类账户的是（　　）科目。

A.“主营业务成本”　　　　B.“制造费用”

C.“管理费用”　　　　D.“其他业务成本”

【答案】 B

【解析】 账户是根据会计科目设置的，成本类科目是对可归属于产品生产成本等的具体内容进行分类核算的项目，主要有“生产成本”“制造费用”“合同取得成本”“合同履约成本”“研发支出”等科目。成本类科目应记入对应的成本类账户，所以选项B正确。

账户是用来连续、系统、完整地记录企业经济活动的，因此，必须具有一定的结构。经济业务发生所引起的各项会计要素的变动，从数量上看不外乎为增加和减少两种情况。因此，账户的结构相应地分为两个基本部分，即左、右两方，分别用来记录会计要素的增加和减少。一方登记增加，另一方登记减少。至于账户左、右两方的名称，用哪一方登记增加、哪一方登记减少，要取决于所采用的记账方法和各账户所记录的经济内容。

账户的期初余额、期末余额、本期增加发生额和本期减少发生额称为账户的四个金额要素。四个金额要素之间的关系如公式（2.3）所示：

$$期末余额=期初余额+本期增加发生额-本期减少发生额 \quad (2.3)$$

·理论点拨·

会计对象、会计要素、会计科目与会计账户的关系

会计对象是指会计核算和会计监督的内容。从一般意义上讲，会计对象就是社会再生产过程中的资金运动。会计对象的具体化是会计要素，会计要素的具体内容按照某种性质或特征作进一步分类是会计科目，会计科目加上结构成为账户。

会计科目与账户都是对会计对象具体内容（会计要素）的科学分类，两者设置口径一致、性质相同。会计科目是账户的名称，也是设置账户的依据；账户是会计科目的具体运用。会计科目的性质决定了账户的性质。账户的分类和会计科目的分类内容一致。账户有自己的格式或结构，可用来连续、系统、完整地记录某种经济业务的增减变化及其结果。会计科目仅仅是账户的名称，不存在结构。在实际工作中，账户和会计科目这两个概念经常可以不加严格区分地相互通用。

二、借贷记账法

借贷记账法是以“借”和“贷”作为记账符号的一种复式记账法。复式记账法是指对于每一项经济业务，都必须用相等的金额在两个或两个以上相互联系的账户中进行登记，全面、系统地反映会计要素增减变化的一种记账方法。复式记账法的优点主要有：一是对于发生的每一项经济业务，都要在两个或两个以上的账户中相互联系地进行分类记录。这样，通过账户记录不仅可以全面、清晰地反映经济业务的来龙去脉，还能全面、系统地反映经济活动的过程和结果。二是由于每一项经济业务发生后，都是以相等的金额在有关的账户中登记，因而可以对记录的结果进行试算平衡，便于查账和对账。复式记账法分为借贷记账法、增减记账法和收付记账法等。我国会计准则规定，企业和行政、事业单位会计核算采用借贷记账法记账。

（一）借贷记账法的账户结构

在借贷记账法下，账户的左方称为借方，右方称为贷方。所有账户的借方和贷方按相反方向记录增加数和减少数，即一方登记增加额，另一方就登记减少额。至于“借”表示增加（或减少），还是“贷”表示增加（或减少），则取决于账户的性质与所记录经济内容的性质。

在通常情况下，资产类、成本类和费用类账户的增加记“借”方，减少记“贷”方；负债类、所有者权益类和收入类账户的增加记“贷”方，减少记“借”方。

1. 资产类、成本类账户的结构

在借贷记账法下，资产类、成本类账户的借方登记增加额，贷方登记减少额，期末余额一般在借方。其余额计算公式为：

期末借方余额＝期初借方余额＋本期借方发生额－本期贷方发生额

资产类、成本类账户结构用“T”形账户表示，如图 2-1 所示。

借方	资产类、成本类账户		贷方
期初余额	×××		
本期增加额	×××	本期减少额	×××
	×××		×××
	…		…
本期借方发生额合计	×××	本期贷方发生额合计	×××
期末余额	×××		

图 2-1　资产类、成本类账户结构

【做中学·多项选择题】 在借贷记账法下，下列关于成本类账户的说法中，正确的有（　）。

A. 借方登记增加额

B. 贷方登记减少额

C. 期末一定没有余额

D. 期末余额一般在借方

【答案】 ABD

【解析】 成本类账户期末可能有余额，余额一般在借方，选项 C 错误。

2. 负债类、所有者权益类账户的结构

在借贷记账法下，负债类、所有者权益类账户的借方登记减少额，贷方登记增加额，期末余额一般在贷方。其余额计算公式为：

期末贷方余额＝期初贷方余额＋本期贷方发生额－本期借方发生额

负债类、所有者权益类账户结构用“T”形账户表示，如图 2-2 所示。

借方	**负债类、所有者权益类账户**		贷方
		期初余额	×××
本期减少额	×××	本期增加额	×××
	×××		×××
	…		…
本期借方发生额合计	×××	本期贷方发生额合计	×××
		期末余额	×××

图 2-2　负债类、所有者权益类账户结构

3. 损益类账户的结构

损益类账户主要包括收入类账户和费用类账户。

在借贷记账法下，收入类账户的借方登记减少额，贷方登记增加额。本期收入净额在期末转入“本年利润”账户，用来计算当期损益，结转后无余额。收入类账户结构用“T”形账户表示，如图 2-3 所示。

借方	**收入类账户**		贷方
本期减少额	×××	本期增加额	×××
	×××		×××
	…		…
本期借方发生额合计	×××	本期贷方发生额合计	×××

图 2-3　收入类账户结构

在借贷记账法下，费用类账户的借方登记增加额，贷方登记减少额。本期费用净额在期末转入“本年利润”账户，用来计算当期损益，结转后无余额。费用类账户结构用“T”形账户表示，如图 2-4 所示。

借方	费用类账户		贷方
本期增加额	×××	本期减少额	×××
	×××		×××
	…		…
本期借方发生额合计	×××	本期贷方发生额合计	×××

图 2-4　费用类账户结构

（二）借贷记账法的记账规则

记账规则是指采用某种记账方法登记具体经济业务时应当遵循的规则。如果运用“借”“贷”符号表示[例 2-1]中 9 种基本经济业务类型所涉及的增减变动情况，我们可以发现，借贷记账法的记账规则为“有借必有贷，借贷必相等”。即任何经济业务的发生总会涉及两个或两个以上的相关账户，一方（或几方）记入借方，另一方（或几方）必须记入贷方，记入借方的金额等于记入贷方的金额。如果涉及多个账户，记入借方账户金额的合计数等于记入贷方账户金额的合计数。

上述 9 种基本经济业务类型的资金运动与记账规则的对应关系，如图 2-5 所示。

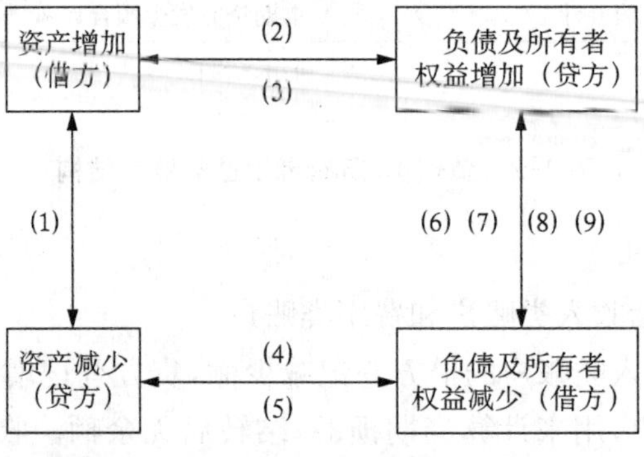

图 2-5　资金运动与记账规则的对应关系

以下举例说明借贷记账法记账规则的具体运用，各账户的期初余额见各“T”形账户。

【例 2-2】 悦兴公司购入原材料一批，价款为 2 000 元，用银行存款支付，假定不考虑增值税因素。

该项经济业务发生后，悦兴公司原材料增加 2 000 元，银行存款同时减少 2 000 元，它涉及“原材料”和“银行存款”这两个资产类账户。资产的增加用“借”表示，减少用“贷”表示，因此，“原材料”账户借方应记入 2 000 元，“银行存款”账户贷方应记入 2 000 元。该项经济业务在“T”形账户中的登记，如图 2-6 所示。

借方	银行存款		贷方
期初余额	200 000		
		(1)	2 000

借方	原材料		贷方
期初余额	300 000		
(1)	2 000		

图 2-6 以银行存款购入材料

【例 2-3】 悦兴公司已到期的应付票据 10 000 元因无力支付转为应付账款。

微课：常见经济业务——采购原材料

该项经济业务发生后，悦兴公司应付账款增加 10 000 元，应付票据同时减少 10 000 元，它涉及"应付账款"和"应付票据"这两个负债类账户。负债的增加用"贷"表示，减少用"借"表示，因此，"应付票据"账户借方应记入 10 000 元，"应付账款"账户贷方应记入 10 000 元。该项经济业务在"T"形账户中的登记，如图 2-7 所示。

借方	应付账款		贷方
		期初余额	160 000
		(2)	10 000

借方	应付票据		贷方
		期初余额	170 000
(2)	10 000		

图 2-7 已到期的应付票据转为应付账款

【例 2-4】 悦兴公司收到投资者投入资本 10 000 元，款项存入银行。

该项经济业务发生后，悦兴公司银行存款增加 10 000 元，所有者对甲公司的投资同时增加 10 000 元，它涉及"银行存款"这个资产类账户和"实收资本"这个所有者权益类账户。资产的增加用"借"表示，所有者权益的增加用"贷"表示，因此，"银行存款"账户借方应记入 10 000 元，"实收资本"账户贷方应记入 10 000 元。该项经济业务在"T"形账户中的登记，如图 2-8 所示。

借方	实收资本		贷方
		期初余额	12 020 000
		(3)	10 000

借方	银行存款		贷方
期初余额	200 000		
(3)	10 000		

图 2-8 收到投资者投入的资本金

【例 2-5】 悦兴公司以银行存款 20 000 元偿还到期的长期借款。

该项经济业务发生后，悦兴公司的银行存款减少 20 000 元，长期借款同时减少 20 000 元，它涉及"银行存款"这个资产类账户和"长期借款"这个负债类账户。资产的减少用"贷"表示，负债的减少用"借"表示，因此，"长期借款"账户的借方应记入 20 000 元，"银行存款"账户的贷方应记入 20 000 元。该项经济业务在"T"形账户中的登记，如图 2-9 所示。

借方	银行存款		贷方
期初余额	200 000		
		(4)	20 000

借方	长期借款		贷方
		期初余额	170 000
(4)	20 000		

图 2-9　以银行存款偿还到期的长期借款

(三) 借贷记账法下的账户对应关系与会计分录

微课：认识会计分录

账户对应关系是指采用借贷记账法对每项交易或者事项进行记录时，相关账户之间形成的应借、应贷的相互关系。存在对应关系的账户称为对应账户。

会计分录简称分录，是对每项经济业务列示出应借、应贷的账户名称（科目）及其金额的一种记录。会计分录由应借、应贷方向，相互对应的科目及其金额三个要素构成。在我国，会计分录记载于记账凭证中。

[例 2-2]至[例 2-5]所列示四项经济业务的会计分录分别如下：

(1) 借：原材料　　2 000
　　贷：银行存款　　2 000
(2) 借：应付票据　　10 000
　　贷：应付账款　　10 000
(3) 借：银行存款　　10 000
　　贷：实收资本　　10 000
(4) 借：长期借款　　20 000
　　贷：银行存款　　20 000

按照所涉及账户的多少，会计分录分为简单会计分录和复合会计分录。简单会计分录是指只涉及一个账户借方和另一个账户贷方的会计分录，即一借一贷的会计分录，如上述[例 2-2]至[例 2-5]列示的会计分录。复合会计分录是指由两个以上（不含两个）对应账户组成的会计分录，即一借多贷、多借一贷或多借多贷的会计分录。以下举例说明复合会计分录。

【例 2-6】 甲公司购入原材料一批，价款为 30 000 元，其中 20 000 元用银行存款支付，10 000 元尚未支付，假定不考虑增值税因素。会计分录如下：

借：原材料　　30 000
　　贷：银行存款　　20 000
　　　　应付账款　　10 000

复合会计分录实际上是由若干简单会计分录复合而成的，但为了保持账户对应关系清晰，我们一般不应把不同经济业务合并在一起编制多借多贷的会计分录。一笔复合会计分录可以分解为若干简单的会计分录，而若干笔相关简单的会计分录又可复合为一笔复合会计分录。复合或分解的目的是便于会计工作，更好地反映经济业务发生引起资金运动的来龙去脉。

【做中学·单项选择题】 2×21 年 8 月 31 日，某企业负债总额为 500 万元。9 月份，该企业收回应收账款 60 万元；以银行存款归还短期借款 40 万元；预收租金 20 万元。不考虑其他因素，2×21 年 9 月 30 日，该企业负债总额为（　　）万元。

微课：编制会计分录

A. 480　　B. 380　　C. 440　　D. 460

【答案】 A

【解析】 收回应收账款，借记“银行存款”科目 60 万元，贷记“应收账款”科目 60 万元，不影响负债；归还短期借款，借记“短期借款”科目 40 万元，贷记“银行存款”科目 40 万元，减少企业的负债 40 万元；预收租金，借记“银行存款”科目 20 万元，贷记“预收账款”科目 20 万元，增加企业的负债 20 万元，所以 2×21 年 9 月 30 日该企业的负债总额为 480 万元（500－40＋20）。

【做中学·单项选择题】 某企业 2×21 年 12 月初资产总额为 1 200 万元。12 月份该企业申请将银行汇票转入银行汇票存款 5 万元；从银行提取现金 2 万元；收到设备投资的入账价值为 10 万元。假定不考虑其他因素，该企业 2×21 年年末资产总额为（　　）万元。

A. 1 207　　B. 1 217　　C. 1 215　　D. 1 210

【答案】 D

【解析】 申请将银行汇票转入银行汇票存款，资产总额不变；从银行提取现金，资产总额不变；收到设备投资增加资产总额，故该企业 2×21 年年末的资产总额为 1 210 万元。

（四）借贷记账法下的试算平衡

试算平衡是指根据借贷记账法的记账规则和资产与权益（负债和所有者权益）的恒等关系，通过对所有账户的发生额和余额的汇总计算与比较，来检查账户记录是否正确的一种方法。

1. 试算平衡的分类

（1）发生额试算平衡。发生额试算平衡是指全部账户本期借方发生额合计与全部账户本期贷方发生额合计保持平衡，即：

全部账户本期借方发生额合计＝全部账户本期贷方发生额合计

发生额试算平衡的直接依据是借贷记账法的记账规则，即“有借必有贷，借贷必相等”。

（2）余额试算平衡。余额试算平衡是指全部账户借方期末（初）余额合计与全部账户贷方期末（初）余额合计保持平衡，即：

全部账户借方期末（初）余额合计＝全部账户贷方期末（初）余额合计

余额试算平衡的直接依据是财务状况等式，即：

资产＝负债＋所有者权益

【做中学·判断题】 借贷记账法的记账规则“有借必有贷，借贷必相等”是余额试算平衡的直接依据。（　　）

【答案】 ×

【解析】 发生额试算平衡的直接依据是借贷记账法的记账规则，即“有借必有贷，借贷必相等”。

2. 试算平衡表的编制

试算平衡是通过编制试算平衡表进行的。试算平衡表通常是在期末结出各账户的本期发生额合计和期末余额后编制的。试算平衡表中一般应设置“期初余额”“本期发生额”“期末余额”三大栏目,其下分设“借方”和“贷方”两个小栏。各大栏中的借方合计与贷方合计应该平衡相等;否则,便存在记账错误。为了简化表格,试算平衡表也可只根据各个账户的本期发生额编制,不填列各账户的期初余额和期末余额。

试算平衡只是通过借贷金额是否平衡来检查账户记录是否正确的一种方法。如果借贷双方发生额或余额相等,表明账户记录基本正确,但有些错误并不影响借贷双方的平衡,因此,试算不平衡表示记账一定有错误,但试算平衡时不能表明记账一定正确。

不影响借贷双方平衡关系的错误通常如下:①漏记某项经济业务,使本期借贷双方的发生额等额减少,借贷仍然平衡;②重记某项经济业务,使本期借贷双方的发生额等额虚增,借贷仍然平衡;③某项经济业务记录的应借、应贷会计科目正确,但借贷双方金额同时多记或少记,且金额一致,借贷仍然平衡;④某项经济业务记错有关账户,借贷仍然平衡;⑤某项经济业务在账户记录中,颠倒了记账方向,借贷仍然平衡;⑥某借方或贷方发生额中,偶然发生多记和少记并相互抵销,借贷仍然平衡。

由于账户记录可能存在上述不能由试算平衡表发现的错误,所以需要对一切会计记录进行日常或定期的复核,以保证账户记录的正确性。借贷记账法下试算平衡的运用举例如下。

【例 2-7】 2×21 年 1 月初,悦兴公司各账户的余额,如表 2-2 所示。

表 2-2 **期初账户的余额表**

2×21 年 1 月 1 日

单位:元

账户名称	期初借方余额	账户名称	期初贷方余额
库存现金	10 000	短期借款	160 000
银行存款	200 000	应付票据	170 000
原材料	300 000	应付账款	160 000
固定资产	12 000 000	实收资本	12 020 000
合计	12 510 000	合计	12 510 000

2×21 年 1 月,悦兴公司发生的部分经济业务如下(假定不考虑增值税因素):

(1) 收到投资者按投资合同投入资本 500 000 元,已存入银行。

(2) 向银行借入期限为 3 个月的借款 300 000 元,已存入银行。

(3) 从银行提取现金 5 000 元备用。

(4) 购买原材料 30 000 元已验收入库,款未付。

(5) 签发 3 个月到期的商业汇票 20 000 元,抵付上月所欠货款。

(6) 用银行存款 100 000 元偿还短期借款。

(7) 用银行存款 400 000 元购买不需安装的机器设备一台，设备已交付使用。

(8) 购买原材料 50 000 元，其中用银行存款支付 40 000 元，其余货款未付，材料已验收入库。

(9) 以银行存款偿还短期借款 100 000 元，偿还应付账款 30 000 元。

根据以上业务，编制会计分录如下：

(1) 借：银行存款　500 000
　　贷：实收资本　500 000

(2) 借：银行存款　300 000
　　贷：短期借款　300 000

(3) 借：库存现金　5 000
　　贷：银行存款　5 000

(4) 借：原材料　30 000
　　贷：应付账款　30 000

(5) 借：应付账款　20 000
　　贷：应付票据　20 000

(6) 借：短期借款　100 000
　　贷：银行存款　100 000

(7) 借：固定资产　400 000
　　贷：银行存款　400 000

(8) 借：原材料　50 000
　　贷：银行存款　40 000
　　　　应付账款　10 000

(9) 借：短期借款　100 000
　　　　应付账款　30 000
　　贷：银行存款　130 000

根据上述会计分录登记总分类账户，期末在各总分类账户中结算出本期发生额和期末余额，如图 2-10 至图 2-17 所示。

借方　　**银 行 存 款**　　贷方

期初余额	200 000		
(1)	500 000	(3)	5 000
(2)	300 000	(6)	100 000
		(7)	400 000
		(8)	40 000
		(9)	130 000
本期借方发生额合计	800 000	本期贷方发生额合计	675 000
期末余额	325 000		

图 2-10 “银行存款”账户

借方	实收资本		贷方
		期初余额	12 020 000
		(1)	500 000
本期借方发生额合计		本期贷方发生额合计	500 000
		期末余额	12 520 000

图 2-11 "实收资本"账户

借方	短期借款		贷方
		期初余额	160 000
(6)	100 000	(2)	300 000
(9)	100 000		
本期借方发生额合计	200 000	本期贷方发生额合计	300 000
期末余额		期末余额	260 000

图 2-12 "短期借款"账户

借方	库存现金		贷方
期初余额	10 000		
(3)	5 000		
本期借方发生额合计	5 000	本期贷方发生额合计	
期末余额	15 000		

图 2-13 "库存现金"账户

借方	原材料		贷方
期初余额	300 000		
(4)	30 000		
(8)	50 000		
本期借方发生额合计	80 000	本期贷方发生额合计	
期末余额	380 000		

图 2-14 "原材料"账户

借方	应付账款		贷方
		期初余额	160 000
(5)	20 000	(4)	30 000
(9)	30 000	(8)	10 000
本期借方发生额合计	50 000	本期贷方发生额合计	40 000
		期末余额	150 000

图 2-15 "应付账款"账户

借方	应付票据		贷方
		期初余额	170 000
		(5)	20 000
本期借方发生额合计		本期贷方发生额合计	20 000
		期末余额	190 000

图 2-16 “应付票据”账户

借方	固定资产		贷方
期初余额	12 000 000		
(7)	400 000		
本期借方发生额合计	400 000	本期贷方发生额合计	
期末余额	12 400 000		

图 2-17 “固定资产”账户

根据各账户的期初余额、本期发生额和期末余额，编制总分类账户试算平衡表进行试算平衡，如表 2-3 所示。

表 2-3 总分类账户试算平衡表

2×21 年 1 月 1 日　　单位：元

账户名称	期初余额		本期发生额		期末余额	
	借方	贷方	借方	贷方	借方	贷方
库存现金	10 000		5 000		15 000	
银行存款	200 000		800 000	675 000	325 000	
原材料	300 000		80 000		380 000	
固定资产	12 000 000		400 000		12 400 000	
短期借款		160 000	200 000	300 000		260 000
应付票据		170 000		20 000		190 000
应付账款		160 000	50 000	40 000		150 000
实收资本		12 020 000		500 000		12 520 000
合计	12 510 000	12 510 000	1 535 000	1 535 000	13 120 000	13 120 000

根据表 2-3 可知，双方的本期发生额借贷方合计、期末余额借贷方合计相等，表明账户记录基本正确。

【做中学·判断题】 企业漏记某项经济业务，会导致试算平衡表中的本期借贷方发生额不平衡。（　　）

【答案】 ×

【解析】 漏记某项经济业务，会使本期借贷双方的发生额等额减少，但借贷仍然平衡。

【做中学·判断题】 会计人员误将财务费用确认为制造费用，通过试算平衡表无法查出该差错。 （ ）

【答案】 √

【解析】 试算平衡只是通过借贷金额是否平衡来检查账户记录是否正确的一种方法。该经济业务记错有关账户，借贷仍然平衡，所以通过试算平衡表无法查出该差错。

第三节 会计凭证和会计账簿

一、会计凭证

（一）会计凭证概述

会计凭证是指记录经济业务发生或者完成情况的书面证明。它是登记账簿的依据，包括纸质会计凭证和电子会计凭证两种形式。每家企业都必须按一定的程序填制和审核会计凭证，根据审核无误的会计凭证进行账簿登记，如实反映企业的经济业务。会计凭证按照填制程序和用途不同，可分为原始凭证和记账凭证。

（二）原始凭证

原始凭证又称单据，是指在经济业务发生或完成时取得或填制的，用来记录或证明经济业务的发生或完成情况的原始凭据。原始凭证的作用主要是记载经济业务的发生过程和具体内容。常用的原始凭证有现金收据、发货单、增值税专用（或普通）发票、差旅费报销单、产品入库单、领料单等，日常常见的汽车票、火车票、餐饮发票、停车票也可以作为原始凭证。

1. 原始凭证的种类

原始凭证可以按照取得来源、格式、填制的手续和内容进行分类。

第一，按取得来源分类。

原始凭证按照取得来源不同，可分为自制原始凭证和外来原始凭证。

（1）自制原始凭证是指由本单位有关部门和人员，在执行或完成某项经济业务时填制的原始凭证，如领料单、产品入库单、借款单等。单位内部使用的领料单，其格式如表2-4所示。

表2-4 **领料单**

领料部门： 发料仓库：

用途： 年 月 日 编号：

材料编号	材料名称	规格	单位	请领数量	实发数量	备注

制单： 审核： 领料人： 发料人：

（2）外来原始凭证是指在经济业务发生或完成时，从其他单位或个人直接取得的原始凭证，如购买原材料取得的增值税专用发票，职工出差报销的飞机票、火车票和餐饮费发票等。增值税电子普通发票的格式，如图 2-18 所示。

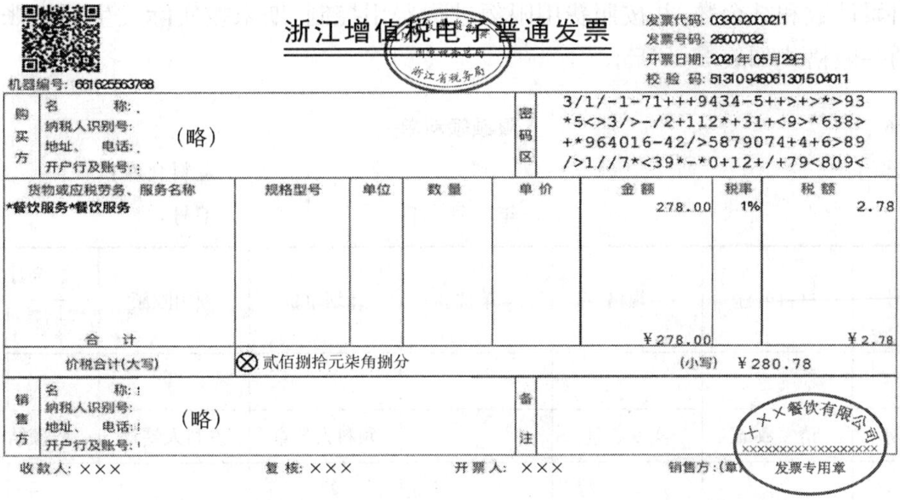
浙江增值税电子普通发票

机器编号：661625563768

发票代码：033002000211
发票号码：28007032
开票日期：2021 年 05 月 29 日
校 验 码：51310948061301504011

购买方	名称： 纳税人识别号： 地址、电话： 开户行及账号： (略)			密码区	3/1/-1-71+++9434-5++>+>*>93 *5<>3/>-/2+112*+31+<9>*638> +*964016-42/>5879074+4+6>89 />1//7*<39*-*0+12+/+79<809<		
货物或应税劳务、服务名称	规格型号	单位	数量	单价	金额	税率	税额
*餐饮服务*餐饮服务					278.00	1%	2.78
合计					¥278.00		¥2.78
价税合计(大写)	⊗贰佰捌拾元柒角捌分				(小写) ¥280.78		
销售方	名称： 纳税人识别号： 地址、电话： 开户行及账号： (略)			备注			

收款人：××× 复核：××× 开票人：××× 销售方：(章)

图 2-18 增值税电子普通发票

第二，按格式分类。

原始凭证按照格式的不同，可分为通用凭证和专用凭证。

(1) 通用凭证是指由有关部门统一印制、在一定范围内使用的具有统一格式和使用方法的原始凭证。通用凭证的使用范围因制作部门的不同而有所差异，可以是分地区、分行业使用，也可以是全国通用。比如，某省(市)印制的在该省(市)通用的发票、收据等；由中国人民银行制作的在全国通用的银行转账结算凭证、由国家税务总局统一印制的全国通用的增值税专用发票等。

(2) 专用凭证是指由单位自行印制的原始凭证，如领料单、差旅费报销单、折旧计算表、工资费用分配表等。

第三，按填制的手续和内容分类。

原始凭证按照填制的手续和内容不同，可分为一次凭证、累计凭证和汇总凭证。

(1) 一次凭证是指一次填制完成，只记录一项经济业务且仅一次有效的原始凭证，如收据、收料单、发货单、银行结算凭证等。发货单的一般格式如表 2-5 所示。

表 2-5 **发 货 单**

购买单位：

结算方式： 年 月 日 编号：

品名规格	单位	数量	单价	金额

制单： 审核： 领料人： 发料人：

（2）累计凭证是指在一定时期内多次记录发生的同类经济业务且多次有效的原始凭证，如限额领料单。累计凭证的特点是在一张凭证内可以连续登记相同性质的经济业务，随时结出累计数和结余数，并按照费用限额进行费用控制，期末按实际发生额记账。限额领料单的一般格式如表2-6所示。

表2-6 限额领料单

领料部门： 发料仓库：

用途： 年 月 日 编号：

材料编号	材料名称	规格	单位	计划单价	领用限额	全月实额	
						数量	金额
领用日期	请领数量	实发数量		领料人签章	发料人签章	限额结余数量	

供应部门负责人： 领料部门负责人： 仓库负责人：

（3）汇总凭证是指对一定时期内反映经济业务内容相同的若干张原始凭证，按照一定标准综合填制的原始凭证。汇总原始凭证合并了同类经济业务，简化了凭证编制和记账工作。发料凭证汇总表是一种常用的汇总凭证，其格式如表2-7所示。

表2-7 发料凭证汇总表

年 月

材料	借方科目				
	生产成本	制造费用	管理费用	销售费用	合计
合计					

2. 原始凭证的基本内容

原始凭证的格式和内容因经济业务和经营管理的不同而有所差异，但原始凭证应当具备以下基本内容（也称为原始凭证要素）：①凭证的名称；②填制凭证的日期；③填制凭证单位名称和填制人姓名；④经办人员的签名或者盖章；⑤接受凭证单位名称；⑥经济业务内容；⑦数量、单价和金额。

3. 原始凭证的填制要求

原始凭证填制的基本要求如下：

(1) 记录真实。原始凭证所填列经济业务的内容和数字，必须真实可靠，符合实际情况。

(2) 内容完整。原始凭证所要求填列的项目必须逐项填列齐全，不得遗漏或省略。原始凭证中的年、月、日要按照填制原始凭证的实际日期填写；名称要齐全，不能简化；品名或用途要填写明确，不能含糊不清；有关人员的签名或者盖章必须齐全。

(3) 手续完备。单位自制的原始凭证必须有经办单位相关负责人的签名或者盖章；对外开出的原始凭证必须加盖本单位公章或者财务专用章；从外部取得的原始凭证，必须盖有填制单位的公章或者财务专用章；从个人取得的原始凭证，必须有填制人员的签名或者盖章。

(4) 书写清楚、规范。原始凭证要按规定填写，文字要简明，字迹要清楚，易于辨认，不得使用未经国务院公布的简化汉字。

(5) 编号连续。各种凭证要连续编号，以便检查。如果凭证已预先印定编号，如发票、支票等重要凭证，在因错作废时，应加盖“作废”戳记，妥善保管，不得撕毁。

会计数字的书写

(6) 不得涂改、刮擦、挖补。原始凭证金额有错误的，应当由出具单位重开，不得在原始凭证上更正。原始凭证有其他错误的，应当由出具单位重开或更正，在更正处应当加盖出具单位印章。

(7) 填制及时。各种原始凭证一定要及时填写，并按规定的程序及时送交会计机构审核。

自制原始凭证填制的基本要求如下：

(1) 一次凭证应在经济业务发生或完成时，由相关业务人员一次填制完成。一次凭证往往只能反映一项经济业务，或者同时反映若干项同一性质的经济业务。一次凭证有些是自制的原始凭证，如收料单、领料单、工资结算表、制造费用分配表等；有些是外来的原始凭证，如增值税专用发票、税收缴款书、各种银行结算凭证等。

(2) 累计凭证应在每次经济业务完成后，由相关人员在同一张凭证上重复填制完成。累计凭证能在一定时期内不断重复地反映同类经济业务的完成情况。典型的累计凭证是限额领料单。

(3) 汇总凭证应由相关人员在汇总一定时期内反映同类经济业务的原始凭证后填制完成。汇总凭证只能将类型相同的经济业务进行汇总，不能汇总两类或两类以上的经济业务。

4. 原始凭证的审核

为了如实反映经济业务的发生和完成情况，充分发挥会计的监督职能，保证会计信息的真实、完整，会计人员必须对原始凭证进行严格审核。审核的内容主要包括：

(1) 审核原始凭证的真实性。真实性的审核包括凭证日期是否真实、业务内容是否真实、数据是否真实等。外来原始凭证必须有填制单位公章或财务专用章和填制人员签名或者盖章；自制原始凭证必须有经办部门和经办人员的签名或者盖章。此外，通用原始凭证还应审核凭证本身的真实性，以防作假。

（2）审核原始凭证的合法性、合理性。审核原始凭证所记录经济业务是否符合国家法律、法规，是否履行了规定的凭证传递和审核程序；审核原始凭证所记录经济业务是否符合企业经济活动的需要，是否符合有关的计划和预算等。

（3）审核原始凭证的完整性。审核原始凭证各项基本要素是否齐全，是否有漏项情况，日期是否完整，数字是否清晰，文字是否工整，有关人员签名或盖章是否齐全，凭证联次是否正确等。

（4）审核原始凭证的正确性。审核原始凭证记载的各项内容是否正确，具体包括：①接受原始凭证单位的名称是否正确。②金额的填写和计算是否正确。阿拉伯数字分位填写，不得连写。小写金额前要标明“¥”字样，中间不能留有空位。大写金额前要加“人民币”字样，大写金额与小写金额要相符。③更正是否正确。原始凭证记载的各项内容均不得涂改、刮擦和挖补。

（三）记账凭证

记账凭证又称记账凭单，是指会计人员根据审核无误的原始凭证，按照经济业务的内容加以归类，并据以确定会计分录后填制的会计凭证，作为登记账簿的直接依据。记账凭证的作用主要是确定会计分录，进行账簿登记，反映经济业务的发生或完成情况，监督企业经济活动，明确相关人员的责任。

1. 记账凭证的种类

记账凭证按照其反映的经济业务的内容来划分，通常可分为收款凭证、付款凭证和转账凭证。

（1）收款凭证。收款凭证是指用于记录库存现金和银行存款收款业务的记账凭证。收款凭证根据有关库存现金和银行存款收款业务的原始凭证填制，是登记现金日记账、银行存款日记账以及有关明细分类账和总分类账等账簿的依据，也是出纳人员收讫款项的依据。

（2）付款凭证。付款凭证是指用于记录库存现金和银行存款付款业务的记账凭证。付款凭证根据有关库存现金和银行存款支付业务的原始凭证填制，是登记现金日记账、银行存款日记账以及有关明细分类账和总分类账等账簿的依据，也是出纳人员支付款项的依据。

（3）转账凭证。转账凭证是指用于记录不涉及库存现金和银行存款业务的记账凭证。转账凭证根据有关转账业务的原始凭证填制，是登记有关明细分类账和总分类账等账簿的依据。

【做中学·单项选择题】 企业从银行提取现金，应填制的记账凭证是（　　）。

A. 现金收款凭证

B. 现金付款凭证

C. 银行存款收款凭证

D. 银行存款付款凭证

【答案】 D

【解析】 付款凭证是指用于记录库存现金和银行存款付款业务的记账凭证。

2. 记账凭证的基本内容

记账凭证是登记账簿的依据，为了保证账簿记录的正确性，记账凭证必须具备以下基本内容：①填制凭证的日期；②凭证编号；③经济业务摘要；④应借、应贷科目；⑤金额；⑥所附原始凭证张数；⑦填制凭证人员、稽核人员、记账人员、会计机构负责人、会计主管人员签名或者盖章。收款记账凭证和付款记账凭证还应当由出纳人员签名或者盖章。

3. 记账凭证的填制要求

记账凭证的填制除了要做到内容完整、书写清楚和规范，还必须符合相关要求。

记账凭证的填制要求　微课：常见经济业务——提现　微课：常见经济业务——销售商品

4. 记账凭证的审核

为了保证会计信息的质量，在记账之前有关稽核人员应对记账凭证进行严格的审核。审核的内容主要包括：记账凭证是否以原始凭证为依据，所附原始凭证或原始凭证汇总表的内容与记账凭证的内容是否一致；记账凭证各项目的填写是否齐全，如日期、凭证编号、摘要、会计科目、金额、所附原始凭证张数及有关人员签名或者盖章等；记账凭证的应借、应贷科目以及对应关系是否正确；记账凭证所记录的金额与原始凭证的有关金额是否一致，计算是否正确；记账凭证中的记录是否文字工整、数字清晰，是否按规定进行更正等；出纳人员在办理收款或付款业务后，是否已在原始凭证上加盖“收讫”或“付讫”的戳记。

（四）会计凭证的保管

会计凭证的保管是指会计凭证记账后的整理、装订、归档和存查工作。会计凭证作为记账的依据，是重要的会计档案和经济资料。任何单位在完成经济业务手续和记账后，必须将会计凭证按规定的立卷归档制度形成会计档案，妥善保管，防止丢失，不得任意销毁，以便日后随时查阅。

二、会计账簿

（一）会计账簿概述

会计账簿简称账簿，是指由一定格式的账页组成的，以经过审核的会计凭证为依据，全面、系统、连续地记录各项经济业务和会计事项的簿籍。

1. 会计账簿的基本内容

在实际工作中，由于各种会计账簿所记录的经济业务不同，账簿的格式也多种多样，但各种账簿都应具备以下基本内容：

（1）封面主要用来标明账簿的名称，如总分类账（简称总账）、各种明细分类账（简称明细账）、现金日记账、银行存款日记账等。

（2）扉页主要用来列明会计账簿的使用信息，如科目索引、账簿启用和经管人员一览表等。账簿启用登记和经管人员一览表的格式如表 2-8 所示。

表 2-8　　　　账簿启用登记和经管人员一览表

账簿名称：　　　　单位名称：

账簿编号：　　　　账簿册数：

账簿页数：　　　　启用日期：

会计主管：　　　　记账人员：

移交日期			移交人		接管日期			接管人		会计主管	
年	月	日	姓名	签章	年	月	日	姓名	签章	姓名	签章

(3) 账页是账簿用来记录经济业务的主要载体，包括账户的名称、日期栏、凭证种类和编号栏、摘要栏、金额栏，以及总页次和分户页次等基本内容。

2. 会计账簿的种类

会计账簿可以按照用途、账页格式、外形特征等进行分类。

第一，按用途分类。会计账簿按照用途不同，可以分为序时账簿、分类账簿和备查账簿。

序时账簿又称日记账，是按照经济业务发生时间的先后顺序逐日、逐笔登记的账簿。在我国企业和行政、事业单位中，现金日记账和银行存款日记账是应用比较广泛的日记账。其格式如表 2-9 和表 2-10 所示。

表 2-9　　　　现金日记账

2×21 年		记账凭证		对方科目	摘　要	收入	支出	结余
月	日	字	号					
8	1				期初余额			10 000
	2	(略)	(略)	(略)	提现备用	7 600		17 600
	2				报销办公用品		410	17 190
	2				出差借款		5 700	11 490
					本日合计	7 600	6 110	11 490

表 2-10　　　　银行存款日记账

2×21 年		记账凭证		对方科目	摘　要	收入	支出	结余
月	日	字	号					
10	1				期初余额			200 000
	2	(略)	(略)	(略)	提现备用		7 600	192 400
	2				收到投资	500 000		692 400
	2				支付货款		300 000	392 400
	2				归还借款		100 000	292 400
	2				支付材料款		40 000	252 400
					本日合计	500 000	447 600	252 400

分类账簿是指按照分类账户设置登记的账簿。分类账簿是会计账簿的主体,也是编制会计报表的主要依据。分类账簿按其反映经济业务的详略程度不同,可分为总分类账和明细分类账。其中,总分类账是根据总分类账户设置的,总括地反映某类经济活动的账簿。总分类账主要为编制会计报表提供直接数据资料,通常采用三栏式,其格式如表 2-11 所示。明细分类账是根据明细分类账户设置的,用来提供明细核算资料的账簿。明细分类账可采用的格式主要有三栏式明细账(格式与三栏式总分类账相同,如表 2-11 所示)、多栏式明细账和数量金额式明细账等。

表 2-11 **总分类账** 第 页

年		凭证		摘 要	借方	贷方	借或贷	余额
月	日	种类	编号					

备查账簿又称辅助登记簿或补充登记簿,是对某些在序时账簿和分类账簿中未能记载或记载不全的经济业务进行补充登记的账簿。例如,反映企业租入固定资产的租入固定资产登记簿、反映为其他企业代管商品的代管商品物资登记簿等。备查账簿只是对其他账簿记录的一种补充,与其他账簿之间不存在严密的依存和勾稽关系。备查账簿根据企业的实际需要设置,没有固定的格式要求。

第二,按账页格式分类。会计账簿按照账页格式不同,主要分为三栏式账簿、多栏式账簿和数量金额式账簿。

三栏式账簿是设有借方、贷方和余额三个金额栏目的账簿。各种日记账、总账以及资本、债权债务明细账都可采用三栏式账簿。三栏式账簿又分为设对方科目和不设对方科目两种。区别是在摘要栏和借方科目栏之间是否有一栏“对方科目”。设有“对方科目”栏的,称为设对方科目的三栏式账簿;不设有“对方科目”栏的,称为不设对方科目的三栏式账簿。其格式与总账的格式基本相同。

多栏式账簿是在账簿的两个金额栏目(借方和贷方)按需要分设若干专栏的账簿。这种账簿可以按“借方”和“贷方”分设专栏,也可以只设“借方”或“贷方”专栏,设多少栏则根据需要确定。收入、成本、费用明细分类账一般采用多栏式账簿。

数量金额式账簿是在账簿的借方、贷方和余额三个栏目内,每个栏目再分设数量、单价和金额三小栏,借以反映财产物资的实物数量和价值量的账簿。原材料、库存商品等明细账一般采用数量金额式账簿。

第三,按外形特征分类。会计账簿按照外形特征不同,可以分为订本式账簿、活页式账簿和卡片式账簿。

订本式账簿简称订本账,是在启用前将编有顺序页码的一定数量账页装订成册的账簿。订本账的优点是能避免账页散失和防止抽换账页;缺点是不能准确为各账户预留账页。订本式账簿一般适用于重要的和具有统驭性的总分类账、现金日记账和银行存款日记账。

活页式账簿简称活页账，是将一定数量的账页置于活页夹内，可根据记账内容的变化随时增加或减少部分账页的账簿。活页式账簿的优点是记账时可以根据实际需要，随时将空白账页装入账簿，或抽去不需要的账页，便于分工记账；缺点是如果管理不善，可能会造成账页散失或故意抽换账页。活页式账簿一般适用于明细分类账。

卡片式账簿简称卡片账，是将一定数量的卡片式账页存放于专设的卡片箱中，可以根据需要随时增添账页的账簿。在我国，企业一般只对固定资产的核算采用卡片账形式，也有少数企业在材料核算中使用材料卡片。

(二) 会计账簿的启用与登记要求

会计账簿的启用与登记

启用会计账簿时，记账人员应当在账簿封面上写明单位名称和账簿名称，并在账簿扉页填写相关信息。启用订本式账簿，记账人员应当从第一页到最后一页顺序编定页数，不得跳页、缺号。使用活页式账簿，记账人员应当按账户顺序编号，并须定期装订成册，装订后再按实际使用的账页顺序编定页码，另加目录以便于记明每个账户的名称和页次。

为了保证账簿记录的正确性，记账人员必须根据审核无误的会计凭证登记会计账簿，并符合有关法律、行政法规和国家统一的会计制度的规定。

·理论点拨·

原始凭证、记账凭证和会计账簿的关系

原始凭证记录了经济业务的发生过程和具体内容，一般来说，我们应根据原始凭证编制记账凭证，再根据原始凭证和记账凭证登记会计账簿。所以，原始凭证是编制记账凭证的依据，原始凭证和记账凭证是登记会计账簿的依据。

(三) 对账与结账

1. 对账

对账是对账簿记录所进行的核对，也就是核对账目。对账工作一般在记账之后结账之前，即在月末进行。对账一般分为账证核对、账账核对和账实核对。

(1) 账证核对。账证核对是指将账簿记录与会计凭证核对，核对账簿记录与原始凭证和记账凭证的时间、凭证字号、内容、金额等是否一致，记账方向是否相符，做到账证相符。

(2) 账账核对。账账核对的主要内容如下：

一是总分类账簿之间的核对。按照“资产＝负债＋所有者权益”这一会计等式和“有借必有贷、借贷必相等”的记账规则，总分类账簿各账户的期初余额、本期发生额和期末余额之间存在对应的平衡关系，各账户的期末借方余额合计和贷方余额合计也存在平衡关系。通过这种等式和平衡关系，我们可以检查总账记录是否正确、完整。

二是总分类账簿与所辖明细分类账簿之间的核对。总分类账各账户的期末余额应与其所辖各明细分类账的期末余额之和核对相符。

三是总分类账簿与序时账簿之间的核对。这主要是指现金总账和银行存款总账的期末余额，与现金日记账和银行存款日记账的期末余额之间的核对。

四是明细分类账簿之间的核对。例如，会计机构有关实物资产的明细账与财产物资保管部门或使用部门的明细账定期核对，以检查余额是否相符。核对方法一般是由财产物资保管部门或使用部门定期编制收发存汇总表报会计机构核对。

(3) 账实核对。账实核对是指各项财产物资、债权债务等账面余额与实有数额之间的核对。这主要包括：①现金日记账账面余额与现金实际库存数逐日核对是否相符；②银行存款日记账账面余额与银行对账单余额定期核对是否相符；③各项财产物资明细账账面余额与财产物资实有数额定期核对是否相符；④有关债权债务明细账账面余额与对方单位债权债务账面记录核对是否相符。

2. 结账

结账是将账簿记录定期结算清楚的会计工作。在一定时期结束时(如月末、季末或年末)，企业为编制会计报表，需要进行结账，具体包括月结、季结和年结。结账的内容通常包括两个方面：一是结清各种损益类账户，据以计算确定本期利润；二是结出各资产类、负债类和所有者权益类账户的本期发生额合计和期末余额。结账的要点主要有：

(1) 对不需按月结计本期发生额的账户，如各项应收、应付款明细账和各项财产物资明细账等，每次记账以后，企业都要随时结出余额，每月最后一笔余额是月末余额。月末结账时，企业只需要在最后一笔经济业务记录下面通栏划单红线，不需要再次结计余额。

(2) 现金日记账、银行存款日记账和需要按月结计发生额的收入、费用等明细账，每月结账时，要在最后一笔经济业务记录下面通栏划单红线，结出本月发生额和余额，在摘要栏内注明"本月合计"字样，并在下面通栏划单红线。

(3) 对于需要结计本年累计发生额的明细账户，每月结账时，应在"本月合计"行下结出自年初起至本月末止的累计发生额，登记在月份发生额下面，在摘要栏内注明"本年累计"字样，并在下面通栏划单红线。12月末的"本年累计"就是全年累计发生额，在全年累计发生额下面通栏划双红线。

(4) 总账账户平时只需结出月末余额。年终结账时，为总括反映全年各项资金运动情况的全貌，核对账目，企业要将所有总账账户结出全年发生额和年末余额，在摘要栏内注明"本年合计"字样，并在合计数下面通栏划双红线。

(5) 年度终了结账时，有余额的账户，应将其余额结转下年，并在摘要栏注明"结转下年"字样；在下一会计年度新建有关账户的第一行余额栏内填写上年结转的余额，并在摘要栏注明"上年结转"字样，使年末有余额账户的余额如实地在账户中加以反映，以免混淆有余额的账户和无余额的账户。

(四) 错账更正的方法

在记账过程中，账簿记录可能由于种种原因发生错误。账簿记录发生错误，企业应当采用正确、规范的方法予以更正，不得涂改、挖补、刮擦或者用药水消除字迹，不得重新抄写。错账更正的方法一般有划线更正法、红字更正法和补充登记法三种。

1. 划线更正法

在结账前发现账簿记录有文字或数字错误，而记账凭证没有错误，企业应当采用划线更正法。更正时，企业可在错误的文字或数字上划一条红线，在红线的上方填写正确的文字或数字，并由记账人员和会计机构负责人(会计主管人员)在更正处盖章，以明确责任。

需要注意的是，对于数字错误更正时不得只划销错误数字，记账人员应将全部数字划销，并保持原有数字清晰可辨，以便审查。例如，记账人员把“3 457”元误记为“8 457”元时，应将错误数字“8 457”全部用红线划销后，再写上正确的数字“3 457”，而不是只删改一个“8”字。如果记账凭证中的文字或数字发生错误，在尚未过账前，记账人员也可用划线更正法更正。

2. 红字更正法

红字更正法适用于两种情形：情形一，记账后发现记账凭证中应借、应贷会计科目有错误引起的记账错误。更正方法是，先用红字填写一张与原记账凭证完全相同的记账凭证，在摘要栏内写明“注销××××年××月××日××号凭证”，并据以用红字登记入账，以示注销原记账凭证；再用蓝字填写一张正确的记账凭证，并据以用蓝字登记入账。情形二，记账后发现记账凭证和账簿记录中应借、应贷会计科目无误，只是所记金额大于应记金额引起的记账错误。更正方法是，按多记的金额用红字编制一张与原记账凭证应借、应贷会计科目完全相同的记账凭证，在摘要栏内写明“冲销××××年××月××日第××号记账凭证多记金额”，以冲销多记的金额，并据以用红字登记入账。

3. 补充登记法

记账后发现记账凭证和账簿记录中应借、应贷会计科目无误，只是所记金额小于应记金额时，应当采用补充登记法。更正方法是，按少记的金额用蓝字填制一张与原记账凭证应借、应贷会计科目完全相同的记账凭证，在摘要栏内写明“补记××××年××月××日第××号记账凭证少记金额”，以补充少记的金额，并据以用蓝字登记入账。

【做中学·单项选择题】 采用划线更正法，是因为（　　），导致账簿记录错误。

A. 记账凭证上发生错误

B. 记账凭证正确，账簿记录发生错误

C. 记账凭证上会计科目或记账方向正确，所记金额大于应记金额

D. 记账凭证上会计科目或记账方向正确，所记金额小于应记金额

【答案】 B

【解析】 在结账前发现账簿记录有文字或数字错误，而记账凭证没有错误，记账人员应当采用划线更正法。

第四节　财产清查

一、财产清查概述

财产清查是指通过对货币资金、实物资产和往来款项等财产物资进行盘点或核对，确定其实存数，查明账存数与实存数是否相符的一种专门方法。

（一）财产清查的种类

财产清查按照清查的范围不同，分为全面清查和局部清查；按照清查的时间不同，分为定期清查和不定期清查；按照清查的执行系统不同，分为内部清查和外部清查。

1. 按照清查的范围分类

全面清查是指对所有的财产进行全面的盘点和核对。需要进行全面清查的情况通常包括:①年终决算前;②在合并、撤销或改变隶属关系前;③中外合资、国内合资前;④股份制改造前;⑤开展全面的资产评估、清产核资前;⑥单位主要领导调离工作前等。

局部清查是指根据需要只对部分财产进行盘点和核对。局部清查的范围和对象,应根据业务需要和相关具体情况而定。一般而言,对于流动性较大的财产物资,如原材料、在产品、产成品,应根据需要随时轮流盘点或重点抽查;对于贵重财产物资,每月都要进行清查盘点;对于库存现金,每日终了,应由出纳人员进行清点核对;对于银行存款,企业至少每月同银行核对一次;对债权债务,企业应每年至少同债权人、债务人核对一两次。

【做中学·多项选择题】 下列各项中,需要进行全面财产清查的情况有(　　)。

A. 年终决算之前　　B. 企业股份制改制前

C. 进行全面资产评估时　　D. 单位主要负责人调离时

【答案】 ABCD

【解析】 全面清查是指对所有的财产进行全面的盘点和核对。需要进行全面清查的情况通常有:①年终决算前;②在合并、撤销或改变隶属关系前;③中外合资、国内合资前;④股份制改造前;⑤开展全面的资产评估、清产核资前;⑥单位主要领导调离工作前等。

2. 按照清查的时间分类

定期清查是指按照预先计划安排的时间对财产进行的盘点和核对。定期清查一般在年末、季末和月末进行。

不定期清查是指事前不规定清查日期,而是根据特殊需要临时进行的盘点和核对。不定期清查主要在以下情况下进行:

(1) 财产物资、库存现金保管人员更换时,要对有关人员保管的财产物资、库存现金进行清查,以分清经济责任,便于办理交接手续。

(2) 发生自然灾害和意外损失时,要对受损失的财产物资进行清查,以查明损失情况。

(3) 上级主管、财政、审计和银行等部门,对本单位进行会计检查,应按检查的要求和范围对财产物资进行清查,以验证会计资料的可靠性。

(4) 开展临时性清产核资时,要对本单位的财产物资进行清查,以便摸清家底。

3. 按照清查的执行系统分类

内部清查是指由本单位内部自行组织清查工作小组所进行的财产清查工作。大多数财产清查都是内部清查。

外部清查是指由上级主管部门、审计机关、司法部门、注册会计师等根据国家有关规定或情况需要对本单位进行的财产清查。一般来讲,单位进行外部清查时应有本单位相关人员参加。

(二) 财产清查的一般程序

财产清查既是会计核算的一种专门方法,又是财产物资管理的一项重要制度。企业必须有计划、有组织地进行财产清查。

财产清查的一般程序为:①建立财产清查组织;②组织清查人员学习有关政策规定,

掌握有关法律、法规和相关业务知识，以提高财产清查工作的质量；③确定清查对象、范围，明确清查任务；④制订清查方案，具体安排清查内容、时间、步骤、方法，以及必要的清查前准备；⑤清查时本着先清查数量、核对有关账簿记录等，后认定质量的原则进行；⑥填制盘存清单；⑦根据盘存清单，填制实物、往来账项清查结果报告表。

二、财产清查的方法与会计处理

（一）财产清查的方法

1. 货币资金的清查方法

第一，库存现金的清查。库存现金的清查是先采用实地盘点法确定库存现金的实存数，再与现金日记账的账面余额相核对，确定账实是否相符。库存现金清查一般由主管会计或财务负责人和出纳人员共同清点出各种纸币的张数和硬币的个数，并填制库存现金盘点报告表。

对库存现金进行盘点时，出纳人员必须在场，有关业务必须在现金日记账中全部登记完毕。盘点时，盘点人员一方面要注意账实是否相符；另一方面还要检查现金管理制度的遵守情况，如库存现金有无超过其限额，有无白条抵库、挪用舞弊等情况。盘点结束后，盘点人员应填制库存现金盘点报告表，作为重要原始凭证。

第二，银行存款的清查。银行存款的清查是采用与开户银行核对账目的方法进行的，即将本单位银行存款日记账的账簿记录与开户银行转来的对账单逐笔进行核对，查明银行存款的实有数额。银行存款的清查一般在月末进行。先将截止到清查日所有银行存款的收付业务都登记入账，对发生的错账、漏账应及时查清更正，再与银行的对账单逐笔核对。如果两者余额相符，通常说明没有错误；如果两者余额不相符，则可能是企业或银行一方或双方记账过程有错误或者存在未达账项。

所谓未达账项，是指企业与银行之间，一方收到凭证并已入账，另一方未收到凭证因而未能入账的账项。未达账项一般分为以下四种情况：情况一，企业已收款记账、银行未收款未记账的款项。例如，企业已将收到的购货单位开出的转账支票送存银行并且入账，但是，银行尚未办妥转账收款手续而没有入账。情况二，企业已付款记账、银行未付款未记账的款项。例如，企业开出的转账支票已经入账，但是，收款单位尚未到银行办理转账手续或银行尚未办妥转账付款手续而没有入账。情况三，银行已收款记账、企业未收款未记账的款项。例如，企业委托银行代收的款项，银行已经办妥收款手续并且入账，但是，企业尚未收到收款通知而没有入账。情况四，银行已付款记账、企业未付款未记账的款项。例如，企业应付给银行的借款利息，银行已经办妥付款手续并且入账，但是，企业尚未收到付款通知而没有入账。

上述任何一种未达账项的存在，都会使企业银行存款日记账的余额与银行开出的对账单的余额不符。所以，在与银行对账时应先查明是否存在未达账项，如果存在未达账项，企业就应当编制银行存款余额调节表，据以确定企业银行存款实有数。

银行存款的清查按以下步骤进行：

(1) 根据经济业务、结算凭证的种类、号码和金额等资料，逐日逐笔核对银行存款日记账和银行对账单，凡双方都有记录的，用铅笔在金额旁打上记号“√”。

(2) 找出未达账项(即银行存款日记账和银行对账单中没有打上记号“√”的款项)。

(3) 将日记账和对账单的月末余额及找出的未达账项填入银行存款余额调节表，并计算出调整后的余额。

(4) 将调整平衡的银行存款余额调节表，经主管会计签名或盖章后，送达开户银行。

银行存款余额调节表的编制以企业银行存款日记账余额和银行对账单余额为基础，各自分别加上对方已收款入账而己方尚未入账的数额，减去对方已付款入账而己方尚未入账的数额。其计算公式如下：

$$\text{企业银行存款日记账余额}+\text{银行已收企业未收款}-\text{银行已付企业未付款}=\text{银行对账单存款余额}+\text{企业已收银行未收款}-\text{企业已付银行未付款}$$

需要注意的是，银行存款余额调节表只是为了核对账目而编制，不能作为调整企业银行存款账面记录的记账依据。

2. 实物资产的清查方法

实物资产主要包括固定资产、存货等。实物资产的清查就是对实物资产数量和质量进行的清查。它通常采用以下两种清查方法：

(1) 实地盘点法。实地盘点法是通过点数、过磅、量尺等方法来确定实物资产的实有数量的方法。实地盘点法适用范围较广，在多数财产物资清查中都可以采用。

(2) 技术推算法。技术推算法又称估推法，是利用一定的技术方法对财产物资的实存数进行推算的方法。这种方法对于财产物资不是逐一清点计数，而是通过量方、计尺等技术推算财产物资的结存数量。技术推算法只适用于成堆量大而价值不高，逐一清点的工作量和难度较大的财产物资的清查，如露天堆放的煤炭等。对于实物的质量，盘点人员应根据不同实物的性质或特征，采用物理或化学方法，来检查实物的质量。

在实物清查过程中，实物保管人员和盘点人员必须同时在场。盘点结果应如实登记盘存单，并由盘点人员和实物保管人员签字或盖章，以明确经济责任。盘存单既是记录盘点结果的书面证明，也是反映财产物资实存数的原始凭证。盘存单的一般格式如表 2-13 所示。

表 2-13 **盘 存 单**

单位名称： 盘点时间： 编号：

财产类别 存放地点：

编号	名称	计量单位	数量	单价	金额	备注

盘点人： 保管人：

为了查明实存数与账存数是否一致，确定盘盈或盘亏情况，企业应根据盘存单和有关账簿记录，编制实存账存对比表。实存账存对比表是用来调整账簿记录的重要原始凭证，也是分析产生差异的原因、明确经济责任的依据。实存账存对比表的一般格式如表 2-14 所示。

表 2-14　　　　实存账存对比表

单位名称：　　　　　　　　　　年　月　日

编号	类别及名称	计量单位	单价	实存		账存		对比结果				备注
								盘盈		盘亏		
				数量	金额	数量	金额	数量	金额	数量	金额	

主管负责人：　　　　　　　　复核：　　　　　　　　制表：

往来款项主要包括应收、应付款项和预收、预付款项等。往来款项的清查一般采用发函询证的方法进行核对。清查单位应在其各种往来款项记录准确的基础上，按每一个经济往来单位填制一式两联往来款项对账单，其中一联送交对方单位核对账目，另一联作为回单联。对方单位核对相符后，在回单联上加盖公章退回，表示已核对。如有数字不符，对方单位应在对账单中注明情况退回本单位，本单位应进一步查明原因，再行核对。

往来款项清查以后，将清查结果编制往来款项清查报告单，填列各项债权债务的余额。对于有争执的款项以及无法收回的款项，应在报告单上详细列明情况，并及时采取措施，避免或减少坏账损失。

【做中学·单项选择题】 下列关于资产清查方法的说法中，正确的是(　　)。

A. 银行存款的清查应通过与开户银行转来的对账单进行核对

B. 实物资产的清查只能采用实地盘点法

C. 银行存款的清查一般采用向银行发函询证的方法进行核对

D. 清查库存现金可以采用实地盘点法或技术推算法

【答案】 A

【解析】 银行存款的清查是采用与开户银行核对账目的方法进行的，即将本单位银行存款日记账的账簿记录与开户银行转来的对账单逐笔进行核对，查明银行存款的实有数额。

(二) 财产清查结果的会计处理

对于财产清查中发现的问题，如财产物资的盘盈、盘亏、毁损或其他各种损失，企业应核实情况，调查分析产生的原因，根据清查结果报告表、盘点报告表等，填制记账凭证，记入有关账簿，使账簿记录与实际盘存数相符，同时根据管理权限，将处理建议报股东大会、董事会、经理(厂长)会议或类似机构批准。

财产清查产生的溢余或损失,企业应于期末前查明原因,并根据企业的管理权限,经股东大会、董事会、经理(厂长)会议或类似机构批准后,在期末结账前处理完毕。如果在期末结账前尚未经批准,在对外提供财务报告时,企业先按相关规定进行相应账务处理,并在附注中作出说明,其后如果批准处理的金额与已处理金额不一致,应调整财务报告相关项目的期初数。

第五节 会计账务处理程序

一、会计账务处理程序概述

(一) 会计账务处理程序的概念

会计账务处理程序又称会计核算组织程序或者会计核算形式,是指会计凭证、会计账簿和会计报表相结合的方式。

(二) 会计账务处理程序的种类

企业常用的账务处理程序主要有记账凭证账务处理程序、汇总记账凭证账务处理程序和科目汇总表账务处理程序,它们之间的主要区别是登记总分类账的依据和方法不同。

1. 记账凭证账务处理程序

记账凭证账务处理程序是指对发生的经济业务,先根据原始凭证或汇总原始凭证填制记账凭证,再根据记账凭证登记总分类账的一种账务处理程序。记账凭证账务处理程序适用于规模较小、经济业务较少的单位。

2. 汇总记账凭证账务处理程序

汇总记账凭证账务处理程序是指先根据原始凭证或汇总原始凭证填制记账凭证,定期根据记账凭证分类编制汇总收款凭证、汇总付款凭证和汇总转账凭证,再根据汇总记账凭证登记总分类账的一种账务处理程序。汇总记账凭证是指对一段时间内同类记账凭证进行定期汇总而编制的记账凭证。汇总记账凭证账务处理程序适用于规模较大、经济业务较多的单位。

3. 科目汇总表账务处理程序

科目汇总表账务处理程序又称记账凭证汇总表账务处理程序,是指根据记账凭证定期编制科目汇总表,根据科目汇总表登记总分类账的一种账务处理程序。科目汇总表又称记账凭证汇总表,是企业定期对全部记账凭证进行汇总后,按照不同的科目分别列示各账户借方发生额和贷方发生额的一种汇总凭证。科目汇总表账务处理程序适用于经济业务较多的单位。

二、会计账务处理程序的应用

1. 记账凭证账务处理程序

记账凭证账务处理程序的一般步骤如下:

(1) 根据原始凭证填制汇总原始凭证。

(2) 根据原始凭证或汇总原始凭证,填制收款凭证、付款凭证和转账凭证,也可以填制通用记账凭证。

(3) 根据收款凭证和付款凭证逐笔登记现金日记账和银行存款日记账。

(4) 根据原始凭证、汇总原始凭证和记账凭证,登记各种明细分类账。

(5) 根据记账凭证逐笔登记总分类账。

(6) 期末,将现金日记账、银行存款日记账和明细分类账的余额与有关总分类账的余额核对相符。

(7) 期末,根据总分类账和明细分类账的记录编制会计报表。

记账凭证账务处理程序如图 2-19 所示。

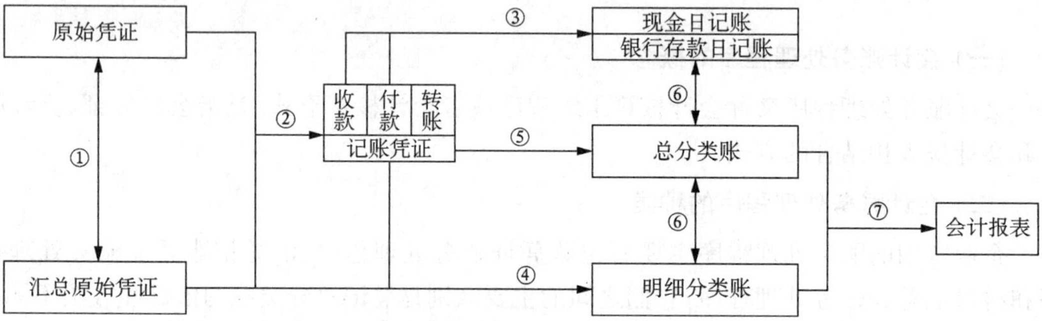

图 2-19 记账凭证账务处理程序示意图

记账凭证账务处理程序的主要特点是根据记账凭证逐笔登记总分类账。其优点是简单明了,易于理解,总分类账可以反映经济业务的详细情况;缺点是登记总分类账的工作量较大。

2. 汇总记账凭证账务处理程序

汇总记账凭证账务处理程序的一般步骤如下:

(1) 根据原始凭证填制汇总原始凭证。

(2) 根据原始凭证或汇总原始凭证,填制收款凭证、付款凭证和转账凭证,也可以填制通用记账凭证。

(3) 根据收款凭证、付款凭证逐笔登记现金日记账和银行存款日记账。

(4) 根据原始凭证、汇总原始凭证和记账凭证,登记各种明细分类账。

(5) 根据各种记账凭证编制有关汇总记账凭证。

(6) 根据各种汇总记账凭证登记总分类账。

(7) 期末,将现金日记账、银行存款日记账和明细分类账的余额与有关总分类账的余额核对相符。

(8) 期末,根据总分类账和明细分类账的记录,编制会计报表。

汇总记账凭证账务处理程序如图 2-20 所示。

汇总记账凭证账务处理程序的主要特点是先根据记账凭证编制汇总记账凭证,再根据汇总记账凭证登记总分类账。其优点是减轻登记总分类账的工作;缺点是当转账凭证

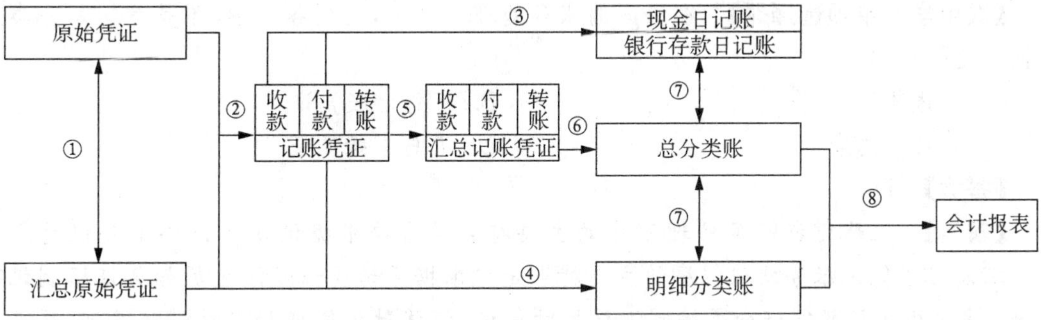

图 2-20　汇总记账凭证账务处理程序示意图

较多时，编制汇总转账凭证的工作量较大，并且按每一贷方账户编制汇总转账凭证不利于会计核算的日常分工。

3. 科目汇总表账务处理程序

科目汇总表账务处理程序的一般步骤如下：

(1) 根据原始凭证填制汇总原始凭证。

(2) 根据原始凭证或汇总原始凭证，填制收款凭证、付款凭证和转账凭证，也可以填制通用记账凭证。

(3) 根据收款凭证、付款凭证逐笔登记现金日记账和银行存款日记账。

(4) 根据原始凭证、汇总原始凭证和记账凭证，登记各种明细分类账。

(5) 根据各种记账凭证编制科目汇总表。

(6) 根据科目汇总表登记总分类账。

(7) 期末，将现金日记账、银行存款日记账和明细分类账的余额同有关总分类账的余额核对相符。

(8) 期末，根据总分类账和明细分类账的记录，编制会计报表。

科目汇总表账务处理程序如图 2-21 所示。

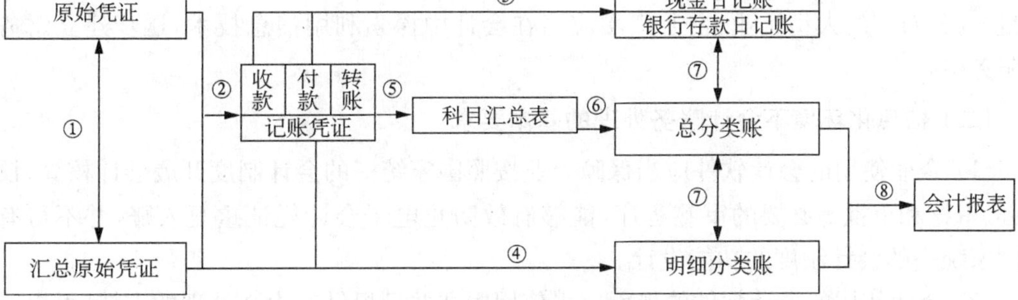

图 2-21　科目汇总表账务处理程序

科目汇总表账务处理程序的主要特点是先将所有记账凭证汇总编制成科目汇总表，然后根据科目汇总表登记总分类账。其优点是减轻了登记总分类账的工作量，并且科目汇总表可以起到试算平衡的作用；缺点是科目汇总表不能反映各个账户之间的对应关系，不利于对账目进行检查。

【做中学·单项选择题】 在不同的账务处理程序下，下列各项中，不是登记总分类账依据的是(　　)。

A. 记账凭证　　　　B. 汇总记账凭证

C. 科目汇总表　　　　D. 汇总原始凭证

【答案】 D

【解析】 记账凭证账务处理程序的主要特点是直接根据记账凭证逐笔登记总分类账。汇总记账凭证账务处理程序的主要特点是先根据原始凭证或汇总原始凭证填制记账凭证，定期根据记账凭证分类编制汇总收款凭证、汇总付款凭证和汇总转账凭证，再根据汇总记账凭证登记总分类账。科目汇总表账务处理程序的主要特点是先将所有记账凭证汇总编制成科目汇总表，然后根据科目汇总表登记总分类账。

三、信息化环境下的会计账务处理

信息化环境下会计账务处理流程

(一) 会计信息化概述

会计信息化是指企业利用计算机、网络通信等现代信息技术手段开展会计核算，以及利用上述技术手段将会计核算与其他经营管理活动有机结合的过程。

会计软件是指企业使用的、专门用于会计核算和财务管理的计算机软件、软件系统或者其功能模块。

会计软件一般具有以下功能：

(1) 为会计核算和财务管理直接采集数据。

(2) 生成会计凭证、账簿和报表等会计资料。

(3) 对会计资料进行转换、输出、分析和利用。

会计信息系统是指由会计软件及其运行所依赖的软硬件环境组成的集合体。处于会计核算信息化阶段的企业，应当结合自身情况，逐步实现资金管理、资产管理、预算控制和成本管理等财务管理信息化。处于财务管理信息化阶段的企业，应当结合自身情况，逐步实现财务分析、全面预算管理、风险控制和绩效考核等决策支持信息化。分公司和子公司数量多、分布广的大型企业、企业集团应当在会计中探索利用信息技术，逐步建立财务共享服务中心。

(二) 信息化环境下会计账务处理的基本要求

(1) 企业使用的会计软件应当保障企业按照国家统一的会计制度开展会计核算，设定经办、审核和审批等必要的审签程序，能够有效防止电子会计凭证重复入账，并不得有违背国家统一的会计制度的功能设计。

(2) 企业使用的会计软件的界面应当使用中文并且提供对中文处理的支持，可以同时提供外国或者少数民族文字界面对照和处理支持。

(3) 企业使用的会计软件应当提供符合国家统一的会计制度的会计科目分类和编码功能。

(4) 企业使用的会计软件应当提供符合国家统一的会计制度的会计凭证、账簿和报表的显示和打印功能。

（5）企业使用的会计软件应当提供不可逆的记账功能，确保对同类已记账凭证的连续编号，不得提供对已记账凭证的删除和插入功能，不得提供对已记账凭证日期、金额、科目和操作人的修改功能。

（6）企业使用的会计软件应当具有符合国家统一标准的数据接口，满足外部会计监督需要。

（7）企业使用的会计软件应当具有会计资料归档功能，提供导出会计档案的接口，在会计档案存储格式、元数据采集、真实性与完整性保障方面，符合国家有关电子文件归档与电子档案管理的要求。

（8）企业使用的会计软件应当记录生成用户操作日志，确保日志的安全、完整，提供按操作人员、操作时间和操作内容查询日志的功能，并能以简单易懂的形式输出。

（9）企业会计信息系统数据服务器的部署应当符合国家有关规定。数据服务器部署在境外的，应当在境内保存会计资料备份，备份频率不得低于每月一次。境内备份的会计资料应当能够在境外服务器不能正常工作时，独立满足企业开展会计工作的需要以及外部会计监督的需要。

（10）企业会计资料中对经济业务事项的描述应当使用中文，可以同时使用外国或者少数民族文字对照。

（11）企业应当建立电子会计资料备份管理制度，确保会计资料的安全、完整和会计信息系统的持续、稳定运行。

（12）企业电子会计档案的归档管理，应当符合《会计档案管理办法》等法规规章的规定。

（13）实行会计集中核算的企业以及企业分支机构，应当为外部会计监督机构及时查询和调阅异地储存的会计资料提供必要条件。

（14）企业不得在非涉密信息系统中存储、处理和传输涉及国家秘密、关系国家经济信息安全的电子会计资料；未经有关主管部门批准，不得将电子会计资料及其复印件携带、寄运或者传输至境外。

第六节　成本会计、管理会计和政府会计

拓展资料

一、成本会计

成本会计是基于商品经济条件下，为求得产品的总成本和单位成本而核算全部生产成本和费用的会计活动。成本会计核算的对象是产品成本，是对成本计划执行的结果进行事后的反映。

成本会计

微课：产品成本计算方法

二、管理会计

管理会计是会计的重要分支，主要服务于单位内部管理需要，是通过利用相关信息，有机融合财务与业务活动，在单位规划、决策、控制和评价等方面发挥重要作用的管理活动。

管理会计的目标是通过运用管理会计工具方法，参与单位规划、决策、控制、评价活动并为之提供有用信息，推动单位实现战略规划。

管理会计　　微课：了解管理会计

三、政府会计

政府会计是会计体系的重要分支，它是运用会计专门方法对政府及其组成主体（包括政府所属的行政事业单位等）的财务状况、运行情况（含运行成本，下同）、现金流量、预算执行等情况进行全面核算、监督和报告。

政府会计　　第二章思考题和习题

第三章 流动资产

【案例导入】

课程思政

江苏德威新材料股份有限公司信息披露违法违规行为

中国证监会行政处罚决定书〔2021〕85号

经查，当事人江苏德威新材料股份有限公司（以下简称“德威新材”）、周建明、陆仁芳存在以下违法事实。

一、关联关系情况

涉案期间，德威投资集团有限公司（以下简称“德威投资”）是德威新材控股股东，周建明为实际控制人。苏州菲尔普斯国际贸易有限公司（以下简称“菲尔普斯”）人员和财务受德威投资及周建明控制，周建明自认菲尔普斯是其控制的资金平台。苏州乾威电气实业有限公司（以下简称“苏州乾威”）是德威投资控制的资金平台。苏州德超制冷配件有限公司（以下简称“德超制冷”）、苏州伊泰诺科技服务有限公司（以下简称“伊泰诺”）为德威投资100%控股子公司。菲尔普斯、苏州乾威、德超制冷、伊泰诺是德威新材的关联法人。

二、2018年年报、2019年年报和2020年半年报信息披露存在虚假记载

为掩盖关联方资金占用，德威新材在2018年年度报告中虚增651 524 191.19元银行承兑汇票，占当期总资产的15.33%，未如实披露3.92亿元银行存款受限情况，占当期总资产的9.22%。德威新材在2019年年度报告中虚增1 103 940 148.67元商业承兑汇票，占当期总资产的33.10%。德威新材在2020年半年度报告中虚增1 104 132 680.69元应收票据，占当期总资产的33.37%。

三、2018年年报、2019年年报和2020年半年报存在重大遗漏

（一）关联采购事项信息披露存在重大遗漏

2018年，德威新材与供应商菲尔普斯的关联交易金额为238 340 499.94元，该交易金额占当期经审计净资产165 261.49万元的14.42%。德威新材在2018年年度报告中未披露该事项，相关报告存在重大遗漏。

（二）关联方资金占用事项信息披露存在重大遗漏

2018年12月31日，关联方菲尔普斯资金占用余额为7.95亿元。2019年12月31日，关联方菲尔普斯资金占用余额为9.69亿元。截至2020年7月8日（调查日），关联方菲尔普斯资金占用余额为9.78亿元。德威新材在2018年年度报告、2019年年度报告、2020年半年度报告中未披露该事项，相关报告存在重大遗漏。

（三）为关联方提供担保事项信息披露存在重大遗漏

2017年11月至12月，德威新材向南京银行为关联人苏州乾威、德威投资、德超制冷、伊泰诺合计2.83亿元的贷款提供担保，占2017年经审计的归属于上市公司股东的净资产的16.22%。2018年年末、2019年年末上述对外担保的余额均为2.83亿元，占当年净资产的比例分别为17.12%、27.30%。2020年12月29日，德威新材首次披露相关担保事项。德威新材在2018年年度报告、2019年年度报告、2020年半年度报告中未披露该事项，相关报告存在重大遗漏。

（四）重大诉讼事项信息披露存在重大遗漏

2019年11月21日，由德威新材担保的相关债权被南京银行转让给上海睿银盛嘉资产管理有限公司。随后，这些债权再次被转让给苏州资产管理有限公司（以下简称"苏州资管"）。2020年2月4日，苏州资管就上述债权提起诉讼，涉案本金为31 003.98万元。2020年3月6日，经法院调解，相关当事人和解结案，德威新材需承担连带清偿责任。调解确定的担保责任金额为34 331.74万元，占德威新材2019年年末经审计净资产的33.11%。2020年9月，江苏太仓农村商业银行股份有限公司沙溪支行（以下简称"太仓农商行"）对由德威新材提供担保的相关债权提起诉讼，涉案本金为6 177.68万元，占2019年年末经审计净资产的5.96%。2020年10月9日，法院受理德威新材与自然人龚某的诉讼纠纷，传票时间为2020年11月2日，涉案本金为1 250万元。2020年12月29日，德威新材首次披露苏州资管诉讼事项；2021年4月23日，德威新材首次披露太仓农商行、龚某诉讼事项。德威新材在2020年半年度报告中未披露该事项，相关报告存在重大遗漏。

上述违法事实，有相关公告、工商资料、账务资料、银行账户资料、银行流水、银行对账单、银行回单、相关合同、情况说明、相关人员询问笔录等证据证明，足以认定。

【资料来源】根据网络资料改编。

【请思考】银行承兑汇票和商业承兑汇票有何区别？两者的核算管理需要注意哪些？

【知识目标】

1. 理解货币资金、应收及预付款项、交易性金融资产和存货的核算内容。
2. 掌握货币资金、应收及预付款项、交易性金融资产和存货的具体核算。

【技能目标】

1. 能分析货币资金、应收及预付款项、交易性金融资产和存货相关经济业务对企业财务状况、经营成果的影响。

2. 能正确使用会计科目对货币资金、应收及预付款项、交易性金融资产和存货进行准确核算。

【思政目标】

1. 了解现在的政策导向，树立合法经营意识。

2. 培养廉洁自律的品质。

第一节 货币资金

一、货币资金概述

货币资金是指企业生产经营过程中处于货币形态的资产。它包括库存现金、银行存款和其他货币资金。

二、库存现金

库存现金是指存放于企业财会部门、由出纳人员经管的货币。库存现金是企业流动性最强的资产，企业应当严格遵守国家和企业有关现金管理制度，正确进行现金收支的核算，监督现金使用的合法性与合理性。

(一) 现金管理制度

根据国务院发布的《现金管理暂行条例》的规定，企业现金管理制度主要包括以下内容。

1. 现金的使用范围

企业可用现金支付的款项如下：

(1) 职工工资、津贴。

(2) 个人劳务报酬。

(3) 根据国家规定颁发给个人的科学技术、文化艺术、体育比赛等各种奖金。

(4) 各种劳保、福利费用以及国家规定的对个人的其他支出。

(5) 向个人收购农副产品和其他物资的价款。

(6) 出差人员必须随身携带的差旅费。

(7) 结算起点(1 000 元)以下的零星支出。

(8) 中国人民银行确定需要支付现金的其他支出。

除了企业可以现金支付的款项中的第(5)、第(6)项，开户单位支付给个人的款项，超过使用现金限额的部分，应当以支票或者银行本票等方式支付；确需全额支付现金的，经开户银行审核后，予以支付现金。

2. 现金的限额

现金的限额是指为了保证单位日常零星开支的需要，允许单位留存现金的最高数额。这一限额由开户银行根据单位的实际需要核定，一般按照单位 3～5 天日常零星开支所需确定。边远地区和交通不便地区的开户单位的库存现金限额，可按多于 5 天，但不得超过

15天的日常零星开支的需要确定。经核定的库存现金限额，开户单位必须严格遵守，超过部分应于当日终了前存入银行。需要增加或者减少库存现金限额的，开户单位应当向开户银行提出申请，由开户银行核定。

3. 现金收支的规定

开户单位现金收支应当依照下列规定办理：

(1) 开户单位现金收入应当于当日送存开户银行，当日送存确有困难的，由开户银行确定送存时间。

(2) 开户单位支付现金，可以从本单位库存现金限额中支付或从开户银行提取，不得从本单位的现金收入中直接支付(即坐支)。因特殊情况需要坐支现金的，开户单位应当事先报经开户银行审查批准，由开户银行核定坐支范围和限额。坐支单位应当定期向开户银行报送坐支金额和使用情况。

(3) 开户单位从开户银行提取现金时，应当写明用途，由本单位财会部门负责人签字盖章，经开户银行审核后，予以支付。

(4) 因采购地点不确定，交通不便，生产或市场急需，抢险救灾以及其他特殊情况必须使用现金的，开户单位应向开户银行提出申请，由本单位财会部门负责人签字盖章，经开户银行审核后，予以支付现金。

【做中学·单项选择题】 按照现金管理相关规定，下列各项中，企业一般不能使用库存现金进行结算的经济业务是(　　)。

A. 按规定颁发给科技人员的创新奖金　B. 发放给职工的劳保福利

C. 向个人收购农产品支付的价款　D. 向外单位支付的机器设备款

【答案】 D

【解析】 选项D，支付给外单位的价款一般不可以使用库存现金支付。

【做中学·判断题】 企业的现金都有一定的限额，这一限额是由企业根据自己单位的实际情况自行制定的。(　　)

【答案】 ×

【解析】 企业现金的限额是由开户银行根据单位的实际需要核定的，一般按照单位3～5天日常零星开支所需确定。

【做中学·多项选择题】 下列关于现金收支规定的说法中，正确的有(　　)。

A. 因采购地点不确定、交通不便、抢险救灾以及其他特殊情况必须使用现金的单位，应向开户银行提出书面申请，由本单位财会部门负责人签字盖章，并经开户银行审查批准后予以支付

B. 开户单位从开户银行提取现金时，应如实写明提取现金的用途，由本单位财会部门负责人签字盖章，并经开户银行审查批准后予以支付

C. 开户单位支付现金，可以从本单位库存现金限额中支付或从开户银行提取，还可以从本单位的现金收入中直接支付

D. 不准用不符合国家统一的会计制度规定的凭证顶替库存现金；不准谎报用途套取现金

【答案】 ABD

【解析】 选项C,违背了不得坐支的规定。

(二) 库存现金的账务处理

为了反映和监督企业库存现金的收入、支出和结存情况,企业应当设置“库存现金”科目。其借方登记企业库存现金的增加,贷方登记企业库存现金的减少,期末借方余额反映期末企业实际持有的库存现金的金额。企业内部各部门周转使用的备用金,可以单独设置“备用金”科目进行核算。为了全面、连续地反映和监督库存现金的收支和结存情况,企业应当设置现金总账和现金日记账,分别进行现金的总分类核算和明细分类核算。

现金日记账由出纳人员根据收付款凭证,按照业务发生顺序逐日逐笔登记。每日终了,出纳人员应当在现金日记账上计算出当日的现金收入合计额、现金支出合计额和余额,并将现金日记账的余额与实际库存现金金额相核对,保证账款相符。月度终了,现金日记账的余额应当与现金总账的余额核对,做到账账相符。

·小思考·

请结合现金管理制度要求思考何为“日清月结”。

(三) 库存现金的清查

为了保证库存现金的安全完整,企业应当按规定对库存现金进行定期和不定期的清查,一般采用实地盘点法,对于清查的结果应当编制现金盘点报告单。如果有挪用现金、白条顶库的情况,企业应及时予以纠正;对于超限额留存的现金应及时送存银行。

微课:库存现金清查盘点

如果账款不符,企业发现有待查明原因的现金短缺或溢余,应先通过“待处理财产损溢”科目核算,按管理权限经批准后,分两种情况处理:如为现金短缺,属于应由责任方赔偿的部分,计入其他应收款;属于无法查明原因的,计入管理费用。如为现金溢余,属于应支付给有关人员或单位的,计入其他应付款;属于无法查明原因的,计入营业外收入。

·小思考·

无法查明原因的现金短缺,为什么计入管理费用?

【做中学·单项选择题】 2×21 年 12 月 31 日,华安公司进行现金清查,发现库存现金短款 500 元。经批准,该现金短款应由出纳人员赔偿 280 元,其余 220 元无法查明原因,由公司承担损失。不考虑其他因素,该业务对公司当期营业利润的影响金额为(　　)元。

A. 0　　B. 220　　C. 500　　D. 280

【答案】 B

【解析】 华安公司发生现金短缺,在报经批准处理前,借记“待处理财产损溢”科目 500 元,贷记“库存现金”科目 500 元;报经批准处理后,借记“管理费用”科目 220 元,“其他应收款”科目 280 元,贷记“待处理财产损溢”科目 500 元。无法查明原因的现金短缺计入管理费用,使华安公司当期营业利润减少220元。

【做中学·多项选择题】 下列关于企业现金溢余的会计处理表述中,正确的有(　　)。

A. 无法查明原因的现金溢余计入营业外收入

B. 应支付给有关单位的现金溢余计入其他应付款

C. 无法查明原因的现金溢余冲减管理费用

D. 应支付给有关单位的现金溢余计入应付账款

【答案】 AB

【解析】 企业发现有待查明原因的现金溢余,应先通过"待处理财产损溢"科目核算,按管理权限经批准后,分两种情况处理:属于应支付给有关单位的部分,计入其他应付款;属于无法查明原因的,计入营业外收入。

三、银行存款

银行存款是企业存放在银行或其他金融机构的货币资金。企业应当根据业务需要,按照规定在其所在地银行开设账户,利用所开设的账户,进行存款、取款以及各种收支转账业务的结算。银行存款的收付应严格执行银行结算制度的规定。

(一)银行存款的账务处理

为了反映和监督企业银行存款的收入、支出和结存情况,企业应当设置"银行存款"科目。其借方登记企业银行存款的增加,贷方登记企业银行存款的减少,期末借方余额反映期末企业实际持有的银行存款的金额。

企业应当设置银行存款总账和银行存款日记账,分别进行银行存款的总分类核算和序时、明细分类核算。企业可按开户银行和其他金融机构、存款种类等设置银行存款日记账,根据收付款凭证,按照业务的发生顺序逐笔登记。每日终了,银行存款日记账应结出余额。

企业将款项存入银行和其他金融机构时,应借记"银行存款"科目,贷记"库存现金"等科目;提取或支付已存入银行和其他金融机构存款时,借记"库存现金"等科目,贷记"银行存款"科目。

(二)银行存款的核对

银行存款日记账应定期与银行对账单核对,至少每月核对一次。企业银行存款账面余额与银行对账单余额之间如有差额,应编制银行存款余额调节表对此予以调节。如没有记账错误,调节后的双方余额应相等。

【例3-1】 某企业2×21年12月31日银行存款日记账的余额为740万元,银行转来对账单的余额为1 030万元。经逐笔核对,该企业发现以下未达账项:

(1)企业送存转账支票600万元,并已登记银行存款增加,但银行尚未记账。

(2)企业开出转账支票450万元,并已登记银行存款减少,但持票单位尚未到银行办理转账,银行尚未记账。

(3)企业委托银行代收某公司购货款480万元,银行已收妥并登记入账,但企业尚未收到收款通知,尚未记账。

(4) 银行代企业支付电话费 40 万元，银行已登记减少企业银行存款，但企业未收到银行付款通知，尚未记账。

请编制银行存款余额调节表(如表 3-1 所示)，完成银行存款核对。

表 3-1　　**银行存款余额调节表**

2×21 年 12 月 31 日　　单位：万元

项　目	金额	项　目	金额
企业银行存款日记账余额	740	银行对账单余额	1 030
加：银行已收企业未收	480	加：企业已收银行未收	600
减：银行已付企业未付	40	减：企业已付银行未付	450
调节后的存款余额	1 180	调节后的存款余额	1 180

【做中学·单项选择题】 2×21 年 9 月 30 日，某企业银行存款日记账账面余额为 316 万元，收到银行对账单的余额为 310.4 万元。经逐笔核对，该企业存在以下记账错误及未达账项：从银行提取现金 7.9 万元，会计人员误记为 9.7 万元；银行为企业代付电话费 7.4 万元，但企业未接到银行的付款通知，尚未入账。2×21 年 9 月 30 日，调节后的企业银行存款余额为(　　)万元。

微课：银行存款余额调节表如何编制

A. 310.4　　B. 325.1　　C. 305.9　　D. 318.7

【答案】 A

【解析】 调节后的企业银行存款余额为 310.4 万元[316＋(9.7－7.9)－7.4]，或者调节后的企业银行存款余额等于银行对账单的余额，为 310.4 万元。

【做中学·多项选择题】 编制银行存款余额调节表时，下列未达账项中，会导致企业银行存款日记账的账面余额小于银行对账单余额的有(　　)。

A. 企业开出支票，银行尚未支付

B. 企业送存支票，银行尚未入账

C. 银行代收货款，企业尚未接到收款通知

D. 银行代付水费，企业尚未接到付款通知

【答案】 AC

【解析】 选项 BD，是银行存款日记账的账面余额大于银行对账单余额的情形。

四、其他货币资金

微课：其他货币资金的核算

其他货币资金是指企业除了库存现金、银行存款的其他各种货币资金。它主要包括银行汇票存款、银行本票存款、信用卡存款、信用证保证金存款、存出投资款和外埠存款等。

为了反映和监督其他货币资金的收支和结存情况，企业应当设置“其他货币资金”科目。其借方登记其他货币资金的增加，贷方登记其他货币资金的减少，期末余额在借方，反映企业实际持有的其他货币资金的金额。“其他货币资金”科目应当按照其他货币资金的种类设置明细科目进行核算。

(一)银行汇票存款

银行汇票存款是指企业为取得银行汇票按照规定存入银行的款项。

银行汇票是指由出票银行签发的,由其在见票时按照实际结算金额无条件支付给收款人或者持票人的票据。银行汇票的出票银行为银行汇票的付款人。单位和个人各种款项的结算,均可使用银行汇票。银行汇票可以用于转账,填明"现金"字样的银行汇票也可以用于支取现金。

·理论点拨·

银行汇票流程

汇款单位(即申请人)使用银行汇票,应向出票银行填写银行汇票申请书,填明收款人名称、汇票金额、申请人名称、申请日期等事项并签章,签章是其预留银行的签章。出票银行受理银行汇票申请书,收妥款项后签发银行汇票,并用压数机压印出票金额,将银行汇票和解讫通知一并交给申请人。申请人应将银行汇票和解讫通知一并交付给汇票上记明的收款人。收款人受理申请人交付的银行汇票时,应在出票金额以内,根据实际需要的款项办理结算,并将实际结算的金额和多余金额准确、清晰地填入银行汇票和解讫通知的有关栏内,到银行办理款项入账手续。收款人可以将银行汇票背书转让给被背书人。银行汇票的背书转让以不超过出票金额的实际结算金额为准。未填写实际结算金额或实际结算金额超过出票金额的银行汇票,不得背书转让。银行汇票的提示付款期限为自出票日起1个月,持票人超过付款期限提示付款的,银行将不予受理。持票人向银行提示付款时,必须同时提交银行汇票和解讫通知,缺少任何一联,银行不予受理。

企业填写银行汇票申请书、将款项交存银行时,借记"其他货币资金——银行汇票"科目,贷记"银行存款"科目;企业持银行汇票购货、收到有关发票账单时,借记"材料采购""原材料""库存商品""应交税费——应交增值税(进项税额)"等科目,贷记"其他货币资金——银行汇票"科目;采购完毕收回剩余款项时,借记"银行存款"科目,贷记"其他货币资金——银行汇票"科目。

销货企业收到银行汇票、填制进账单到开户银行办理款项入账手续时,根据进账单及销货发票等,借记"银行存款"科目,贷记"主营业务收入""应交税费——应交增值税(销项税额)"等科目。

银行汇票丧失,失票人可以凭人民法院出具的其享有票据权利的证明,向出票银行请求付款或退款。

【例3-2】 华安公司为增值税一般纳税人。2×21年8月5日,华安公司向银行申请办理银行汇票用来购买原材料,将款项350 000元交存银行转作银行汇票存款。根据银行盖章返回的申请书存根联,华安公司编制会计分录如下:

借:其他货币资金——银行汇票	350 000	
贷:银行存款		350 000

2×21年8月10日,华安公司购入原材料一批,取得的增值税专用发票上的原材料价款为300 000元,增值税额为39 000元,已用银行汇票办理结算,多余款项11 000元返回

开户银行,华安公司已收到开户银行转来的银行汇票第四联(多余款收账通知)。华安公司编制会计分录如下:

(1) 用银行汇票结算材料价款和增值税款时:

借:原材料　　300 000

　应交税费——应交增值税(进项税额)　　39 000

　贷:其他货币资金——银行汇票　　339 000

(2) 收到退回的银行汇票多余款项时:

借:银行存款　　11 000

　贷:其他货币资金——银行汇票　　11 000

(二) 银行本票存款

银行本票存款是指企业为了取得银行本票按规定存入银行的款项。

银行本票是指银行签发的,承诺自己在见票时无条件支付确定的金额给收款人或持票人的票据。单位和个人在同一票据交换区域需要支付的各种款项,均可使用银行本票。银行本票可以用于转账,注明"现金"字样的银行本票可以用于支取现金。

银行本票的提示付款期限自出票日起最长不得超过2个月。在有效付款期内,银行见票付款。持票人超过提示付款期限付款的,银行不予受理。

·理论点拨·

银行本票分为不定额本票和定额本票两种。定额本票面额为1 000元、5 000元、10 000元和50 000元。

·理论点拨·

银行本票流程

申请人使用银行本票,应向银行填写银行本票申请书。申请人或收款人为单位的,不得申请签发现金银行本票。出票银行受理银行本票申请书,收妥款项后签发银行本票,在本票上签章后交给申请人。申请人应将银行本票交付给本票上记明的收款人。收款人可以将银行本票背书转让给被背书人。

申请人因银行本票超过提示付款期限或其他原因要求退款时,应将银行本票提交到出票银行并出具单位证明。根据银行盖章退回的进账单第一联,借记"银行存款"科目,贷记"其他货币资金——银行本票"科目。出票银行对于在本行开立存款账户的申请人,只能将款项转入原申请人账户;对于现金银行本票和未到本行开立存款账户的申请人,才能退付现金。

企业填写银行本票申请书、将款项交存银行时,借记"其他货币资金——银行本票"科目,贷记"银行存款"科目;企业持银行本票购货、收到有关发票账单时,借记"材料采购""原材料""库存商品""应交税费——应交增值税(进项税额)"等科目,贷记"其他货币资金——银行本票"科目。

销货企业收到银行本票、填制进账单,到开户银行办理款项入账手续时,根据进账单及销货发票等，借记“银行存款”科目，贷记“主营业务收入”“应交税费——应交增值税（销项税额）”等科目。

银行本票丧失，失票人可以凭人民法院出具的其享有票据权利的证明，向出票银行请求付款或退款。

【例 3-3】 华安公司为增值税一般纳税人，为取得银行本票，向银行填交银行本票申请书，并将 11 300 元银行存款转作银行本票存款。华安公司取得银行本票后，根据银行盖章退回的银行本票申请书存根联填制银行付款凭证。华安公司用银行本票购买办公用品 10 000 元，增值税专用发票上注明的增值税额为 1 300 元。华安公司应编制会计分录如下：

借：其他货币资金——银行本票	11 300	
贷：银行存款		11 300
借：管理费用	10 000	
应交税费——应交增值税（进项税额）	1 300	
贷：其他货币资金——银行本票		11 300

（三）信用卡存款

信用卡存款是指企业为取得信用卡而存入银行信用卡专户的款项。信用卡是银行卡的一种。

凡在中国境内金融机构开立基本存款账户的单位可申领单位卡。单位卡可申领若干张，持卡人资格由申领单位法定代表人或其委托的代理人书面指定和注销。单位卡账户的资金一律从其基本存款账户转账存入，不得交存现金，不得将销货收入的款项存入其账户。持卡人可持信用卡在特约单位购物、消费，但单位卡不得用于 10 万元以上的商品交易、劳务供应款项的结算，不得支取现金。特约单位在每日营业终了，应将当日受理的信用卡签购单汇总，计算手续费和净额，并填写汇（总）计单和进账单，连同签购单一并送交收单银行办理进账。

·理论点拨·

信用卡存款流程

企业申领信用卡应填制信用卡申请表，连同支票和有关资料一并送存发卡银行，根据银行盖章退回的进账单第一联，借记“其他货币资金——信用卡”科目，贷记“银行存款”科目；企业用信用卡购物或支付有关费用，收到开户银行转来的信用卡存款的付款凭证及所附发票账单，借记“管理费用”等科目，贷记“其他货币资金——信用卡”科目；企业信用卡在使用过程中，需要向其账户续存资金的，应借记“其他货币资金——信用卡”科目，贷记“银行存款”科目；企业的持卡人如不需要继续使用信用卡，应持信用卡主动到发卡银行办理销户，借记“银行存款”科目，贷记“其他货币资金——信用卡”科目。销卡时，信用卡余额转入企业基本存款户，不得提取现金。

【例 3-4】 华安公司于 2×21 年 9 月 24 日向银行申领信用卡，向银行交存 60 000 元。2×21 年 10 月 10 日，该公司用信用卡支付购书款 5 000 元，增值税专用发票上注明的增值值税额为450元。华安公司应编制会计分录如下：

借：其他货币资金——信用卡　60 000

　贷：银行存款　60 000

借：管理费用　5 000

　应交税费——应交增值税(进项税额)　450

　贷：其他货币资金——信用卡　5 450

(四)信用证保证金存款

信用证保证金存款是指采用信用证结算方式的企业为开具信用证而存入银行信用证保证金专户的款项。企业向银行申请开立信用证，应按规定向银行提交开证申请书、信用证申请人承诺书和购销合同。

·理论点拨·

信用证的相关概念

信用证有国际信用证、国内信用证之分，以下内容专指国内信用证(以下简称"信用证")。信用证是指银行(包括政策性银行、商业银行、农村合作银行、村镇银行和农村信用社)依照申请人的申请开立的、对相符交单予以付款的承诺。它是以人民币计价、不可撤销的跟单信用证。信用证的开立和转让，应当具有真实的贸易背景，适用于银行为国内企业和行政、事业单位之间货物和服务贸易提供的信用证服务。信用证只限于转账结算，不得支取现金。

·理论点拨·

信用证保证金存款流程

企业填写信用证申请书，将信用证保证金交存银行时，应根据银行盖章退回的信用证申请书回单，借记"其他货币资金——信用证保证金"科目，贷记"银行存款"科目；企业接到开证行通知，根据供货单位信用证结算凭证及所附发票账单，借记"材料采购""原材料""库存商品""应交税费——应交增值税(进项税额)"等科目，贷记"其他货币资金——信用证保证金"科目；将未用完的信用证保证金存款余额转回开户银行时，借记"银行存款"科目，贷记"其他货币资金——信用证保证金"科目。

(五)存出投资款

存出投资款是指企业为购买股票、债券、基金等根据有关规定存入证券公司指定银行开立的投资款专户的款项。

企业向证券公司划出资金时，应按实际划出的金额，借记"其他货币资金——存出投资款"科目，贷记"银行存款"科目；购买股票、债券、基金等时，借记"交易性金融资产"等科目，贷记"其他货币资金——存出投资款"科目。

(六)外埠存款

外埠存款是指企业为了到外地进行临时或零星采购，而汇往采购地银行开立采购专户的款项。

·理论点拨·

外埠存款流程

企业将款项汇往外地时，应填写汇款委托书，委托开户银行办理汇款。汇入地银行以汇款单位名义开立临时采购账户，该账户的存款不计利息、只付不收、付完清户，除了采购人员可从中提取少量现金，一律采用转账结算。

企业将款项汇往外地开立采购专用账户，根据汇出款项凭证编制付款凭证时，借记“其他货币资金——外埠存款”科目，贷记“银行存款”科目；收到采购人员转来供应单位发票账单等报销凭证时，借记“材料采购”“原材料”“库存商品”“应交税费——应交增值税（进项税额）”等科目，贷记“其他货币资金——外埠存款”科目；采购完毕收回剩余款项时，根据银行的收账通知，借记“银行存款”科目，贷记“其他货币资金——外埠存款”科目。

【做中学·单项选择题】 下列各项中，企业向证券公司指定银行开立的投资款专户划出资金时，应借记的会计科目是（　　）。

A.“其他货币资金”　　B.“交易性金融资产”

C.“预付账款”　　D.“其他应收款”

【答案】 A

【解析】 参见“其他货币资金——存出投资款”核算内容。

【做中学·多项选择题】 下列各项中，企业应通过“其他货币资金”科目核算的有（　　）。

A. 用银行本票购买办公用品

B. 用银行承兑汇票支付购买原材料款

C. 企业将款项汇往外地开立采购专用账户

D. 用银行支票购买机器设备

【答案】 AC

【解析】 选项B，通过“应付票据”科目核算；选项D，通过“银行存款”科目核算。

【做中学·多项选择题】 下列各项中，企业应通过“其他货币资金”科目核算的有（　　）。

A. 存入证券公司指定银行的存出投资款

B. 企业持有的3个月内到期的债券投资

C. 申请银行汇票划转出票银行的款项

D. 汇往采购地银行开立采购专户的款项

【答案】 ACD

【解析】 选项A，属于存出投资款；选项B，属于交易性金融资产；选项C，属于银行汇票存款；选项D，属于外埠存款。

【做中学·判断题】 企业收到退回银行汇票的多余款项，记入“其他货币资金”科目的借方。（　　）

【答案】 ×

【解析】 企业收到退回的银行汇票多余款项时，记入“其他货币资金”科目的贷方。

第二节　交易性金融资产

一、交易性金融资产的核算内容

以公允价值计量且其变动计入当期损益的金融资产称为交易性金融资产。它是企业为了近期内出售而持有的金融资产，如企业以赚取差价为目的从二级市场购入的股票、债券、基金等；或者是在初始确认时属于集中管理的可辨认金融工具组合的一部分，且有客观证据表明近期实际存在短期获利模式的金融资产等，如企业管理的以公允价值进行业绩考核的某项投资组合。

交易性金融资产预期能在短期内变现以满足日常经营的需要，因此，在资产负债表中作为流动资产列示。

需要说明的是，从金融资产的合同现金流量特征来看，尽管交易性金融资产仍将收取合同现金流量，但只是偶尔为之，并非为了实现业务模式目标（收取合同现金流量）而不可或缺。

·理论点拨·

金融资产的含义

在企业全部资产中，库存现金、银行存款、应收账款、应收票据、贷款、其他应收款、应收利息、债券投资、股票投资、基金投资及衍生金融资产等统称为金融资产。根据企业管理金融资产的业务模式和金融资产的合同现金流量特征，《企业会计准则第22号——金融工具确认和计量》将金融资产划分为：①以摊余成本计量的金融资产；②以公允价值计量且其变动计入其他综合收益的金融资产；③以公允价值计量且其变动计入当期损益的金融资产。

【做中学·单项选择题】 我国《企业会计准则》规定，交易性金融资产在资产负债表日计量时应采用的计量属性是（　　）。

A. 历史成本　　B. 公允价值

C. 成本与市价孰低法　　D. 可变现净值法

【答案】 B

【解析】 我国《企业会计准则》规定，交易性金融资产在资产负债表日应当按照公允价值计量。

为了反映和监督交易性金融资产的取得、收取现金股利或利息、出售等情况，企业应当设置“交易性金融资产”“公允价值变动损益”“投资收益”等科目进行核算。

（1）“交易性金融资产”科目核算企业分类为以公允价值计量且其变动计入当期损益的金融资产。“交易性金融资产”科目的借方登记交易性金融资产的取得成本、资产负债表日其公允价值高于账面余额的差额，以及出售交易性金融资产时结转公允价值低于账面余额的变动金额，贷方登记资产负债表日其公允价值低于账面余额的差额，以及企业出售交易性金融资产时结转的成本和公允价值高于账面余额的变动金额。企业应当按照交易性金融资产的类别和品种，分别设置“成本”“公允价值变动”等明细科目进行核算。

(2)“公允价值变动损益”科目核算企业交易性金融资产等的公允价值变动而形成的应计入当期损益的利得或损失。“公允价值变动损益”科目的借方登记资产负债表日企业持有的交易性金融资产等的公允价值低于账面余额的差额，贷方登记资产负债表日企业持有的交易性金融资产等的公允价值高于账面余额的差额。

(3)“投资收益”科目核算企业持有交易性金融资产等期间内取得的投资收益以及出售交易性金融资产等实现的投资收益或投资损失。其借方登记企业取得交易性金融资产时支付的交易费用、出售交易性金融资产等发生的投资损失，贷方登记企业持有交易性金融资产等期间内取得的投资收益以及出售交易性金融资产等实现的投资收益。“投资收益”科目应当按照投资项目设置明细科目进行核算。

二、交易性金融资产的账务处理

(一) 取得交易性金融资产

企业取得交易性金融资产时，应当按照该金融资产取得时的公允价值作为其初始入账金额。金融资产的公允价值应当以市场交易价格为基础确定。

企业取得交易性金融资产所支付价款中包含的已宣告但尚未发放的现金股利或已到付息期但尚未领取的债券利息，应当单独确认为应收项目。

微课：交易性金融资产取得入账金额的确定

企业取得交易性金融资产所发生的相关交易费用应当在发生时计入当期损益，冲减投资收益，发生交易费用取得增值税专用发票的，进项税额经认证后可从当月销项税额中扣除。

企业取得交易性金融资产，应当按照该金融资产取得时的公允价值，借记“交易性金融资产——成本”科目，按照发生的交易费用，借记“投资收益”科目；发生交易费用取得增值税专用发票的，按其注明的增值税进项税额，借记“应交税费——应交增值税(进项税额)”科目，按照实际支付的金额，贷记“其他货币资金”等科目。

·理论点拨·

交易费用的含义

交易费用是指可直接归属于购买、发行或处置金融工具的增量费用。增量费用是指企业没有发生购买、发行或处置相关金融工具的情形就不会发生的费用。它包括支付给代理机构、咨询公司、券商、证券交易所、政府有关部门等的手续费、佣金、相关税费以及其他必要支出，不包括债券溢价、折价、融资费用、内部管理成本和持有成本等与交易不直接相关的费用。

【做中学·单项选择题】 华美公司从证券市场购入乙公司股票 50 000 股，划分为交易性金融资产。华美公司为此支付价款 105 万元，其中包含已宣告但尚未发放的现金股利 1 万元，另支付相关交易费用 0.5 万元(不考虑增值税)。不考虑其他因素，华美公司取得该投资的入账金额为(　　)万元。

A. 104　　B. 105.5　　C. 105　　D. 104.5

【答案】 A

【解析】 华美公司应编制的会计分录如下：

借：交易性金融资产——成本　　1 040 000

　　应收股利　　10 000

　　投资收益　　5 000

　　贷：其他货币资金——存出投资款　　1 055 000

【例 3-5】 华安公司为增值税一般纳税人。2×21 年 2 月 1 日，华安公司从上海证券交易所购入 B 上市公司股票 2 000 000 股，该笔股票投资在购买日的公允价值为 10 000 000 元，另支付相关交易费用 35 000 元，取得的增值税专用发票上注明的增值税额为 2 100 元。华安公司将其划分为交易性金融资产进行管理和核算。华安公司应编制会计分录如下：

(1) 2×21 年 2 月 1 日，购买 B 上市公司股票时：

借：交易性金融资产——B 上市公司股票(成本)　　10 000 000

　　贷：其他货币资金——存出投资款　　10 000 000

(2) 2×21 年 2 月 1 日，支付相关交易费用时：

借：投资收益——B 上市公司股票　　35 000

　　应交税费——应交增值税(进项税额)　　2 100

　　贷：其他货币资金——存出投资款　　37 100

在[例 3-5]中，取得交易性金融资产所发生的相关交易费用 35 000 元，应当在发生时记入“投资收益”科目，而不记入“交易性金融资产——B 上市公司股票(成本)”科目。

(二) 持有交易性金融资产

(1) 企业持有交易性金融资产期间对于被投资单位宣告发放的现金股利或已到付息期但尚未领取的债券利息，应当确认为应收项目，并计入投资收益，即借记“应收股利”或“应收利息”科目，贷记“投资收益”科目；实际收到款项时，作为冲减应收项目处理，即借记“其他货币资金”等科目，贷记“应收股利”或“应收利息”科目。

·理论点拨·

企业只有在同时满足三个条件时，才能确认交易性金融资产所取得的股利或利息收入并计入当期损益：

一是企业收取股利或利息的权利已经确立(如被投资单位已宣告)。

二是与股利或利息相关的经济利益很可能流入企业。

三是股利或利息的金额能够可靠计量。

【做中学·单项选择题】 华美公司于 2×21 年 7 月 1 日购入乙公司 2×21 年 1 月 1 日发行的债券，支付价款 2 100 万元(含已到付息期但尚未领取的债券利息 40 万元)，另支付交易费用 15 万元。该债券面值为 2 000 万元。票面年利率为 4%(票面利率等于实际利率)，每半年付息一次，华美公司将其划分为交易性金融资产。华美公司 2×21 年度该项交易性金融资产应确认的投资收益为(　　)万元。

A. 25　　B. 40　　C. 65　　D. 80

【答案】 A

【解析】 本题共涉及两笔投资收益：①公司购入交易性金融资产时，支付的交易费用为15万元，应记入“投资收益”科目的借方；②公司持有交易性金融资产期间确认的半年的利息收入为40万元（2 000×4%÷2），应记入“投资收益”科目的贷方。因此，华美公司2×21年度应确认的投资收益的金额为25万元[(−15)+40]。

【例3-6】 承[例3-5]，假定2×21年3月20日，B上市公司宣告发放2×20年现金股利，华安公司按其持有该上市公司股份计算确定的应分得的现金股利为600 000元。假定不考虑相关税费，华安公司应编制会计分录如下：

借：应收股利——B上市公司股票　　600 000

　贷：投资收益——B上市公司股票　　600 000

在[例3-6]中，华安公司取得B上市公司宣告发放的现金股利同时满足了前述确认股利收入并计入当期损益的三个条件。

【例3-7】 承[例3-6]，假定2×21年3月31日，华安公司收到B上市公司宣告发放的2×20年现金股利600 000元。华安公司应编制会计分录如下：

借：其他货币资金——存出投资款　　600 000

　贷：应收股利——B上市公司股票　　600 000

(2) 资产负债表日，交易性金融资产应当按照公允价值计量，公允价值与账面余额之间的差额计入当期损益。企业应当在资产负债表日按照交易性金融资产公允价值高于其账面余额的差额，借记“交易性金融资产——公允价值变动”科目，贷记“公允价值变动损益”科目；公允价值低于其账面余额的差额作相反的会计分录，借记“公允价值变动损益”科目，贷记“交易性金融资产——公允价值变动”科目。

【做中学·多项选择题】 下列关于交易性金融资产的会计处理的表述中，正确的有（　　）。

A. 持有期间发生的公允价值变动计入公允价值变动损益

B. 持有期间被投资单位宣告发放的现金股利计入投资收益

C. 取得时支付的价款中包含应收取的股利计入初始成本

D. 取得时支付的相关交易费用计入投资收益

【答案】 ABD

【做中学·单项选择题】 2×21年12月1日，某企业“交易性金融资产——A上市公司股票”科目借方余额为1 000 000元；12月31日，A上市公司股票的公允价值为1 050 000元。不考虑其他因素，下列关于该企业持有A上市公司股票相关会计处理中，正确的是（　　）。

A. 贷记“营业外收入”科目50 000元

B. 贷记“资本公积”科目50 000元

C. 贷记“公允价值变动损益”科目50 000元

D. 贷记“投资收益”科目50 000元

【答案】 C

【解析】 交易性金融资产期末按公允价值计量，2×21年12月31日，应作的会计处理如下：

借：交易性金融资产——公允价值变动　　50 000

　　贷：公允价值变动损益　　50 000

【例 3-8】 承[例 3-5]，假定 2×21 年 6 月 30 日，华安公司持有 B 上市公司股票的公允价值为 8 600 000 元；2×21 年 9 月 30 日，华安公司持有 B 上市公司股票的公允价值为 10 400 000 元。假定不考虑相关税费和其他因素，华安公司应编制会计分录如下：

2×21 年 6 月 30 日，确认 B 上市公司股票的公允价值变动损益时：

借：公允价值变动损益——B 上市公司股票　　1 400 000

　　贷：交易性金融资产——B 上市公司股票(公允价值变动)　　1 400 000

2×21 年 9 月 30 日，确认 B 上市公司股票的公允价值变动损益时：

借：交易性金融资产——B 上市公司股票(公允价值变动)　　1 800 000

　　贷：公允价值变动损益——B 上市公司股票　　1 800 000

(三) 出售交易性金融资产

企业出售交易性金融资产时，应当将该金融资产出售时的公允价值与其账面余额之间的差额作为投资损益进行会计处理。

企业出售交易性金融资产，应当按照实际收到的金额，借记“其他货币资金”等科目，按照该金融资产的账面余额的成本部分，贷记“交易性金融资产——成本”科目，按照该金融资产的账面余额的公允价值变动部分，贷记或借记“交易性金融资产——公允价值变动”科目，按照其差额，贷记或借记“投资收益”科目。

【做中学·单项选择题】 华庭公司将其持有的交易性金融资产全部出售，售价为 3 000 万元；出售前该金融资产的账面价值为 2 800 万元(其中，成本为 2 500 万元，公允价值变动为 300 万元)。假定不考虑其他因素，华庭公司对该交易性金融资产应确认的投资收益为(　　)万元。

A. 200　　B. －200　　C. 500　　D. －500

【答案】 A

【解析】 投资收益＝处置价款－处置时的账面价值＝3 000－2 800＝200(万元)。

【例 3-9】 承[例 3-8]，假定 2×21 年 12 月 15 日，华安公司出售了所持有的全部 B 上市公司股票，售价为 15 500 000 元。不考虑相关税费和其他因素，华安公司应编制会计分录如下：

借：其他货币资金——存出投资款　　15 500 000

　　贷：交易性金融资产——B 公司股票(成本)　　10 000 000

　　　　　　　　　　——公允价值变动　　400 000

　　　　投资收益——B 公司股票　　5 100 000

在[例 3-9]中，华安公司出售交易性金融资产的售价 15 500 000 元与其账面余额 10 400 000 元(2×21 年 9 月 30 日 B 上市公司股票的公允价值)之间的差额 5 100 000 元应当作为投资收益，记入“投资收益”科目的贷方。

（四）转让金融商品应交增值税

微课：转让金融商品应交增值税的核算

金融商品转让按照卖出价扣除买入价（不需要扣除已宣告未发放现金股利和已到付息期未领取的利息）后的余额作为销售额计算增值税，即转让金融商品按盈亏相抵后的余额为销售额；若相抵后出现负差，可结转下一纳税期与下期转让金融商品销售额互抵，但年末时仍出现负差的，不得转入下一会计年度。

转让金融资产当月末，如产生转让收益，则按应纳税额，借记“投资收益”等科目，贷记“应交税费——转让金融商品应交增值税”科目；如产生转让损失，则按可结转下月抵扣税额，借记“应交税费——转让金融商品应交增值税”科目，贷记“投资收益”等科目。

年末，如果“应交税费——转让金融商品应交增值税”科目有借方余额，说明本年度的金融商品转让损失无法弥补，且本年度的金融资产转让损失不可转入下年度继续抵减转让金融资产的收益，应将“应交税费——转让金融商品应交增值税”科目的借方余额转出。因此，企业应借记“投资收益”等科目，贷记“应交税费——转让金融商品应交增值税”科目。

【例 3-10】 承[例 3-9]，计算该项业务转让金融商品应交增值税并编制会计分录如下：

应交增值税＝(15 500 000－10 000 000)÷(1＋6%)×6%＝311 320.75(元)

借：投资收益　　311 320.75

　贷：应交税费——转让金融商品应交增值税　　311 320.75

【做中学·单项选择题】 2×21 年 12 月 4 日，华美公司出售了所持有的划分为交易性金融资产的价值 194 000 元的 A 公司债券，售价为 300 000 元，则该项业务转让金融商品应交增值税为（　　）元。

A. 6 000　　B. 11 660.38　　C. 12 360　　D. 0

【答案】 A

【解析】 应交增值税＝(300 000－194 000)÷(1＋6%)×6%＝6 000(元)。华美公司应编制会计分录如下：

借：投资收益　　6 000

　贷：应交税费——转让金融商品应交增值税　　6 000

三、短期投资的账务处理

按照《小企业会计准则》的相关规定，小企业购入的能随时变现且持有时间不准备超过 1 年（含 1 年）的投资应设置“短期投资”科目核算。该科目应按照股票、债券、基金等短期投资种类进行明细核算。该科目为流动资产类科目，小企业取得短期投资记入该科目的借方，出售短期投资记入该科目的贷方，期末余额在借方，反映小企业持有的短期投资成本。

（一）取得短期投资

小企业购入各种股票、债券、基金等作为短期投资的，应当按照实际支付的购买价款和相关税费，借记“短期投资”科目，贷记“银行存款”科目。

小企业购入股票作为短期投资的，如果实际支付的购买价款中包含已宣告但尚未发放的现金股利，应当按照实际支付的购买价款和相关税费扣除已宣告但尚未发放的现金股利后的金额，借记“短期投资”科目，按照应收的现金股利，借记“应收股利”科目，按照实际支付的购买价款和相关税费，贷记“银行存款”科目。

【例 3-11】 科田公司 2×22 年 1 月 20 日购买哇咔咔公司发行的 1 000 股股票作为短期投资，实际支付价款和相关税费为 100 000 元（含已宣告但尚未发放的现金股利 5 000 元）。2×22 年 2 月 15 日，科田公司收到现金股利 5 000 元。不考虑其他因素，科田公司应编制会计分录如下：

(1) 2×22 年 1 月 20 日，购买哇咔咔公司股票时：

借：短期投资——哇咔咔股票	95 000	
应收股利	5 000	
贷：银行存款		100 000

(2) 2×22 年 2 月 15 日，收到现金股利时：

借：银行存款	5 000	
贷：应收股利		5 000

小企业购入债券作为短期投资的，如果实际支付的购买价款中包含已到付息期但尚未领取的债券利息，应当按照实际支付的购买价款和相关税费扣除已到付息期但尚未领取的债券利息后的金额，借记“短期投资”科目，按照应收的债券利息，借记“应收利息”科目，按照实际支付的购买价款和相关税费，贷记“银行存款”科目。

【例 3-12】 宏达公司在 2×21 年 1 月 1 日购入美达公司当日发行的公司债券，该债券每年 1 月 1 日和 7 月 1 日各付息一次，票面利率为 5%。宏达公司购入债券（面值为 100 000 元），加上经纪人佣金和手续费等，共付款 101 000 元。2×21 年 1 月 1 日，宏达公司购入债券时，应编制会计分录如下：

借：短期投资——债券投资	101 000	
贷：银行存款		101 000

（二）持有短期投资

在短期投资持有期间，被投资单位宣告分配现金股利时，借记“应收股利”科目，贷记“投资收益”科目。

在债务人应付利息日，按照分期付息、一次还本债券投资的票面利率计算的利息收入，借记“应收利息”科目，贷记“投资收益”科目。

【例 3-13】 承[例 3-11]，2×22 年 6 月 20 日，哇咔咔公司宣告发放现金股利，科田公司按其股份计算确定的应分得现金股利为 5 000 元。2×22 年 8 月 30 日，科田公司收到已宣告发放的现金股利 5 000 元。科田公司应编制会计分录如下：

(1) 2×22 年 6 月 20 日，被投资单位哇咔咔公司宣告发放现金股利时：

借：应收股利	5 000	
贷：投资收益		5 000

(2) 2×22 年 8 月 30 日，收到已宣告发放的现金股利时：

借：银行存款　　5 000

　　贷：应收股利　　5 000

【例 3-14】 承[例 3-12]，2×21 年 6 月 30 日，宏达公司确认债券利息收入。2×21 年 7 月 1 日，宏达公司收到债券利息。宏达公司应编制会计分录如下：

宏达公司应确认的债券利息收入＝100 000×5%÷12×6＝2 500(元)

(1) 2×21 年 6 月 30 日，确认债券利息收入时：

借：应收利息　　2 500

　　贷：投资收益　　2 500

(2) 2×21 年 7 月 1 日，收到债券利息时：

借：银行存款　　2 500

　　贷：应收利息　　2 500

(三) 出售短期投资

出售短期投资，应当按照实际收到的出售价款，借记"银行存款"或"库存现金"科目，按照该项短期投资的账面余额，贷记"短期投资"科目，按照尚未收取的现金股利或债券利息，贷记"应收股利"或"应收利息"科目，按照其差额，贷记或借记"投资收益"科目。

【例 3-15】 承[例 3-13]，2×22 年 9 月 30 日，科田公司出售全部股票，实际收到款项 12 200 元。科田公司应编制会计分录如下：

借：银行存款　　122 000

　　贷：短期投资——哇咔咔股票　　95 000

　　　　投资收益　　27 000

【例 3-16】 承[例 3-14]，2×21 年 9 月 30 日，宏达公司出售全部债券并收到款项 105 000 元。宏达公司应编制会计分录如下：

宏达公司应确认的债券利息＝100 000×5%÷12×3＝1 250(元)

(1) 2×21 年 9 月 30 日，确认债券利息时：

借：应收利息　　1 250

　　贷：投资收益　　1 250

(2) 2×21 年 9 月 30 日，出售债券时：

借：银行存款　　105 000

　　贷：短期投资——债券投资　　101 000

　　　　应收利息　　1 250

　　　　投资收益　　2 750

【做中学·单项选择题】 小企业购买分期付息的债券作为短期投资时，实际支付的购买价款包含的已到付息期但尚未领取的债券利息，应记入的会计科目是(　　)。

A. "短期投资"　　B. "投资收益"

C. "财务费用"　　D. "应收利息"

【答案】 D

【解析】 购入债券作为短期投资的，实际支付的购买价款中含有的已到付息期但尚未领取的债券利息，应借记“应收利息”科目。

第三节 应收及预付款项

一、应收及预付款项概述

应收及预付款项是指企业在日常生产经营过程中发生的各项债权。它包括应收款项和预付款项。其中，应收款项包括应收票据、应收账款、应收股利、应收利息和其他应收款等；预付款项是指企业按照合同规定预付的款项，如预付账款等。

二、应收票据

(一) 应收票据概述

应收票据是指企业因销售商品、提供服务等而收到的商业汇票。商业汇票是一种由出票人签发的，委托付款人在指定日期无条件支付确定金额给收款人或者持票人的票据。

商业汇票的付款期限，最长不得超过 6 个月。定日付款的汇票付款期限自出票日起计算，并在汇票上记载具体到期日；出票后定期付款的汇票付款期限自出票日起按月计算，并在汇票上记载；见票后定期付款的汇票付款期限自承兑或拒绝承兑日起按月计算，并在汇票上记载。商业汇票的提示付款期限自汇票到期日起 10 日。符合条件的商业汇票的持票人，可以持未到期的商业汇票连同贴现凭证向银行申请贴现。

根据承兑人不同，商业汇票分为商业承兑汇票和银行承兑汇票。

·理论点拨·

商业承兑汇票和银行承兑汇票支付流程

商业承兑汇票是指由付款人签发并承兑，或由收款人签发交由付款人承兑的汇票。商业承兑汇票的付款人收到开户银行的付款通知，应在当日通知银行付款。付款人在接到通知日的次日起 3 日内(遇法定休假日顺延)未通知银行付款的，视同付款人承诺付款。银行将于付款人接到通知日的次日起第 4 日(遇法定休假日顺延)，将票款划给持票人。付款人提前收到由其承兑的商业汇票，应通知银行于汇票到期日付款。银行在办理划款时，付款人存款账户不足支付的，银行应填制付款人未付票款通知书，连同商业承兑汇票邮寄持票人开户银行转交持票人。

银行承兑汇票是指由在承兑银行开立存款账户的存款人(即出票人)签发，由承兑银行承兑的票据。企业申请使用银行承兑汇票时，应向其承兑银行按票面金额的 5‰交纳手续费。银行承兑汇票的出票人应于汇票到期前将票款足额交存其开户银行，承兑银行应在汇票到期日或到期日后的见票当日支付票款。银行承兑汇票的出票人于汇票到期前未能足额交存票款时，承兑银行除凭票向持票人无条件付款外，对出票人尚未支付的汇票金额按每天 5‰计收利息。

·小思考·

商业承兑汇票和银行承兑汇票有何异同？从支付能力来看，哪个更强？

(二) 应收票据的账务处理

微课：应收票据的核算

为了反映和监督应收票据取得、票款收回等情况，企业应当设置“应收票据”科目。其借方登记取得的应收票据的面值，贷方登记到期收回票款或到期前向银行贴现的应收票据的票面金额，期末余额在借方，反映企业持有的商业汇票的票面金额。“应收票据”科目可按照开出、承兑商业汇票的单位进行明细核算，并设置应收票据备查簿，逐笔登记商业汇票的种类，号数，出票日，票面金额，交易合同号，付款人、承兑人、背书人的姓名或单位名称，到期日，背书转让日，贴现日，贴现率，贴现净额以及收款日和收回金额，退票情况等资料。商业汇票到期结清票款或退票后，在应收票据备查簿中应予注销。

1. 取得应收票据和收回到期票款

因债务人抵偿前欠货款而取得的应收票据，借记“应收票据”科目，贷记“应收账款”科目；因企业销售商品、提供劳务等而收到开出、承兑的商业汇票，借记“应收票据”科目，贷记“主营业务收入”“应交税费——应交增值税(销项税额)”等科目。商业汇票到期收回款项时，应按实际收到的金额，借记“银行存款”科目，贷记“应收票据”科目。

【例 3-17】 华安公司为增值税一般纳税人。2×21 年 9 月 1 日，华安公司向华美公司(为增值税一般纳税人)销售一批产品，价款为 2 500 000 元，已办妥托收手续，适用的增值税税率为 13%。华安公司应编制会计分录如下：

借：应收账款　　2 825 000

　　贷：主营业务收入　　2 500 000

　　　　应交税费——应交增值税(销项税额)　　325 000

2×21 年 9 月 15 日，华安公司收到华美公司寄来的一张期限为 3 个月的银行承兑汇票，面值为 2 825 000 元，抵付产品的价款和增值税。华安公司应编制会计分录如下：

借：应收票据　　2 825 000

　　贷：应收账款　　2 825 000

2×21 年 12 月 15 日，华安公司持有的上述票据到期，收回票面金额 2 825 000 元存入银行。华安公司应编制会计分录如下：

借：银行存款　　2 825 000

　　贷：应收票据　　2 825 000

2. 转让应收票据

在实务中，企业可以将自己持有的商业汇票背书转让。

背书是指在票据背面或者黏单上记载有关事项并签章的票据行为。票据背书转让的，背书人应当承担票据责任。

在通常情况下，企业将持有的商业汇票背书转让以取得所需物资时，按应计入取得物资成本的金额,借记“在途物资”“材料采购”“原材料”“库存商品”等科目,按照增值税专用发票上注明的可抵扣的增值税额,借记“应交税费——应交增值税(进项税额)”科目,按商业汇票的票面金额,贷记“应收票据”科目,如有差额,借记或贷记“银行存款”等科目。

【例 3-18】 承[例 3-17],假定华安公司于 2×21 年 10 月 15 日将上述应收票据背书转让,以取得生产经营所需的 Y 材料。Y 材料价款为 2 500 000 元,适用的增值税税率为 13%。华安公司应编制会计分录如下:

借:原材料	2 500 000	
应交税费——应交增值税(进项税额)	325 000	
贷:应收票据		2 825 000

对于票据贴现,企业通常应按实际收到的金额,借记“银行存款”科目,按应收票据的票面金额,贷记“应收票据”科目,按其差额,借记或贷记“财务费用”科目。

【做中学·单项选择题】 因资金周转需要,华安公司于 2×21 年 5 月 20 日将一张 2×21 年 4 月 23 日签发的、面值为 10 000 元、期限为 90 天的不带息商业承兑汇票向银行申请贴现,年贴现率为 10%。不考虑其他因素,下列处理中,不正确的是(　　)(1 年按 360 天计算)。

A. 贴现息应记入“管理费用”科目

B. 贴现时应减少应收票据面值 10 000 元

C. 实际收到的银行存款为 9 825 元

D. 贴现息为 175 元

【答案】 A

【解析】 贴现期=90-27(已持有天数)=63(天);贴现息=10 000×10%÷360×63=175(元)。华安公司应编制的会计分录为:借记“银行存款”科目 9 825 元,借记“财务费用”科目 175 元,贷记“应收票据”科目 10 000 元。

【做中学·单项选择题】 下列各项中,应记入“应收票据”科目借方的是(　　)。

A. 提供服务收到的商业承兑汇票　　B. 提供服务收到的银行本票

C. 销售商品收到的银行汇票　　D. 销售原材料收到的转账支票

【答案】 A

【解析】 选项 BCD,应记入“银行存款”科目的借方。

三、应收账款

应收账款是指企业因销售商品、提供服务等经营活动,应向购货单位或接受服务单位收取的款项。它主要包括企业销售商品或提供服务等应向有关债务人收取的价款、增值税及代购货单位垫付的包装费、运杂费等。

为了反映和监督应收账款的增减变动及其结存情况,企业应设置“应收账款”科目。不单独设置“预收账款”科目的企业,预收的账款也在“应收账款”科目核算。“应收账款”科目的借方登记应收账款的增加,贷方登记应收账款的收回及确认的坏账损失,期末余额一般在借方,反映企业尚未收回的应收账款;如果期末余额在贷方,一般为企业预收的账款。

·小思考·

"应收账款"与"应收票据"两个会计科目在使用中有何区别？

【例 3-19】 华安公司为增值税一般纳税人，采用托收承付结算方式向 Y 公司（为增值税一般纳税人）销售商品一批，取得的增值税专用发票上注明的价款为 500 000 元，增值税额为 65 000 元，已办理托收手续。华安公司应编制会计分录如下：

借：应收账款　　565 000
　贷：主营业务收入　　500 000
　　应交税费——应交增值税（销项税额）　　65 000

华安公司实际收到款项时，应编制会计分录如下：

借：银行存款　　565 000
　贷：应收账款　　565 000

企业应收账款改用应收票据结算，在收到承兑的商业汇票时，借记"应收票据"科目，贷记"应收账款"科目。

【例 3-20】 承［例 3-19］，如果华安公司委托银行收取 Y 公司的款项改用应收票据结算，收到 Y 公司交来的商业承兑汇票一张，面值为 565 000 元，用来偿还其前欠价款。华安公司应编制会计分录如下：

借：应收票据　　565 000
　贷：应收账款　　565 000

【做中学·单项选择题】 华安公司采用托收承付结算方式销售一批商品，增值税专用发票上注明的价款为 1 000 万元，适用的增值税税率为 13%，销售商品为客户代垫运输费含税价款 5.45 万元，全部款项已办妥托收手续。华安公司应确认的应收账款为（　　）万元。

A. 1 000　　B. 1 005.45　　C. 1 130　　D. 1 135.45

【答案】 D

【解析】 华安公司应确认的应收账款＝1 000＋1 000×13%＋5.45＝1 135.45（万元）。

四、预付账款

预付账款是指企业按照合同规定预付的款项。比如，预付的材料款、商品采购款、在建工程价款等，都属于预付账款。

为了反映和监督预付账款的增减变动及其结存情况，企业应当设置"预付账款"科目。"预付账款"科目的借方登记预付的款项及补付的款项，贷方登记收到所购物资时根据有关发票账单记入"原材料"等科目的金额及收回多付款项的金额，期末余额在借方，反映企业实际预付的款项；如果期末余额在贷方，则反映企业应付或应补付的款项。

预付款项情况不多的企业，可以不设置"预付账款"科目，而将预付的款项通过"应付账款"科目核算。

企业根据购货合同的规定向供应单位预付款项时，借记"预付账款"科目，贷记"银行存款"科目；企业收到所购物资时，按应计入购入物资成本的金额，借记"材料采购""原材料”“库存商品”等科目，按可抵扣的增值税进项税额，借记“应交税费——应交增值税（进项税额）”等科目，贷记“预付账款”科目；当预付价款小于采购货物所需支付的款项时，应将不足部分补付，借记“预付账款”科目，贷记“银行存款”等科目；当预付价款大于采购货物所需支付的款项时，对收回的多余款项，应借记“银行存款”等科目，贷记“预付账款”科目。

【例3-21】 华安公司为增值税一般纳税人，向Y公司（为增值税一般纳税人）采购材料8 000千克，每千克价格为10元，所需支付的价款总计80 000元。华安公司按照合同规定向Y公司预付价款的50%，验收货物后补付其余款项。

（1）预付50%的价款时，华安公司应编制会计分录如下：

借：预付账款——Y公司	40 000	
贷：银行存款		40 000

（2）收到Y公司发来的8 000千克材料，验收无误。增值税专用发票上记载的价款为80 000元，增值税额为10 400元，以银行存款补付所欠款项33 500元。华安公司应编制会计分录如下：

借：原材料	80 000	
应交税费——应交增值税（进项税额）	10 400	
贷：预付账款——Y公司		90 400
借：预付账款——Y公司	50 400	
贷：银行存款		50 400

【做中学·单项选择题】 企业未设置“预付账款”科目，发生预付货款业务时，应借记（　　）科目。

A.“预收账款”　　B.“其他应付款”

C.“应收账款”　　D.“应付账款”

【答案】 D

【解析】 企业未设置“预付账款”科目，发生预付货款业务时，应借记的会计科目是“应付账款”科目。

五、应收股利和应收利息

（一）应收股利的账务处理

应收股利是指企业应收取的现金股利或应收取其他单位分配的利润。为了反映和监督应收股利的增减变动及其结存情况，企业应设置“应收股利”科目。“应收股利”科目的借方登记应收现金股利或利润的增加，贷方登记收到的现金股利或利润，期末余额一般在借方，反映企业尚未收到的现金股利或利润。“应收股利”科目应当按照被投资单位设置明细科目进行核算。

企业在持有以公允价值计量且其变动计入当期损益的金融资产（交易性金融资产）期间，被投资单位宣告发放现金股利，按应享有的份额，确认为当期投资收益，借记“应收股利”科目，贷记“投资收益”科目。

【例 3-22】 华安公司持有M上市公司股票，作为以公允价值计量且其变动计入当期损益的金融资产(交易性金融资产)进行管理和核算。2×21年5月10日，M上市公司发放2×20年现金股利，华安公司按其持有该上市公司股份计算确定的应分得的现金股利为300 000元。假定不考虑相关税费，华安公司应编制会计分录如下：

借：应收股利——M上市公司　　300 000
　　贷：投资收益——M上市公司　　300 000

2×21年5月30日，华安公司收到M上市公司发放的现金股利300 000元，款项已存入银行。假定不考虑相关税费，华安公司应编制会计分录如下：

借：其他货币资金——存出投资款　　300 000
　　贷：应收股利——M上市公司　　300 000

·理论点拨·

收到应收股利的借方入账科目

需要说明的是，企业收到被投资单位分配的现金股利或利润，应贷记"应收股利"科目，但对于应借记的科目，应区别两种情况分别进行处理：对于企业通过证券公司购入上市公司股票所形成的股权投资取得的现金股利，应借记"其他货币资金——存出投资款"科目；对于企业持有的其他股权投资取得的现金股利或利润，应借记"银行存款"科目。

(二) 应收利息的账务处理

应收利息是指企业根据合同或协议规定应向债务人收取的利息。为了反映和监督应收利息的增减变动及其结存情况，企业应设置"应收利息"科目。"应收利息"科目的借方登记应收利息的增加，贷方登记收到的利息，期末余额一般在借方，反映企业尚未收到的利息。"应收利息"科目应当按照借款人或被投资单位设置明细科目进行核算。

【例 3-23】 华安公司持有T公司债券投资，2×21年1月11日，华安公司收到T公司通知，拟向其支付2×20年利息2 000 000元，款项尚未支付。假定不考虑相关税费，华安公司应编制会计分录如下：

借：应收利息——T公司　　2 000 000
　　贷：投资收益——T公司　　2 000 000

2×21年1月30日，华安公司收到T公司支付的利息2 000 00元，款项已存入银行。假定不考虑相关税费，华安公司应编制会计分录如下：

借：其他货币资金——存出投资款　　2 000 00
　　贷：应收利息——T公司　　2 000 00

六、其他应收款

其他应收款是指企业除应收票据、应收账款、预付账款、应收股利和应收利息以外的其他各种应收及暂付款项。其主要内容包括：应收的各种赔款、罚款，如因企业财产等遭受意外损失而应向有关保险公司收取的赔款等；应收的出租包装物租金；应向职工收取的各种垫付款项，如为职工垫付的水电费、应由职工负担的医药费、房租费等；存出保证金，如租入包装物支付的押金；其他各种应收、暂付款项。

为了反映和监督其他应收账款的增减变动及其结存情况，企业应当设置“其他应收款”科目进行核算。“其他应收款”科目的借方登记其他应收款的增加，贷方登记其他应收款的收回，期末余额一般在借方，反映企业尚未收回的其他应收款项。“其他应收款”科目应当按照对方单位（或个人）设置明细科目进行核算。

微课：其他应收款的核算

企业发生各种其他应收款项时，应借记“其他应收款”科目，贷记“库存现金”“银行存款”“固定资产清理”等科目。收回其他各种应收款项时，借记“库存现金”“银行存款”“应付职工薪酬”等科目，贷记“其他应收款”科目。

【例 3-24】 华安公司在采购过程中发生材料毁损，按保险合同规定，应由N保险公司赔偿损失40 000元，赔款尚未收到。假定华安公司对原材料采用计划成本进行日常核算，华安公司应编制会计分录如下：

借：其他应收款——N保险公司　　40 000

　　贷：材料采购　　40 000

当华安公司如数收到上述N保险公司的赔款时，华安公司应编制会计分录如下：

借：银行存款　　40 000

　　贷：其他应收款——N保险公司　　40 000

【例 3-25】 华安公司以银行存款替职工张某垫付应由个人负担的医疗费8 000元，拟从其工资中扣回。华安公司应编制会计分录如下：

(1) 垫付款时：

借：其他应收款——张某　　8 000

　　贷：银行存款　　8 000

(2) 扣款时：

借：应付职工薪酬　　8 000

　　贷：其他应收款——张某　　8 000

【例 3-26】 华安公司向Y公司租入包装物一批，以银行存款向Y公司支付押金20 000元。华安公司应编制会计分录如下：

借：其他应收款——Y公司　　20 000

　　贷：银行存款　　20 000

华安公司按期如数向Y公司退回所租包装物，并收到Y公司退还的押金20 000元，已存入银行。华安公司应编制会计分录如下：

借：银行存款　　20 000

　　贷：其他应收款——Y公司　　20 000

【做中学·单项选择题】 下列各项中，属于“其他应收款”科目核算内容的是（　　）。

A. 为职工垫付的房租　　B. 为购货单位垫付的运费

C. 应收的销售商品款　　D. 应收的劳务款

【答案】 A

【解析】 选项BCD，通过“应收账款”科目核算。

【做中学·多项选择题】 2×21年4月1日，某企业高管出差预借差旅费10 000元，以库存现金支付。4月10日，该高管出差归来，报销差旅费9 000元，并将剩余现金交回。则下列处理中，正确的有(　　)。

A. 借：管理费用　10 000
　　贷：库存现金　　10 000

B. 借：其他应收款　10 000
　　贷：库存现金　　10 000

C. 借：管理费用　　9 000
　　　库存现金　　1 000
　　贷：其他应收款　10 000

D. 借：销售费用　　9 000
　　贷：库存现金　　9 000

【答案】 BC

七、应收款项减值

企业的各项应收款项，可能会因购货人拒付、破产、死亡等原因而无法收回。这类无法收回的应收款项就是坏账。

·理论点拨·

应收款项减值损失

企业因坏账而遭受的损失为坏账损失或减值损失。企业应当在资产负债表日对应收款项的账面价值进行评估，应收款项发生减值的，应当将减记的金额确认为减值损失，计提坏账准备。

微课：何为应收款项减值

应收款项减值有两种核算方法，即直接转销法和备抵法，我国《企业会计准则》规定，应收款项减值的核算应采用备抵法，不得采用直接转销法。

(一) 直接转销法

企业采用直接转销法时，日常核算中应收款项可能发生的坏账损失不予考虑，只有在实际发生坏账时，才作为坏账损失计入当期损益，同时直接冲销应收款项，即借记“信用减值损失”科目，贷记“应收账款”等科目。

【例3-27】 华安公司2×17年发生的一笔40 000元的应收账款，长期无法收回，于2×21年年末确认为坏账。华安公司在2×21年年末应编制会计分录如下：

借：信用减值损失——坏账损失　　40 000
　贷：应收账款　　40 000

这种方法的优点是账务处理简单；其缺点是不符合权责发生制会计基础，也与资产定义相冲突。在这种方法下，只有坏账实际发生时，才将其确认为当期费用，导致资产和各期损益不实。另外，在资产负债表上，应收账款是按账面余额而不是按账面价值反映，这在一定程度上歪曲了期末的财务状况。所以，《企业会计准则》不允许采用直接转销法。

(二) 备抵法

备抵法是采用一定的方法按期确定预期信用损失计入当期损益，作为坏账准备，待坏账损失实际发生时，冲销已计提的坏账准备和相应的应收款项。采用这种方法需要对预期信用损失进行复杂的评估和判断，履行预期信用损失的确定程序。

1. 预期信用损失的概念

预期信用损失是指以发生违约的风险为权重的金融工具信用损失的加权平均值。信用损失是指企业按照实际利率折现的、根据合同应收的所有合同现金流量与预期收取的所有现金流量之间的差额。

2. 预期信用损失的确定方法

企业对于《企业会计准则第14号——收入》规范的交易形成且不含重大融资成分的应收款项，始终按照相当于整个存续期内预期信用损失的金额计量其损失准备。

·理论点拨·

确定信用风险自初始确认后是否显著增加时应考虑的具体信息如下：

(1) 债务人未能按合同到期日支付款项的情况。

(2) 已发生的或预期的债务人的外部或内部信用评级的严重恶化。

(3) 已发生的或预期的债务人经营成果的严重恶化。

(4) 现存的或预期的技术、市场、经济或法律环境变化，并将对债务人对本企业的还款能力产生重大不利影响。

考虑到应收款项的流动性特征，实务中通常按照应收款项的账面余额和预计可收回金额的差额确定预计信用减值损失，即按照在应收款项初始确认时所确定的预计存续期内的违约概率与该应收款项在资产负债表日所确定的预计存续期内的违约概率，来判定应收款项信用风险是否显著增加。应收款项坏账准备可以分项分类计算确定，也可以以组合为基础计算确定。

3. 坏账准备的账务处理

企业应当设置"坏账准备"科目，核算应收款项的坏账准备计提、转销等事项。"坏账准备"科目的贷方登记当期计提的坏账准备、收回已转销的应收账款而恢复的坏账准备，借方登记实际发生的坏账损失金额和冲减的坏账准备金额，期末贷方余额反映企业已计提但尚未转销的坏账准备。坏账准备可按以下公式计算：

$$\text{当期应计提的坏账准备} = \text{当期按应收款项计算的坏账准备金额} - \text{“坏账准备”科目的贷方(或+借方)余额}$$

1) 计提坏账准备

企业计提坏账准备时，按照应收款项应减记的金额，借记"信用减值损失——计提的坏账准备"科目，贷记"坏账准备"科目；冲减多计提的坏账准备时，借记"坏账准备"科目，贷记"信用减值损失——计提的坏账准备"科目。

【例3-28】 2×20年12月31日，华安公司应收Y公司的账款余额为2 000 000元，华安公司根据《企业会计准则》确定应计提坏账准备的金额为200 000元。华安公司应编制会计分录如下：

借：信用减值损失——计提的坏账准备　　200 000

　　贷：坏账准备　　200 000

2）转销坏账

企业确实无法收回的应收款项按管理权限报经批准后作为坏账转销时，应当冲减计提的坏账准备。企业实际发生坏账损失时，借记“坏账准备”科目，贷记“应收账款”“其他应收款”等科目。

【例 3-29】 承[例 3-28]，2×21 年 6 月，华安公司应收 Y 公司的销货款实际发生坏账损失 80 000 元。华安公司应编制会计分录如下：

借：坏账准备	80 000	
贷：应收账款		80 000

【例 3-30】 承[例 3-21]和[例 3-29]，假定华安公司 2×21 年 12 月 31 日应收 Y 公司的账款余额为 1 800 000 元，华安公司对该应收账款应计提 180 000 元坏账准备。即华安公司“坏账准备”科目 2×21 年 12 月 31 日应保持的贷方余额为 180 000 元。计提坏账准备前，“坏账准备”科目的实际余额为贷方 120 000 元(200 000－80 000)，因此，2×21 年年末应计提的坏账准备金额为 60 000 元(180 000－120 000)。华安公司应编制会计分录如下：

借：信用减值损失——计提的坏账准备	60 000	
贷：坏账准备		60 000

3）收回已确认坏账并转销应收款项

已确认并转销的应收款项以后又收回的，应当按照实际收到的金额增加坏账准备的账面余额。已确认并转销的应收款项以后又收回时，借记“应收账款”“其他应收款”等科目，贷记“坏账准备”科目；同时，借记“银行存款”科目，贷记“应收账款”“其他应收款”等科目。

【例 3-31】 2×22 年 1 月 20 日，华安公司收回 2×21 年 6 月已作坏账转销的应收账款 30 000 元，并存入银行。华安公司应编制会计分录如下：

借：应收账款	30 000	
贷：坏账准备		30 000
借：银行存款	30 000	
贷：应收账款		30 000

或者合二为一：

借：银行存款	30 000	
贷：坏账准备		30 000

·小思考·

计提坏账准备、转销坏账、收回已确认坏账并转销应收款项等业务如何影响应收款项的账面价值？

采用备抵法核算信用减值损失的优点主要如下：符合权责发生制和会计谨慎性要求，在资产负债表中列示应收款项的净额，使财务报表使用者能了解企业应收款项预期可收回的金额和谨慎的财务状况；在利润表中作为营业利润项目列示，有利于落实企业管理者的经营责任，有利于企业外部利益相关者如实评价企业的经营业绩，作出谨慎的决策。

其缺点是预期信用损失的估计需要考虑的因素众多，且有部分估计因素带有一定的主观性，对会计职业判断的要求较高，可能导致预期信用损失的确定不够准确、客观。此外，预期信用减值损失影响各期营业利润金额的计算与确定，客观存在企业管理者平滑利润进行盈余管理甚至利润操纵与舞弊的可能性。这增加了会计职业风险，增加了注册会计师审计难度和审计风险，同时，也增加了政府和行业的会计监管难度和风险，对会计制度的制定者、执行者和监管者等提出了更高的要求。

【做中学·单项选择题】　2×21 年 12 月 31 日，某企业应收账款账面余额为 1 200 万元，预计未来现金流量现值为 600 万元；计提坏账准备前，企业“坏账准备”科目余额为贷方 350 万元。不考虑其他因素，当日该企业应计提的坏账准备为(　　)万元。

A. 250　　B. 600　　C. 350　　D. 1 200

【答案】　A

【解析】　当日该企业应计提的坏账准备＝(1 200－600)－350＝250(万元)。

【做中学·单项选择题】　2×21 年 12 月初，某企业“坏账准备”科目余额为贷方 6 万元。12 月 31 日“应收账款”科目余额为借方 100 万元。经减值测试，该企业应收账款预计未来现金流量现值为 95 万元。该企业 2×21 年年末应计提的坏账准备金额为(　　)万元。

A. 5　　B. 11　　C. －1　　D. 1

【答案】　C

【解析】　“坏账准备”科目期末应有余额＝100－95＝5(万元)，已有余额 6 万元，当期应转回的金额＝5－6＝－1(万元)。

【做中学·多项选择题】　下列各项中，引起应收账款账面价值发生增减变化的有(　　)。

A. 收回应收账款

B. 计提应收账款坏账准备

C. 收回已作为坏账核销的应收账款

D. 结转已到期未兑现的应收票据

【答案】　ABCD

【解析】　应收账款账面价值＝应收账款账面余额－坏账准备余额。

选项 A，收回应收账款时：

借：银行存款

　　贷：应收账款

该经济业务使得应收账款账面价值减少。

选项 B，计提应收账款坏账准备时：

借：信用减值损失

　　贷：坏账准备

该经济业务使得应收账款账面价值减少。

选项 C，收回已作为坏账核销的应收账款时：

借：应收账款

　　贷：坏账准备

借：银行存款

　　贷：应收账款

该经济业务使得应收账款账面价值减少。

选项D，结转已到期未兑现的应收票据时：

借：应收账款

　　贷：应收票据

该经济业务使得应收账款账面价值增加。

第四节　存　货

一、存货概述

（一）存货的管理

存货是指企业在日常活动中持有以备出售的产品或商品、处在生产过程中的在产品、在生产过程中或提供劳务过程中储备的材料或物料等。企业持有存货的最终目的是销售。这些存货包括可供直接销售的商品和需要经过进一步加工后销售的原材料、在产品等，以及在生产经营管理过程中使用的包装物和低值易耗品等。存货是流动资产中流动性较慢的一项重要资产，具有品种繁多、品质各异、存放方式和地点多样、时效性强、占用资金高、管理难度大、要求高等特点。存货质量高低、周转快慢直接影响企业的盈利能力、偿债能力和资金周转效率，乃至决定企业经营的成败。在流动资产管理上，人们习惯将减去存货后的流动资产作为速动资产进行管理。积极做好企业会计与管理的协调与配合，加强企业存货的核算和监督管理具有十分重要的作用和意义。

（二）存货的核算内容

存货必须在符合定义的前提下，同时具备与该存货有关的经济利益很可能流入企业和该存货的成本能够可靠地计量两个条件，才能予以确认。

企业的存货通常包括各类原材料、在产品、半成品、产成品、商品、包装物、低值易耗品、委托代销商品等。

·理论点拨·

存货的组成内容

（1）原材料。原材料是指企业在生产过程中经过加工改变其形态或性质并构成产品主要实体的各种原料、主要材料和外购半成品，以及不构成产品实体但有助于产品形成的辅助材料。

（2）在产品。在产品是指企业正在制造尚未完工的生产物。它包括正在各个生产工序加工的产品和已加工完毕但尚未检验或已检验但尚未办理入库手续的产品。

（3）半成品。半成品是指经过一定生产过程并已检验合格交付半成品仓库保管，但尚未制造完工，仍需进一步加工的中间产品。

(4) 产成品。产成品是指企业已经完成全部生产过程并已验收入库,可以按照合同规定的条件送交订货单位,或者可以作为商品对外销售的产品。企业接受来料加工制造的代制品和为外单位加工修理的代修品,制造和修理完成验收入库后,应视同企业的产成品。

(5) 商品。商品是指商品流通企业外购或委托加工完成验收入库用于销售的各种商品。

(6) 包装物。包装物是指为了包装本企业的商品而储备的各种包装容器,如桶、箱、瓶、坛、袋等。其主要作用是盛装、装潢产品或商品。

(7) 低值易耗品。低值易耗品是指不能作为固定资产核算的各种用具物品,如工具、管理用具、玻璃器皿、劳动保护用品以及在经营过程中周转使用的容器等。其特点是单位价值较低,或使用期限相对于固定资产较短,在使用过程中保持其原有实物形态基本不变。

(8) 委托代销商品。委托代销商品是指企业委托其他单位代销的商品。

【做中学·多项选择题】 下列各项中,构成企业存货的有(　　)。

A. 委托代销商品　　B. 工程物资

C. 在产品　　D. 低值易耗品

【答案】 ACD

【解析】 存货包括各种原材料、在产品(选项 C)、半成品、产成品、商品、包装物、低值易耗品(选项 D)、委托代销商品(选项 A)等。选项 B,工程物资是非流动资产,不属于企业的存货。

二、存货的初始计量

企业取得存货应当按照成本计量。存货成本包括采购成本、加工成本、其他企业成本以及自制成本等。

(一) 存货的采购成本

存货的采购成本包括购买价款、相关税费、运输费、装卸费、保险费以及其他可归属于存货采购成本的费用。

微课:外购存货入账成本的确定

其中,存货的购买价款是指企业购入的材料或商品的发票账单上列明的价款,但不包括按照规定可以抵扣的增值税进项税额。

存货的相关税费是指企业购买存货发生的进口关税、消费税、资源税和不能抵扣的增值税进项税额以及相应的教育费附加等应计入存货采购成本的税费。

其他可归属于存货采购成本的费用是指采购成本中除了上述各项的可归属于存货采购的费用,如在存货采购过程中发生的仓储费、包装费、运输途中的合理损耗、入库前的挑选整理费用等。运输途中的合理损耗是指商品在运输过程中,因商品性质、自然条件及技术设备等因素,所发生的自然的或不可避免的损耗。例如,汽车在运输煤炭、化肥等的过程中自然散落以及易挥发产品在运输过程中的自然挥发。

在采购商品过程中发生的运输费、装卸费、保险费以及其他可归属于存货采购成本的费用等进货费用，应当计入存货采购成本，也可以先进行归集，期末根据所购商品的存销情况进行分摊。企业对于已售商品的进货费用，计入当期损益；对于未售商品的进货费用，计入期末存货成本。企业采购商品的进货费用金额较小的，可以在发生时直接计入当期损益。

·理论点拨·

存货的相关税费

一是一般纳税人购入货物相关的增值税可以抵扣的不计入成本，不能抵扣的应计入成本。

二是小规模纳税人购入货物相关的增值税计入存货成本。

三是进口关税计入存货成本。

四是采购发生的消费税和资源税一般计入存货成本。

五是小规模纳税人将货物销售给一般纳税人分为两种情况：一种是小规模纳税人开具普通发票给一般纳税人，此时增值税不能抵扣，应该计入货物成本；另一种是小规模纳税人开具增值税专用发票，此时，一般纳税人拿到的是增值税专用发票，是可以抵扣进项税额的，增值税不计入货物成本。

（二）存货的加工成本

存货的加工成本是指存货在加工过程中发生的追加费用。它包括直接人工以及按照一定方法分配的制造费用。直接人工是指企业在生产产品过程中发生的直接从事产品生产人员的职工薪酬。制造费用是指企业为生产产品而发生的各项间接费用。

（三）存货的其他成本

存货的其他成本是指除了采购成本、加工成本，使存货达到目前场所和状态所发生的其他支出。为特定客户设计产品所发生的、可直接确定的设计费用应计入存货的成本，但是企业设计产品发生的设计费用通常应计入当期损益。

（四）存货的自制成本

企业自制的存货包括自制原材料、自制包装物、自制低值易耗品、自制半成品及库存商品等。其成本包括直接材料、直接人工和制造费用等各项实际支出。

（五）不应计入存货成本的支出

下列支出不应计入存货成本，而应在其发生时计入当期损益：

(1) 非正常消耗的直接材料、直接人工和制造费用，应在发生时计入当期损益，不应计入存货成本。比如，由于自然灾害而发生的直接材料、直接人工和制造费用，由于这些费用的发生无助于使该存货达到目前场所和状态，不应计入存货成本，而应确认为当期损益。

(2) 仓储费用指企业在存货采购入库后发生的储存费用，应在发生时计入当期损益。但是，在生产过程中为达到下一个生产阶段所必需的仓储费用应计入存货成本。比如，某种酒类产品生产企业为使生产的酒达到规定的产品质量标准而必须发生的仓储费用，应计入酒的成本，而不应计入当期损益。

(3) 不能归属于使存货达到目前场所和状态的其他支出，应在发生时计入当期损益，不得计入存货成本。

【做中学·多项选择题】 下列各项中，属于材料采购成本的有(　　)。

A. 材料采购运输途中发生的合理损耗

B. 材料入库前的挑选整理费

C. 购买材料的价款

D. 购入材料的运杂费

【答案】 ABCD

【做中学·单项选择题】 华亭公司为增值税小规模纳税人，本月采购原材料2 060千克，每千克价格为50元(含增值税)，运输途中的合理损耗为60千克，入库前的挑选整理费用为500元。华亭公司的该批原材料的入账价值为(　　)元。

A. 100 500　　B. 103 500　　C. 103 000　　D. 106 500

【答案】 B

【解析】 运输途中的合理损耗和入库前的挑选整理费用计入采购原材料的成本，华亭公司的该批原材料的入账价值=2 060×50+500=103 500(元)。

·小思考·

运输途中的合理损耗计入所购存货的成本，不需要从总成本中剔除。那么，运输途中的非合理损耗该如何处理？

三、发出存货的计价方法

企业发出存货的计价方法直接影响发出存货成本、结存存货成本和经营成果的计算结果，选择并采用科学合理的计价方法是准确计算成本和经营成果的基础。

企业应当根据各类存货的实物流转方式、企业管理的要求、存货的性质等实际情况，合理地确定发出存货成本的计价方法，以及当期发出存货的成本。对于性质和用途相同的存货，应当采用相同的成本计价方法确定发出存货的成本。

在实务中，企业发出的存货可以按实际成本核算，也可以按计划成本核算。如采用计划成本核算，会计期末应调整为实际成本。在实际成本核算方式下，企业可以采用的发出存货成本的计价方法包括个别计价法、先进先出法、月末一次加权平均法和移动加权平均法等。

(一) 个别计价法

个别计价法是假设存货具体项目的实物流转与成本流转相一致，按照各种存货逐一辨认各批发出存货和期末存货所属的购进批别或生产批别，分别按其购入或生产时所确定的单位成本计算各批发出存货和期末存货成本的方法。

微课：四种发出存货计价方法

·理论点拨·

在个别计价法下，把每一种存货的实际成本作为计算发出存货成本和期末存货成本的基础。

【例 3-32】 华安公司 2×21 年 6 月 Y 商品的收入、发出及购进单位成本如表 3-2 所示。

表 3-2　　Y 商品购销明细账

2×21 年		凭证号数	摘要	收入			发出			结存		
月	日			数量	单价	金额	数量	单价	金额	数量	单价	金额
6	1	（略）	期初余额							150	10	1 500
	5		购入	100	12	1 200				250		
	11		销售				200			50		
	16		购入	200	14	2 800				250		
	20		销售				100			150		
	23		购入	100	15	1 500				250		
	27		销售				100			150		
6	30		本月合计	400		5 500	400			150		

假设经过具体辨认，本期发出存货的单位成本如下：6 月 11 日发出的 200 件存货中，100 件系期初结存存货，单位成本为 10 元，另外 100 件为 6 月 5 日购入存货，单位成本为 12 元；6 月 20 日发出的 100 件存货系 6 月 16 日购入，单位成本为 14 元；6 月 27 日发出的 100 件存货中，50 件为期初结存，单位成本为 10 元，50 件为 6 月 23 日购入，单位成本为 15 元。则按照个别计价法，华安公司 6 月 Y 商品收入、发出与结存情况如表 3-3 所示。

表 3-3　　Y 商品购销明细账（个别计价法）

2×21 年		凭证号数	摘要	收入			发出			结存		
月	日			数量	单价	金额	数量	单价	金额	数量	单价	金额
6	1	（略）	期初余额							150	10	1 500
	5		购入	100	12	1 200				150 100	10 12	1 500 1 200
	11		销售				100 100	10 12	1 000 1 200	50	10	500
	16		购入	200	14	2 800				50 200	10 14	500 2 800
	20		销售				100	14	1 400	50 100	10 14	500 1 400

（续表）

2×21年		凭证号数	摘要	收入			发出			结存		
月	日			数量	单价	金额	数量	单价	金额	数量	单价	金额
	23		购入	100	15	1 500				50 100 100	10 14 15	500 1 400 1 500
	27		销售				50 50	10 15	500 750	100 50	14 15	1 400 750
6	30		本月合计	400		5 500	400		4 850	100 50	14 15	1 400 750

从表3-2可知，华安公司本期发出存货成本及期末结存存货成本如下：

本期发出存货成本＝(100×10＋100×12)＋(100×14)＋(50×10＋50×15)
＝4 850(元)

期末结存存货成本＝100×14＋50×15＝2 150(元)

或：期末结存存货成本＝期初结存存货成本＋本期收入存货成本－本期发出存货成本
＝150×10＋(100×12＋200×14＋100×15)－4 850
＝1 500＋5 500－4 850＝2 150(元)

个别计价法的成本计算准确，符合实际情况，但在存货收发频繁情况下，其发出成本分辨的工作量较大。因此，这种方法适用于一般不能替代使用的存货、为特定项目专门购入或制造的存货以及提供的劳务，如珠宝、名画等贵重物品。

（二）先进先出法

先进先出法是指以先购入的存货应先发出（用于销售或耗用）这样一种存货实物流动假设为前提，对发出存货进行计价的方法。采用这种方法，先购入的存货成本在后购入存货成本之前转出，据此确定发出存货和期末存货的成本。具体方法是：收入存货时，逐笔登记收入存货的数量、单价和金额；发出存货时，按照先进先出的原则逐笔登记存货的发出成本和结存金额。

先进先出法可以随时结转存货发出成本，但较烦琐。如果存货收发业务较多，且存货单价不稳定时，其工作量较大。在物价持续上升时，期末存货成本接近于市价，而发出成本偏低，会高估企业当期利润和库存存货价值；反之，会低估当期利润和企业存货价值。

·小思考·

物价持续上升时，在先进先出法下，如何理解会高估企业当期利润？

【例3-33】 承[例3-32]，假设华安公司Y商品本期收入、发出和结存情况如表3-3所示。从表3-3可以看出存货成本的计价顺序，如6月11日发出的200件存货，按先进先出法的流转顺序，应先发出期初库存存货1 500元(150×10)，再发出6月5日购入的50件，即600元(50×12)，其他以此类推。从表3-4可以看出，使用先进先出法得出的发出存货成本和期末存货成本分别为4 800元和2 200元。

表3-4　　　　Y商品购销明细账(先进先出法)

2×21年		凭证号数	摘要	收入			发出			结存		
月	日			数量	单价	金额	数量	单价	金额	数量	单价	金额
6	1	(略)	期初余额							150	10	1 500
	5		购入	100	12	1 200				150 100	10 12	1 500 1 200
	11		销售				150 50	10 12	1 500 600	50	12	600
	16		购入	200	14	2 800				50 200	12 14	600 2 800
	20		销售				50 50	12 14	600 700	150	14	2 100
	23		购入	100	15	1 500				150 100	14 15	2 100 1 500
	27		销售				100	14	1 400	50 100	14 15	700 1 500
6	30		本月合计	400		5 500	400		4 800	50 100	14 15	700 1 500

华安公司日常账面记录显示，Y商品期初结存存货为1 500元(150×10)，本期购入存货三批，按先后顺序分别为：1 200元(100×12)，2 800元(200×14)、1 500元(100×15)。假设经过盘点，发现期末库存150件，则本期发出存货为400件。

本期发出存货成本及期末结存存货成本如下：

本期发出存货成本＝(150×10＋50×12)＋(50×12＋50×14)＋(100×14)＝4 800(元)

期末结存存货成本＝50×14＋100×15＝2 200(元)

或：　期末结存存货成本＝期初结存存货成本＋本期收入存货成本－本期发出存货成本
＝150×10＋(100×12＋200×14＋100×15)－4 800
＝1 500＋5 500－4 800＝2 200(元)

【做中学·判断题】 在市场物价持续上升时，发出存货采用先进先出法会导致计算发出存货成本时背离近期市场近期价格，从而低估资产负债表中“存货”项目的价值和利润表中的当期利润。(　　)

【答案】 ×

【解析】 此时会高估期末资产负债表中的“存货”项目和利润表中的当期利润。

【做中学·单项选择题】 华美公司采用先进先出法计算发出材料的成本。2×21年9月1日，华美公司甲材料结存200千克，每千克实际成本为300元；9月7日，购入甲材料

350千克，每千克实际成本为310元；9月21日，购入甲材料400千克，每千克实际成本为290元；9月28日，发出甲材料500千克。9月份甲材料发出成本为(　　)元。

A. 145 000　　　　B. 150 000

C. 153 000　　　　D. 155 000

【答案】 C

【解析】 先发出结存材料200千克，即成本为60 000元(200×300)；再发出9月7日购入的350千克中的300千克，即成本为93 000元(300×310)，则发出材料的总成本为153 000元(200×300+300×310)。

(三) 月末一次加权平均法

月末一次加权平均法是指以本月全部进货数量加上月初存货数量作为权数，去除本月全部进货成本加上月初存货成本，计算出存货的加权平均单位成本，以此为基础计算本月发出存货的成本和期末结存存货的成本的方法。其计算公式如下：

$$\text{存货单位成本}=\frac{\text{总成本}}{\text{总数量}}=\frac{\text{月初存货成本}+\sum\left(\text{本月各批进货的实际单位成本}\times\text{本月各批进货数量}\right)}{\text{月初存货数量}+\text{本月各批进货数量之和}}$$

$$\text{本月发出存货成本}=\text{本月发出存货数量}\times\text{存货单位成本}$$

$$\text{月末结存存货成本}=\text{月末结存存货数量}\times\text{存货单位成本}$$

或：月末结存存货成本=月初结存存货成本+本月收入存货成本-本月发出存货成本

采用月末一次加权平均法只在月末一次计算加权平均单价，可以简化成本计算工作。但由于月末一次计算加权平均单价和发出存货成本，不便于存货成本的日常管理与控制。

【例3-34】 承[例3-32]，假设华安公司采用月末一次加权平均法核算存货，根据表3-2，6月Y商品的平均单位成本计算如下：

$$\begin{aligned}\text{6月Y商品的平均单位成本}&=\frac{\text{月初结存存货成本}+\text{本月收入存货成本之和}}{\text{月初结存存货数量}+\text{本月收入存货数量之和}}\\&=\frac{150\times10+100\times12+200\times14+100\times15}{150+100+200+100}\\&=12.727(\text{元})\end{aligned}$$

6月Y商品的发出成本与月末结存成本分别为：

$$\text{6月Y商品的发出成本}=400\times12.727=5\,090.80(\text{元})$$

$$\begin{aligned}\text{6月Y商品的月末结存成本}&=\text{月初结存存货成本}+\text{本月收入存货成本}-\text{本月发出存货成本}\\&=[150\times10+(100\times12+200\times14+100\times15)]-5\,090.80\\&=7\,000-5\,090.80\\&=1\,909.20(\text{元})\end{aligned}$$

则6月Y商品本期收入、发出和结存情况如表3-4所示。

从表3-5中可以看出，采用月末一次加权平均法，Y商品的平均单位成本从期初的10元变为期末的12.727元；采用月末一次加权平均法得出的本期发出存货成本和期末结存存货成本分别为5 090.80元和1 909.20元。

表 3-5　　Y 商品购销明细账(月末一次加权平均法)

2×21 年		凭证号数	摘要	收入			发出			结存		
月	日			数量	单价	金额	数量	单价	金额	数量	单价	金额
6	1	(略)	期初余额							150	10	1 500
	5		购入	100	12	1 200				250	—	—
	11		销售				200			50	—	—
	16		购入	200	14	2 800				250	—	—
	20		销售				100	—		150	—	—
	23		购入	100	15	1 500				250	—	—
	27		销售				100	—		150	—	—
6	30		本月合计	400	—	5 500	400	12.727	5 090.80	150	12.728**	1 909.20*

注:*用“月末结存存货成本=月初结存存货成本+本月收入存货成本-本月发出存货成本”计算确定。

**12.728=1 909.20÷150,与月末一次加权平均法计算的平均单位成本理论上应完全一致,实务中有时出现不一致,系四舍五入所致。

【做中学·单项选择题】 某企业采用月末一次加权平均法计算发出材料成本。2×21 年 3 月 1 日,结存甲材料 200 件,单位成本为 40 元;3 月 15 日,购入甲材料 400 件,单位成本为 35 元;3 月 20 日,购入甲材料 400 件,单位成本为 38 元;当月共发出甲材料 500 件。3 月份发出甲材料的成本为(　　)元。

A. 18 500　　B. 18 600　　C. 19 000　　D. 20 000

【答案】 B

【解析】 材料单价=(期初结存材料成本+本期购入材料成本)÷(期初结存材料数量+本期购入材料成本)=(200×40+400×35+400×38)÷(200+400+400)=37.2(元),3 月份发出甲材料成本=37.2×500=18 600(元)。

(四)移动加权平均法

移动加权平均法是指以每次进货的成本加上原有结存存货的成本的合计额,除以每次进货数量加上原有结存存货的数量的合计数,据以计算加权平均单位成本,作为在下次进货前计算各次发出存货成本依据的方法。其计算公式如下:

$$存货单位成本=\left(\begin{matrix}原有库存存货\\的实际成本\end{matrix}+\begin{matrix}本次进货\\的实际成本\end{matrix}\right)\div\left(\begin{matrix}原有库存\\存货数量\end{matrix}+\begin{matrix}本次进\\货数量\end{matrix}\right)$$

本次发出存货成本=本次发出存货数量×本次发货前存货的单位成本

月末结存存货成本=月末结存存货数量×月末存货单位成本

或:　月末结存存货成本=月初结存存货成本+本月收入存货成本-本月发出存货成本

企业采用移动加权平均法,能够使管理层及时了解存货的结存情况,计算的平均单位成本以及发出和结存的存货成本比较客观。但由于该方法每次收货都要计算一次平均单位成本,计算工作量较大,对收发货较频繁的企业不太适用。

【例 3-35】 承[例 3-32],假设华安公司采用移动加权平均法核算存货,根据表 3-2,6 月 Y 商品各平均单位成本计算如下:

6 月 5 日购入后的平均单位成本＝(150×10＋100×12)÷(150＋100)＝10.80(元)

6 月 16 日购入后的平均单位成本＝(50×10.80＋200×14)÷(50＋200)＝13.36(元)

6 月 23 日购入后的平均单位成本＝(150×13.36＋100×15)÷(150＋100)＝14.016(元)

本次发出存货成本＝本次发出存货数量×本次发货前存货的单位成本

6 月 11 日销售存货成本＝200×10.80＝2 160(元)

6 月 20 日销售存货成本＝100×13.36＝1 336(元)

6 月 27 日销售存货成本＝100×14.016＝1 401.60(元)

月末库存存货成本＝月末库存存货的数量×本月月末存货单位成本

＝150×14.016＝2 102.40(元)

或：月末结存存货成本＝月初结存存货成本＋本月收入存货成本－本月发出存货成本

＝150×10＋[(100×12)＋(200×14)＋(100×15)]－[(200×10.80)＋(100×13.36)＋(100×14.016)]

＝1 500＋(1 200＋2 800＋1 500)－(2 160＋1 336＋1 401.6)

＝1 500＋5 500－4 897.60＝2 102.40(元)

则 6 月 Y 商品本期收入、发出和结存情况如表 3-6 所示。

表 3-6　　Y 商品购销明细账(移动加权平均法)

2×21 年		凭证号数	摘要	收入			发出			结存		
月	日			数量	单价	金额	数量	单价	金额	数量	单价	金额
6	1	(略)	期初余额							150	10	1 500
	5		购入	100	12	1 200				250	10.80	2 700
	11		销售				200	10.80	2 160	50	10.80	540
	16		购入	200	14	2 800				250	13.36	3 340
	20		销售				100	13.36	1 336	150	13.36	2 004
	23		购入	100	15	1 500				250	14.016	3 504
	27		销售				100	14.016	1 401.60	150	14.016	2 102.40
6	30		本月合计	400	—	5 500	400	—	4 897.60	150	14.016	2 102.40

从表 3-6 可以看出，采用移动加权平均法，Y 商品的平均单位成本从期初的 10 元变为期中的 10.80 元、13.36 元，再变成期末的 14.016 元；采用移动加权平均法得出的本期发出存货成本和期末结存存货成本分别为 4 897.60 元和 2 102.40 元。

·小思考·

请说出移动加权平均法和月末一次加权平均法的异同。

四、原材料

原材料是指企业在生产过程中经过加工改变其形态或性质并构成产品主要实体的各

种原料、主要材料和外购半成品，以及不构成产品实体但有助于产品形成的辅助材料。原材料具体包括原料及主要材料、辅助材料、外购半成品（外购件）、修理用备件（备品备件）、包装材料、燃料等。原材料的日常收入、发出及结存可以采用实际成本核算，也可以采用计划成本核算。

（一）采用实际成本核算

1. 原材料核算应设置的会计科目

材料采用实际成本核算时，材料的收入、发出及结存，无论是总分类核算还是明细分类核算，均按照实际成本计价。

企业使用的会计科目有“原材料”“在途物资”等，“原材料”科目的借方、贷方及余额均以实际成本计价，不存在成本差异的计算与结转问题。

“原材料”科目用来核算企业库存各种材料的收入、发出与结存情况。在原材料按实际成本核算时，“原材料”科目的借方登记入库材料的实际成本，贷方登记发出材料的实际成本，期末余额在借方，反映企业库存材料的实际成本。“原材料”科目应按照材料的保管地点（仓库）、材料的类别、品种和规格等设置明细科目进行明细核算。

“在途物资”科目用来核算企业采用实际成本（进价）进行材料、商品等物资的日常核算、价款已付尚未验收入库的各种物资（即在途物资）的采购成本。“在途物资”科目的借方登记企业购入的在途物资的实际成本，贷方登记验收入库的在途物资的实际成本，期末余额在借方，反映企业在途物资的采购成本。“在途物资”科目应按照供应单位和物资品种进行明细核算。

“应付账款”科目用来核算企业因购买材料、商品和接受劳务等经营活动应支付的款项。“应付账款”科目的贷方登记企业因购入材料、商品和接受劳务等尚未支付的款项，借方登记支付的应付账款，期末余额一般在贷方，反映企业尚未支付的应付账款。“应付账款”科目应按照债权人进行明细核算。

2. 原材料的账务处理

1）购入材料

(1) 材料已验收入库，货款已经支付或开出、承兑商业汇票（发票账单与材料同时到达）。

【例 3-36】 华安公司为增值税一般纳税人，购入C材料一批，增值税专用发票上注明的价款为300 000元，增值税额为39 000元，款项已用转账支票付讫，材料已验收入库。华安公司采用实际成本进行材料日常核算，应编制会计分录如下：

借：原材料——C材料	300 000	
应交税费——应交增值税（进项税额）	39 000	
贷：银行存款		339 000

【例 3-37】 华安公司为增值税一般纳税人，根据其与某玻璃厂（为增值税一般纳税人）的购销合同，为购买P材料向该玻璃厂预付200 000元价款的80%，计160 000元，已通过汇兑方式汇出。华安公司采用实际成本进行材料日常核算，应编制会计分录如下：

借：预付账款——××玻璃厂　　160 000

　　贷：银行存款　　160 000

【例3-38】 承[例3-37]，华安公司收到该玻璃厂发运来的P材料，已验收入库。取得的增值税专用发票上注明的价款为200 000元，增值税额为26 000元，所欠款项以银行存款付讫。华安公司应编制会计分录如下：

材料入库时：

借：原材料——P材料　　200 000

　　应交税费——应交增值税(进项税额)　　26 000

　　贷：预付账款　　226 000

补付货款时：

借：预付账款　　66 000

　　贷：银行存款　　66 000

(2) 货款已经支付或已开出、承兑商业汇票，材料尚未到达或尚未验收入库(发票账单已到，材料未到)。

【例3-39】 华安公司为增值税一般纳税人，采用汇兑结算方式购入T材料一批，发票账单已收到，取得的增值税专用发票上注明的价款为40 000元，增值税额为5 200元，材料尚未到达。华安公司采用实际成本进行材料日常核算，应编制会计分录如下：

借：在途物资——T材料　　40 000

　　应交税费——应交增值税(进项税额)　　5 200

　　贷：银行存款　　45 200

【例3-40】 承[例3-39]，上述购入的T材料已收到，并验收入库。华安公司应编制会计分录如下：

借：原材料——T材料　　40 000

　　贷：在途物资——T材料　　40 000

(3) 材料已经验收入库，货款尚未支付(材料已到，发票账单未到)。

【例3-41】 华安公司为增值税一般纳税人，采用托收承付结算方式购入Y材料一批，增值税专用发票上注明的价款为20 000元，增值税额为2 600元。银行转来的结算凭证已到，款项尚未支付，材料已验收入库。华安公司采用实际成本进行材料日常核算，应编制会计分录如下：

借：原材料——Y材料　　20 000

　　应交税费——应交增值税(进项税额)　　2 600

　　贷：应付账款　　22 600

【例3-42】 华安公司购入S材料一批，材料已验收入库，月末发票账单尚未收到也无法确定其实际成本，暂估价值为40 000元。华安公司进行材料日常核算，应编制会计分录如下：

借：原材料——S材料　　40 000

　　贷：应付账款——暂估应付账款　　40 000

下月初，用红字冲销原暂估入账金额：

借：原材料——S材料　　40 000①

　　贷：应付账款——暂估应付账款　　40 000

对于材料已到达并已验收入库，但发票账单等结算凭证未到，货款尚未支付的采购业务，应于期末按材料的暂估价值，借记"原材料"科目，贷记"应付账款——暂估应付账款"科目。下月初，用红字冲销原暂估入账金额，以便下月付款或开出、承兑商业汇票后，按正常程序，借记"原材料""应交税费——应交增值税（进项税额）"科目，贷记"银行存款"或"应付票据"等科目。

·小思考·

购入原材料，月末材料已验收入库，而发票账单未到，请问月末为什么要先暂估入账？次月初为什么要红字冲销？

【例 3-43】 承[例 3-42]，上述购入的S材料于次月收到发票账单，增值税专用发票上注明的价款为45 000元，增值税额为5 850元，已用银行存款付讫。华安公司应编制会计分录如下：

借：原材料——S材料　　45 000

　　应交税费——应交增值税（进项税额）　　5 850

　　贷：银行存款　　50 850

2）发出材料

企业发出材料主要有以下几种情形：①生产经营领用材料，企业按照领用材料的用途，借记"生产成本""制造费用""销售费用""管理费用"等科目，贷记"原材料" 科目；②出售材料结转成本，借记"其他业务成本"科目，贷记"原材料"科目；③发出委托外单位加工的材料，借记"委托加工物资"科目，贷记"原材料"科目。

企业采用实际成本进行材料日常核算的，发出材料的实际成本，可以采用先进先出法、月末一次加权平均法、移动加权平均法或个别计价法计算确定。

【例 3-44】 华安公司库存材料采用实际成本法核算，按先进先出法计算发出材料成本。2×21年3月1日，结存P材料3 000千克，每千克实际成本为10元；3月5日和3月20日，分别购入P材料9 000千克和6 000千克，每千克实际成本分别为11元和12元；3月10日和3月25日，分别发出P材料10 500千克和6 000千克，全部用于生产车间生产产品。3月份，P材料发出和结存成本计算结果如下：

3月10日发出P材料成本＝3 000×10＋7 500×11＝112 500(元)

3月25日发出P材料成本＝(9 000－7 500)×11＋4 500×12＝70 500(元)

3月份发出P材料成本合计＝112 500＋70 500＝183 000(元)

3月份结存P材料成本合计＝(6 000－4 500)×12＝18 000(元)

---

① □代表红字。

华安公司根据计算结果，应编制会计分录如下：

3月10日，发出P材料时：

借：生产成本——基本生产成本　　112 500

　贷：原材料——P材料　　112 500

3月25日，发出P材料时：

借：生产成本——基本生产成本　　70 500

　贷：原材料——P材料　　70 500

【例3-45】 承[例3-44]，假设采用月末一次加权平均法，计算P材料的成本如下：

P材料平均单位成本＝(30 000＋171 000)÷(3 000＋15 000)＝11.17(元)

3月份发出P材料的成本＝16 500×11.17＝184 305(元)

3月份结存P材料的成本＝30 000＋171 000－184 305＝16 695(元)

华安公司2×21年3月发出P材料用于生产产品，采用实际成本进行材料日常核算，3月31日结转3月发出P材料成本，应编制会计分录如下：

借：生产成本——基本生产成本　　184 305

　贷：原材料——P材料　　184 305

【例3-46】 承[例3-42]，假设采用移动加权平均法，计算P材料的成本如下：

第一批收货后P材料的平均单位成本＝(30 000＋99 000)÷(3 000＋9 000)＝10.75(元)

第一批发出P材料的成本＝10 500×10.75＝112 875(元)

当时结存的存货成本＝1 500×10.75＝16 125(元)

第二批收货后P材料的平均单位成本＝(16 125＋72 000)÷(1 500＋6 000)＝11.75(元)

第二批发出P材料的成本＝6 000×11.75＝70 500(元)

当时结存的存货成本＝1 500×11.75＝17 625(元)

P材料月末结存1 500千克，月末库存存货成本为17 625元；本月发出存货成本合计为183 375元(112 875＋70 500)。

华安公司2×21年3月发出P材料用于生产车间生产产品，采用实际成本进行材料日常核算，应编制会计分录如下：

3月10日，发出P材料时：

借：生产成本——基本生产成本　　112 875

　贷：原材料——P材料　　112 875

3月25日，发出P材料时：

借：生产成本——基本生产成本　　70 500

　贷：原材料——P材料　　70 500

·理论点拨·

在实际成本法下，发出材料的核算如表3-7所示。

表 3-7　　实际成本法发出材料核算

项目	会计分录
生产经营领用材料	借：生产成本【生产车间领用】 　　制造费用【车间管理部门领用】 　　销售费用【销售部门领用】 　　管理费用【行政部门领用等】 　　贷：原材料
出售材料结转成本	借：其他业务成本 　　贷：原材料 （出售原材料取得收入，贷记“其他业务收入”科目）
发出委托外单位加工的材料	借：委托加工物资 　　贷：原材料

（二）采用计划成本核算

1. 原材料核算应设置的会计科目

材料采用计划成本核算时，材料的收入、发出及结存，无论总分类核算还是明细分类核算，均按照计划成本计价。使用的会计科目有“原材料”“材料采购”“材料成本差异”等。材料实际成本与计划成本的差异，通过“材料成本差异”科目核算。月末，计算本月发出材料应负担的成本差异并进行分摊，根据领用材料的用途计入相关资产的成本或者当期损益，从而将发出材料的计划成本调整为实际成本。

“原材料”科目用来核算库存各种材料的收入、发出与结存情况。在采用计划成本核算材料时，“原材料”科目的借方登记入库材料的计划成本，贷方登记发出材料的计划成本，期末余额在借方，反映企业库存材料的计划成本。

“材料采购”科目借方登记采购材料的实际成本，贷方登记入库材料的计划成本。该科目的借方金额大于贷方金额表示超支，从“材料采购”科目贷方转入“材料成本差异”科目的借方；贷方金额大于借方金额表示节约，从“材料采购”科目借方转入“材料成本差异”科目的贷方。该科目期末为借方余额，反映企业在途材料的实际采购成本。

微课：计划成本法下存货的核算

“材料成本差异”科目反映企业已入库各种材料的实际成本与计划成本的差异。其借方登记超支差异及发出材料应负担的节约差异，贷方登记节约差异及发出材料应负担的超支差异。该科目期末如为借方余额，反映企业库存材料的实际成本大于计划成本的差异（即超支差异）；如为贷方余额，反映企业库存材料实际成本小于计划成本的差异（即节约差异）。

·小思考·

存货核算的计划成本法适用于什么情况？与实际成本法相比，有何不同？

2. 原材料的账务处理

1）购入材料

（1）货款已经支付，同时材料验收入库。

【例 3-47】 华能公司为增值税一般纳税人，购入 S 材料一批，增值税专用发票上注明的价款为 2 000 000 元，增值税额为 260 000 元，发票账单已收到，计划成本为 2 200 000 元，材料已验收入库，全部款项以银行存款支付。华能公司采用计划成本进行材料日常核算，应编制会计分录如下：

借：材料采购——S 材料　　2 000 000
　　应交税费——应交增值税（进项税额）　　260 000
　　贷：银行存款　　2 260 000

同时：

借：原材料——S 材料　　2 200 000
　　贷：材料采购——S 材料　　2 200 000

结转材料成本差异时：

借：材料采购——S 材料　　200 000
　　贷：材料成本差异——S 材料　　200 000

在[例 3-47]中，S 材料的实际成本为 200 000 元，计划成本为 2 200 000 元，实际成本小于计划成本 200 000 元（为节约差异），应记入“材料成本差异”科目的贷方。

·理论点拨·

计划成本法核算需要说明的是，实务中“材料成本差异”科目既可以逐笔结转，也可以月末一次结转。在计划成本法下，购入的材料无论是否验收入库，都要先通过“材料采购”科目进行核算，以反映企业所购材料的实际成本，从而与“原材料”科目相比较，计算确定材料成本差异。

（2）货款已经支付，材料尚未验收入库。

【例 3-48】 华能公司为增值税一般纳税人，采用汇兑结算方式购入 S 材料一批，增值税专用发票上注明的价款为 300 000 元，增值税额为 39 000 元，发票账单已收到，计划成本为 280 000 元，材料尚未入库，款项已用银行存款支付。华能公司采用计划成本进行材料日常核算，应编制会计分录如下：

借：材料采购——S 材料　　300 000
　　应交税费——应交增值税（进项税额）　　39 000
　　贷：银行存款　　339 000

（3）货款尚未支付，材料已经验收入库。

【例 3-49】 华能公司为增值税一般纳税人，采用商业承兑汇票支付方式购入 T 材料一批，增值税专用发票上注明的价款为 400 000 元，增值税额为 52 000 元，发票账单已收到，计划成本为 390 000 元，材料已验收入库。华能公司采用计划成本进行材料日常核算，应编制会计分录如下：

借：材料采购——T 材料　　400 000
　　应交税费——应交增值税（进项税额）　　52 000
　　贷：应付票据　　452 000

同时：

借：原材料——T材料　　390 000

　　贷：材料采购——T材料　　390 000

借：材料成本差异——T材料　　10 000

　　贷：材料采购——T材料　　10 000

在[例3-49]中，T材料的实际成本为400 000元，计划成本为390 000元，实际成本大于计划成本10 000元(为超支差异)，应记入"材料成本差异"科目的借方。

【例3-50】 华能公司为增值税一般纳税人，购入P材料一批，材料已验收入库，发票账单未到，月末应按照计划成本500 000元估价入账。华能公司采用计划成本进行材料日常核算，应编制会计分录如下：

借：原材料——P材料　　500 000

　　贷：应付账款——暂估应付账款　　500 000

下月初，用红字冲销原暂估入账金额：

借：原材料——P材料　　[500 000]

　　贷：应付账款——暂估应付账款　　[500 000]

在[例3-50]中，对于尚未收到发票账单的收料凭证，月末应按计划成本暂估入账，借记"原材料"等科目，贷记"应付账款——暂估应付账款"科目；下月初，用红字予以冲回，借记"原材料"科目(红字)，贷记"应付账款——暂估应付账款"科目(红字)。

企业购入验收入库的材料，按计划成本，借记"原材料"科目，贷记"材料采购"科目，按实际成本大于计划成本的差异，借记"材料成本差异"科目，贷记"材料采购"科目，按实际成本小于计划成本的差异，借记"材料采购"科目，贷记"材料成本差异"科目。

在实务中，企业也可以集中在月末一次性对本月已付款或已开出并承兑商业汇票的入库材料汇总核算，记入"原材料"科目，同时结转材料成本差异。

【例3-51】 承[例3-47]和[例3-49]，假设月末，华能公司汇总本月已付款或已开出并承兑商业汇票的入库材料的计划成本为2 590 000元(2 200 000+390 000)。华能公司应编制会计分录如下：

结转原材料成本时：

借：原材料——S材料　　2 200 000

　　　　　——T材料　　390 000

　　贷：材料采购——S材料　　2 200 000

　　　　　　　　——T材料　　390 000

结转材料成本差异时：

上述入库材料的实际成本为2 400 000元(2 000 000+400 000)，入库材料的成本差异为节约190 000元(3 500 000−2 590 000)。

借：材料采购——S材料　　200 000

　　材料成本差异——T材料　　10 000

　　贷：材料成本差异——S材料　　200 000

　　　　材料采购——T材料　　10 000

或将上述两个会计分录合并为一个会计分录：

借：原材料——S材料　　2 200 000
　　　　——T材料　　390 000
　材料成本差异——T材料　　10 000
　贷：材料采购——S材料　　2 000 000
　　　　　　——T材料　　400 000
　　材料成本差异——S材料　　200 000

·理论点拨·

在计划成本法下购入原材料的核算流程如表3-8所示。

表3-8　计划成本法下购入原材料的核算流程

<table>
<tr><th>项目</th><th colspan="2">会计分录</th></tr>
<tr><td>材料采购</td><td colspan="2">借：材料采购【实际成本】
　应交税费——应交增值税(进项税额)
　贷：银行存款/应付账款</td></tr>
<tr><td rowspan="2">验收入库</td><td>借：原材料【计划成本】
　贷：材料采购【计划成本】
实际成本小于计划成本的差异：
借：材料采购
　贷：材料成本差异【节约差】</td><td>借：原材料【计划成本】
　贷：材料采购【实际成本】
　　材料成本差异【节约差】</td></tr>
<tr><td>借：原材料【计划成本】
　贷：材料采购【计划成本】
实际成本大于计划成本的差异：
借：材料成本差异【超支差】
　贷：材料采购</td><td>借：原材料【计划成本】
　材料成本差异【超支差】
　贷：材料采购【实际成本】</td></tr>
</table>

【做中学·多项选择题】 下列关于原材料采用计划成本核算会计处理的表述中，正确的有(　　)。

A. 入库原材料节约差异记入“材料成本差异”科目的借方

B. 发出原材料应分担的超支差异记入“材料成本差异”科目的贷方

C. 材料的收入、发出及结存均按照计划成本计价

D. 发出材料应分担的差异，将计划成本调整为实际成本

【答案】 BCD

【解析】 材料入库时，“材料成本差异”科目借方为超支、正数，贷方为节约、负数；材料发出时，方向相反。

2) 发出材料

在企业采用计划成本对材料进行日常核算的情况下，企业发出材料同样也主要有以下几种情形：①生产经营领用材料，企业按照领用材料的用途和计划成本，借记“生产成本”“制造费用”“销售费用”“管理费用”等科目，贷记“原材料”科目；②出售材料结转成本，按出售材料计划成本，借记“其他业务成本”科目，贷记“原材料”科目；③发出委托外单位加工的材料，按发出委托加工材料计划成本，借记“委托加工物资”科目，贷记“原材料”科目。

在实务中，为了简化核算，企业平时发出原材料不编制会计分录，通常在月末，根据领料单等编制发料凭证汇总表结转发出材料的计划成本，按计划成本分别记入“生产成本”“制造费用”“销售费用”“管理费用”“其他业务成本”“委托加工物资”等科目，贷记“原材料”科目，同时结转材料成本差异。

【例3-52】 华能公司为增值税一般纳税人，根据发料凭证汇总表的记录，某月S材料的消耗(计划成本)为：基本生产车间领用1 000 000元，辅助生产车间领用300 000元，车间管理部门领用125 000元，企业行政管理部门领用25 000元。华能公司采用计划成本进行材料日常核算，应编制会计分录如下：

借：生产成本——基本生产成本　　1 000 000
　　　　　　——辅助生产成本　　300 000
　　制造费用　　125 000
　　管理费用　　25 000
　　贷：原材料——S材料　　1 450 000

根据《企业会计准则第1号——存货》的规定，企业日常采用计划成本核算的，发出的材料成本应由计划成本调整为实际成本，通过“材料成本差异”科目进行结转，按照所发出材料的用途，分别记入“生产成本”“制造费用”“销售费用”“管理费用”“其他业务成本”“委托加工物资”等科目。发出材料应负担的成本差异应当按期(月)分摊，不得在季末或年末一次计算。

$$\text{本期材料成本差异率}=\left(\text{期初结存材料的成本差异}\pm\text{本期验收入库材料的成本差异}\right)\div\left(\text{期初结存材料的计划成本}+\text{本期验收入库材料的计划成本}\right)\times100\%$$

发出材料应负担的成本差异＝发出材料的计划成本×本期材料成本差异率

如果企业的材料成本差异率各期之间是比较均衡的，企业也可以采用期初材料成本差异率分摊本期的材料成本差异；年度终了，应对材料成本差异率进行核实调整。调整公式如下：

期初材料成本差异率＝期初结存材料的成本差异÷期初结存材料的计划成本×100%

发出材料应负担的成本差异＝发出材料的计划成本×期初材料成本差异率

【例3-53】 承[例3-47]和[例3-52]，华能公司为增值税一般纳税人，某月初结存S材料的计划成本为2 800 000元，成本差异为超支50 000元；当月入库S材料的计划成本为2 200 000元，成本差异为节约200 000元。

材料成本差异率＝(50 000－200 000)÷(2 800 000＋2 200 000)×100%＝－3%

结转发出材料的成本差异，华能公司应编制会计分录如下：

借：材料成本差异——S材料　　43 500
　　贷：生产成本——基本生产成本　　30 000
　　　　　　　　——辅助生产成本　　9 000
　　　　制造费用　　3 750
　　　　管理费用　　750

[例 3-53]中，基本生产成本应分摊材料成本差异节约额 80 600 元(1 000 000×3%)，辅助生产成本应分摊材料成本差异节约额 9 000 元(300 000×3%)，制造费用应分摊材料成本差异节约额 3 750 元(125 000×3%)，管理费用应分摊材料成本差异节约额 750 元(25 000×3%)。

·理论点拨·

在计划成本法下，材料成本差异分摊核算流程如下：

(1) 若材料成本差异率为负数(即为节约额的分配)：

借：材料成本差异

　　贷：生产成本/制造费用/销售费用/管理费用/其他业务成本/委托加工物资等

(2) 若材料成本差异率为正数(即为超支额的分配)：

借：生产成本/制造费用/销售费用/管理费用/其他业务成本/委托加工物资等

　　贷：材料成本差异

【做中学·单项选择题】 某企业材料采用计划成本核算。月初结存材料计划成本为 200 万元，材料成本差异为节约 20 万元，当月购入材料一批，实际成本为 135 万元，计划成本为 150 万元，领用材料的计划成本为 180 万元。当月结存材料的实际成本为(　　)万元。

A. 153　　B. 162　　C. 170　　D. 187

【答案】 A

【解析】 材料成本差异率＝(－20－15)÷(200＋150)×100%＝－10%，为节约差异；

当期结存材料的计划成本＝200＋150－180＝170(万元)；

当期结存材料的实际成本＝170×(1－10%)＝153(万元)。

【做中学·单项选择题】 下列关于“材料成本差异”科目的表述中，正确的是(　　)。

A. 期初贷方余额反映库存材料的超支差异

B. 期末余额应在资产负债表中单独列示

C. 期末贷方余额反映库存材料的节约差异

D. 借方登记入库材料的节约差异

【答案】 C

【解析】 该科目期末贷方余额反映库存材料的节约差异，选项 A 错误；期末余额在“存货”项目中填列，选项 B 错误；借方登记入库材料的超支差异，选项 D 错误。

五、周转材料

周转材料是指企业能够多次使用，不符合固定资产定义，逐渐转移其价值但仍保持原有形态的材料物品。企业的周转材料包括包装物和低值易耗品等。

(一) 包装物

1. 包装物的内容

包装物是指为了包装商品而储备的各种包装容器，如桶、箱、瓶、坛、袋等。包装物具体包括：

(1) 生产过程中用于包装产品作为产品组成部分的包装物。

(2) 随同商品出售而不单独计价的包装物。

(3) 随同商品出售单独计价的包装物。

(4) 出租或出借给购买单位使用的包装物。

2. 包装物的账务处理

为了反映和监督包装物的增减变动及其价值损耗、结存等情况，企业应当设置“周转材料——包装物”科目进行核算。其借方登记包装物的增加，贷方登记包装物的减少，期末余额在借方，反映企业期末结存包装物的金额。

对于生产领用包装物，企业应根据领用包装物的实际成本或计划成本，借记“生产成本”科目，贷记“周转材料——包装物”“材料成本差异”(采用计划成本核算时使用该科目)等科目。随同商品出售而不单独计价的包装物，应于包装物发出时，按其实际成本计入销售费用，借记“销售费用”科目，贷记“周转材料——包装物”等科目。随同商品出售而单独计价的包装物，一方面应反映其销售收入，记入“其他业务收入”科目的贷方；另一方面应反映其实际销售成本，记入“其他业务成本”科目的借方。多次使用的包装物应当根据使用次数分次进行摊销。

(1) 生产领用包装物。生产领用包装物，应按照领用包装物的实际成本，借记“生产成本”科目，按照领用包装物的计划成本，贷记“周转材料——包装物”科目，按照其差额，借记或贷记 “材料成本差异”科目。

【例 3-54】 华能公司为增值税一般纳税人，对包装物采用计划成本核算，某月生产产品领用包装物的计划成本为 200 000 元，材料成本差异率为－3%。华能公司应编制会计分录如下：

借：生产成本	194 000	
材料成本差异	6 000	
贷：周转材料——包装物		200 000

在[例 3-54]中，借记“生产成本”科目，反映生产产品领用包装物而增加的生产成本，其金额为生产产品领用包装物的实际成本；由于采用计划成本核算包装物，贷记“周转材料”科目，反映由于生产产品领用而减少的包装物的计划成本。生产产品领用包装物的实际成本与计划成本之间的差异即材料成本差异，通过“材料成本差异”科目进行反映，[例 3-54]是节约差异，因此，借记“材料成本差异”科目。

·小思考·

如何理解[例 3-54]中“生产成本”科目金额是领用包装物的实际成本，“周转材料”科目金额是领用包装物的计划成本？

(2) 随同商品出售包装物。随同商品出售包装物具体包括两种情形，其账务处理不尽相同。

情形一，随同商品出售不单独计价的包装物，应按其实际成本计入销售费用，借记“销售费用”科目，按其计划成本，贷记“周转材料——包装物”科目，按其差额，借记或贷记“材料成本差异”科目。

【例 3-55】 华能公司为增值税一般纳税人，对包装物采用计划成本核算，某月销售商品领用不单独计价包装物的计划成本为 50 000 元，材料成本差异率为 3%。华能公司应编制会计分录如下：

借：销售费用　　51 500

　贷：周转材料——包装物　　50 000

　　　材料成本差异　　1 500

在[例 3-55]中，借记“销售费用”科目，反映由于销售商品领用不单独计价包装物而增加的销售费用，其金额为所领用包装物的实际成本；由于采用计划成本核算包装物，贷记“周转材料”科目，反映由于销售商品领用而减少的包装物的计划成本。销售商品领用不单独计价包装物的实际成本与计划成本之间的差异即材料成本差异，通过“材料成本差异”科目进行反映，[例 3-55]是超支差异，因此，贷记“材料成本差异”科目。

情形二，随同商品出售而单独计价的包装物，按照实际取得的金额，借记“银行存款”等科目，按照其销售收入，贷记“其他业务收入”科目，按照增值税专用发票上注明的增值税销项税额，贷记“应交税费——应交增值税（销项税额）”科目；同时，结转所销售包装物的成本，应按其实际成本计入其他业务成本，借记“其他业务成本”科目，按其计划成本，贷记“周转材料——包装物”科目，按其差额，借记或贷记“材料成本差异”科目。

【例 3-56】 华能公司为增值税一般纳税人，对包装物采用计划成本核算，某月销售商品领用单独计价包装物的计划成本为 100 000 元，销售收入为 300 000 元，取得的增值税专用发票上注明的增值税额为 39 000 元，款项已存入银行。该包装物的材料成本差异率为－3%。华能公司应编制会计分录如下：

出售单独计价包装物时：

借：银行存款　　339 000

　贷：其他业务收入　　300 000

　　　应交税费——应交增值税（销项税额）　　39 000

结转所售单独计价包装物的成本时：

借：其他业务成本　　97 000

　材料成本差异　　3 000

　贷：周转材料——包装物　　100 000

在[例 3-56]中，借记“其他业务成本”科目，反映由于销售商品领用单独计价包装物而增加的其他业务成本，其金额为所领用包装物的实际成本；由于采用计划成本核算包装物，贷记“周转材料”科目，反映由于销售商品领用而减少的包装物的计划成本。销售商品领用单独计价包装物的实际成本与计划成本之间的差异即材料成本差异，通过“材料成本差异”科目进行反映，[例 3-56]是节约差异，因此，借记“材料成本差异”科目。

(3) 出租或出借包装物。有时企业因销售产品或商品，将包装物以出租或出借的形式，租给或借给客户暂时使用，并与客户约定一定时间内收回包装物。

第一,出租或出借包装物的发出。企业出租、出借包装物时,应根据包装物出库等凭证列明的金额,借记"周转材料——包装物(出租包装物或/出借包装物)"科目,贷记"周转材料——包装物(库存包装物)"科目。包装物如按计划成本计价,还应同时结转材料成本差异。

第二,出租或出借包装物的押金和租金。为了保证及时返还和承担妥善保管包装物的经管责任,企业出租或出借包装物时,一般要向客户收取一定数额的押金,即存入保证金,归还包装物时将押金退还给客户。收取包装物押金时,借记"库存现金""银行存款"等科目,贷记"其他应付款——存入保证金"科目;退还押金时,编制相反的会计分录。

出租包装物是企业(专门经营包装物租赁除外)的一项其他业务活动。出租期间,企业按约定收取的包装物租金计入其他业务收入,借记"库存现金""银行存款""其他应收款"等科目,贷记"其他业务收入"科目。

第三,出租或出借包装物发生的相关费用。出租或出借包装物发生的相关费用包括两个方面:一是包装物的摊销费用;二是包装物的维修费用。

企业按照规定的摊销方法,对包装物进行摊销时,借记"其他业务成本"(出租包装物)、"销售费用"(出借包装物)科目,贷记"周转材料——包装物(包装物摊销)"科目。

企业确认应由其负担的包装物修理费用等支出时,借记"其他业务成本"(出租包装物)、"销售费用"(出借包装物)科目,贷记"库存现金""银行存款""原材料""应付职工薪酬"等科目。

【做中学·单项选择题】 2×21 年 7 月 1 日,某企业销售商品领用不单独计价包装物的计划成本为 60 000 元,材料成本差异率为−5%。下列关于该包装物的会计处理中,正确的是(　　)。

A. 借:销售费用　63 000
　　贷:周转材料——包装物　60 000
　　　　材料成本差异　3 000

B. 借:销售费用　57 000
　　　材料成本差异　3 000
　　贷:周转材料——包装物　60 000

C. 借:其他业务成本　63 000
　　贷:周转材料——包装物　60 000
　　　　材料成本差异　3 000

D. 借:其他业务成本　57 000
　　　材料成本差异　3 000
　　贷:周转材料——包装物　60 000

【答案】 B

【解析】 企业销售商品时随同商品出售的不单独计价的包装物是需要计入销售费用的,该包装物的计划成本为 60 000 元,实际成本为 57 000 元[60 000×(1−5%)]。即计入销售费用的金额为 57 000 元,结转的材料成本差异为 3 000 元(60 000×5%),相关会计处理如下:

借：销售费用　　57 000
　　材料成本差异　　3 000
　　贷：周转材料——包装物　　60 000

【做中学·多项选择题】 下列关于包装物的会计处理的表述中，正确的有（　）。

A. 随商品出售不单独计价的包装物成本，计入销售费用

B. 生产领用的包装物成本，计入生产成本

C. 随商品出售单独计价的包装物成本，计入其他业务成本

D. 多次反复使用的包装物成本，根据使用次数分次摊销计入相应成本费用

【答案】 ABCD

【解析】 四个选项均正确。

（二）低值易耗品

1. 低值易耗品的内容

作为存货核算和管理的低值易耗品，一般划分为一般工具、专用工具、替换设备、管理用具、劳动保护用品和其他用具等。

2. 低值易耗品的账务处理

为了反映和监督低值易耗品的增减变动及其结存情况，企业应当设置“周转材料——低值易耗品”科目。其借方登记低值易耗品的增加，贷方登记低值易耗品的减少，期末余额在借方，通常反映企业期末结存低值易耗品的金额。

低值易耗品等企业的周转材料符合存货定义和条件的，按照使用次数分次计入成本费用；金额较小的，可在领用时一次计入成本费用，但为加强实物管理，应当在备查簿中进行登记。

采用分次摊销法摊销低值易耗品的，低值易耗品在领用时摊销其账面价值的单次平均摊销额。分次摊销法适用于可供多次反复使用的低值易耗品。在采用分次摊销法的情况下，企业需要单独设置“周转材料——低值易耗品（在用）”“周转材料——低值易耗品（在库）”“周转材料——低值易耗品（摊销）”科目。

微课：低值易耗品的分次摊销法

【例 3-57】 华能公司为增值税一般纳税人，对低值易耗品采用实际成本核算。某月，基本生产车间领用专用工具一批，实际成本为 200 000 元，不符合固定资产定义，采用分次摊销法进行摊销。该专用工具的估计使用次数为 2 次。华能公司应编制会计分录如下：

（1）领用专用工具时：

借：周转材料——低值易耗品（在用）　　200 000
　　贷：周转材料——低值易耗品（在库）　　200 000

（2）第一次领用时，摊销其价值的一半：

借：制造费用　　100 000
　　贷：周转材料——低值易耗品（摊销）　　100 000

（3）第二次领用时，摊销其价值的一半：

借：制造费用　　100 000
　　贷：周转材料——低值易耗品(摊销)　　100 000

同时：

借：周转材料——低值易耗品(摊销)　　200 000
　　贷：周转材料——低值易耗品(在用)　　200 000

在[例 3-57]中，由于采用实际成本核算，需要说明的是，一是在领用低值易耗品时，华能公司应在“周转材料——低值易耗品”科目中进行明细结转，由“在库”明细科目转为“在用”明细科目；二是在第二次摊销低值易耗品时，由于已经全部摊销完毕，因此，华能公司需要将“周转材料——低值易耗品”科目中的“摊销”明细科目的贷方余额与“在用”明细科目的借方余额相互抵销，从而结平“周转材料——低值易耗品”科目的余额，使其余额为0。

【例 3-58】 承[例 3-57]，假设华能公司对低值易耗品采用计划成本核算，某月基本生产车间领用专用工具一批，实际成本为 202 000 元，计划成本为 200 000 元，不符合固定资产定义，采用分次摊销法进行摊销。该专用工具的估计使用次数为 2 次，该专用工具的材料成本差异率为 1%。华能公司应编制会计分录如下：

(1) 领用专用工具时：

借：周转材料——低值易耗品(在用)　　200 000
　　贷：周转材料——低值易耗品(在库)　　200 000

(2) 第一次领用时，摊销其价值的一半：

借：制造费用　　100 000
　　贷：周转材料——低值易耗品(摊销)　　100 000

同时：

借：制造费用　　1 000
　　贷：材料成本差异——低值易耗品　　1 000

(3) 第二次领用时，摊销其价值的一半：

借：制造费用　　100 000
　　贷：周转材料——低值易耗品(摊销)　　100 000

同时：

借：制造费用　　1 000
　　贷：材料成本差异——低值易耗品　　1 000

借：周转材料——低值易耗品(摊销)　　200 000
　　贷：周转材料——低值易耗品(在用)　　200 000

在[例 3-58]中，由于采用计划成本核算，需要说明的是，一是在领用低值易耗品时，华能公司应在“周转材料——低值易耗品”科目中进行明细结转，由“在库”明细科目转入“在用”明细科目；二是在每次领用低值易耗品按照计划成本摊销的同时，华能公司还应结转材料成本差异，从而将领用低值易耗品的计划成本调整为实际成本；三是在第二次摊销低值易耗品时，由于已经全部摊销完毕，因此，华能公司需要将“周转材料——低值易耗品”科目中的“摊销”明细科目的贷方余额与“在用”明细科目的借方余额相互抵销，从而结平“周转材料——低值易耗品”科目的余额，使其余额为0。

【做中学·多项选择题】 下列关于周转材料的会计处理的表述中,正确的有(　　)。

A. 多次使用的包装物应根据使用次数分次进行摊销

B. 低值易耗品金额较小的可在领用时一次计入成本费用

C. 随同商品销售出借的包装物的摊销额应计入管理费用

D. 随同商品出售单独计价的包装物取得的收入应计入其他业务收入

【答案】 ABD

【解析】 选项C,随同商品销售出借的包装物的摊销额应计入销售费用。

【做中学·判断题】 低值易耗品金额较小的,可在领用时一次计入成本费用。(　　)

【答案】 √

六、委托加工物资

加工物资是指企业委托外单位加工的各种材料、商品等物资。企业委托外单位加工物资的成本包括加工中实际耗用物资的成本、支付的加工费用及应负担的运杂费、支付的税费等。委托加工物资核算内容主要包括拨付加工物资、支付加工费用和税金、收回加工物资和剩余物资等。

微课:委托加工物资的核算

为了反映和监督委托加工物资增减变动及其结存情况,企业应当设置"委托加工物资"科目。其借方登记委托加工物资的实际成本,贷方登记加工完成验收入库的物资的实际成本和剩余物资的实际成本,期末余额在借方,反映企业尚未完工的委托加工物资的实际成本等。

(一) 发出物资

【例3-59】 华能公司对Y材料和委托加工物资采用计划成本核算,某月委托某量具厂加工一批量具,发出材料的计划成本为80 000元,材料成本差异率为3%。华能公司应编制会计分录如下:

借:委托加工物资　　82 400

　　贷:原材料　　80 000

　　　　材料成本差异——Y材料　　2 400

需要说明的是,企业向外单位发出加工物资时,如果采用计划成本或售价核算的,还应同时结转材料成本差异或商品进销差价,贷记或借记"材料成本差异""商品进销差价"科目。

(二) 支付加工费、运费等

【例3-60】 承[例3-59],华能公司以银行存款支付相关运费3 000元,增值税专用发票上注明的增值税额为270元。华能公司应编制会计分录如下:

借:委托加工物资　　3 000

　　应交税费——应交增值税(进项税额)　　270

　　贷:银行存款　　3 270

需要说明的是,企业向外单位发出加工物资支付的运费:

一是计入委托加工物资的成本，借记“委托加工物资”科目。

二是将支付的、可抵扣的增值税进项税额，记入“应交税费——应交增值税(进项税额)”科目单独核算。

【例 3-61】 承[例 3-60]，华能公司以银行存款支付上述量具的加工费用 30 000 元，增值税专用发票上注明的增值税额为 3 900 元。华能公司应编制会计分录如下：

借：委托加工物资　30 000

　　应交税费——应交增值税(进项税额)　3 900

　　贷：银行存款　33 900

(三) 加工完成验收入库

【例 3-62】 承[例 3-61]，华能公司收回由某量具厂(为增值税一般纳税人)代加工的量具，以银行存款支付运费 4 000 元，增值税专用发票上注明的增值税额为 360 元。该量具已验收入库，其计划成本为 100 400 元。华能公司应编制会计分录如下：

支付运费时：

借：委托加工物资　4 000

　　应交税费——应交增值税(进项税额)　360

　　贷：银行存款　4 360

量具入库时：

借：周转材料——低值易耗品　100 400

　　材料成本差异——量具　19 000

　　贷：委托加工物资　119 400

在[例 3-62]中，加工完成的委托加工物资的实际成本为 119 400 元(82 400＋3 000＋30 000＋4 000)，计划成本为 100 400 元，成本差异 19 000 元(119 400－100 400)为超支差异，记入“材料成本差异”科目的借方。

·小思考·

企业发出需要交纳消费税的委托加工物资，由受托方代收代交的消费税，收回后用于直接销售的，记入“委托加工物资”科目；收回后用于继续加工的，记入“应交税费——应交消费税”科目。

请问该如何理解这句话。

【做中学·单项选择题】 2×21 年 6 月 5 日，华能公司委托某量具厂加工一批量具，发出材料计划成本为 80 000 元，材料成本差异率为 5%，以银行存款支付运杂费 2 000 元；6 月 25 日，以银行存款支付上述量具的加工费用 20 000 元；6 月 30 日，收回委托加工的量具，并以银行存款支付运杂费 3 000 元。假定不考虑其他因素，华能公司收回该批量具的实际成本是(　　)元。

A. 102 000　　B. 105 000　　C. 103 000　　D. 109 000

【答案】 D

【解析】 实际成本＝80 000＋80 000×5%＋2 000＋20 000＋3 000＝109 000(元)。

七、库存商品

(一) 库存商品的内容

库存商品是指企业完成全部生产过程并已验收入库、合乎标准规格和技术条件,可以按照合同规定的条件送交订货单位,或可以作为商品对外销售的产品以及外购或委托加工完成验收入库用于销售的各种商品。

·理论点拨·

库存商品具体包括库存产成品、外购商品、存放在门市部准备出售的商品、发出展览的商品、寄存在外的商品、接受来料加工制造的代制品和为外单位加工修理的代修品等。已完成销售手续但购买单位在月末未提取的产品,不应作为企业的库存商品,而应作为代管商品处理,单独设置代管商品备查簿进行登记。

为了反映和监督库存商品的增减变动及其结存情况,企业应当设置"库存商品"科目。其借方登记验收入库的库存商品成本,贷方登记发出的库存商品成本,期末余额在借方,反映各种库存商品的实际成本。"库存商品"科目应按库存商品的种类、品种和规格设置明细科目进行明细核算。

(二) 库存商品的账务处理

1. 验收入库商品

对于库存商品采用实际成本核算的企业,当产品完成生产并验收入库时,应按实际成本,借记"库存商品"科目,贷记"生产成本——基本生产成本"科目。

【例 3-63】 根据商品入库汇总表,华能公司某月已验收入库 A 产品 2 000 台,实际单位成本为 3 000 元,共计 6 000 000 元;B 产品 3 000 台,实际单位成本为 3 000 元,共计 9 000 000 元。华能公司应编制会计分录如下:

借:库存商品——A 产品　　6 000 000
　　　　　　——B 产品　　9 000 000
　贷:生产成本——基本生产成本(A 产品)　　6 000 000
　　　　　　——基本生产成本(B 产品)　　9 000 000

2. 发出商品

企业销售产成品按规定确认收入的同时,应计算、结转与收入相关的产成品成本。产成品销售成本的计算与结转,通常是在期(月)末进行。采用实际成本进行产成品日常核算的,应根据本期(月)销售产品数量及其相应的单位生产成本(按先进先出法、加权平均法或个别计价法计算)计算确定本期产品销售成本总额,借记"主营业务成本"科目,贷记"库存商品"科目。

【例 3-64】 华能公司月末汇总的发出商品中,当月已实现销售 A 产品 800 台,B 产品 1 000 台。该月采用加权平均法计算的 A 产品实际单位成本为 4 000 元,B 产品实际单位成本为 2 000 元。华能公司结转销售成本应编制会计分录如下:

借：主营业务成本　　　　5 200 000
　　贷：库存商品——A 产品　　　　3 200 000
　　　　　　　　——B 产品　　　　2 000 000

商品流通企业发出商品的核算，除了采用上述方法，还可以采用以下方法。

1）毛利率法

毛利率法是指根据本期销售净额乘以上期实际（或本期计划）毛利率匡算本期销售毛利，并据以计算发出存货和期末存货成本的一种方法。其计算公式如下：

微课：毛利率法和售价金额核算法

毛利率＝销售毛利÷销售额×100%

销售净额＝商品销售收入－销售退回与折让

销售毛利＝销售净额×毛利率

销售成本＝销售净额－销售毛利

期末存货成本＝期初存货成本＋本期购货成本－本期销售成本

这一方法是商品流通企业，尤其是商业批发企业常用的计算本期商品销售成本和期末库存商品成本的方法。商品流通企业由于经营商品的品种繁多，如果分品种计算商品成本，工作量将大大增加，而且一般来讲，商品流通企业同类商品的毛利率大致相同，采用这种存货计价方法既能减轻工作量，也能满足对存货管理的需要。

【例 3-65】 某商场采用毛利率法进行核算。2×21 年 4 月 1 日，针织品库存余额为 15 000 000 元，本月购进 20 000 000 元，本月销售收入为 24 000 000 元，上季度该类针织品毛利率为 20%。本月已销售针织品和月末库存针织品的成本计算如下：

销售毛利＝24 000 000×20%＝4 800 000（元）

本月销售成本＝24 000 000－4 800 000＝19 200 000（元）

月末库存商品成本＝15 000 000＋20 000 000－19 200 000＝15 800 000（元）

【做中学·单项选择题】 某商场采用毛利率法计算期末存货成本。甲商品 2×21 年 4 月 1 日期初成本为 3 500 万元，当月购货成本为 500 万元，当月销售收入为 4 500 万元。甲商品第一季度实际毛利率为 25%。2×21 年 4 月 30 日，甲类商品结存成本为（　　）万元。

A. 50　　B. 1 125　　C. 625　　D. 3 375

【答案】 C

【解析】 销售成本＝4 500×（1－25%）＝3 375（万元）；期末存货成本＝3 500＋500－3 375＝625（万元）。

2）售价金额核算法

售价金额核算法是指平时商品的购入、加工收回、销售均按售价记账，售价与进价的差额通过“商品进销差价”科目核算，期末计算进销差价率和本期已销售商品应分摊的进销差价，并据以调整本期销售成本的方法。其计算公式如下：

$$\text{商品进销差价率}=\left(\text{期初库存商品进销差价}+\text{本期购入商品进销差价}\right)\div\left(\text{期初库存商品售价}+\text{本期购入商品售价}\right)\times 100\%$$

本期销售商品应分摊的商品进销差价＝本期商品销售收入×商品进销差价率

本期销售商品的成本＝本期商品销售收入－本期销售商品应分摊的商品进销差价

期末结存商品的成本＝期初库存商品的进价成本＋本期购进商品的进价成本－本期销售商品的成本

如果企业的商品进销差价率各期之间比较均衡，也可以采用上期商品进销差价率分摊本期的商品进销差价。年度终了，应对商品进销差价进行核实调整。

企业购入商品采用售价金额核算，按验收入库商品的售价，借记“库存商品”科目，按商品进价，贷记“银行存款”“在途物资”“委托加工物资”等科目，按商品售价与进价之间的差额，贷记“商品进销差价”等科目。

对外销售发出商品时，按售价结转销售成本，借记“主营业务成本”科目，贷记“库存商品”科目。期(月)末分摊已销商品的进销差价，借记“商品进销差价”科目，贷记“主营业务成本”科目。

从事商业零售业务的企业(如百货公司、超市等)经营的商品种类、品种、规格等繁多，而且要按商品零售价格标价，采用其他成本计算结转方法均较困难，因此，广泛采用这一方法。

【例 3-66】 某商场采用售价金额核算法核算库存商品，2×21 年 7 月，该商场期初库存商品的进价成本总额为 1 000 000 元，售价总额为 1 100 000 元；本月购入商品的进价成本总额为 750 000 元，售价总额为 900 000 元；本月销售收入共计 1 200 000 元。有关计算如下：

商品进销差价率＝(100 000＋150 000)÷(1 100 000＋900 000)×100％＝12.5％

已销商品应分摊的商品进销差价＝1 200 000×12.5％＝150 000(元)

本期销售商品的实际成本＝1 200 000－150 000＝1 050 000(元)

期末结存商品的实际成本＝1 000 000＋750 000－1 050 000＝700 000(元)

【做中学・单项选择题】 某商场采用售价金额法核算库存商品。2×21 年 3 月 1 日，该商场库存商品的进价成本总额为 180 万元，售价总额为 250 万元；本月购入商品的进价成本总额为 500 万元，售价总额为 750 万元；本月实现的销售收入总额为 600 万元。不考虑其他因素，2×21 年 3 月 31 日，该商场库存商品的成本总额为(　　)万元。

A. 408　　B. 400　　C. 272　　D. 192

【答案】 C

【解析】 本月商品进销差价率＝(期初库存商品进销差价＋本期购入商品进销差价)÷(期初库存商品售价＋本期购入商品售价)×100％＝(250－180＋750－500)÷(250＋750)×100％＝32％，该商场 2×21 年 3 月 31 日库存商品的成本总额＝期初库存商品的进价成本＋本期购进商品的进价成本－本期销售商品的成本＝180＋500－600×(1－32％)＝272(万元)。

・小思考・

售价金额核算法中的商品进销差价率与存货核算计划成本法中的材料成本差异率的计算过程有没有相通之处？

八、消耗性生物资产

(一)消耗性生物资产的确认与计量

生物资产是指农业活动所涉及的动物或植物。生物资产分为消耗性生物资产、生产性生物资产和公益性生物资产。本部分介绍消耗性生物资产的会计处理。

消耗性生物资产是指企业(农、林、牧、渔业)生长中的大田作物、蔬菜、用材林以及存栏待售的牲畜等,如玉米、小麦、养殖的鱼等。

1. 消耗性生物资产的成本确定

企业自行栽培、营造、繁殖或养殖的消耗性生物资产的成本,应当按照下列规定确定:

(1) 自行栽培的大田作物和蔬菜的成本包括在收获前耗用的种子、肥料、农药等材料费、人工费和应分摊的间接费用。

(2) 自行营造的林木类消耗性生物资产的成本包括郁闭前发生的造林费、抚育费、营林设施费、良种试验费、调查设计费和应分摊的间接费用。

(3) 自行繁殖的育肥畜的成本包括出售前发生的饲料费、人工费和应分摊的间接费用。

(4) 水产养殖的动物和植物的成本包括在出售或入库前耗用的苗种、饲料、肥料等材料费、人工费和应分摊的间接费用。

2. 主要会计科目设置

(1)"消耗性生物资产"科目。企业设置"消耗性生物资产"科目核算企业(农、林、牧、渔业)持有的消耗性生物资产的实际成本。其借方登记消耗性生物资产的增加金额,贷方登记销售消耗性生物资产的减少金额,期末借方余额反映企业(农、林、牧、渔 业)消耗性生物资产的实际成本。该科目应按照消耗性生物资产的种类、群别等进行明细核算。

(2)"农产品"科目。企业应设置"农产品"科目核算企业(农、林、牧、渔业)消耗性生物资产收获的农产品。

(二)消耗性生物资产的账务处理

(1) 外购的消耗性生物资产,按照应计入消耗性生物资产成本的金额,借记"消耗性生物资产"科目,贷记"银行存款" "应付账款"等科目。

(2) 自行栽培的大田作物和蔬菜,应按照收获前发生的必要支出,借记"消耗性生物资产"科目,贷记"银行存款"等科目。自行营造的林木类消耗性生物资产,应按照郁闭前发生的必要支出,借记"消耗性生物资产"科目,贷记"银行存款"等科目。自行繁殖的育肥畜、水产养殖的动植物,应按照出售前发生的必要支出,借记"消耗性生物资产"科目,贷记"银行存款"等科目。

(3) 择伐、间伐或抚育更新性质采伐而补植林木类消耗性生物资产发生的后续支出,借记"消耗性生物资产"科目,贷记"银行存款"等科目。

(4) 林木类消耗性生物资产达到郁闭后发生的管护费用等后续支出,借记"管理费用"科目,贷记"银行存款"等科目。

(5) 农业生产过程中发生的应归属于消耗性生物资产的费用,按照应分配的金额,借记“消耗性生物资产”科目，贷记“生产成本”科目。

(6) 消耗性生物资产收获为农产品时，应按照其账面余额，借记“农产品”科目，贷记“消耗性生物资产”科目。

(7) 出售消耗性生物资产或农产品，应按照实际收到的金额，借记“银行存款”等科目，贷记“主营业务收入”等科目，按照其账面余额，借记“主营业务成本”等科目，贷记“消耗性生物资产”或“农产品”科目。

【例 3-67】 嘉嘉公司为一家林业有限责任公司，其下属森林班统一组织培植管护一片森林。2×21 年 3 月，该公司发生森林管护费用共计 50 000 元，其中，本月应付人员薪酬 30 000 元，仓库领用库存肥料 16 000 元，管护设备折旧 4 000 元。该公司管护总面积为 5 000 万平方米，其中，作为用材林的杨树林共计 4 000 万平方米，已郁闭的占 80%，其余的尚未郁闭；作为水土保持林的马尾松共计 1 000 万平方米，全部已郁闭。管护费用按照森林面积比例分配。

其计算过程如下：

未郁闭杨树林应分配共同费用的比例＝4 000×(1－80%)÷5 000 ＝0.16

已郁闭杨树林应分配共同费用的比例＝4 000×80% ÷5 000 ＝0.64

已郁闭马尾松应分配共同费用的比例＝1 000÷5 000 ＝0.2

未郁闭杨树林应分配的共同费用＝50 000×0.16＝8 000(元)

已郁闭杨树林应分配的共同费用＝50 000×0.64 ＝32 000(元)

已郁闭马尾松应分配的共同费用＝50 000×0.2 ＝10 000 (元)

嘉嘉公司应编制会计分录如下：

借：消耗性生物资产——用材林(杨树林)	8 000	
管理费用	42 000	
贷：应付职工薪酬		30 000
原材料		16 000
累计折旧		4 000

(8) 企业至少应当于每年年度终了对消耗性生物资产进行检查，有确凿证据表明由于遭受自然灾害、病虫害、动物疫病侵袭或市场需求变化等原因，消耗性生物资产的可变现净值低于其账面价值的，应当按照可变现净值低于账面价值的差额，计提生物资产跌价准备，并计入当期损益。可变现净值应当分别按照存货减值的办法确定。

消耗性生物资产减值的影响因素已经消失的，减记金额应当予以恢复，并在原已计提的跌价准备金额内转回，转回的金额计入当期损益。

九、存货清查

存货清查是指通过对存货的实地盘点，确定存货的实有数量，并与账面结存数核对，从而确定存货实存数与账面结存数是否相符的一种专门方法。

由于存货种类繁多、收发频繁，在日常收发过程中可能发生计量错误、计算错误、自然损耗，还可能发生损坏变质等情况，造成账实不符，形成存货的盘盈、盘亏。对于存货的盘盈、盘亏，企业应填写存货盘点报告(如实存账存对比表)，及时查明原因，按照规定程序报批处理。

为了反映和监督企业在财产清查中查明的各种存货的盘盈、盘亏和毁损情况，企业应当设置“待处理财产损溢”科目。其借方登记存货的盘亏、毁损金额及盘盈的转销金额，贷方登记存货的盘盈金额及盘亏的转销金额。

·理论点拨·

企业清查的各种存货损溢，应在期末结账前处理完毕，期末处理后，“待处理财产损溢”科目应无余额。核算时分两步：第一步，批准前调整为账实相符；第二步，批准后结转处理。

微课：存货清查核算

（一）存货盘盈的账务处理

企业发生存货盘盈时，借记“原材料”“库存商品”等科目，贷记“待处理财产损溢”科目；按管理权限报经批准后，借记“待处理财产损溢”科目，贷记“管理费用”科目。

【例 3-68】 华能公司在财产清查中盘盈 S 材料 2 000 千克，实际单位成本为 70 元，经查属于材料收发计量方面的错误。华能公司应编制会计分录如下：

（1）批准处理前：

借：原材料——S 材料　　140 000

　　贷：待处理财产损溢　　140 000

（2）批准处理后：

借：待处理财产损溢　　140 000

　　贷：管理费用　　140 000

（二）存货盘亏及毁损的账务处理

企业发生存货盘亏及毁损时，借记“待处理财产损溢”科目，贷记“原材料”“库存商品”等科目。在按管理权限报经批准后，企业应作账务处理如下：对于入库的残料价值，记入“原材料”等科目；对于应由保险公司和过失人赔款的，记入“其他应收款”科目；扣除残料价值和应由保险公司、过失人赔款后的净损失，属于一般经营损失的部分，记入“管理费用”科目，属于非常损失的部分，记入“营业外支出”等科目。

【例 3-69】 华能公司清查发现毁损 S 材料 400 千克，实际成本为 20 000 元，相关增值税专用发票上注明的增值税额为 3 600 元。经查属于材料保管员的过失造成的，按规定由其个人赔偿 15 000 元。华能公司应编制会计分录如下：

（1）批准处理前：

借：待处理财产损溢　　22 600

　　贷：原材料　　20 000

　　　　应交税费——应交增值税（进项税额转出）　　2 600

（2）批准处理后：

由过失人赔款部分：

借：其他应收款　　15 000

　　贷：待处理财产损溢　　15 000

材料毁损净损失：

借：管理费用　　7 600

　　贷：待处理财产损溢　　7 600

【例 3-70】 华能公司为增值税一般纳税人，因台风造成一批库存材料毁损，实际成本为 80 000 元，相关增值税专用发票上注明的增值税额为 10 400 元。根据保险合同约定，该批毁损应由保险公司赔偿 60 000 元。华能公司应编制会计分录如下：

(1) 批准处理前：

借：待处理财产损溢　　80 000

　　贷：原材料　　80 000

(2) 批准处理后：

借：其他应收款　　60 000

　　营业外支出——非常损失　　20 000

　　贷：待处理财产损溢　　80 000

·小思考·

(1) 存货盘盈按管理权限报经批准后，贷记"管理费用"科目，该如何理解？

(2) 需要进项税额转出的情形有哪些？

【做中学·单项选择题】 某企业为增值税一般纳税人，适用的增值税税率为 13%，因管理不善一批库存材料被盗。该批原材料的实际成本为 40 000 元，购买时支付的增值税额为 5 200 元，应收保险公司赔偿 21 000 元。不考虑其他因素，该批被盗原材料形成的净损失为(　　)元。

A. 19 000　　B. 40 000　　C. 46 800　　D. 24 200

【答案】 D

【解析】 被盗原材料形成的净损失＝40 000＋5 200－21 000＝24 200(元)。

【做中学·单项选择题】 下列关于企业原材料盘亏及毁损的会计处理的表述中，正确的是(　　)。

A. 保管员过失造成的损失，计入管理费用

B. 台风造成的净损失，计入营业外支出

C. 应由保险公司赔偿的部分，计入营业外收入

D. 经营活动造成的净损失，计入其他业务成本

【答案】 B

【解析】 企业发生原材料盘亏或毁损时：

借：待处理财产损溢

　　贷：原材料等

按管理权限报经批准后：

借：原材料等(收回的残料价值)

　　其他应收款(应由保险公司或过失人赔偿的部分)

管理费用(一般经营损失)

营业外支出(非常损失)

贷:待处理财产损溢

十、存货减值

在会计期末,存货应当按照成本与可变现净值孰低进行计量。

(一) 存货跌价准备的计提和转回

资产负债表日,存货应当按照成本与可变现净值孰低计量。其中,成本是指期末存货的实际成本,如企业在存货成本的日常核算中采用计划成本法、售价金额核算法等简化核算方法,则成本为经调整后的实际成本。可变现净值是指在日常活动中,存货的估计售价减去至完工时估计将要发生的成本、估计的销售费用以及估计的相关税费后的金额。其计算公式为:

可变现净值=存货的估计售价-进一步加工成本-估计销售费用和税费

·理论点拨·

可变现净值的特征表现为存货的预计未来净现金流量,而不是存货的售价或合同价。

当存货成本低于可变现净值时,存货按成本计价;当存货成本高于可变现净值时,存货按可变现净值计价。当存货成本高于其可变现净值时,表明存货可能发生损失,应在存货销售之前确认这一损失,计入当期损益,并相应减少存货的账面价值。以前减记存货价值的影响因素已经消失的,减记的金额应当予以恢复,并在原已计提的存货跌价准备金额内转回,转回的金额计入当期损益。

【做中学·多项选择题】 下列各项中,影响企业资产负债表日存货的可变现净值的有(　　)。

A. 存货的账面价值

B. 销售存货过程中估计的销售费用及相关税费

C. 存货的估计售价

D. 存货至完工估计将要发生的成本

【答案】 BCD

【解析】 可变现净值是指在日常活动中,存货的估计售价减去至完工时估计将要发生的成本、估计的销售费用以及估计的相关税费后的金额。

(二) 存货跌价准备的账务处理

为了反映和监督存货跌价准备的计提、转回和转销情况,企业应设置"存货跌价准备"科目。其贷方登记计提的存货跌价准备金额,借方登记实际发生的存货跌价损失金额和转回的存货跌价准备金额,期末余额一般在贷方,反映企业已计提但尚未转销的存货跌价准备。

当存货成本高于其可变现净值时,企业应当按照存货可变现净值低于账面价值的差额，借记“资产减值损失——计提的存货跌价准备”科目，贷记“存货跌价准备”科目；转回已计提的存货跌价准备金额时，按《企业会计准则》允许恢复增加的金额，借记“存货跌价准备”科目，贷记“资产减值损失——计提的存货跌价准备”科目。

企业结转存货销售成本时，对于已计提存货跌价准备的，应当一并结转，同时调整销售成本，借记“存货跌价准备”科目，贷记“主营业务成本”“其他业务成本”等科目。

·理论点拨·

(1) 如果是直接用于出售的存货，存货可变现净值＝存货的估计售价－估计销售费用和税费。

(2) “资产减值损失”科目属于费用类科目，借方表示增加，贷方表示减少。

(3) 企业结转存货销售成本时，对于已计提存货跌价准备的，借记“存货跌价准备”科目，贷记“主营业务成本”“其他业务成本”等科目。即：

借：主营业务成本/其他业务成本
　　存货跌价准备
　　贷：库存商品/原材料

【例 3-71】 2×20 年 12 月 31 日，华能公司 Y 商品的账面余额(成本)为 120 000 元。由于市场价格下跌，Y 商品预计可变现净值为 90 000 元，由此应计提的存货跌价准备为 30 000 元(120 000－90 000)。假定 Y 商品以前未计提存货跌价准备，华能公司应编制会计分录如下：

借：资产减值损失——计提的存货跌价准备　　30 000
　　贷：存货跌价准备　　30 000

2×21 年 6 月 30 日，Y 商品的账面余额(成本)为 120 000 元，已计提存货跌价准备金额为 30 000 元。由于市场价格有所上升，Y 商品的预计可变现净值为 95 000 元，应转回的存货跌价准备为 5 000 元[(120 000－95 000)－30 000]。华能公司应编制会计分录如下：

借：存货跌价准备　　5 000
　　贷：资产减值损失——计提的存货跌价准备　　5 000

在[例 3-71]中，2×21 年 6 月 30 日，Y 商品的账面余额(成本)为 120 000 元，Y 商品的预计可变现净值为 95 000 元，则计提存货跌价准备金额为 25 000 元(120 000－95 000)，即“存货跌价准备”科目的贷方余额应为 25 000 元，而此时 Y 商品之前已计提存货跌价准备金额为 30 000 元，因此，应转回 5 000 元(25 000－30 000)，从而使“存货跌价准备”科目的贷方余额保持为 25 000 元。

【例 3-72】 承[例 3-71]，假设 2×21 年 12 月 31 日，Y 商品的账面余额(成本)为 120 000 元，已计提存货跌价准备金额 25 000 元。由于市场价格持续上升，Y 商品的预计可变现净值为 150 000 元，则应转回的存货跌价准备为 25 000 元[(150 000－95 000)－25 000＝30 000＞25 000]。华能公司应编制会计分录如下：

借：存货跌价准备　　25 000
　　贷：资产减值损失——计提的存货跌价准备　　25 000

在[例 3-72]中，2×21 年 12 月 31 日，Y 商品的账面余额（成本）为 120 000 元，Y 商品的预计可变现净值为 150 000 元，则应转回的存货跌价准备金额为 25 000 元［(150 000－120 000)＞25 000］，即"存货跌价准备"科目的贷方余额应为 0，而此时 Y 商品之前已计提存货跌价准备金额为 25 000 元，因此，应转回 25 000 元(25 000－0)，从而使"存货跌价准备"科目的贷方余额为 0。

需要说明的是，尽管在 2×21 年 12 月 31 日，Y 商品的账面余额（成本）为 120 000 元，Y 商品的预计可变现净值为 150 000 元，高于成本 30 000 元，但由于之前（即在 2×21 年 6 月 30 日）已计提的存货跌价准备为 25 000 元，因此，应在原已计提的存货跌价准备金额范围内转回，而不得超出该金额。

需要强调的是，根据《企业会计准则第 1 号——存货》的规定，在资产负债表日，为生产而持有的材料等，用其生产的产成品的可变现净值高于成本的，该材料仍然应当按照成本计量；材料价格的下降表明产成品的可变现净值低于成本的，该材料应当按照可变现净值计量。也就是说，材料存货在期末通常按照成本计量，除非企业用其生产的产成品发生了跌价，并且该跌价是由材料本身的价格下跌所引发的，才需要考虑计算材料存货的可变现净值，再将该材料的可变现净值与成本进行比较，从而确定材料存货是否发生了跌价问题。

【做中学·单项选择题】 2×21 年 3 月 31 日，某企业乙存货的实际成本为 100 万元，加工该存货至完工产成品估计还将发生的成本为 25 万元，估计销售费用和相关税费为 3 万元，估计该存货生产的产成品售价为 120 万元。假定乙存货月初"存货跌价准备"科目余额为 12 万元，该企业 2×21 年 3 月 31 日应计提的存货跌价准备为(　　)万元。

A. －8　　B. 4　　C. 8　　D. －4

【答案】 D

【解析】 可变现净值＝存货的估计售价－进一步加工成本－估计的销售费用和税费＝120－25－3＝92（万元）。当期应计提的存货跌价准备＝（存货成本－可变现净值）－存货跌价准备已有贷方余额＝(100－92)－12＝－4（万元）。

【做中学·单项选择题】 某企业原材料采用实际成本核算。2×21 年 6 月 29 日，该企业对存货进行全面清查，发现短缺原材料一批，账面成本为 12 000 元，已计提存货跌价准备 2 000 元。经确认，该短缺原材料应由保险公司赔款 4 000 元，由过失人赔款 3 000 元，假定不考虑其他因素，该项存货清查业务应确认的净损失为(　　)元。

A. 3 000　　B. 5 000　　C. 6 000　　D. 8 000

【答案】 A

【解析】 存货的净损失是存货的账面价值扣除过失人赔偿后的净额，净损失为 3 000 元［12 000－2 000)－4 000－3 000］，故答案选 A。

第三章思考题和习题

第四章　非流动资产

课程思政

【案例导入】

长期股权投资蜜儿乐儿项目导致金发拉比2021年预计净利下降54%～69.3%

据挖贝网1月26日报道，金发拉比(002762)近日发布2021年度业绩预告，预计业绩同向下降。报告期内归属于上市公司股东的净利润1 000万～1 500万元，比上年同期下降53.99%～69.33%；基本每股收益为0.03～0.04元。

业绩变动主要是长期股权投资蜜儿乐儿项目导致公司本年度投资损失4 359.15万元。投资损失具体构成如下：2021年前三季度公司全资子公司广东金发拉比投资有限公司(以下简称“广东拉比”)对持有的长期股权投资蜜儿乐儿项目按权益法确认了投资损失975.05万元，并在2021年第三季度计提了2 417.98万元的减值准备，合并确认经常性损失3 393.03万元；2021年第四季度，广东拉比将持有的蜜儿乐儿20%股权出售转让，相关股权转让处置所确认的投资损失为966.12万元并确认为非经常性损失。2021年度广东拉比对蜜儿乐儿项目的投资损失合计4 359.15万元。该项目处置后将不再对公司损益产生影响。

挖贝网资料显示，金发拉比专注于母婴消费品行业，主要从事中高端母婴消费品的设计、研发、生产及销售，核心品牌是“拉比(LABIBABY)”“下一代(ILOVEBABY)”和“贝比拉比(BABYLABI)”。

【资料来源】根据网络资料改编。

【请思考】长期投资包括哪些内容？长期股权投资的核算方法有哪些？

【知识目标】

1. 掌握长期股权投资、投资性房地产、在建工程、固定资产和无形资产的核算方法。

2. 熟悉非流动资产的内容。

3. 理解非流动资产的特征及管理要求、债权投资的核算、使用权资产的核算、生产性生物资产的核算。

【技能目标】

1. 能完成长期股权投资取得、持有和处置等业务的账务处理。

2. 能准确对投资性房地产进行计量，能完成投资性房地产成本模式与公允模式下取得、后续计量和处置等业务的账务处理。

3. 能完成固定资产取得、折旧、后续支出、处置、清查和减值等业务的账务处理。

4. 能完成无形资产取得、摊销、出售和减值等业务的账务处理。

【思政目标】

1. 学习最新的财经政策，培养新技术学习突破能力。

2. 培养坚持准则的意识。

第一节 长期投资

一、长期投资概述

（一）长期投资的管理

长期投资是指企业投资期限在1年以上的对外投资。这类投资具有投资期限长、稳定性和收益性相对较高等优点，但是这类投资也具有投资种类和投资的具体目的多种多样、投资金额较高、资金占用时间长、资金周转慢、资金调度困难、投资风险高等诸多缺点。因此，企业应正确记录和反映各项投资所发生的成本和损益，加强企业长期投资的会计核算和监督。这在促进企业落实投资经管责任、合理控制投资规模、有效管控投资风险等方面具有重要的作用和意义。

（二）长期投资的内容

企业的长期投资包括债权投资、其他债权投资、长期股权投资和其他权益工具投资等对外投资。

1. 债权投资

债权投资是指以摊余成本计量的金融资产中的债权投资。比如，企业投资普通债券通常可能符合本金加利息的合同现金流量的以摊余成本计量的金融资产。按照《小企业会计准则》的相关规定归类为长期债券投资进行核算和管理，即小企业准备长期（在1年以上）持有的债券投资。

·理论点拨·

摊余成本是指用实际利率（此处指同期市场利率）作计算利息的基础，投资成本减去利息后的金额。摊余成本实际上是发行债券、贷款等金融资产采用溢价或折价方式所造成的，由于当时是溢价或折价发行，那么发行价和面值之间就产生了差异，以后各期是对该差异的调整，最终是摊销到面值的。

·理论点拨·

合同现金流量是指合同约定的、反映相关金融资产经济特征的现金流量属性，企业分类为以摊余成本计量的金融资产和以公允价值计量且其变动计入其他综合收益的金融资产，其合同现金流量特征应当与基本借贷安排相一致。相关金融资产在特定日期产生的合同现金流量仅为对本金和以未偿付本金金额为基础的利息的支付。

2. 其他债权投资

其他债权投资是指以收取合同现金流量为目标又以某个特定日期出售该金融资产为目标管理的金融资产投资，其性质属于以公允价值计量且其变动计入其他综合收益的金融资产。

3. 长期股权投资

按照《企业会计准则》相关规定，根据投资方在股权投资后对被投资单位能够施加影响的程度，区分为应当按照《企业会计准则第22号——金融工具确认和计量》进行核算和应当按照《企业会计准则第2号——长期股权投资》核算两种情况。其中，属于按照《企业会计准则第2号——长期股权投资》规范的股权投资，是根据投资方在获取投资后能够对被投资单位施加影响程度划分确定的，包括对联营企业、合营企业和子公司的投资。除此之外的股权投资划分为《企业会计准则第22号——金融工具确认和计量》范围的以公允价值计量且其变动计入当期损益的金融资产进行核算与管理。

4. 其他权益工具投资

按照《企业会计准则第22号——金融工具确认和计量》规定，以公允价值计量且其变动计入其他综合收益的金融资产包括权益投资和债权投资。其中，权益投资中除投资于普通股以外的各种权益金融工具投资分类为其他权益工具投资，如对优先股的投资等。

二、债权投资

（一）债权投资的确认与计量

企业取得符合债权投资定义的金融资产应当确认为债权投资。企业取得债权投资时，应当按照购买价款和相关税费作为成本进行计量。实际支付价款中包含的已到付息期但尚未领取的债券利息，应当单独确认为应收利息，不计入债权投资的成本。持有期间的摊余成本应当以其初始确认金额扣除已偿还的本金、加上或减去采用实际利率法将该初始确认金额与到期日金额之间的差额进行摊销形成的累计摊销额、扣除计提的累计信用减值准备计算确定。在持有期间发生的应收利息（实际利率法下考虑溢折价摊销等利息调整后）应当确认为投资收益。处置债权投资时，处置价款扣除其账面余额、相关税费后的净额，应当计入投资收益。预期发生信用减值损失的还应计提债权投资减值准备。

债权投资的后续计量分为实际利率法和直线法两种。实际利率法是指计算金融资产的摊余成本以及将利息收入分摊计入各会计期间的方法。直线法是指债券投资的折价或者溢价在债券存续期间内于确认相关债券利息收入时采用直线法进行摊销。直线法的优点是会计处理简便易行;缺点是债权投资后续计量与确认时不考虑市场实际利率的波动影响,使得摊余成本和投资收益的确认与计量不够准确。实际利率法的优点是债权投资后续确认与计量时考虑市场实际利率的波动影响,计量与确认的摊余成本和投资收益比较准确;缺点是市场实际利息率计算确定及相应的会计处理较为复杂。《企业会计准则》规定企业应当采用实际利率法;《小企业会计准则》规定小企业采用直线法。

(二) 债权投资的账务处理

为了反映和监督企业以摊余成本计量的债权投资业务,企业应当设置“债权投资”科目。企业应设置“债权投资——成本”科目核算债券投资的面值;设置“债权投资——利息调整”科目核算其面值与实际支付的购买价款和相关税费之间的差额,以及实际利率法下后续计量的折价或者溢价摊销额;设置“债权投资——应计利息”科目核算一次还本付息债券投资按票面利率计算确定的应收未收的利息;设置“投资收益”科目核算债权投资实际获得的债权投资的利息收入,分期确认利息收入时,借记“债权投资——应计利息”科目,借记或贷记“债权投资——利息调整”科目,贷记“投资收益”科目;设置“应收利息”科目核算债权投资为分期付息、一次还本债券投资的应按票面利率计算确定的应收未收的利息,分期确认利息收入时,借记“应收利息”科目,借记或贷记“债权投资——利息调整”科目,贷记“投资收益”科目。

·小思考·

取得债权投资时发生的交易费用与取得交易性金融资产发生的交易费用的处理要点一样吗?

小企业应当设置“长期债券投资”科目核算小企业准备长期(在1年以上)持有的债券投资。该科目应按照债券种类和被投资单位,分别设置“面值”“溢折价”“应计利息”等明细科目进行明细核算。具体账务处理如下。

【例 4-1】 欣达公司为一家小企业。2×19 年 1 月 1 日,从二级市场购入盛达公司债券,支付价款合计 255 000 元(含已宣告但尚未领取的利息 5 000 元),另支付交易费用 5 000 元。该债券面值为 250 000 元,剩余期限为 2 年,票面年利率为 4%,每半年付息一次,合同现金流量特征仅为本金和以偿付本金金额为基础的利息的支付。欣达公司准备持有至到期,分类为长期债券投资进行核算与管理。假定不考虑增值税等其他因素,欣达公司的账务处理如下:

(1) 2×19 年 1 月 1 日,购入盛达公司债券时:

借:长期债券投资——面值	250 000	
——溢折价	5 000	
应收利息	5 000	
贷:银行存款		260 000

其中,交易费用 5 000 元在“长期债券投资——溢折价”科目进行核算,在以后确认投

资收益时采用直线法摊销。

(2) 2×19 年 1 月 5 日，收到 2×18 年下半年利息 5 000 元时：

借：银行存款　　5 000

　　贷：应收利息　　5 000

(3) 2×19 年 6 月 30 日、2×19 年 12 月 31 日、2×20 年 6 月 30 日和 2×20 年 12 月 31 日，分别确认投资收益时：

每半年应收利息＝250 000×4%÷2 ＝5 000(元)

溢折价摊销＝5 000÷4 ＝1 250(元)

借：应收利息　　5 000

　　贷：长期债券投资——溢折价　　1 250

　　　　投资收益　　3 750

(4) 2×19 年 7 月 5 日、2×20 年 1 月 5 日和 2×20 年 7 月 5 日，分别收到半年的应收利息时：

借：银行存款　　5 000

　　贷：应收利息　　5 000

(5) 2×21 年 1 月 5 日，收到半年利息及本金合计 255 000 元时：

借：银行存款　　255 000

　　贷：长期债券投资——面值　　250 000

　　　　应收利息　　5 000

假定因债务人依法宣告破产、关闭、解散、被撤销，或者被依法注销、吊销营业执照等原因，其清算财产不足清偿长期债券投资。小企业应按其账面余额减除可收回的金额后确认的无法收回的长期债券投资，作为长期债券投资损失处理，应当于实际发生时计入营业外支出，同时冲减长期债券投资账面余额。

【做中学·判断题】 长期债券投资在计算投资收益时需要考虑利息调整。

【答案】 √

三、长期股权投资

(一) 长期股权投资的确认与计量

按照《企业会计准则》的相关规定，长期股权投资的确认与计量的范围包括投资方能够对被投资单位实施控制的权益性投资，即对子公司投资；投资方与其他合营方一同对被投资单位实施共同控制且对被投资单位净资产享有权利的权益性投资，即对合营企业投资；投资方对被投资单位具有重大影响的权益性投资，即对联营企业投资。按照《小企业会计准则》规定，长期股权投资是指小企业准备长期持有的权益性投资。

·小思考·

投资方购买被投资单位的股票，打算长期持有，该投资能否通过长期股权投资核算呢？

【做中学·单项选择题】 企业下列各项权益性投资中，不能作为长期股权投资核算的是(　　)。

A. 对子公司的投资　　B. 对合营企业的投资

C. 对联营企业的投资　　D. 在重大影响以下的投资

【答案】 D

1. 长期股权投资的初始计量

1）以合并方式取得的长期股权投资

微课：长期股权投资确认

同一控制下企业合并形成的长期股权投资，合并方以支付现金、转让非现金资产或承担债务方式作为合并对价的，应在合并日按取得被合并方所有者权益在最终控制方合并财务报表中的账面价值的份额作为初始投资成本计量。非同一控制下企业合并形成的长期股权投资，购买方以支付现金、转让非现金资产或承担债务方式等作为合并对价的，按照确定的企业合并成本进行初始计量；购买方以发行权益性证券作为合并对价的，应在购买日按照发行的权益性证券的公允价值作为初始投资成本计量；企业为企业合并发生的审计、法律服务、评估咨询等中介费用以及其他相关管理费用，应作为当期损益计入管理费用。

2）以非合并方式取得的长期股权投资

以支付现金、非现金资产等其他方式取得的长期股权投资，应按现金、非现金资产的公允价值作为初始投资成本计量；以发行权益性证券取得的长期股权投资，应当按照发行的权益性证券的公允价值作为初始投资成本计量。

2. 长期股权投资的后续计量

1）成本法

成本法是指长期股权投资日常核算按投资成本计价的一种方法。其特点是，除追加投资或收回投资外，长期股权投资的账面价值一般应当保持不变。除取得投资时实际支付的价款或对价中包含的已宣告但尚未发放的现金股利或利润，投资方应当按照被投资单位宣告发放的现金股利或利润中应享有的份额确认投资收益。

《企业会计准则》规定，投资方能够对被投资单位实施控制的长期股权投资应当采用成本法核算。《小企业会计准则》规定，长期股权投资应当采用成本法进行会计处理。

2）权益法

权益法是指取得长期股权投资以初始投资成本计价，后续根据投资方享有被投资单位所有者权益份额的变动相应对其投资的账面价值进行调整的一种方法。其特点是，长期股权投资的账面价值随被投资单位所有者权益的变动而变动，在股权持有期间，长期股权投资的账面价值与享有被投资单位所有者权益的份额相对应。

《企业会计准则》规定，投资方对联营企业和合营企业的长期股权投资应当采用权益法核算。

（二）长期股权投资的账务处理

为了如实反映和监督长期股权投资的取得、持有、处置等业务活动，企业应设置“长期股权投资”科目。其借方登记取得股权时的实际投资成本或享有被投资单位权益的增加金额，贷方登记享有被投资单位权益的减少金额或股权投资处置的成本，期末余额在借方，反映企业持有的长期股权投资的价值。权益法下，“长期股权投资”科目还应当分别设置“投资成本”“损益调整”“其他权益变动”等明细科目进行明细核算。

1. 企业合并形成长期股权投资的账务处理

1）同一控制下企业合并形成的长期股权投资

同一控制下企业合并的实质是集团内部资产的重新配置与账面调拨，仅涉及集团内部不同企业间资产和所有者权益的变动，不具有商业实质，不应产生经营性损益和非经营性损益。

(1) 合并方以支付现金、转让非现金资产或承担债务方式作为合并对价的，应在合并日按取得被合并方所有者权益在最终控制方合并财务报表中的账面价值的份额，借记“长期股权投资”科目(投资成本)，按支付的合并对价的账面价值，贷记或借记有关资产、负债科目，按其差额，贷记“资本公积——资本溢价或股本溢价”科目；如为借方差额，借记“资本公积——资本溢价或股本溢价”科目，资本公积(资本溢价或股本溢价)不足冲减的，应依次借记“盈余公积”“利润分配——未分配利润”科目。

【例 4-2】 欣欣公司和达达公司为同一母公司最终控制下的两家公司。2×19 年 6 月 30 日，欣欣公司向其母公司支付现金 83 400 000 元，取得母公司拥有的达达公司 100%的股权，于当日起能够对达达公司实施控制。合并后，达达公司仍维持其独立法人地位继续经营。2×19 年 6 月 30 日，母公司合并报表中达达公司的净资产账面价值为 80 000 000 元。欣欣公司、达达公司合并前采用的会计政策相同。假定不考虑相关税费等其他因素影响。合并日，欣欣公司应编制会计分录如下：

借：长期股权投资——达达公司	80 000 000	
资本公积——股本溢价	3 400 000	
贷：银行存款		83 400 000

在[例 4-2]中，欣欣公司和达达公司为同一母公司最终控制下的两家公司，欣欣公司取得长期股权投资应按应享有母公司合并财务报表中的达达公司账面价值的份额计算确定。

(2) 合并方以发行权益性证券作为合并对价的，应当在合并日按照被合并方所有者权益在最终控制方合并财务报表中的账面价值的份额，借记“长期股权投资”科目(投资成本)，按照发行股份的面值总额，贷记“股本”科目，按其差额，贷记“资本公积——资本溢价或股本溢价”科目；如为借方差额，借记“资本公积——资本溢价或股本溢价”科目，资本公积(资本溢价或股本溢价)不足冲减的，应依次借记“盈余公积”“利润分配——未分配利润”科目。

【例 4-3】 欣欣公司和达达公司为同一母公司最终控制下的两家公司。2×19 年 6 月 30 日，假定欣欣公司向其母公司发行 10 000 000 股普通股(每股面值为 1 元，每股公允价值为 4.56 元)，取得母公司拥有的达达公司 100%的股权，于当日起能够对达达公司实施控制。合并后，达达公司仍维持其独立法人地位继续经营。2×19 年 6 月 30 日，母公司合并报表中达达公司的净资产账面价值为 40 000 000 元。欣欣、达达公司合并前采用的会计政策相同。假定不考虑相关税费等其他因素影响。合并日，欣欣公司应编制会计分录如下：

借：长期股权投资——达达公司 40 000 000
　　贷：股本 10 000 000
　　　　资本公积——股本溢价 30 000 000

在[例 4-3]中，欣欣公司和达达公司为同一母公司最终控制下的两家公司，欣欣公司取得长期股权投资和发行股票的价值不应按照股票的市场公允价值每股 4.56 元计算确定，而应按照合并财务报表中的达达公司账面价值中应享有的份额计算确定。

2）非同一控制下企业合并形成的长期股权投资

非同一控制下的企业合并实质是不同市场主体间的产权交易，购买方如果以转让非现金资产方式作为对价的，实质是转让或处置了非现金资产，具有商业实质性质，产生经营性或非经营性损益。

（1）购买方以支付现金、转让非现金资产或承担债务方式等作为合并对价的，应在购买日按照现金、非现金货币性资产的公允价值作为初始投资成本计量确定合并成本，借记“长期股权投资”科目（投资成本），按付出的合并对价的账面价值，贷记或借记有关资产、负债科目，按发生的直接相关费用（如资产处置费用），贷记“银行存款”等科目，按其差额，贷记“主营业务收入”“资产处置损益”“投资收益”等科目或借记“管理费用”“资产处置损益”“主营业务成本”等科目。

【例 4-4】 欣欣公司和达达公司为非同一控制下的两家独立公司。2×19 年 6 月 30 日，欣欣公司以其拥有的固定资产对达达公司投资，取得达达公司 60%的股权。该固定资产原值为 3 000 万元，已累计计提折旧 800 万元，已计提减值准备 100 万元，投资日该固定资产的公允价值为 2 500 万元。2×19 年 6 月 30 日，达达公司的可辨认净资产公允价值为 4 000 万元。假定不考虑相关税费等其他因素影响。投资日，欣欣公司应编制会计分录如下：

借：长期股权投资——达达公司 25 000 000
　　累计折旧 8 000 000
　　固定资产减值准备 1000 000
　　贷：固定资产 30 000 000
　　　　资产处置损益 4 000 000

（2）购买方以发行权益性证券作为合并对价的，应在购买日按照发行的权益性证券的公允价值，借记“长期股权投资”科目（投资成本），按照发行的权益性证券的面值总额，贷记“股本”科目，按其差额，贷记“资本公积——资本溢价或股本溢价”科目。企业为企业合并发生的审计、法律服务、评估咨询等中介费用以及其他相关管理费用，应当于发生时，借记“管理费用”科目，贷记“银行存款”等科目。

【例 4-5】 欣欣公司和达达公司为非同一控制下的两家独立公司。2×19 年 6 月 30 日，欣欣公司发行普通股 18 000 万股取得达达公司有表决权股份的 60%。该股票面值为每股 1 元，市场发行价格为 5 元。向证券承销机构支付股票发行相关税费 2 700 万元。假定不考虑其他因素影响。欣欣公司应编制会计分录如下：

购买日购买时：

借：长期股权投资——达达公司 900 000 000

贷：股本 180 000 000

资本公积——股本溢价 720 000 000

支付发行相关税费时：

借：资本公积——股本溢价 27 000 000

贷：银行存款 27 000 000

2. 非企业合并形成长期股权投资的账务处理

企业以非企业合并方式形成的长期股权投资，其实质是进行权益投资性质的商业交易。以支付现金、非现金资产等其他方式取得的长期股权投资，应按现金、非现金货币性资产的公允价值或按照非货币性资产交换或债务重组等准则确定的初始投资成本，借记"长期股权投资"科目，贷记"银行存款"等科目，贷记或借记"资产处置损益"等处置非现金资产相关的科目。按照《小企业会计准则》规定，资产处置损益应分别借记"营业外支出"科目或贷记"营业外收入"科目。

【例 4-6】 欣达公司和盛达公司为非同一控制下的两家独立小型有限责任股份公司。2×19 年 6 月 30 日，欣达公司以支付现金 400 万元取得盛达公司有表决权的股份 20%。欣达公司准备长期持有。假定不考虑其他因素影响。购买日，欣达公司应编制会计分录如下：

借：长期股权投资——盛达公司 4 000 000

贷：银行存款 4 000 000

3. 采用成本法下长期股权投资的账务处理

长期股权投资采用成本法核算的，应按被投资单位宣告发放的现金股利或利润中属于投资企业的部分，借记"应收股利"科目，贷记"投资收益"科目。

【例 4-7】 承[例 4-6]，2×19 年 12 月 31 日，盛达公司利润表显示当年实现净利润 200 万元。2×20 年 2 月 20 日，盛达公司发布经股东大会批准的利润决算报告，利润分配方案为分配现金股利 30 万元，并于 2×20 年 3 月 20 日发放了全部股利。

欣达公司对盛达公司的股权投资采用成本法核算，2×19 年 12 月 31 日，被投资方盛达公司当年实现净利润，欣达公司不需要作会计处理。

2×20 年 2 月 20 日，盛达公司发布利润分配公告，欣达公司应编制会计分录如下：

借：应收股利 60 000

贷：投资收益 60 000

2×20 年 3 月 20 日，欣达公司收到盛达公司发放的股利，应编制会计分录如下：

借：银行存款 60 000

贷：应收股利 60 000

【做中学·多项选择题】 长期股权投资采用成本法进行核算的，其在持有期间取得的被投资单位宣告发放的现金股利应记入的会计科目是（ ）。

A. "公允价值变动损益" B. "投资收益"

C. "营业外收入" D. "财务费用"

【答案】 B

【解析】 长期股权投资采用成本法进行核算的，其在持有期间取得的被投资单位宣告发放的现金股利应记入“投资收益”科目。

4. 采用权益法下长期股权投资的账务处理

企业的长期股权投资采用权益法核算的，应当分别下列情况进行处理。

(1) 被投资单位可辨认净资产公允价值发生变动的账务处理。长期股权投资的初始投资成本大于投资时应享有被投资单位可辨认净资产公允价值份额的，不调整已确认的初始投资成本；长期股权投资的初始投资成本小于投资时应享有被投资单位可辨认净资产公允价值份额的，应按其差额，借记“长期股权投资”科目（投资成本），贷记“营业外收入”科目。

【做中学·单项选择题】 甲企业购入乙企业30%的股份进行长期投资，投资前两企业不存在关联方关系，采用权益法进行核算，购入时支付价款120 000元，同时支付相关税费10 000元，购入时乙企业可辨认净资产的账面价值为500 000元（公允价值等于账面价值），则购入时长期股权投资的入账价值为（　　）元。

A. 120 000　　B. 130 000　　C. 150 000　　D. 110 000

【答案】 C

【解析】 当长期股权投资的初始投资成本低于应享有被投资单位公允价值份额的，按购入时享有被投资单位可辨认净资产公允价值的份额150 000元（500 000×30%）作为长期股权投资的入账价值。

(2) 被投资单位实现盈利或发生亏损的账务处理。资产负债表日，企业应按被投资单位实现的净利润（以取得投资时被投资单位可辨认净资产的公允价值为基础计算）中企业享有的份额，借记“长期股权投资”科目（损益调整），贷记“投资收益”科目。被投资单位发生净亏损作相反的会计分录，但以“长期股权投资”科目的账面价值减记至零为限；还需承担的投资损失，应将其他实质上构成对被投资单位净投资的“长期应收款”等的账面价值减记至零为限；除按照以上步骤已确认的损失，按照投资合同或协议约定将承担的损失，确认为预计负债。除上述情况仍未确认的应分担被投资单位的损失，应在账外备查登记。发生亏损的被投资单位以后实现净利润的，应按与上述相反的顺序进行处理。

【例4-8】 2×19年12月31日，欣欣公司持有达达公司发行在外普通股为15 000万股，拥有达达公司30%的股份。达达公司经审计的年度利润表中当年实现净利润22 500万元。欣欣公司应确认投资收益6 750万元（22 500×30%）。欣欣公司应编制会计分录如下：

借：长期股权投资——达达公司（损益调整）　　67 500 000
　　贷：投资收益　　67 500 000

(3) 被投资单位分配股利或利润的账务处理。取得长期股权投资后，被投资单位宣告发放现金股利或利润时，企业计算应分得的部分，借记“应收股利”科目，贷记“长期股权投资”科目（损益调整）。收到被投资单位发放的股票股利，不进行账务处理，但应在备查簿中登记。发生亏损的被投资单位以后实现净利润的，企业计算应享有的份额，如有未确认投资损失的，应先弥补未确认的投资损失，弥补损失后仍有余额的，依次借记“长期应收款”科目和“长期股权投资”科目（损益调整），贷记“投资收益”科目。

【例4-9】 承[例4-8]，2×20年3月20日，达达公司经股东大会批准，宣告现金股利分配方案为每 10 股 4 元分配 2019 年度现金股利。欣欣公司于 2×20 年 4 月 20 日收到达达公司发放的现金股利。不考虑所得税等相关因素影响。

2×20 年 3 月 20 日，欣欣公司确认应分配的现金股利为 6 000 万元(15 000×0.4)，应编制会计分录如下：

借：应收股利　　60 000 000

　　贷：长期股权投资——损益调整　　60 000 000

2×20 年 4 月 20 日，欣欣公司收到现金股利，应编制会计分录如下：

借：银行存款　　60 000 000

　　贷：应收股利　　60 000 000

(4) 被投资单位除净损益、利润分配以外的其他综合收益变动或所有者权益的其他变动，企业按持股比例计算应享有的份额并进行相应的账务处理。

5. 计提长期股权投资减值准备的账务处理

资产负债表日，企业根据资产减值相关要求确定长期股权投资发生减值的，按应减记的金额，借记“资产减值损失”科目，贷记“长期股权投资减值准备”科目。处置长期股权投资时，应同时结转已计提的长期股权投资减值准备。

小企业发生长期股权投资减值损失采用直接转销法核算。根据《小企业会计准则》规定，确认实际发生的长期股权投资损失，应当按照可收回的金额，借记“银行存款”等科目，按照其账面余额，贷记“长期股权投资”科目，按照其差额，借记“营业外支出”科目。

6. 处置长期股权投资的账务处理

处置长期股权投资时，应按实际收到的金额，借记“银行存款”等科目，原已计提减值准备的，借记“长期股权投资减值准备”科目，按其账面余额，贷记“长期股权投资”科目，按尚未领取的现金股利或利润，贷记“应收股利”科目，按其差额，贷记或借记“投资收益”科目。处置采用权益法核算的长期股权投资时，应当采用与被投资单位直接处置相关资产或负债相同的基础，对相关的其他综合收益进行会计处理。对于应转入当期损益的其他综合收益，应按结转的长期股权投资的投资成本比例结转原记入“其他综合收益”科目的金额，借记或贷记“其他综合收益”科目，贷记或借记“投资收益”科目。处置采用权益法核算的长期股权投资时，还应按结转的长期股权投资的投资成本比例结转原记入“资本公积——其他资本公积”科目的金额，借记或贷记“资本公积——其他资本公积”科目，贷记或借记“投资收益”科目。

第二节　投资性房地产

一、投资性房地产的管理

(一) 投资性房地产概述

投资性房地产是指为赚取租金或资本增值，或两者兼有而持有的房地产，包括已出租的土地使用权、持有并准备增值后转让的土地使用权、已出租的建筑物。企业持有投资性房地产的目的，主要是赚取租金和资本增值。

1. 属于投资性房地产的项目

1）已出租的土地使用权

已出租的土地使用权是指企业通过出让或转让方式取得的、以经营租赁方式出租的土地使用权。企业计划用于出租但尚未出租的土地使用权，不属于此类。例如，悦兴公司与乙公司签署了土地使用权租赁协议，悦兴公司以年租金720万元租赁使用乙公司拥有的40万平方米土地使用权。那么，自租赁协议约定的租赁期开始日起，这项土地使用权属于乙公司的投资性房地产。

对于以经营租赁方式租入土地使用权再转租给其他单位的，不能确认为投资性房地产。

2）持有并准备增值后转让的土地使用权

持有并准备增值后转让的土地使用权是指企业通过出让或转让方式取得的，准备增值后转让的土地使用权。但按照国家有关规定认定的闲置土地，不属于持有并准备增值后转让的土地使用权，也就不属于投资性房地产。

3）已出租的建筑物

已出租的建筑物是指企业拥有产权的、以经营租赁方式出租的建筑物，包括自行建造或开发活动完成后用于出租的建筑物。例如，乙公司将拥有的某栋厂房整体出租给悦兴公司，租赁期为2年。自租赁期开始日起，这栋厂房属于其投资性房地产。企业将建筑物出租，按租赁协议向承租人提供的相关辅助服务在整个协议中不重大的，应当将该建筑物确认为投资性房地产。例如，企业将其办公楼出租，同时向承租人提供维护、保安等日常辅助服务，企业应当将其确认为投资性房地产。但企业以经营租赁方式租入再转租的建筑物以及企业计划用于出租但尚未出租的建筑物则不属于投资性房地产。

【例4-10】 2×21年8月15日，悦兴公司与乙公司签订了一项租赁合同，乙公司将其拥有产权的两间房屋出租给悦兴公司，租赁期为6年。悦兴公司一开始将这两间房屋用于自行经营餐馆。3年后，由于连续亏损，悦兴公司把餐馆转租给丙公司，以赚取租金差价。

在[例4-10]中，对于悦兴公司而言，这两间房屋属于租入后又转租的建筑物，悦兴公司并不拥有其产权，因此，不能将其确认为投资性房地产。乙公司拥有这两间房屋的产权并以经营租赁方式对外出租，可以将其确认为投资性房地产。

2. 不属于投资性房地产的项目

1）自用房地产

自用房地产是指为生产商品、提供劳务或者经营管理而持有的房地产。比如，企业生产经营用的厂房和办公楼属于固定资产；企业生产经营用的土地使用权属于无形资产。

·理论点拨·

(1) 企业出租给本企业职工居住的宿舍，虽然也收取租金，但间接为企业自身的生产经营服务，因此，具有自用房地产的性质，不确认为投资性房地产。

(2) 企业拥有并自行经营的旅馆饭店。旅馆饭店的经营者在向顾客提供住宿服务的同时,还提供餐饮、娱乐等其他服务,其经营目的主要是通过向客户提供服务取得服务收入,因此,企业自行经营的旅馆饭店是企业的经营场所,应当属于自用房地产,不确认为投资性房地产。

2) 作为存货的房地产

作为存货的房地产是指房地产开发企业在正常经营过程中销售的或为销售而正在开发的商品房和土地。这部分房地产属于房地产开发企业的存货,不属于投资性房地产。

3. 特殊情况规范

某项房地产,部分用于赚取租金或资本增值、部分用于生产商品、提供劳务或经营管理,能够单独计量和出售的、用于赚取租金或资本增值的部分,应当确认为投资性房地产;不能够单独计量和出售的、用于赚取租金或资本增值的部分,不确认为投资性房地产,应当确认为固定资产、无形资产或存货。

【做中学·判断题】 甲公司将自有写字楼的部分楼层对外出租,因自用部分与出租部分不能单独计量,为此甲公司将该写字楼整体确定为固定资产。　(　　)

【答案】 √

【解析】 投资性房地产应当是能够单独计量与出售的。不能够单独计量出售的,则应当统一作为固定资产、无形资产或存货来核算。

【做中学·多项选择题】 下列关于企业土地使用权会计处理的表述中,正确的有(　　)。

A. 工业企业将以经营租赁方式租出的自有土地使用权作为无形资产核算

B. 房地产开发企业将购入的用于建造商品房的土地使用权作为存货核算

C. 工业企业将持有并准备增值后转让的自有土地使用权作为投资性房地产核算

D. 工业企业将购入的用于建造办公楼的土地使用权作为无形资产核算

【答案】 BCD

【解析】 选项A,应作为投资性房地产核算。

(二) 投资性房地产的管理要求

投资性房地产是企业的一种经营性活动,经营方式主要是出租赚取租金和持有并准备增值后转让获取资本增值。出租包括出租建筑物和土地使用权,其实质是在一定时期内让渡资产使用权的商业行为。

投资性房地产的租金和资本增值高低,与国内外市场供求、经济发展、房地产市场波动、国家对房地产市场的管控及其政策变化等众多经济、政治、法律等因素影响紧密相关;而且,投资性房地产投资金额巨大、周期长,在持有期间管理难度大,客观存在较大风险,所以要加强投资性房地产的会计核算与监督管理。

二、投资性房地产的确认和计量

(一) 投资性房地产的确认

1. 投资性房地产的确认条件

将某个项目确认为投资性房地产,应当先符合投资性房地产的概念,还要同时满足投资性房地产的以下两个确认条件：

(1) 与该投资性房地产相关的经济利益很可能流入企业，即有证据表明企业能够获取租金或资本增值，或两者兼而有之。

(2) 该投资性房地产的成本能够可靠地计量。

2. 投资性房地产的确认时点

(1) 已出租的土地使用权、建筑物，其作为投资性房地产的确认时点一般为租赁期开始日，即土地使用权、建筑物进入出租状态、开始赚取租金的日期。

(2) 企业持有以备经营出租的空置建筑物或在建建筑物，董事会或类似机构作出书面决议，明确表明将其用于经营出租，且持有意图短期内不再发生变化的，即使尚未签订租赁协议，也应视为投资性房地产。其作为投资性房地产的确认时点为企业管理当局（董事会或类似机构）就该事项作出正式书面协议的日期。

(3) 持有并准备增值后转让的土地使用权，其作为投资性房地产的确认时点为企业将自用土地使用权停止自用，准备增值后转让的日期。

(二) 投资性房地产的计量

投资性房地产的计量分为成本模式和公允价值模式两种。

1. 成本模式

成本模式是指投资性房地产的初始计量和后续计量均采用实际成本进行核算，外购、自行建造等按照初始购置或自行建造的实际成本计量，后续发生符合资本化条件的支出计入账面成本，后续计量按照固定资产或无形资产的相关规定按期计提折旧或摊销。资产负债表日发生减值的计提减值准备，且已经计提减值准备的投资性房地产，其减值损失在以后的会计期间不得转回。

【做中学·多项选择题】 下列各项中，对企业以成本模式计量的投资性房地产会计处理的表述中，正确的有（　　）。

A. 年末无须对其预计使用寿命进行复核

B. 应当按期计提折旧或摊销

C. 存在减值迹象时，应当进行减值测试

D. 计提的减值准备，在以后的会计期间不允许转回

【答案】 BCD

【解析】 以成本模式计量的投资性房地产，需要计提折旧或摊销，则年末需要对其预计使用寿命进行复核，选项A错误。

2. 公允价值模式

公允价值模式是指投资性房地产初始计量采用实际成本核算，后续计量按照投资性房地产的公允价值进行计量。按会计准则规定，只有存在确凿证据表明投资性房地产的公允价值能够持续可靠取得的情况下，企业才可以采用公允价值模式进行后续计量。

同一企业只能采用一种计量模式对所有投资性房地产进行后续计量，不得同时采用两种计量模式。如企业选择采用公允价值模式，就应当对其所有投资性房地产均采用公允价值模式进行后续计量。

·理论点拨·

企业通常应当采用成本模式对投资性房地产进行后续计量，对采用公允价值模式的条件作了限制性规定。存在确凿证据表明投资性房地产的公允价值能够持续可靠取得，且能够确定采用公允价值模式条件的情况下，才允许企业对投资性房地产从成本模式计量变更为公允价值模式计量。企业可以从成本模式变更为公允价值模式，已采用公允价值模式不得转为成本模式。

【做中学·单项选择题】 下列关于投资性房地产计量的表述中，错误的是（ ）。

A. 外购投资性房地产的成本，包括购买价款、相关税费和可直接归属于该资产的其他支出

B. 企业购入的房地产，部分用于出租（或资本增值）、部分自用，用于出租（或资本增位）的部分应当予以单独确认的，按照不同部分的公允价值占公允价值总额的比例将成本在不同部分之间进行分配

C. 同一企业只能采用一种计量模式对所有投资性房地产进行后续计量，不得同时采用两种计量模式

D. 已采用公允价值模式计量的投资性房地产，可以从公允价值模式转为成本模式

【答案】 D

【解析】 选项D，企业可以从成本模式变更为公允价值模式，已采用公允价值模式不得转为成本模式。

（三）投资性房地产的科目设置

为了反映和监督投资性房地产的取得、计提折旧或摊销、公允价值变动和处置等情况，企业应按照成本模式和公允价值模式分别设置“投资性房地产”等科目。科目设置的详细情况如表4-1所示。

表4-1　投资性房地产的科目设置及其对照表

会计科目设置	成本模式	公允价值模式
初始核算	设置“投资性房地产”科目，核算其实际成本及其增减变化，按具体项目（如厂房、已出租土地使用权等）设置明细科目	设置“投资性房地产——成本”科目，核算其实际成本及其增减变化
后续核算	（1）设置“投资性房地产累计折旧/投资性房地产累计摊销”科目，核算计提折旧或计提摊销； （2）设置“投资性房地产减值准备”科目，核算计提的减值准备	（1）设置“投资性房地产——公允价值变动”科目，核算公允价值增减变动； （2）设置“公允价值变动损益”科目，核算投资性房地产公允价值变动损益； （3）设置“其他综合收益”科目，核算非投资性房地产转换为投资性房地产转换日的公允价值大于账面价值的差额
处置核算	设置“其他业务收入/其他业务成本”科目，核算处置收益或结转的成本	设置“其他业务收入/其他业务成本”科目，核算处置收益或结转的成本

三、投资性房地产的账务处理

(一)取得投资性房地产的账务处理

1. 外购的投资性房地产

外购投资性房地产的实际成本,包括购买价款相关税费和可直接归属于该资产的其他支出。外购投资性房地产时,按照取得的实际成本,借记“投资性房地产”科目,按照可抵扣的增值税进项税额,借记“应交税费——应交增值税(进项税额)”科目,按照支付的全部价款,贷记“银行存款”等科目。

企业购入的房地产,部分用于出租(或资本增值)、部分自用,用于出租(或资本增值)的部分应当予以单独确认的,应按照不同部分的公允价值占公允价值总额的比例将成本在不同部分之间进行分配。

【例4-11】 2×21年11月5日,乙公司与悦兴公司签订了经营租赁合同,约定自写字楼购买之日起乙公司将这栋写字楼出租给悦兴公司,为期5年。12月5日,乙公司实际购入写字楼,买价为20 000 000元,增值税额为1 800 000元。假设不考虑其他因素,乙公司采用成本模式进行后续计量。乙公司应编制会计分录如下:

借:投资性房地产——写字楼	20 000 000	
应交税费——应交增值税(进项税额)	1 800 000	
贷:银行存款		21 800 000

2. 自行建造的投资性房地产

在采用成本模式计量下,自行建造投资性房地产,其成本由建造该项资产达到预定可使用状态前发生的必要支出构成,包括土地开发费、建筑成本、安装成本、应予以资本化的借款费用、支付的其他费用和分摊的间接费用等。建造过程中发生的非正常性损失,直接计入当期损益,不计入建造成本。企业自行建造投资性房地产时,按照建造过程中发生的成本,借记“投资性房地产”科目,贷记“银行存款”等科目。

【例4-12】 2×21年1月,乙公司从其他单位购入一块土地的使用权,并在这块土地上开始自行建造三栋厂房。2×21年10月,乙公司预计厂房即将完工,与悦兴公司签订了经营租赁合同,将其中的一栋厂房租赁给悦兴公司使用。租赁合同约定,该厂房于完工(达到预定可使用状态)时开始起租。2×21年11月1日,三栋厂房同时完工(达到预定可使用状态)。该土地使用权的成本为6 000 000元,三栋厂房实际造价均为10 000 000元,能够单独出售。假设乙公司采用成本模式计量。2×21年11月1日,乙公司应编制会计分录如下:

土地使用权中的对应部分同时转换为投资性房地产 =6 000 000×(10 000 000÷30 000 000)

=2 000 000(元)

借:投资性房地产——厂房	10 000 000	
固定资产——厂房	20 000 000	
贷:在建工程——厂房		30 000 000

借：投资性房地产——土地使用权　　2 000 000

　贷：无形资产——土地使用权　　2 000 000

3. 自用房地产或存货转换为采用公允价值模式计量的投资性房地产

自用房地产或存货转换为采用公允价值模式计量的投资性房地产，该项投资性房地产应当按照转换日的公允价值计量。转换日的公允价值小于账面价值的，按其差额，借记“公允价值变动损益”科目；转换日的公允价值大于账面价值的，按其差额，贷记“其他综合收益”科目。当该项投资性房地产被处置时，因转换计入其他综合收益的部分应转入当期损益。

·理论点拨·

在公允价值模式下，当固定资产（历史成本）转为投资性房地产（公允价值）时，由于涉及计量模式的转换，且属于从“低风险转为高风险”的计量方法。出于谨慎性的信息质量要求，转换时不能增加当期损益（贷方差额记入“其他综合收益”科目），但可以减少当期损益（借方差额记入“公允价值变动损益”科目）。

对公允价值变动损益的不同处理，一方面有利于满足谨慎性要求，即费用不应少计收入不应多计，使得反映的净利润偏低；另一方面有利于满足可靠性要求，即公允价值增值有着客观确凿证据，理应如实记账，转换日的公允价值大于原账面价值的差额属于未实现损益，作为其他综合收益记入利润表但不增加净利润，这就既满足了谨慎性要求，又满足了会计核算的有用性要求。

【例4-13】 2×21年6月，乙公司打算搬迁至新建办公楼，由于原办公楼处于商业繁华地段，乙公司准备将其出租，以赚取租金收入。2×21年10月30日，乙公司完成了搬迁工作，原办公楼停止自用，并与悦兴公司签订了租赁协议，将其原办公楼租赁给悦兴公司使用，租赁期开始日为2×21年10月30日，租赁期限为3年。2×21年10月30日，该办公楼原价为5亿元，已提折旧14 250万元，公允价值为35 000万元。假设乙公司对投资性房地产采用公允价值模式计量。乙公司应编制会计分录如下：

借：投资性房地产——成本　　350 000 000

　　公允价值变动损益　　7 500 000

　　累计折旧　　142 500 000

　贷：固定资产　　500 000 000

(二) 投资性房地产后续核算的账务处理

1. 采用成本模式对投资性房地产进行后续计量

在成本模式下，应当按照投资性房地产的实际成本进行计量，在持有期间比照固定资产或无形资产的相关规定，按期（月）计提折旧或摊销，借记“其他业务成本”等科目，贷记“投资性房地产累计折旧（摊销）”科目。取得的租金收入，借记“银行存款”等科目，贷记“其他业务收入”等科目。

投资性房地产存在减值迹象的，还应当适用资产减值的有关规定。经减值测试确定发生减值的，应当计提减值准备，借记“资产减值损失”科目，贷记“投资性房地产减值准备”科目。如果已经计提减值准备的投资性房地产的价值又得以恢复，不得转回。

【例 4-14】 乙公司的一栋办公楼出租给悦兴公司使用，已确认为投资性房地产，采用成本模式进行后续计量。假设这栋办公楼的成本为 36 000 000 元，按照直线法计提折旧，使用寿命为 20 年，预计净残值为零。按照经营租赁合同，悦兴公司每月支付乙公司租金 80 000 元，租金收入的增值税税率为 9%。当年 12 月，这栋办公楼发生减值迹象，经减值测试，其可收回金额为 24 000 000 元，此时办公楼的账面价值为 30 000 000 元，以前未计提减值准备。乙公司应编制会计分录如下：

(1) 每月计提折旧时：

每月计提的折旧＝36 000 000÷20÷12＝150 000(元)

借：其他业务成本——出租办公楼折旧	150 000	
贷：投资性房地产累计折旧		150 000

(2) 每月确认租金时：

借：银行存款(或其他应收款)	87 200	
贷：其他业务收入		80 000
应交税费——应交增值税(销项税额)		7 200

(3) 年末计提减值准备时：

借：资产减值损失——计提的投资性房地产减值准备	6 000 000	
贷：投资性房地产减值准备		6 000 000

【做中学·单项选择题】 甲公司对投资性房地产以成本模式进行后续计量。2×21 年 1 月 10 日，甲公司以银行存款 9 600 万元购入一栋写字楼并立即以经营租赁方式租出，甲公司预计该写字楼的使用寿命为 40 年，预计净残值为 120 万元。采用年限平均法计提折旧，不考虑相关税费及其他因素，甲公司 2×21 年应对该写字楼计提的折旧金额为(　　)万元。

A. 240　　B. 220　　C. 217.25　　D. 237

【答案】 C

【解析】 2×21 年年末计提折旧金额＝(9 600－120)÷40÷12×11＝217.25(万元)。

2. 采用公允价值模式对投资性房地产进行后续计量

采用公允价值模式计量，不对投资性房地产计提折旧或摊销。企业应当以资产负债表日投资性房地产的公允价值为基础调整其账面价值，公允价值与原账面价值之间的差额计入当期损益。资产负债表日，按投资性房地产的公允价值高于原账面余额的差额，借记“投资性房地产——公允价值变动”科目，贷记“公允价值变动损益”科目；公允价值低于其账面余额的差额作相反的账务处理。取得租金收入时，借记“银行存款”等科目，贷记“其他业务收入”等科目。

【例 4-15】 2×21 年 8 月，乙公司与悦兴公司签订租赁协议，将乙公司开发的一栋精装修写字楼在开发完成的同时租赁给悦兴公司，租赁期为 10 年。2×21 年 10 月 1 日，该写字楼开发完成并开始起租，写字楼的造价为 100 000 000 元。2×21 年 12 月 31 日，该写字楼的公允价值为 102 000 000 元。假设乙公司采用公允价值模式计量，应编制会计分录如下：

(1) 2×21 年 10 月 1 日，开发完成写字楼并出租时：

借：投资性房地产——成本　　100 000 000

　贷：开发产品　　100 000 000

(2) 2×21 年 12 月 31 日，按照公允价值为基础调整其账面价值，公允价值与原账面价值之间的差额计入当期损益时：

借：投资性房地产——公允价值变动　　2 000 000

　贷：公允价值变动损益——投资性房地产　　2 000 000

【做中学·单项选择题】 2×20 年 3 月 1 日，甲公司外购一栋写字楼直接租赁给乙公司使用，租赁期为 6 年，每年租金为 180 万元。甲公司对投资性房地产采用公允价值模式进行后续计量，该写字楼的买价为 3 000 万元。2×20 年 12 月 31 日，该写字楼的公允价值为 3 200 万元。假设不考虑相关税费，则该项投资性房地产对甲公司 2×20 年度利润总额的影响金额是(　　)万元。

A. 180　　B. 200　　C. 350　　D. 380

【答案】 C

【解析】 该项投资性房地产对甲公司 2×20 年度利润总额的影响金额＝180÷12×10＋(3 200－3 000)＝350(万元)。

【做中学·多项选择题】 下列关于投资性房地产后续计量的表述中，错误的有(　　)。

A. 采用公允价值模式进行后续计量的，资产负债表日其公允价值与账面余额的差额计入其他综合收益

B. 采用成本模式进行后续计量的，不需要按月计提折旧或摊销

C. 采用公允价值模式进行后续计量的，不允许再采用成本模式计量

D. 采用成本模式进行后续计量的，不允许再采用公允价值模式计量

【答案】 ABD

【解析】 选项 A，采用公允价值模式进行后续计量的投资性房地产，资产负债表日公允价值与账面价值的差额记入"公允价值变动损益"科目。选项 B，采用成本模式进行后续计量的投资性房地产，应当计提折旧或摊销。选项 D，采用成本模式进行后续计量的投资性房地产，在满足条件时，允许企业将投资性房地产后续计量模式由成本模式变更为公允价值模式。

(三) 投资性房地产处置的账务处理

当投资性房地产被处置，或者永久退出使用且预计不能从其处置中取得经济利益时，应当终止确认该项投资性房地产。企业出售、转让、报废投资性房地产或者发生投资性房地产毁损，应当将处置收入扣除其账面价值和相关税费后的金额计入当期损益。

1. 成本模式计量的投资性房地产的处置

采用成本模式计量下，企业处置投资性房地产时，应当按实际收到的金额，借记"银行存款"等科目，贷记"其他业务收入""应交税费——应交增值税(销项税额)"科目，按该项投资性房地产的账面价值，借记"其他业务成本"科目，按其账面余额，贷记"投资性房地

产”科目，按照已计提的折旧或摊销，借记“投资性房地产累计折旧（摊销）”科目，原已计提减值准备的，借记“投资性房地产减值准备”科目。

【例4-16】 乙公司将其出租的一栋写字楼确认为投资性房地产。租赁期届满后，乙公司将该栋写字楼出售给悦兴公司，收取价款200 000 000元，增值税额18 000 000元，悦兴公司已用银行存款支付。假设这栋写字楼原采用成本模式计量。出售时，该栋写字楼的成本为180 000 000元，已计提折旧20 000 000元。假定暂不考虑相关税费，乙公司应编制会计分录如下：

(1) 确认投资性房地产处置收入时：

借：银行存款	218 000 000	
贷：其他业务收入		200 000 000
应交税费——应交增值税（销项税额）		18 000 000

(2) 结转投资性房地产处置成本时：

借：其他业务成本	160 000 000	
投资性房地产累计折旧	20 000 000	
贷：投资性房地产——写字楼		180 000 000

2. 公允价值模式计量的投资性房地产的处置

采用公允价值模式计量下，企业处置投资性房地产时，应当按实际收到的金额，借记“银行存款”等科目，贷记“其他业务收入”“应交税费——应交增值税（销项税额）”科目，按该项投资性房地产的账面余额，借记“其他业务成本”科目，按其成本，贷记“投资性房地产——成本”科目，按其累计公允价值变动，贷记或借记“投资性房地产——公允价值变动”科目，同时，结转投资性房地产累计公允价值变动。若存在原转换日计入其他综合收益的金额，也一并结转。

【例4-17】 乙公司为一家房地产开发企业，2×20年3月10日，乙公司与悦兴公司签订了租赁协议，将其开发的一栋写字楼出租给乙公司使用，租赁期开始日为2×20年4月15日。2×20年4月15日，该写字楼的账面余额为45 000万元，公允价值为47 000万元。2×20年12月31日，该项投资性房地产的公允价值为48 000万元。2×21年6月租赁期届满，企业收回该项投资性房地产，以55 000万元出售，并收取增值税4 950万元，款项已全部收讫。乙公司采用公允价值模式计量，不考虑相关税费。乙公司应编制会计分录如下：

(1) 2×20年4月15日，存货转换为投资性房地产时：

借：投资性房地产——成本	470 000 000	
贷：开发产品		450 000 000
其他综合收益		20 000 000

(2) 2×20年12月31日，公允价值变动时：

借：投资性房地产——公允价值变动	10 000 000	
贷：公允价值变动损益		10 000 000

(3) 2×21年6月，出售投资性房地产时：

其一，确认出售收入。

借：银行存款　　599 500 000
　　贷：其他业务收入　　550 000 000
　　　　应交税费——应交增值税(销项税额)　　49 500 000

其二，结转出售成本。

借：其他业务成本　　480 000 000
　　贷：投资性房地产——成本　　470 000 000
　　　　　　　　　　——公允价值变动　　10 000 000

其三，结转投资性房地产累计公允价值变动。

借：公允价值变动损益　　10 000 000
　　贷：其他业务成本　　10 000 000

其四，结转原转换日计入其他综合收益的金额。

借：其他综合收益　　20 000 000
　　贷：其他业务成本　　20 000 000

第三节　固定资产

一、固定资产概述

(一) 固定资产的概念

固定资产是指同时具有下列特征的有形资产：①为生产商品、提供劳务、出租或经营管理而持有的；②使用寿命超过一个会计年度。

·理论点拨·

固定资产的特征

首先，企业持有固定资产的目的是用于生产商品、提供劳务、出租或经营管理，而不是直接用于出售。出租是指以经营租赁方式出租机器设备等。

其次，固定资产的使用寿命超过一个会计年度。该特征使固定资产明显区别于流动资产。使用寿命超过一个会计年度，意味着固定资产属于长期资产。固定资产的使用寿命是指企业使用固定资产的预计期间，或者该固定资产所能生产产品或提供劳务的数量。在通常情况下，固定资产的使用寿命是指使用固定资产的预计使用期间。某些机器设备或运输设备等固定资产的使用寿命，也可以以该固定资产所能生产产品或提供劳务的数量来表示，如发电设备可按其预计发电量估计使用寿命。

最后，固定资产必须是有形资产。该特征将固定资产与无形资产区别开来。有些无形资产可能具备固定资产的某些特征，如无形资产是为生产商品、提供劳务而持有的，使用寿命超过一个会计年度，但由于其没有实物形态，不属于固定资产。

【做中学·判断题】　某企业某工序上有甲、乙两台机床，其中甲机床型号较老，自乙机床投入使用后，一直未再使用且已不具备转让价值。乙机床是甲机床的替代品，目前

承担该工序的全部生产任务。因此，甲机床不应确认为企业的固定资产。　　（　　）

【答案】 √

【解析】 甲机床长期闲置不用且已无转让价值，不能给企业带来经济利益，因此，不能确认为企业的资产。

（二）固定资产的分类

根据不同的管理需要和核算要求以及不同的分类标准，企业可以对固定资产进行不同的分类。固定资产主要有以下几种分类方法。

1. 按经济用途分类

固定资产按经济用途不同，可分为生产经营用固定资产和非生产经营用固定资产。生产经营用固定资产是指直接服务于企业生产、经营过程的各种固定资产，如生产经营用的房屋、建筑物、机器、设备、器具、工具等。非生产经营用固定资产是指不直接服务于生产、经营过程的各种固定资产，如职工宿舍等使用的房屋、设备和其他固定资产等。

固定资产按经济用途分类，可以归类反映和监督企业生产经营用固定资产和非生产经营用固定资产之间，以及生产经营用各类固定资产之间的组成和变化情况，借以考核和分析企业固定资产的利用情况，促使企业合理地配置固定资产，充分发挥其效用。

2. 综合分类

按固定资产的经济用途和使用情况等综合分类，我们可把企业的固定资产划分为七大类：

（1）生产经营用固定资产。

（2）非生产经营用固定资产。

（3）租出固定资产（是指企业在经营租赁方式下出租给外单位使用的固定资产）。

（4）不需用固定资产。

（5）未使用固定资产。

（6）土地（是指过去已经估价单独入账的土地。因征地而支付的补偿费，应计入与土地有关的房屋、建筑物的价值，不单独作为土地价值入账。企业取得的土地使用权，应作为无形资产管理和核算，不作为固定资产管理和核算）。

（7）租入固定资产（指企业除短期租赁和低价值资产租赁租入的固定资产，该资产在租赁期内，应作为使用权资产进行核算与管理）。

由于企业的经营性质不同，经营规模各异，对固定资产的分类不可能完全一致。但在实际工作中，企业大多采用综合分类的方法作为编制固定资产目录、进行固定资产核算的依据。

·理论点拨·

①固定资产各组成部分具有不同使用寿命或者以不同方式为企业提供经济利益，适用不同折旧率或折旧方法的，应当分别将各组成部分确认为单项固定资产；②备品备件和维修设备通常确认为存货，但某些备品备件和维修设备需要与相关固定资产组合发挥效

用，如民用航空运输企业的高价周转件，应当确认为固定资产。

·小思考·

以经营租赁方式出租的设备（动产）和以经营租赁方式出租的房屋建筑物（不动产）是否都属于固定资产？

【做中学·多项选择题】 下列各项中，属于固定资产特征的有（　　）。

A. 为生产商品、提供劳务而持有

B. 使用寿命超过 1 个会计年度

C. 单位价值比较大

D. 为出租或经营管理持有

【答案】 ABD

【解析】 固定资产没有金额的限定，因此，单位价值较大不属于固定资产的特征。

（三）固定资产的管理要求

固定资产是企业生产经营管理过程中重要的劳动资料和物质基础，是固定资本的实物形态。企业应结合实际情况加强固定资产的监督管理，规范固定资产管理流程，明确固定资产的申请采购、验收、交付使用、处置报废等各环节的责、权、利，强化各有关部门及员工的职责、落实经管责任，保证固定资产会计核算资料的真实、准确、完整，防范固定资产更新改造不够、使用效能低下、维护不当、产能过剩可能导致的企业缺乏竞争力、资产价值贬损、安全事故频发或资源浪费等风险。具体要求主要如下：

（1）正确预测并确定固定资产的需要量和规模。

（2）严格划分资本性支出和收益性支出的界限。合理确认并准确计量固定资产的价值，坚持实质重于形式的原则，正确区分固定资产和在建工程。

（3）加强固定资产的日常管理。在日常管理过程中，企业应建立和健全固定资产的管理责任制度，严格固定资产的采购、验收、交付使用、出售和报废清理及定期清查盘点等手续制度，确保各项经办业务的各项原始凭证真实、准确、完整，提高固定资产的使用效率和效果。

（4）正确核算固定资产折旧和减值，及时准确计提固定资产折旧，需要计提固定资产减值的应准确合理识别固定资产减值迹象并按规定计提减值，确保固定资产的及时更新改造。

（四）核算固定资产的会计科目

为了反映和监督固定资产的取得、计提折旧和处置等情况，企业一般需要设置“固定资产”“累计折旧”“在建工程”“工程物资”“ 固定资产清理”等科目。

（1）“固定资产”科目核算企业固定资产的原价。其借方登记企业增加的固定资产原价，贷方登记企业减少的固定资产原价，期末借方余额反映企业期末固定资产的账面原价。企业应当设置固定资产登记簿和固定资产卡片，按固定资产类别、使用部门和每项固定资产进行明细核算。

(2)“累计折旧”科目属于“固定资产”的调整科目，核算企业固定资产的累计折旧。其贷方登记企业计提的固定资产折旧，借方登记处置固定资产转出的累计折旧，期末贷方余额反映企业固定资产的累计折旧额。

(3)“在建工程”科目核算企业基建、更新改造等在建工程发生的支出。其借方登记企业各项在建工程的实际支出，贷方登记完工工程转出的成本，期末借方余额反映企业尚未达到预定可使用状态的在建工程的成本。

(4)“工程物资”科目核算企业为在建工程而准备的各种物资的实际成本。其借方登记企业购入工程物资的成本，贷方登记领用工程物资的成本，期末借方余额反映企业为在建工程准备的各种物资的成本。

(5)“固定资产清理”科目核算企业因出售、报废、毁损、对外投资、非货币性资产交换、债务重组等原因转入清理的固定资产价值以及在清理过程中发生的清理费用和清理收益。该科目借方登记转出的固定资产账面价值、清理过程中应支付的相关税费及其他费用，贷方登记出售固定资产取得的价款、残料价值和变价收入。期末借方余额反映企业尚未清理完毕的固定资产清理净损失；期末如为贷方余额，则反映企业尚未清理完毕的固定资产清理净收益。固定资产清理完成，其借方登记转出的清理净收益，贷方登记转出的清理净损失，清理净损益结转后，“固定资产清理”科目无余额。企业应当按照被清理的固定资产项目进行明细核算。

此外，企业固定资产、在建工程、工程物资发生减值的，还应当设置“固定资产减值准备”“在建工程减值准备”“工程物资减值准备”等科目进行核算。

二、固定资产的初始计量

·理论点拨·

固定资产应当按照成本进行初始计量。固定资产的成本是指企业购建某项固定资产达到预定可使用状态前所发生的一切合理、必要的支出。这些支出包括直接发生的价款、相关税费、运杂费、包装费和安装成本等，也包括间接发生的，如应承担的借款利息、外币借款折算差额以及应分摊的其他间接费用。企业取得固定资产的方式一般包括购买、自行建造等，取得方式不同，初始计量的方法也各不相同。

(一) 外购固定资产

企业外购的固定资产，应按实际支付的购买价款、相关税费、使固定资产达到预定可使用状态前所发生的可归属于该项资产的运输费、装卸费、安装费和专业人员服务费等，作为固定资产的取得成本。其中，相关税费不包括按照现行增值税制度规定，可以从销项税额中抵扣的增值税进项税额。

企业作为一般纳税人，购入不需要安装的固定资产时，应按支付的购买价款、使固定资产达到预定可使用状态前所发生的可归属于该项资产的运输费、装卸费和专业人员服务费等，作为固定资产成本，借记“固定资产”科目，取得增值税专用发票、海关完税证明或公路发票等增值税扣税凭证，并经税务机关认证可以抵扣的，应按专用发票上注明的增值税进项税额，借记“应交税费——应交增值税（进项税额）”科目，贷记“银行存款”“应付账款”等科目。

【做中学·多项选择题】 下列税费中，应计入企业固定资产价值的有（　　）。

A. 房产税　　B. 耕地占用税　　C. 车辆购置税　　D. 契税

【答案】 BCD

【解析】 固定资产的入账价值中，包括企业为取得固定资产而交纳的契税、耕地占用税、车辆购置税等相关税费。

【例 4-18】 悦兴公司为增值税一般纳税人。2×21 年 5 月 10 日，悦兴公司购入一台不需要安装即可投入使用的设备，取得的增值税专用发票上注明的价款为 60 000 元，增值税额为 7 800 元，另支付包装费并取得增值税专用发票，注明包装费为 1 400 元，增值税额为 84 元，款项以银行存款支付。悦兴公司应编制会计分录如下：

固定资产成本＝买价＋包装费＝60 000＋1 400＝61 400（元）

借：固定资产　　61 400

　　应交税费——应交增值税（进项税额）　　7 884

　　贷：银行存款　　69 284

企业作为一般纳税人，购入需要安装的固定资产时，应在购入的固定资产取得成本的基础上加上安装调试成本作为入账成本。按照购入需安装的固定资产的取得成本，借记“在建工程”科目，按购入固定资产时可抵扣的增值税进项税额，借记“应交税费——应交增值税（进项税额）”科目，贷记“银行存款”“应付账款”等科目；按照发生的安装调试成本，借记“在建工程”科目，按取得的外部单位提供的增值税专用发票上注明的增值税进项税额，借记“应交税费——应交增值税（进项税额）”科目，贷记“银行存款”等科目；耗用了本单位的材料或人工的，按应承担的成本金额，借记“在建工程”科目，贷记“原材料”“应付职工薪酬”等科目。固定资产安装完成达到预定可使用状态时，由“在建工程”科目转入“固定资产”科目，借记“固定资产”科目，贷记“在建工程”科目。

【例 4-19】 悦兴公司为增值税一般纳税人。2×21 年 5 月 15 日，悦兴公司用银行存款购入一台需要安装的设备，取得的增值税专用发票上注明的价款为 400 000 元，增值税额为 52 000 元，支付安装费并取得增值税专用发票，注明安装费为 80 000 元，增值税额为 7 200 元。悦兴公司应编制会计分录如下：

（1）购入进行安装时：

借：在建工程　　400 000

　　应交税费——应交增值税（进项税额）　　52 000

　　贷：银行存款　　452 000

（2）支付安装费时：

借：在建工程　　80 000

　　应交税费——应交增值税（进项税额）　　7 200

　　贷：银行存款　　87 200

（3）设备安装完毕交付使用时：

该设备的成本＝400 000＋80 000＝480 000（元）

借：固定资产　　480 000

　　贷：在建工程　　480 000

【做中学·单项选择题】 2×21年12月1日，甲公司购入一台需要安装的生产设备，取得的增值税专用发票上注明的价款为10 000元，增值税额为1 300元，安装中领用生产用材料，实际成本为2 000元，领用自产库存商品，实际成本为1 800元，售价为2 500元，安装完毕达到预定可使用状态。不考虑其他因素，甲公司2×21年12月1日购入的固定资产的入账价值为(　　)元。

A. 15 685　　B. 16 385　　C. 14 385　　D. 13 800

【答案】 D

【解析】 固定资产入账价值＝10 000＋2 000＋1 800＝13 800(元)。

【例4-20】 2×21年6月1日，甲公司(为增值税一般纳税人)购入一幢商业大楼(不动产)作为生产车间并交付使用，取得的增值税专用发票上注明的价款为40 000万元，增值税额为5 200万元，款项以银行存款支付。2×21年6月1日，购入固定资产时，甲公司应编制会计分录如下：

借：固定资产　　400 000 000

　　应交税费——应交增值税(进项税额)　　52 000 000

　　贷：银行存款　　452 000 000

企业以一笔款项购入多项没有单独标价的固定资产，应将各项资产单独确认为固定资产，并按各项固定资产公允价值的比例对总成本进行分配，分别确定各项固定资产的成本。

【例4-21】 2×21年7月1日，悦兴公司向安盛公司(均为增值税一般纳税人)一次购进了3台不同型号且具有不同生产能力的设备A、设备B、设备C，取得的增值税专用发票上注明的价款为100 000 000元，增值税额为13 000 000元，另支付包装费750 000元和增值税额45 000元，全部以银行存款转账支付。假设设备A、设备B、设备C的公允价值分别为45 000 000元、38 500 000元和16 500 000元。悦兴公司应编制会计分录如下：

(1) 确定应计入固定资产成本的金额，包括购买价款、包装费：

应计入固定资产的成本＝100 000 000＋750 000＝100 750 000(元)

(2) 确定设备A、设备B、设备C的价值分配比例：

$$\text{设备A应分配的固定资产价值比例}=\frac{45\ 000\ 000}{45\ 000\ 000+38\ 500\ 000+16\ 500\ 000}\times100\%=45\%$$

$$\text{设备B应分配的固定资产价值比例}=\frac{38\ 500\ 000}{45\ 000\ 000+38\ 500\ 000+1\ 650\ 000}\times100\%=38.5\%$$

$$\text{设备C应分配的固定资产价值比例}=\frac{16\ 500\ 000}{45\ 000\ 000+38\ 500\ 000+16\ 500\ 000}\times100\%=16.5\%$$

(3) 确定设备A、设备B、设备C各自的成本：

设备A的成本＝100 750 000×45%＝45 337 500(元)

设备B的成本＝100 750 000×38.5%＝38 788 750(元)

设备C的成本＝100 750 000×16.5%＝16 623 750(元)

(4) 悦兴公司应编制会计分录如下：

借：固定资产——A设备　　45 337 500

——B设备　　38 788 750

——C设备　　16 623 750

应交税费——应交增值税(进项税额)　　13 045 000

贷：银行存款　　113 795 000

【例4-22】 甲公司为小规模纳税人，2×21年5月10日，用银行存款购入一台需要安装的设备，增值税专用发票上注明的价款为200 000元，增值税额为26 000元，支付安装费40 000元和增值税额3 600元。甲公司应编制会计分录如下：

购入进行安装时：

(1) 借：在建工程　　226 000

贷：银行存款　　226 000

(2) 支付安装费时：

借：在建工程　　43 600

贷：银行存款　　43 600

(3) 设备安装完毕交付使用时：

该设备的成本＝226 000＋43 600＝269 600(元)

借：固定资产　　269 600

贷：在建工程　　269 600

【做中学·单项选择题】 甲公司和乙公司为增值税一般纳税人。2×19年6月1日，甲公司为降低采购成本，向乙公司一次购进了3套不同型号且有不同生产能力的设备X、设备Y和设备Z，取得增值税专用发票上注明的价款为880 000元，增值税额为114 400元，另支付包装费20 000元和增值税额1 200元，全部款项以银行存款转账支付。设备X在安装过程中领用生产用原材料账面成本为20 000元，支付安装费30 000元。假定设备X、设备Y和设备Z分别满足固定资产的定义及其确认条件，公允价值分别为300 000元、250 000元、450 000元。不考虑其他因素，2019年6月1日，甲公司购入设备X的入账价值为(　　)元。

微课：外购固定资产的核算

A. 320 000　　B. 324 590

C. 350 000　　D. 327 990

【答案】 A

【解析】 应计入固定资产的总成本＝880 000＋20 000＝900 000(元)；确定设备X应分配的固定资产价值比例＝300 000÷(300 000＋250 000＋450 000)×100%＝30%；设备X的成本＝900 000×30%＋20 000＋30 000＝320 000(元)。

(二) 自行建造固定资产

企业自行建造固定资产，应当按照建造该项资产达到预定可使用状态前所发生的必要支出，作为固定资产的成本。

·理论点拨·

企业自行建造固定资产，应先通过“在建工程”科目核算，工程达到预定可使用状态时，再从“在建工程”科目转入“固定资产”科目。企业自行建造固定资产，主要有自营和出包两种方式，由于采用的建设方式不同，其会计处理也不同。

1. 自营工程

微课：建造固定资产的核算

自营工程是指企业自行组织工程物资采购、自行组织施工人员施工的建筑工程和安装工程。购入工程物资时，按已认证的增值税专用发票上注明的价款，借记“工程物资”科目，按增值税专用发票上注明的增值税进项税额，借记“应交税费——应交增值税（进项税额）”科目，按应实际支付或应付的金额，贷记“银行存款”“应付账款”等科目。领用工程物资时，借记“在建工程”科目，贷记“工程物资”科目。在建工程领用本企业原材料时，借记“在建工程”科目，贷记“原材料”等科目。在建工程领用本企业生产的商品时，借记“在建工程”科目，贷记“库存商品”科目。自营工程发生其他费用（如分配工程人员薪酬等）时，借记“在建工程”科目，贷记“银行存款”“应付职工薪酬”等科目。自营工程达到预定可使用状态时，按其成本，借记“固定资产”科目，贷记“在建工程”科目。

·小思考·

自营工程为非集体福利设施时，工程领用本企业购买的原材料进项税是否转出？工程领用本企业生产的商品增值税是否视同销售处理？

【例4-23】 悦兴公司为增值税一般纳税人，2×21年6月1日，自行建造厂房一幢，购入为工程准备的各种物资1 000 000元，增值税专用发票上注明的增值税额为130 000元，全部用于工程建设。悦兴公司领用本公司生产的水泥一批，实际成本为800 000元，应计工程人员工资200 000元，支付其他费用并取得增值税专用发票，注明安装费60 000元，增值税额5 400元。工程完工并达到预定可使用状态。悦兴公司应编制会计分录如下：

(1) 购入工程物资时：

借：工程物资	1 000 000	
应交税费——应交增值税（进项税额）	130 000	
贷：银行存款		1 130 000

(2) 工程领用工程物资时：

借：在建工程	1 000 000	
贷：工程物资		1 000 000

(3) 工程领用本企业生产的水泥时：

借：在建工程	800 000	
贷：库存商品		800 000

(4) 分配工程人员工资时：

借：在建工程　　　　　　　　　　　　　　　　200 000

　　贷：应付职工薪酬　　　　　　　　　　　　　　　200 000

(5) 支付工程发生的其他费用时：

借：在建工程　　　　　　　　　　　　　　　　60 000

　　应交税费——应交增值税(进项税额)　　　　　5 400

　　贷：银行存款　　　　　　　　　　　　　　　　65 400

(6) 工程完工转入固定资产时：

工程完工转入固定资产的成本＝1 000 000＋800 000＋200 000＋60 000＝2 060 000(元)

借：固定资产　　　　　　　　　　　　　　　2 060 000

　　贷：在建工程　　　　　　　　　　　　　　　2 060 000

【做中学·多项选择题】 下列与生产设备购建相关的支出项目中，构成增值税一般纳税人生产设备入账价值的有(　　)。

A. 支付的增值税

B. 自营在建工程达到预定可使用状态前发生的借款利息(符合资本化条件)

C. 进口设备的关税

D. 自营在建工程达到预定可使用状态后发生的借款利息

【答案】 BC

【解析】 购买生产设备支付的增值税可以抵扣，不应计入固定资产成本；支付的耕地占用税应计入在建工程，最终形成固定资产成本；进口物资的关税应计入进口物资的成本；自营在建工程达到预定可使用状态后发生的借款利息应计入财务费用。

2. 出包工程

出包工程是指企业通过招标方式将工程项目发包给建造承包商，由建造承包商组织施工的建筑工程和安装工程。企业采用出包方式进行的固定资产工程，其工程的具体支出主要由建造承包商核算，在这种方式下，"在建工程"科目主要是反映企业与建造承包商办理工程价款结算的情况，企业支付给建造承包商的工程价款作为工程成本，通过"在建工程"科目核算。

企业按合理估计的发包工程进度和合同规定向建造承包商结算进度款，并由对方开具增值税专用发票，按增值税专用发票上注明的价款，借记"在建工程"科目，按增值税专用发票上注明的增值税进项税额，借记"应交税费——应交增值税(进项税额)"科目，按实际支付的金额，贷记"银行存款"科目。工程达到预定可使用状态时，按其成本，借记"固定资产"科目，贷记"在建工程"科目。

【例 4-24】 悦兴公司为增值税一般纳税人，2×21 年 7 月 1 日，将一幢厂房的建造工程出包给丙公司(为增值税一般纳税人)。悦兴公司按合理估计的发包工程进度和合同规定向丙公司结算进度款并取得丙公司开具的增值税专用发票，注明工程款 1 200 000 元，增值税额 108 000 元。2×22 年 7 月 1 日，工程完工后，悦兴公司收到丙公司有关工程结算单据和增值税专用发票，补付工程款并取得丙公司开具的增值税专用发票，注明工程款 800 000 元，增值税额 72 000 元。工程完工并达到预定可使用状态。悦兴公司应编制会计分录如下：

(1) 向丙公司结算进度款时：

借：在建工程　　1 200 000

　　应交税费——应交增值税(进项税额)　　108 000

　　贷：银行存款　　1 308 000

(2) 补付工程款时：

借：在建工程　　800 000

　　应交税费——应交增值税(进项税额)　　72 000

　　贷：银行存款　　872 000

(3) 工程完工并达到预定可使用状态时：

借：固定资产　　2 000 000

　　贷：在建工程　　2 000 000

·理论点拨·

其他方式取得的固定资产核算如下：

接受固定资产投资的企业，在办理了固定资产移交手续之后，应按投资合同或协议约定的价值加上应支付的相关税费作为固定资产的入账价值，但合同或协议约定价值不公允的除外。

非货币性资产交换、债务重组等方式取得的固定资产的成本，应当按照《企业会计准则第7号——非货币性资产交换》《企业会计准则第12号——债务重组》的有关规定进行会计处理。本书不涉及非货币性资产交换、债务重组相关内容。

三、固定资产折旧

(一) 固定资产折旧概述

企业应当在固定资产的使用寿命内，按照确定的方法对应计折旧额进行系统分摊。其中，应计折旧额是指应当计提折旧的固定资产的原价扣除其预计净残值后的金额。已计提减值准备的固定资产，还应当扣除已计提的固定资产减值准备累计金额。

·理论点拨·

预计净残值是指假定固定资产预计使用寿命已满并处于使用寿命终了时的预期状态，企业目前从该项资产处置中获得的扣除预计处置费用后的金额。预计净残值预期能够在固定资产使用寿命终了后收回，计算折旧时应将其扣除。

企业应当根据固定资产的性质和使用情况，合理确定固定资产的使用寿命和预计净残值。固定资产的使用寿命、预计净残值一经确定，不得随意变更，但是符合《企业会计准则第4号——固定资产》规定的除外。上述事项在报经股东大会或董事会、经理(厂长)会议或类似机构批准后，作为计提折旧的依据，并按照法律、行政法规等的规定报送有关各方备案。

1. 折旧影响因素

(1) 固定资产原价,是指固定资产的成本。

(2) 预计净残值,是指假定固定资产预计使用寿命已满并处于使用寿命终了时的预期状态,企业目前从该项资产处置中获得的扣除预计处置费用后的金额。

(3) 固定资产减值准备,是指固定资产已计提的固定资产减值准备累计金额。

(4) 固定资产的使用寿命,是指企业使用固定资产的预计期间,或者该固定资产所能生产产品或提供劳务的数量。企业确定固定资产使用寿命时,应当考虑下列因素:该项资产预计生产能力或实物产量;该项资产预计有形损耗,如设备使用中发生磨损、房屋建筑物受到自然侵蚀等;该项资产预计无形损耗,如新技术的出现使现有的资产技术水平相对陈旧、市场需求变化使产品过时等;法律或者类似规定对该项资产使用的限制。

·理论点拨·

①每计提一次减值准备,固定资产后续期间都应按最新固定资产账面价值重新计算折旧;②固定资产账面净值=固定资产原值-累计折旧;③固定资产账面价值=固定资产原值-累计折旧-固定资产减值准备=固定资产账面净值-固定资产减值准备。

【做中学·单项选择题】 企业确定固定资产使用寿命时,不需要考虑的因素是(　　)。

A. 该项资产预计生产能力或实物产量

B. 该项资产预计有形损耗

C. 该项资产预计无形损耗

D. 该项资产预计净残值

【答案】 D

【解析】 企业确定固定资产使用寿命时,应当考虑下列因素:该项资产预计生产能力或实物产量;该项资产预计有形损耗,如设备使用中发生磨损、房屋建筑物受到自然侵蚀等;该项资产预计无形损耗,如新技术的出现使现有的资产技术水平相对陈旧、市场需求变化使产品过时等;法律或者类似规定对该项资产使用的限制。

2. 固定资产的折旧范围

除以下情况,企业应当对所有固定资产计提折旧:①已提足折旧仍继续使用的固定资产;②单独计价入账的土地。

在确定计提折旧的范围时,企业还应注意以下几点:

(1) 固定资产应当按月计提折旧,当月增加的固定资产,当月不计提折旧,从下月起计提折旧;当月减少的固定资产,当月仍计提折旧,从下月起不计提折旧。

(2) 固定资产提足折旧后,不论能否继续使用,均不再计提折旧;提前报废的固定资产,也不再补提折旧。所谓提足折旧,是指已经提足该项固定资产的应计折旧额。

(3) 已达到预定可使用状态但尚未办理竣工决算的固定资产,应当按照估计价值确定其成本,并计提折旧;待办理竣工决算后,再按实际成本调整原来的暂估价值,但不需要调整原已计提的折旧额。

·理论点拨·

折旧计提范围如表4-2所示。

表4-2 折旧计提范围

项目	空间范围	时间范围
折旧范围	除下列情况，企业应当对所有固定资产计提折旧： ① 已提足折旧仍继续使用的固定资产。 ② 单独计价入账的土地。 ③ 提前报废的固定资产。 ④ 处于更新改造过程停止使用的固定资产。 ⑤ 持有待售的固定资产	① 当月增加的固定资产，下月起计提折旧。 ② 当月减少的固定资产，当月仍计提折旧。 ③ 已达到预定可使用状态但尚未办理竣工决算的固定资产，应当按照估计价值确定其成本，并计提折旧；待办理竣工决算后，再按实际成本调整原来的暂估价值，但不需要调整原已计提的折旧额

3. 固定资产使用寿命、预计净残值和折旧方法的复核

企业至少应当于每年年度终了，对固定资产的使用寿命、预计净残值和折旧方法进行复核。使用寿命预计数与原先估计数有差异的，应当调整固定资产使用寿命。预计净残值预计数与原先估计数有差异的，应当调整预计净残值。与固定资产有关的经济利益预期实现方式有重大改变的，应当改变固定资产折旧方法。上述事项在报经股东大会或董事会、经理（厂长）会议或类似机构批准后，作为计提折旧的依据，并按照法律、行政法规等的规定报送有关各方备案。

固定资产使用寿命、预计净残值和折旧方法的改变应当作为会计估计变更进行会计处理。

（二）固定资产的折旧方法

企业应当根据与固定资产有关的经济利益的预期消耗方式，合理选择固定资产折旧方法。可选用的折旧方法包括年限平均法（又称直线法）、工作量法、双倍余额递减法和年数总和法等。

1. 年限平均法

采用年限平均法计提固定资产折旧，其特点是将固定资产的应计折旧额均衡地分摊到固定资产预计使用寿命内，采用这种方法计算的每期折旧额是相等的。

年限平均法的计算公式如下：

年折旧率＝(1－预计净残值率)÷预计使用寿命(年)×100%

月折旧率＝年折旧率÷12

月折旧额＝固定资产原价×月折旧率

【例4-25】 某公司有一幢厂房，原价为10 000 000元，预计可使用20年，预计报废时的净残值率为2%。该厂房的折旧率和折旧额的计算如下：

年折旧率＝(1－2%)÷20×100%＝4.9%

月折旧率＝4.9%÷12＝0.41%

月折旧额＝10 000 000×0.41%＝41 000(元)

·小思考·

某公司购入一项固定资产，原价为100万元，预计使用5年，预计净残值为0，采用年限平均法计提折旧。若第2年年末该资产的可收回金额为51万元，第3年的年折旧额为多少？

2. 工作量法

工作量法是指根据实际工作量计算固定资产折旧的一种方法。工作量法的基本计算公式如下：

单位工作量折旧额＝[固定资产原价×(1－预计净残值率)]÷预计总工作量

某项固定资产月折旧额＝该项固定资产当月工作量×单位工作量折旧额

【例4-26】 某企业的一辆运货卡车的原价为1 200 000元，预计总行驶里程为500 000千米，预计报废时的净残值率为5%，本月行驶4 000千米。

该辆汽车的月折旧额计算如下：

单位里程折旧额＝1 200 000×(1－5%)÷500 000＝2.28(元/千米)

本月折旧额＝4 000×2.28＝9 120(元)

3. 双倍余额递减法

双倍余额递减法是指在不考虑固定资产预计净残值的情况下，根据每期期初固定资产原价减去累计折旧后的金额和双倍的直线法折旧率计算固定资产折旧的一种方法。应用这种方法计算折旧额时，由于每年年初固定资产净值没有扣除预计净残值，所以在计算固定资产折旧额时，应在其折旧年限到期前2年内，将固定资产净值扣除预计净残值后的余额平均摊销。其计算公式如下：

微课：固定资产加速折旧法

年折旧率＝2÷预计使用寿命(年)×100%

月折旧率＝年折旧率÷12

月折旧额＝(固定资产原价－累计折旧)×月折旧率

·理论点拨·

需要注意的是，这里的折旧年度是指从固定资产开始计提折旧的月份开始计算的1个年度期间，如某公司3月取得某项固定资产，其第一个折旧年度为从4月至第二年3月的期间。

【例4-27】 某企业一项固定资产的原价为1 000 000元，预计使用年限为5年，预计净残值为4 000元。按双倍余额递减法计提折旧，每年的折旧额计算如下：

年折旧率＝2÷5×100%＝40%

第1年应计提的折旧额＝1 000 000×40%＝400 000(元)

第2年应计提的折旧额＝(1 000 000－400 000)×40%＝240 000(元)

第3年应计提的折旧额＝(1 000 000－400 000－240 000)×40%＝144 000(元)

从第4年起改用年限平均法(直线法)计提折旧：

最后 2 年的年折旧额＝[(1 000 000－400 000－240 000－144 000)－4 000]÷2
＝106 000(元)

各月折旧额应根据年折旧额除以 12 计算。

固定资产折旧计算(双倍余额递减法)如表 4-3 所示。

表 4-3　固定资产折旧计算表(双倍余额递减法)　金额单位:元

年数	账面净值＝原价－上年期末累计折旧额	账面净值－预计净残值	年折旧率	年摊销率	年折旧额＝年初账面净值×年折旧率	累计折旧＝年初累计折旧额＋本年折旧额
1	1 000 000	—	40%		400 000	400 000
2	1 000 000－400 000＝600 000	—	40%		240 000	640 000
3	1 000 000－640 000＝360 000	—	40%		144 000	784 000
4	1 000 000－784 000＝216 000	216 000－4 000＝212 000		50%	106 000	890 000
5	1 000 000－784 000＝216 000	216 000－4 000＝212 000		50%	106 000	996 000

在[例 4-27]中,在固定资产预计使用寿命到期前 2 年内,将固定资产账面净值 216 000 元扣除预计净残值 4 000 元后的余额 212 000 元在 2 年内进行平均摊销,每年 106 000 元。从表 4-3 可以看出,采用这种方法,在固定资产使用到期前的最后 2 年之前,固定资产的年折旧率保持不变,但随着时间的延长,固定资产的账面净值由于累计折旧不断增加,而呈现下降趋势。

【做中学·单项选择题】 某企业于 2×20 年 6 月购进设备一台,该设备的入账价值为 100 万元,预计净残值为 5.6 万元,预计可使用年限为 5 年。在采用双倍余额递减法计提折旧的情况下,该设备 2×21 年应计提折旧额为(　　)万元。

A. 24　　B. 32　　C. 20　　D. 8

【答案】 B

【解析】 第一个折旧年度是 2×20 年 7 月～2×21 年 6 月,折旧额＝100×40%＝40 万元;第二个折旧年度是 2×21 年 7 月～2×22 年 6 月,折旧额＝(100－40)×40%＝24(万元)。2×21 年应提折旧额＝40×1/2＋24×1/2＝32(万元)。

4. 年数总和法

年数总和法又称年限合计法,是指将固定资产的原价减去预计净残值后的余额,乘以一个以固定资产尚可使用寿命为分子、以预计使用寿命逐年数字之和为分母的逐年递减的分数计算固定资产折旧的一种方法。其计算公式如下:

$$年折旧率=\frac{尚可使用寿命}{预计使用寿命的年数总和}\times 100\%$$

$$月折旧率=年折旧率\div 12$$

$$月折旧额=(固定资产原价-预计净残值)\times 月折旧率$$

【例 4-28】 承[例 4-27],如果采用年数总和法,计算的固定资产各年折旧额如表 4-4 所示。

表 4-4　　　　固定资产折旧计算表(年数总和法)　　　　金额单位:元

年数	尚可使用年限	原值一预计净残值	变动折旧率	年折旧额	累计折旧
1	5	996 000	5/15	332 000	332 000
2	4	996 000	4/15	265 600	597 600
3	3	996 000	3/15	199 200	796 800
4	2	996 000	2/15	132 800	929 600
5	1	996 000	1/15	66 400	996 000

[例 4-28]采用了年数总和法计提固定资产折旧,从表 4-4 可以看出,在这种方法下,各年中固定资产的原价减去预计净残值的余额始终保持不变,一直在改变的是年折旧率,并且随着时间的延长,年折旧率呈现出下降的趋势。

【做中学·单项选择题】 2×20 年 12 月 15 日,某企业购入一台不需要安装的设备并投入使用。该设备入账价格为 200 万元,预计使用年限为 5 年,预计净残值率为 1%,采用年数总和法计提折旧。不考虑其他因素,该设备 2×21 年度应计提的折旧额为(　　)万元。

A. 5.28　　B. 66.67　　C. 66　　D. 80

【答案】 C

【解析】 本题考查年数总和法的计算,2×21 年度应计提的折旧额=200×(1-1%)×5÷(1+2+3+4+5)=66(万元)。

(三)固定资产折旧的账务处理

固定资产应当按月计提折旧,计提的折旧应当记入"累计折旧"科目,并根据固定资产的用途计入相关资产的成本或者当期损益。

企业自行建造固定资产过程中使用的固定资产,其计提的折旧应计入在建工程成本;基本生产车间所使用的固定资产,其计提的折旧应计入制造费用;管理部门所使用的固定资产,其计提的折旧应计入管理费用;销售部门所使用的固定资产,其计提的折旧应计入销售费用;经营租出的固定资产,其计提的折旧应计入其他业务成本。

企业计提固定资产折旧时,借记"在建工程""制造费用""管理费用""销售费用""其他业务成本"等科目,贷记"累计折旧"科目。

·小思考·

未使用固定资产的折旧记入哪个会计科目?

【例 4-29】 某企业 2×21 年 1 月份各生产车间及厂部管理部门应分配的折旧额为:一车间 3 000 000 元、二车间 4 800 000 元、三车间 6 000 000 元、管理部门 600 000 元、财务部门 400 000 元、经营租出固定资产折旧 200 000 元。该企业应编制会计分录如下:

借:制造费用——一车间	3 000 000
——二车间	4 800 000
——三车间	6 000 000

管理费用　　1 000 000
其他业务成本　　200 000
贷：累计折旧　　15 000 000

【例 4-30】 悦兴公司为增值税一般纳税人，2×21 年 3 月份，管理部门、销售部门应分配的固定资产折旧额为：管理部门房屋建筑物计提折旧 29 600 000 元，运输工具计提折旧 4 800 000 元；销售部门房屋建筑物计提折旧 6 400 000 元，运输工具计提折旧 5 260 000 元。当月，悦兴公司新购置管理用机器设备一台，成本为 5 400 000 元，预计使用寿命为 10 年，预计净残值为 4 000 元，同类设备计提折旧采用年限平均法。悦兴公司应编制会计分录如下：

借：管理费用　　34 400 000
销售费用　　11 660 000
贷：累计折旧　　46 060 000

在[例 4-30]中，新购置的机器设备本月不计提折旧，下月开始计提折旧。本月计提的折旧费用中，对管理部门使用的固定资产计提的折旧额，记入“管理费用”科目的借方，对销售部门使用的固定资产计提的折旧额，记入“销售费用”科目的借方。

四、固定资产的后续支出

固定资产的后续支出是指固定资产使用过程中发生的更新改造支出、修理费用等。企业的固定资产在投入使用后，为了适应新技术发展的需要，或者为维护或提高固定资产的使用效能，企业往往需要对现有固定资产进行维护、改建、扩建或者改良。

后续支出的处理原则为：符合固定资产确认条件的，应当计入固定资产成本，同时将被替换部分的账面价值扣除；不符合固定资产确认条件的，应当计入当期损益。

(一) 资本化后续支出

固定资产发生可资本化后续支出时，应当通过“在建工程”科目核算。固定资产发生可资本化的后续支出时，企业应将该固定资产的原价、已计提的累计折旧和减值准备转销，将固定资产的账面价值转入在建工程，借记“在建工程”“累计折旧”“固定资产减值准备”等科目，贷记“固定资产”科目。发生可资本化后续支出时，借记“在建工程”科目，发生后续支出取得增值税专用发票的，按增值税专用发票上注明的增值税进项税额，借记“应交税费——应交增值税(进项税额)”科目，按实际支付的金额，贷记“银行存款”等科目。发生后续支出的固定资产达到预定可使用状态时，借记“固定资产”科目，贷记“在建工程”科目。

【例 4-31】 A 航空公司为增值税一般纳税人，2×12 年 12 月份，购入一架飞机总计花费 80 000 000 元(含发动机)，发动机当时的购价为 5 000 000 元。A 航空公司未将发动机单独作为一项固定资产进行核算。2×21 年 6 月末，A 航空公司开辟新航线，航程增加。为延长飞机的空中飞行时间，该公司决定更换一台性能更为先进的发动机。该公司以银行存款购入新发动机一台，增值税专用发票上注明的购买价为 7 000 000 元，增值税额为 910 000 元；另支付安装费用并取得增值税专用发票，注明安装费为 100 000 元，增值税额为 9 000 元。假定飞机的年折旧率为 3%，不考虑预计净残值的影响，替换下的老发动机报废且无残值收入。A航空公司应编制会计分录如下：

(1) 将固定资产转入在建工程时：

2×21年6月末飞机的累计折旧金额＝80 000 000×3%×8.5＝20 400 000(元)

借：在建工程　　59 600 000
　　累计折旧　　20 400 000
　　贷：固定资产　　80 000 000

(2) 购入并安装新发动机时：

借：工程物资　　7 000 000
　　应交税费——应交增值税(进项税额)　　910 000
　　贷：银行存款　　7 910 000

借：在建工程　　7 000 000
　　贷：工程物资　　7 000 000

(3) 支付安装费用时：

借：在建工程　　100 000
　　应交税费——应交增值税(进项税额)　　9 000
　　贷：银行存款　　109 000

(4) 终止确认老发动机的账面价值时：

2×21年6月末老发动机的账面价值＝5 000 000－5 000 000×3%×8.5＝3 725 000(元)

借：营业外支出——非流动资产处置损失　　3 725 000
　　贷：在建工程　　3 725 000

(5) 新发动机安装完毕，投入使用时：

固定资产的入账价值＝59 600 000＋7 000 000＋100 000－3 725 000
　　　　　　　　　＝62 975 000(元)

借：固定资产　　62 975 000
　　贷：在建工程　　62 975 000

【做中学·单项选择题】 某企业对一条生产线进行改扩建，其原价为1 000万元，已计提折旧300万元，改扩建生产线发生相关支出800万元，满足固定资产确认条件，则改扩建后生产线的入账价值为(　　)万元。

A. 800　　B. 1 500　　C. 1 800　　D. 1 000

【答案】 B

【解析】 改扩建后固定资产的入账价值＝1 000－300＋800＝1 500(万元)。

(二) 费用化后续支出

企业行政管理部门的固定资产发生不可资本化后续支出，如固定资产日常修理费用及其可抵扣的增值税进项税额，应借记“管理费用”“应交税费——应交增值税(进项税额)”科目，贷记“银行存款”等科目；企业专设销售机构的固定资产发生不可资本化的后续支出，如固定资产日常修理费用及其可抵扣的增值税进项税额，应借记“销售费用”“应交税费——应交增值税(进项税额)”科目，贷记“银行存款”等科目。

【例 4-32】 悦兴公司为增值税一般纳税人，2×21 年 6 月 1 日，对销售部门使用的设备进行日常修理，发生维修费并取得增值税专用发票，注明修理费为 40 000 元，增值税额为 5 200 元。悦兴公司应编制会计分录如下：

借：销售费用	40 000	
应交税费——应交增值税(进项税额)	5 200	
贷：银行存款		45 200

在[例 4-32]中，悦兴公司对销售部门使用的设备进行日常修理发生的修理费不符合固定资产后续支出资本化的条件，应将其在发生时计入当期损益，记入“销售费用”科目的借方。

【例 4-33】 悦兴公司为增值税一般纳税人，2×21 年 8 月 1 日，自行对管理部门使用的设备进行日常修理，发生修理费并取得增值税专用发票，注明修理费为 10 000 元，增值税额为 1 300 元。悦兴公司应编制会计分录如下：

借：管理费用	10 000	
应交税费——应交增值税(进项税额)	1 300	
贷：银行存款		11 300

在[例 4-33]中，悦兴公司对管理部门使用的设备进行日常修理发生的修理费不符合固定资产后续资本化的条件，应将其在发生时计入当期损益，记入“管理费用”科目的借方。

【做中学·判断题】 企业管理部门发生的固定资产日常维修费，应作为制造费用核算计入产品成本。（　　）

【答案】 ×

【解析】 企业管理部门发生的固定资产日常维修费，应计入管理费用。

五、固定资产的处置

固定资产处置，即固定资产的终止确认，包括固定资产的出售、报废、毁损、对外投资、非货币性资产交换、债务重组等。

微课：固定资产处置的核算

企业在生产经营过程中，可能将不适用或不需用的固定资产对外出售转让，或因磨损、技术进步等原因对固定资产进行报废，或因遭受自然灾害而对毁损的固定资产进行处理。对于上述事项在进行会计处理时，应当按照规定程序办理有关手续，结转固定资产的账面价值，计算有关的清理收入、清理费用及残料价值等，清理完毕，结转固定资产清理损益。

·理论点拨·

固定资产满足下列条件之一的，应当予以终止确认：

(1) 该固定资产处于处置状态。处于处置状态的固定资产不再用于生产商品、提供劳务、出租或经营管理，因此，不再符合固定资产的定义，应予终止确认。

(2) 该固定资产预期通过使用或处置不能产生经济利益。固定资产的确认条件之一是“与该固定资产有关的经济利益很可能流入企业”，如果一项固定资产预期通过使用或处置不能产生经济利益，那么，它就不再符合固定资产的定义和确认条件，应予终止确认。

企业处置固定资产应通过“固定资产清理”科目核算。其核算通常包括以下环节。

（一）固定资产转入清理

企业因出售、报废、毁损、对外投资、非货币性资产交换、债务重组等转出的固定资产，按该项固定资产的账面价值，借记“固定资产清理”科目，按已计提的累计折旧，借记“累计折旧”科目，按已计提的减值准备，借记“固定资产减值准备”科目，按其账面原价，贷记“固定资产”科目。

（二）结算清理费用等

固定资产在清理过程中，应支付的清理费用及其可抵扣的增值税进项税额，借记“固定资产清理”“应交税费——应交增值税（进项税额）”科目，贷记“银行存款”等科目。

（三）收回出售固定资产的价款、残料处理等

收回出售固定资产的价款和税款，借记“银行存款”科目，按增值税专用发票上注明的价款，贷记“固定资产清理”科目，按增值税专用发票上注明的增值税销项税额，贷记“应交税费——应交增值税（销项税额）”科目。残料入库，按残料价值，借记“原材料”等科目，贷记“固定资产清理”科目。

（四）确认应收责任单位（或个人）赔偿损失

应由保险公司或过失人赔偿的损失，借记“其他应收款”等科目，贷记“固定资产清理”科目。

（五）结转清理净损益

固定资产清理完成后，对清理净损益，企业应区分不同情况进行账务处理：

(1) 因固定资产已丧失使用功能或因自然灾害发生毁损等原因而报废清理产生的利得或损失应计入营业外收支。属于生产经营期间报废清理产生的处理净损失，借记“营业外支出——非流动资产处置损失”（正常原因）或“营业外支出——非常损失”（非正常原因）科目，贷记“固定资产清理”科目；如为净收益，借记“固定资产清理”科目，贷记“营业外收入——非流动资产处置利得”科目。

(2) 因出售、转让等原因产生的固定资产处置利得或损失应计入资产处置收益。确认处置净损失时，借记“资产处置损益”科目，贷记“固定资产清理”科目；如为净收益，借记“固定资产清理”科目，贷记“资产处置损益”科目。

【例 4-34】 悦兴公司为增值税一般纳税人，2×21 年 12 月 31 日，出售一座建筑物（系 2×17 年 6 月 1 日自建完工），原价（成本）为 4 000 000 元，已计提折旧 3 000 000 元，未计提减值准备。实际出售价格为 2 400 000 元，增值税额为 216 000 元，款项已存入银行。悦兴公司应编制会计分录如下：

将出售固定资产转入清理时：

借：固定资产清理	1 000 000	
累计折旧	3 000 000	
贷：固定资产		4 000 000

收到出售固定资产的价款和税款时：

借：银行存款　　2 616 000

　　贷：固定资产清理　　2 400 000

　　　　应交税费——应交增值税(销项税额)　　216 000

结转出售固定资产实现的利得时：

借：固定资产清理　　1 400 000

　　贷：资产处置损益　　1 400 000

在[例 4-34]中，固定资产清理完毕时，“固定资产清理”科目为贷方余额 1 400 000 元(2 400 000－1 000 000)，属于处置净收益，应结转至“资产处置损益”科目的贷方，结转后“固定资产清理”科目无余额。

【做中学·判断题】 企业因经营业务调整出售固定资产而发生的处置净损失，应记入“营业外支出”科目。（　）

【答案】 ×

【解析】 企业出售固定资产的净损失，应记入“资产处置损益”科目。

【例 4-35】 盛安公司为增值税一般纳税人，现有一台设备由于性能等原因决定提前报废，原价为 1 000 000 元，已计提折旧 900 000 元，未计提减值准备。取得报废残值变价收入 40 000 元，增值税额为 5 200 元。该公司在报废清理该设备过程中发生自行清理费用 7 000 元。有关收入、支出均通过银行办理结算。盛安公司应编制会计分录如下：

将报废固定资产转入清理时：

借：固定资产清理　　100 000

　　累计折旧　　900 000

　　贷：固定资产　　1 000 000

收回残料变价收入时：

借：银行存款　　45 200

　　贷：固定资产清理　　40 000

　　　　应交税费——应交增值税(销项税额)　　5 200

支付清理费用时：

借：固定资产清理　　7 000

　　贷：银行存款　　7 000

结转报废固定资产发生的净损失时：

借：营业外支出——非流动资产处置损失　　67 000

　　贷：固定资产清理　　67 000

在[例 4-35]中，固定资产清理完毕时，“固定资产清理”科目为借方余额 67 000 元(100 000－40 000＋7 000)，由于属于生产经营期间正常的处置净损失，应结转至“营业外支出——非流动资产处置损失”科目的借方，结转后“固定资产清理”科目无余额。

【例 4-36】 盛达公司为增值税一般纳税人，因遭受台风袭击毁损一座仓库，该仓库原价为 8 000 000 元，已计提折旧 2 000 000 元，未计提减值准备。其残料估计价值为 100 000 元，残料已办理入库。发生清理费用并取得增值税专用发票，注明的装卸费为

40 000 元，增值税额为 2 400 元，全部款项以银行存款支付。收到保险公司理赔款 3 000 000 元，存入银行。假定不考虑其他相关税费，盛达公司应编制会计分录如下：

将毁损的仓库转入清理时：

借：固定资产清理	6 000 000	
累计折旧	2 000 000	
贷：固定资产		8 000 000

残料入库时：

借：原材料	100 000	
贷：固定资产清理		100 000

支付清理费用时：

借：固定资产清理	40 000	
应交税费——应交增值税(进项税额)	2 400	
贷：银行存款		42 400

确认并收到保险公司理赔款项时：

借：其他应收款	3 000 000	
贷：固定资产清理		3 000 000
借：银行存款	3 000 000	
贷：其他应收款		3 000 000

结转毁损固定资产损失时：

借：营业外支出——非常损失	2 940 000	
贷：固定资产清理		2 940 000

在[例 4-36]中，固定资产清理完毕时，“固定资产清理”科目为借方余额 2 940 000 元(6 000 000－100 000＋40 000－ 3 000 000)，由于属于自然灾害等非正常原因造成的清理净损失，应结转至“营业外支出——非常损失”科目的借方，结转后“固定资产清理”科目无余额。

【做中学·多项选择题】 某公司出售专用设备一台，取得增值税专用发票上注明价款为 30 万元，增值税额为 3.9 万元，发生不含税清理费用 5 万元，清理费用增值税额为 0.45 万元，该设备的账面价值为 22 万元，不考虑其他因素。下列有关此项交易净损益会计处理结果的表述中，正确的有(　　)。

A. 贷记“营业外收入”科目 3 万元

B. 影响营业利润 3 万元

C. 贷记“资产处置损益”科目 6.9 万元

D. 贷记“资产处置损益”科目 3 万元

【答案】 BD

【解析】 记入“资产处置损益”科目贷方的金额＝30－(22＋5)＝3(万元)。

六、固定资产清查

为保证固定资产核算的真实性，充分挖掘企业现有固定资产的潜力，企业应当定期

微课：固定资产清查盘点的核算

或者至少于每年年末对固定资产进行清查盘点。在固定资产清查过程中，如果发现盘盈或盘亏的固定资产，企业应当填制固定资产盘盈盘亏报告表，及时查明原因，并按照规定程序报批处理。

(一) 固定资产的盘盈

企业在财产清查中盘盈的固定资产，根据《企业会计准则第28号——会计政策、会计估计变更和差错更正》的规定，应当作为重要的前期差错进行会计处理。企业在财产清查中盘盈的固定资产，在按管理权限报经批准处理前，应先通过"以前年度损益调整"科目核算。

盘盈的固定资产，应按重置成本确定其入账价值，借记"固定资产"科目，贷记"以前年度损益调整"科目；由于以前年度损益调整而增加的所得税费用，借记"以前年度损益调整"科目，贷记"应交税费——应交所得税"科目；将以前年度损益调整科目余额转入留存收益时，借记"以前年度损益调整"科目，贷记"盈余公积""利润分配——未分配利润"科目。

·小思考·

除了盘盈的固定资产按照重置成本入账，还有哪些资产按照重置成本核算？

【例4-37】 盛世公司为增值税一般纳税人，2×21年1月5日在财产清查过程中发现，2×19年12月购入的一台设备尚未入账，重置成本为60 000元。假定盛世公司按净利润的10%提取法定盈余公积，不考虑相关税费及其他因素的影响。盛世公司应编制会计分录如下：

(1) 盘盈固定资产时：

借：固定资产	60 000	
贷：以前年度损益调整		60 000

(2) 结转为留存收益时：

借：以前年度损益调整	60 000	
贷：盈余公积——法定盈余公积		6 000
利润分配——未分配利润		54 000

在[例4-37]中，盘盈固定资产应作为重要的前期差错进行会计处理，通过"以前年度损益调整"科目进行核算。

(二) 固定资产的盘亏

企业在财产清查中盘亏的固定资产，按照盘亏固定资产的账面价值，借记"待处理财产损溢"科目，按照已计提的累计折旧，借记"累计折旧"科目，按照已计提的减值准备，借记"固定资产减值准备"科目，按照固定资产的原价，贷记"固定资产"科目。

企业按照管理权限报经批准后处理时，按照可收回的保险赔偿或过失人赔偿，借记"其他应收款"科目，按照应计入营业外支出的金额，借记"营业外支出——盘亏损失"科目，贷记"待处理财产损溢"科目。

【例4-38】 悦兴公司为增值税一般纳税人，2×21年12月31日进行财产清查时，发现短缺一台笔记本电脑，原价为 15 000 元，已计提折旧 10 500 元，购入时增值税额为 1 950 元。悦兴公司应编制会计分录如下：

(1) 盘亏固定资产时：

借：待处理财产损溢　　4 500

　　累计折旧　　10 500

　　贷：固定资产　　15 000

(2) 转出不可抵扣的进项税额时：

进项税额转出＝(15 000－10 500)×13%＝585(元)

借：待处理财产损溢　　585

　　贷：应交税费——应交增值税(进项税额转出)　　585

(3) 报经批准转销时：

借：营业外支出——盘亏损失　　5 085

　　贷：待处理财产损溢　　5 085

·小思考·

存货盘亏净损失结转时可能转入哪些会计科目？

·理论点拨·

根据现行增值税制度规定，购进货物及不动产发生非正常损失，其负担的进项税额不得抵扣，其中购进货物包括被确认为固定资产的货物。但是，如果盘亏的是固定资产，应按其账面净值(即固定资产原价－已计提折旧)乘以适用税率计算不可以抵扣的进项税额。据此，在[例 4-38]中，该笔记本电脑因盘亏，其购入时的增值税进项税额中不可从销项税额中抵扣的金额为 585 元，应借记“待处理财产损溢”科目，贷记“应交税费——应交增值税(进项税额转出)”科目，如表 4-5 所示。

表 4-5　库存现金、存货、固定资产盘点核算对比

项目	盘盈(现金称溢余)	盘亏(现金称短缺)
库存现金	借：库存现金 　贷：待处理财产损溢 借：待处理财产损溢 　贷：其他应付款 　　营业外收入(无法查明原因)	借：待处理财产损溢 　贷：库存现金 借：其他应收款 　管理费用(无法查明原因) 　贷：待处理财产损溢
存货	借：原材料等 　贷：待处理财产损溢 借：待处理财产损溢 　贷：管理费用	借：待处理财产损溢 　贷：原材料 　　应交税费——应交增值税(进项税额转出)(自然灾害不需转出) 借：原材料(收回残料) 　其他应收款(应收取有关人员或保险工资赔款) 　管理费用(管理不善) 　营业外支出(非常损失) 　贷：待处理财产损溢

（续表）

项目	盘盈（现金称溢余）	盘亏（现金称短缺）
固定资产	按前期差错处理： 借：固定资产（重置成本） 　　贷：以前年度损益调整 借：以前年度损益调整 　　贷：盈余公积 　　　　利润分配——未分配利润	借：待处理财产损溢 　　累计折旧 　　固定资产减值准备 　　贷：固定资产 借：营业外支出 　　贷：待处理财产损溢

七、固定资产减值

固定资产的初始入账价值为历史成本，由于固定资产使用年限较长，市场条件和经营环境的变化、科学技术的进步以及企业经营管理不善等因素，都可能导致固定资产创造未来经济利益的能力大大下降。因此，固定资产的真实价值有可能低于账面价值，在期末必须对固定资产减值损失进行确认。

固定资产在资产负债表日存在可能发生减值的迹象，其可收回金额低于账面价值的，企业应当将该固定资产的账面价值减记至可收回金额，减记的金额确认为减值损失，计入当期损益，借记“资产减值损失——固定资产减值损失”科目，同时，计提相应的资产减值准备，贷记“固定资产减值准备”科目。

需要强调的是，根据《企业会计准则第8号——资产减值》的规定，企业固定资产减值损失一经确认，在以后会计期间不得转回。

·理论点拨·

资产可收回金额的估计，应当根据其公允价值减去处置费用后的净额与资产预计未来现金流量的现值两者之间较高者确定。因此，企业要估计资产的可收回金额，通常需要同时估计该资产的公允价值减去处置费用后的净额和资产预计未来现金流量的现值。

【例4-39】 2×21年12月31日，盛世公司的某生产线存在可能发生减值的迹象。经计算，该机器的可收回金额合计为2 460 000元，账面价值为2 800 000元，以前年度未对该生产线计提过减值准备。由于该生产线的可收回金额为2 460 000元，账面价值为2 800 000元，可收回金额低于账面价值，应按两者之间的差额340 000元（2 800 000－2 460 000）计提固定资产减值准备。盛世公司应编制会计分录如下：

借：资产减值损失——固定资产减值损失　　340 000

　　贷：固定资产减值准备　　340 000

八、使用权资产的账务处理

（一）使用权资产的管理

使用权资产是指承租人可在租赁期内使用租赁资产的权利。租赁作为企业融资的一种方式，具有还款方式灵活、融资期限长等特点，对于期望尽快实现技术更新升级要求的企业，可以在一定程度上缓解其短期资金压力，在防范和化解资金链断裂风险等方面具有积极作用。但是,租赁承租人通常面临租赁负债本金和高利息压力,以及租赁资产所引进的技术和设备在技术的先进性等方面是否存在法律侵权等问题,进而引发技术风险、经营风险、自然灾害风险、政治政策风险、汇率风险等。因此,加强使用权资产核算与监督,防范并有效控制使用权资产风险,提高使用权资产使用效率,具有重要意义。

·理论点拨·

租赁定义及要素

租赁是指在一定期间内,出租人将资产的使用权让与承租人以获取对价的合同。

在合同开始日,企业应当评估合同是否为租赁或者包含租赁。如果合同一方让渡了在一定期间内控制一项或多项已识别资产使用的权利以换取对价,则该合同为租赁或者包含租赁。

一项合同被分类为租赁,必须要满足三要素:①存在一定期间(或已识别资产的使用量);②存在已识别资产;③资产供应方向客户转移对已识别资产使用权的控制。

(二) 使用权资产的账务处理

使用权资产的核算范围为核算承租人除采用简化处理的短期租赁和低价值资产租赁外的所有租赁业务取得的使用权资产。短期租赁是指在租赁期开始日,租赁期不超过12个月的租赁。包含购买选择权的租赁不属于短期租赁。低价值资产租赁是指单项租赁资产为全新资产时价值较低的租赁(如笔记本电脑、普通办公家具等单价不超过10 000元、台式电脑等单价不超过5 000元等)。原租赁不属于低价值资产租赁而承租人转租或预期转租租赁资产的不属于低价值租赁。低价值资产租赁的判定仅与资产的绝对价值有关,不受承租人规模、性质或其他情况影响。对于短期租赁和低价值资产租赁,承租人可以选择不确认使用权资产和租赁负债。承租人应当将短期租赁和低价值资产租赁的租赁付款额,在租赁期内各个期间按照直线法或其他系统合理的方法计入相关资产成本或当期损益(具体核算参见本书第三章出租包装物的核算)。

为了反映和监督使用权资产的取得、计提折旧和租赁期满处置等交易或者事项,企业应设置"使用权资产""租赁负债""使用权资产累计折旧""使用权资产减值准备"等科目进行核算。

"使用权资产"科目核算企业使用权资产的成本。其借方登记企业增加的使用权资产的成本,贷方登记企业减少的使用权资产的成本,期末借方余额,反映企业期末使用权资产的成本余额。企业应当设置使用权资产登记簿和使用权资产卡片,按使用权资产类别、使用部门和每项使用权资产进行明细核算。

"使用权资产累计折旧"科目属于"使用权资产"科目的调整科目,用来核算企业使用权资产的累计折旧。其贷方登记企业计提的使用权资产折旧,借方登记租赁合约到期日行使购买选择权转作固定资产的累计折旧,期末贷方余额,反映企业使用权资产的累计折旧额。

"租赁负债"科目核算租赁使用权资产形成尚未偿付的负债。其贷方登记租赁负债的增加额,借方登记租赁负债的减少额,贷方余额为尚未偿付的租赁负债额。该科目应设置"租赁负债——租赁付款额"和"租赁负债——未确认融资费用"科目进行明细分类核算。

在租赁期开始日，租赁负债应当按照租赁期开始日尚未支付的租赁付款额的现值进行初始计量，记入“租赁负债——租赁付款额”科目的贷方，按照记入“使用权资产”科目的使用权资产成本与记入“租赁负债——租赁付款额”科目的尚未支付租赁付款额现值的差额，记入“租赁负债——未确认融资费用”科目的借方。

租赁期开始日后，承租人应当采用成本模式对使用权资产进行后续核算。

1. 使用权资产的初始计量及账务处理

使用权资产应当按照成本进行初始计量。其成本包括：

(1) 租赁负债的初始计量金额。

·理论点拨·

租赁负债初始计量与租赁付款额

租赁负债应当按照租赁期开始日尚未支付的租赁付款额的现值进行初始计量。租赁付款额是指承租人向出租人支付的与在租赁期内使用租赁资产的权利相关的款项。

【做中学·业务题】 甲公司是一家知名零售商，从乙公司处租入已成熟开发的零售场所商铺开设一家商店。根据租赁合同，甲公司在正常工作时间内必须经营该商店，且甲公司不得将商店闲置或进行分租。合同中关于租赁付款额的条款为，如果甲公司开设的这家商店没有发生销售，则甲公司应付的年租金为 100 元；如果这家商店发生了任何销售，则甲公司应付的年租金为 100 万元。分析该租赁的实质付款额为多少？

【分析】 该租赁包含每年 100 万元的实质固定付款额。该金额不是取决于销售额的可变付款额。因为甲公司是一家知名零售商，根据租赁合同，甲公司应在正常工作时间内经营该商店，所以甲公司开设的这家商店不可能不发生销售。

(2) 在租赁期开始日或之前支付的租赁付款额，存在租赁激励的，扣除已享受的租赁激励相关金额。租赁激励是指出租人为达成租赁向承租人提供的优惠，包括出租人向承租人支付的与租赁有关的款项、出租人为承租人偿付或承担的成本等。

(3) 承租人发生的初始直接费用。初始直接费用是指为达成租赁所发生的增量成本。增量成本是指若企业不取得该租赁，则不会发生的成本。

(4) 承租人为拆卸及移除租赁资产、复原租赁资产所在场地或将租赁资产恢复至租赁条款约定状态预计将发生的成本。

【例 4-40】 悦兴公司与出租人乙公司签订了一份办公楼租赁合同，约定每年的租赁付款额为 50 000 元，于每年年末支付，不可撤销租赁期为 5 年。合同约定在第 5 年年末，悦兴公司有权选择以每年 50 000 元租金续租 5 年，也有权选择以 1 000 000 元的价格购买该办公楼。悦兴公司无法确定租赁内含利率，可以确定其增量借款利率为 5%。悦兴公司在租赁开始时选择续租 5 年，即实际租赁期为 10 年。不考虑税费等相关因素，悦兴公司的会计处理如下：

计算使用权资产和租赁负债：

租赁付款额＝50 000×10＝500 000(元)

使用权资产的成本＝租赁付款额的现值＝50 000×(P/A,5%,10)

＝50 000×7.72＝386 000(元)

其中，(P/A，5%，10)为年金现值系数(取两位小数为7.72)

未确认融资费用＝500 000－386 000＝114 000(元)

悦兴公司编制会计分录如下：

借：使用权资产　　386 000

　　租赁负债——未确认融资费用　　114 000

　　贷：租赁负债——租赁付款额　　500 000

【例4-41】 承[例4-40]，悦兴公司为获得该办公楼向前任租户支付款项15 000元，向促成此项租赁交易的房地产中介支付佣金5 000元。作为对悦兴公司的激励，乙公司同意补偿了5 000元佣金。

将初始费用20 000元(15 000＋5 000)计入使用权资产的初始成本时：

借：使用权资产　　20 000

　　贷：银行存款　　20 000

将收到的租赁激励从使用权资产入账价值中扣除时：

借：银行存款　　5 000

　　贷：使用权资产　　5 000

悦兴公司使用权资产的初始成本＝386 000＋20 000－5 000＝401 000(元)

2. 使用权资产后续账务处理

在租赁期开始日后，承租人应当采用成本模式对使用权资产进行后续计量。承租人应当参照固定资产有关折旧规定，对使用权资产计提折旧。承租人能够合理确定租赁期届满时取得租赁资产所有权的，应当在租赁资产剩余使用寿命内计提折旧。无法合理确定租赁期届满时能够取得租赁资产所有权的，应当在租赁期与租赁资产剩余使用寿命两者孰短的期间内计提折旧。承租人应当按照资产减值的规定，确定使用权资产是否发生减值，并对已识别的减值损失进行会计处理。

承租人应当按照固定的周期性利率计算租赁负债在租赁期内各期间的利息费用，并计入当期损益或相关资产成本。周期性利率是指承租人对租赁负债进行初始计量时所采用的折现率或租赁合同发生变更而修订后的折现率。周期性利率的确定原则为，在计算租赁付款额的现值时，承租人应当采用租赁内含利率作为折现率；无法确定租赁内含利率的，应当采用承租人增量借款利率作为折现率。租赁内含利率是指使出租人的租赁收款额的现值与未担保余值的现值之和等于租赁资产公允价值与出租人的初始直接费用之和的利率。承租人增量借款利率是指承租人在类似经济环境下为获得与使用权资产价值接近的资产，在类似期间以类似抵押条件借入资金须支付的利率。未担保余值是指租赁资产余值中，出租人无法保证能够实现或仅由与出租人有关的一方予以担保的部分。

【做中学·业务题】 承租人悦兴公司与出租人乙公司签订了一份车辆租赁合同，租赁期为5年。在租赁开始日，该车辆的公允价值为10万元，乙公司预计在租赁结束时其公允价值(即未担保余值)为1万元。租赁付款额为每年2.3万元，于年末支付。乙公司发生的初始直接费用为5 000元。

【解析】 乙公司计算租赁内含利率 r 应满足以下公式：

23 000×(P/A, r, 5)＋10 000×(P/F, r, 5)＝100 000＋5 000

用内插法计算得出的租赁内含利率为5.79%。

【例4-42】 承[例4-40],悦兴公司采用实际利率法计算各年的实际利息费用如表4-6所示,采用年限平均法对使用权资产计提折旧。

表4-6 **各年租赁负债计算表** 单位:元

年度	租赁负债年初金额	利息	租赁付款额	租赁负债年末金额
	①	②=①×5%	③	④=①+②-③
1	386 000	19 300	50 000	355 300
2	355 300	17 765	50 000	323 065
3	323 065	16 153	50 000	289 218
4	289 218	14 461	50 000	253 679
5	253 679	12 684	50 000	216 363
6	216 363	10 818	50 000	177 181
7	177 181	8 859	50 000	136 040
8	136 040	6 802	50 000	92 842
9	92 842	4 642	50 000	47 484
10	47 484	2 516	50 000	—

注:表中各年利息四舍五入取整数。第10年利息2 516元用50 000—47 484倒轧。

支付第1年年末的租金时,悦兴公司应编制会计分录如下:

借:租赁负债——租赁付款额　50 000

　贷:银行存款　50 000

借:财务费用(386 000×5%)　19 300

　贷:租赁负债——未确认融资费用　19 300

年折旧额=386 000÷10=38 600(元)

借:管理费用　38 600

　贷:使用权资产累计折旧　38 600

【例4-43】 承[例4-42],悦兴公司在第5年年末,支付当年租金后选择行使购买权。相关会计科目余额分别为:"使用权资产"科目借方余额386 000元,"使用权资产累计折旧"科目贷方余额193 000元(386 000÷10×5),"租赁负债——租赁付款额"科目贷方余额250 000元(50 000×5),"租赁负债——未确认融资费用"科目借方余额33 637元。悦兴公司应编制会计分录如下:

未确认融资费用借方余额=114 000—19 300—17 765—16 153—14 461—12 684
=33 637(元)

借:固定资产——办公楼　976 637

　使用权资产累计折旧　193 000

　租赁负债——租赁付款额　250 000

　贷:使用权资产　386 000

　　租赁负债——未确认融资费用　33 637

　　银行存款　1 000 000

第四节 生产性生物资产

一、生产性生物资产概述

生产性生物资产是指为产出农产品、提供劳务或出租等目的而持有的生物资产，包括经济林、薪炭林、产畜和役畜等。

·理论点拨·

生物资产是指有生命的动物和植物。生物资产分为消耗性生物资产、生产性生物资产和公益性生物资产。消耗性生物资产是指为出售而持有的、或在将来收获为农产品的生物资产，包括生长中的大田作物、蔬菜、用材林以及存栏待售的牲畜等。公益性生物资产是指以防护、环境保护为主要目的的生物资产，包括防风固沙林、水土保持林和水源涵养林等。

（一）生产性生物资产的计量

外购生产性生物资产的成本，包括购买价款、相关税费、运输费、保险费以及可直接归属于购买该资产的其他支出。

自行营造或繁殖的生产性生物资产的成本，应当按照下列规定确定：

（1）自行营造的林木类生产性生物资产的成本，包括达到预定生产经营目的前发生的造林费、抚育费、营林设施费、良种试验费、调查设计费和应分摊的间接费用等必要支出。

（2）自行繁殖的产畜和役畜的成本，包括达到预定生产经营目的（成龄）前发生的饲料费、人工费和应分摊的间接费用等必要支出。

达到预定生产经营目的是指生产性生物资产进入正常生产期，可以多年连续稳定产出农产品、提供劳务或出租。

因择伐、间伐或抚育更新性质采伐而补植林木类生物资产发生的后续支出，应当计入林木类生物资产的成本。

生物资产在郁闭或达到预定生产经营目的后发生的管护、饲养费用等后续支出，应当计入当期损益。

（二）主要会计科目的设置

为了反映和监督生产性生物资产的生产、耗费、产出等情况，企业需要设置"生产性生物资产""生产性生物资产累计折旧"等科目。

"生产性生物资产"科目核算企业（农、林、牧、渔业）持有的生产性生物资产的原价（成本）。其借方登记外购、自行营造的林木、自行繁殖产畜和役畜等增加的生产性生物资产成本，贷方登记出售、报废、毁损、对外投资等减少的生产性生物资产原价（成本），期末借方余额反映企业（农、林、牧、渔业）生产性生物资产的原价（成本）。该科目应按照"未成熟生产性生物资产"和"成熟生产性生物资产"，分别生物资产的种类、群别等进行明细核算。

"生产性生物资产累计折旧"科目核算企业（农、林、牧、渔业）成熟生产性生物资产的累计折旧。其贷方登记企业按月计提成熟生产性生物资产的折旧，借方登记处置生产性生物资产结转的生产性生物资产累计折旧，期末贷方余额反映企业成熟生产性生物资产的累计折旧额。该科目应按照生产性生物资产的种类、群别等进行明细核算。

二、生产性生物资产的账务处理

（一）生产性生物资产增加的账务处理

(1) 企业外购的生产性生物资产，按照购买价款和相关税费，借记"生产性生物资产"科目，贷记"银行存款"等科目，涉及按照税法规定可抵扣的增值税进项税额，借记"应交税费——应交增值税（进项税额）"科目。

(2) 自行营造的林木类生产性生物资产，按照达到预定生产经营目的前发生的造林费、抚育费、营林设施费、良种试验费、调查设计费和应分摊的间接费用等必要支出，借记"生产性生物资产"科目（未成熟生产性生物资产），贷记"原材料""银行存款""应付利息"等科目。

【例 4-44】 悦兴公司自 2×16 年年初开始自行营造 100 万平方米橡胶树，当年发生种苗费 169 000 元，平整土地和定植所需机器设备折旧费 55 500 元。自营造开始正常生产周期为 6 年，假定各年均匀发生抚育肥料及农药费 41 750 元、人工费 75 000 元、每年应分摊管护费用 402 500 元。假定不考虑相关税费等其他因素，悦兴公司应编制会计分录如下：

2×16 年，发生种苗费、平整土地等费用时：

借：生产性生物资产——未成熟生产性生物资产　　224 500
　贷：原材料——种苗　　169 000
　　　累计折旧　　55 500

2×16～2×21 年，每年发生抚育肥料及农药费、人工费、应分摊管护费用时：

借：生产性生物资产——未成熟生产性生物资产　　519 250
　贷：原材料——肥料及农药　　41 750
　　　应付职工薪酬　　75 000
　　　银行存款　　402 500

(3) 自行繁殖的产畜和役畜，达到预定生产经营目的前发生的饲料费、人工费和应分摊的间接费用等必要支出，借记"生产性生物资产"科目（未成熟生产性生物资产），贷记"原材料""银行存款""应付利息"等科目。

(4) 未成熟生产性生物资产达到预定生产经营目的时，按照其账面余额，借记"生产性生物资产"科目（成熟生产性生物资产），贷记"生产性生物资产"科目（未成熟生产性生物资产）。

【例 4-45】 承[例 4-44]，2×16～2×21 年，悦兴公司自行营造生产性生物资产达到预定生产经营目的。生产性生物资产成本总额为 3 340 000 元（224 500＋519 250×6）。悦兴公司应编制会计分录如下：

借：生产性生物资产——成熟生产性生物资产　　3 340 000
　贷：生产性生物资产——未成熟生产性生物资产　　3 340 000

(5) 育肥畜转为产畜或役畜,应当按照其账面余额,借记"生产性生物资产"科目,贷记"消耗性生物资产"科目。产畜或役畜淘汰转为育肥畜,应按照转群时其账面价值,借记"消耗性生物资产"科目,按照已计提的累计折旧,借记"生产性生物资产累计折旧"科目,按照其原价,贷记"生产性生物资产"科目。

(6) 择伐、间伐或抚育更新等生产性采伐而补植林木类生产性生物资产发生的后续支出,借记"生产性生物资产"科目(未成熟生产性生物资产),贷记"银行存款"等科目。生产性生物资产发生的管护、饲养费用等后续支出,借记"管理费用"科目,贷记"银行存款"等科目。

(二) 生产性生物资产折旧的账务处理

企业对达到预定生产经营目的的生产性生物资产,应当按期计提折旧,并根据用途分别计入相关资产的成本或当期损益。

企业应当根据生产性生物资产的性质、使用情况和有关经济利益的预期消耗方式,合理确定其使用寿命、预计净残值和折旧方法。可选用的折旧方法包括年限平均法、工作量法和产量法等。生产性生物资产的使用寿命、预计净残值和折旧方法一经确定不得随意变更。

企业确定生产性生物资产的使用寿命,应当考虑的因素包括:预计的产出能力或实物产量;预计的有形损耗,如产畜和役畜衰老、经济林老化等;预计的无形损耗,如因新品种的出现而使现有的生产性生物资产的产出能力和产出农产品的质量等方面相对下降、市场需求的变化使生产性生物资产产出的农产品相对过时等。

企业至少应当于每年年度终了对生产性生物资产的使用寿命、预计净残值和折旧方法进行复核。使用寿命或预计净残值的预期数与原先估计数有差异的,或者有关经济利益预期实现方式有重大改变的,应当作为会计估计变更,调整生产性生物资产的使用寿命或预计净残值或者改变折旧方法。

(三) 生产性生物资产减值的账务处理

企业至少应当于每年年度终了对生产性生物资产进行检查,有确凿证据表明由于遭受自然灾害、病虫害、动物疫病侵袭或市场需求变化等原因,使生产性生物资产的可收回金额低于其账面价值的,应当按照可收回金额低于账面价值的差额,计提生物资产减值准备,并计入当期损益。可收回金额应当按照资产减值的办法确定。生产性生物资产减值准备一经计提,不得转回。

·小思考·

消耗性生物资产和公益性生物资产是否计提减值?其减值是否可恢复?

(四) 生产性生物资产成本结转

生产性生物资产收获的农产品成本,按照产出或采收过程中发生的材料费、人工费和应分摊的间接费用等必要支出计算确定,并采用加权平均法、个别计价法、蓄积量比例法、轮伐期年限法等方法,将其账面价值结转为农产品成本。

(五) 生物资产后续计量的公允价值账务处理

根据规定,生物资产通常按照成本计量,但有确凿证据表明其公允价值能够持续可靠取得的除外。采用公允价值计量的生物资产,应当同时满足下列两个条件:

(1) 生物资产有活跃的交易市场。活跃的交易市场是指同时具有下列特征的市场:①市场内交易的对象具有同质性;②可以随时找到自愿交易的买方和卖方;③市场价格的信息是公开的。

(2) 能够从交易市场上取得同类或类似生物资产的市场价格及其他相关信息,从而对生物资产的公允价值作出合理估计。同类或类似是指生物资产的品种相同或类似、质量等级相同或类似、生长时间相同或类似、所处气候和地理环境相同或类似。

第五节　无形资产和长期待摊费用

一、无形资产

(一) 无形资产概述

1. 无形资产的概念和特征

无形资产是指企业拥有或者控制的没有实物形态的可辨认非货币性资产,通常包括专利权、非专利技术、商标权、著作权、特许权、土地使用权等。无形资产具有以下三个主要特征:

一是不具有实物形态。无形资产是不具有实物形态的非货币性资产,它不像固定资产、存货等资产,具有实物形态。

二是具有可辨认性。资产满足下列条件之一的,符合无形资产定义中的可辨认性标准:

(1) 能够从企业中分离或者划分出来,并能单独用于出售、转让、授予许可、租赁或者交换。在处置时不需要同时处置在同一获利活动中的其他资产,表明无形资产可辨认。或者在处置时需要与有关的合同一起用于出售转让等,视为无形资产可辨认。企业自创商誉及内部产生的品牌、报刊名等,无法与企业的整体资产分离而存在,不具有可辨认性,按现行会计准则规定不应确认为无形资产。

(2) 源自合同性权利或其他法定权利,无论这些权利是否可以从企业或其他权利和义务中转移或者分离。如一方通过与另一方签订特许权合同而获得特许使用权,通过法律程序申请获得商标权、专利权等。

商誉通常是与企业整体价值联系在一起的,无法与企业自身相分离而存在,不具有可辨认性,不属于本节所指无形资产。

三是属于非货币性长期资产。无形资产属于非货币性资产,且能够在多个会计期间为企业带来经济利益。无形资产的使用年限在1年以上,其价值将在各个受益期间逐渐摊销。

·小思考·

你学习过的资产中哪些属于货币性资产?

2. 无形资产的管理

无形资产是经济增长中的决定性因素。企业无形资产的规模和质量决定着创新型企业的技术水平、创新资源、创新能力和创新效率等核心竞争力和可持续发展能力,无形资产相对于有形资产在保持和增强企业持久经济利益流入中越来越重要。无形资产准确及时的确认与计量、提供高质量的无形资产会计核算资料和会计信息,可防范和化解企业无形资产权属不清、技术落后、缺乏核心技术、管理失当、存在重大技术安全隐患等导致的企业法律纠纷、缺乏可持续发展能力风险,并对引导创新决策、有效配置创新资源等方面具有重要意义和作用。

3. 无形资产的内容

(1) 专利权。专利权是指国家专利主管机关依法授予发明创造专利申请人对其发明创造在法定期限内所享有的专有权利,包括发明专利权、实用新型专利权和外观设计专利权。企业持有专利可以降低成本,或者提高产品质量,或者将其转让出去能获得转让收入。

企业从外单位购入的专利权,应按实际支付的价款作为专利权的成本。企业自行开发并按法律程序申请取得的专利权,应按照《企业会计准则第 6 号——无形资产》确定的金额作为成本。

(2) 非专利技术。非专利技术即专有技术,是指先进的、未公开的、未申请专利、可以带来经济效益的技术及诀窍。其主要内容包括:

一是工业专有技术,即在生产上已经采用,仅限于少数人知道,不享有专利权或发明权的生产、装配、修理、工艺或加工方法的技术知识。

二是商业(贸易)专有技术,即具有保密性质的市场情报、原材料价格情报以及用户、竞争对象的情况和有关知识。

三是管理专有技术,即生产组织的经营方式、管理方式、培训职工方法等保密知识。非专利技术并不是专利法的保护对象,专有技术所有人依靠自我保密的方式来维持其独占权,可以用于转让和投资。

企业的非专利技术,有些是自己开发研究的,有些是根据合同规定从外部购入的。如果是企业自己开发研究的,应将符合《企业会计准则第 6 号——无形资产》规定的开发支出资本化条件的,确认为无形资产。对于从外部购入的非专利技术,应将实际发生的支出予以资本化,作为无形资产入账。

(3) 商标权。商标是用来辨认特定的商品或劳务的标记。商标权是指专门在某类指定的商品或产品上使用特定的名称或图案的权利。《中华人民共和国商标法》明确规定,经商标局核准注册的商标为注册商标,商标注册人享有商标专用权,受法律的保护。

企业为宣传自创并已注册登记的商标而发生的相关费用,应在发生时直接计入当期损益。

企业如果购买他人的商标，一次性支出费用较大，可以将购入商标的价款、支付的手续费及有关费用确认为商标权的成本。

(4) 著作权。著作权又称版权，是指作者对其创作的文学、科学和艺术作品依法享有的某些特殊权利。著作权包括两方面的权利，即精神权利(人身权利)和经济权利(财产权利)。前者指作品署名、发表作品、确认作者身份、保护作品的完整性、修改已经发表的作品等各项权利，包括作品署名权、发表权、修改权和保护作品完整权；后者指以出版、表演、广播、展览、录制唱片、摄制影片等方式使用作品以及因授权他人使用作品而获得经济利益的权利。

(5) 土地使用权。土地使用权是指国家准许某一企业或单位在一定期间内对国有土地享有开发、利用、经营的权利。根据《中华人民共和国土地管理法》的规定，我国实行土地的社会主义公有制，即全民所有制和劳动群众集体所有制。任何单位和个人不得侵占、买卖或者以其他形式非法转让土地。土地使用权可以依法转让。企业取得土地使用权，应将取得时发生的支出资本化，作为土地使用权的成本，计入无形资产成本。

【做中学·判断题】 除了房地产企业的企业单独取得的土地使用权，应将取得时发生的支出资本化作为无形资产成本。 ( )

【答案】 √

(6) 特许权。特许权又称经营特许权、专营权，是指企业在某一地区经营或销售某种特定商品的权利或是一家企业接受另一家企业使用其商标、商号、技术秘密等的权利。前者一般是由政府机构授权，准许企业使用或在一定地区享有经营某种业务的特权，如水、电、邮电通信等专营权和烟草专卖权等；后者是指企业间依照签订的合同，有限期或无限期使用另一家企业的某些权利，如连锁店分店使用总店的名称等。

·小思考·

上述无形资产是否受到法律的保护？其是否有法定期限？

(二) 无形资产的账务处理

为了反映和监督无形资产的取得、摊销和处置等情况，企业应当设置"无形资产""累计摊销"等科目进行核算。

"无形资产"科目核算企业持有的无形资产成本。其借方登记取得无形资产的成本，贷方登记处置无形资产转出无形资产的账面余额，期末借方余额反映企业无形资产的成本。"无形资产"科目应当按照无形资产的项目设置明细科目进行核算。

"累计摊销"科目核算企业对使用寿命有限的无形资产计提的累计摊销，该科目属于"无形资产"的调整科目。"累计摊销"科目的贷方登记企业计提的无形资产摊销，借方登记处置无形资产转出无形资产的累计摊销，期末贷方余额反映企业无形资产的累计摊销额。

此外，企业无形资产发生减值的，还应当设置"无形资产减值准备"科目进行核算。

1. 取得无形资产

取得的无形资产应当按照成本进行初始计量，无形资产通常按照实际成本进行初始计量，即以取得无形资产并使之达到预定用途而发生的全部支出作为无形资产的成本。企业取得无形资产的主要方式有外购、自行研究开发等。不同的取得方式，其会计处理也有所不同。

1）外购无形资产

外购无形资产的成本包括购买价款、相关税费以及直接归属于使该项资产达到预定用途所发生的其他支出。其中，相关税费不包括按照现行增值税制度规定，可以从销项税额中抵扣的增值税进项税额。外购无形资产，取得增值税专用发票的，按注明的增值税进项税额，借记"应交税费——应交增值税（进项税额）"科目；取得增值税普通发票的，按照注明的价税合计金额作为无形资产的成本，其进项税额不可抵扣。

·理论点拨·

直接归属于使该项资产达到预定用途所发生的其他支出包括使无形资产达到预定用途所发生的专业服务费用、测试无形资产是否能够正常发挥作用的费用等，但不包括为引入新产品进行宣传发生的广告费、管理费用及其他间接费用，也不包括在无形资产已经达到预定用途以后发生的费用。

购买无形资产的价款超过正常信用条件延期支付，实质上具有融资性质的，无形资产的成本应以购买价款的现值为基础确定。实际支付的价款与购买价款的现值之间的差额作为未确认融资费用，并应在付款期内采用实际利率法进行摊销。其摊销金额除满足借款费用资本化条件应当计入无形资产成本外，均应当在信用期内确认为财务费用，计入当期损益。

【做中学·单项选择题】 某企业为增值税一般纳税人，购入一项专利，取得并经税务机关认证的增值税专用发票上注明的价款为120万元，增值税额为7.2万元。为宣传该专利权生产的产品，另外发生宣传费支出20万元。不考虑其他因素，该专利的入账价值为（　　）万元。

A. 127.2　　B. 147.2　　C. 120　　D. 140

【答案】 C

【解析】 发生的宣传费用支付应当计入销售费用，所以该专利的入账价值为120万元。

【例4-46】 甲公司为增值税一般纳税人，购入一项非专利技术，取得的增值税专用发票上注明的价款为1 800 000元，增值税额为108 000元，以银行存款支付。甲公司应编制会计分录如下：

借：无形资产——非专利技术	1 800 000	
应交税费——应交增值税（进项税额）	108 000	
贷：银行存款		1 908 000

·理论点拨·

土地使用权的处理

企业取得的土地使用权，通常应当按照取得时所支付的价款及相关税费之和确认为无形资产。但属于投资性房地产的土地使用权,应当按投资性房地产进行会计处理。土地使用权用于自行开发建造厂房等地上建筑物时,土地使用权的账面价值不与地上建筑物合并计算其成本,而仍作为无形资产进行核算,土地使用权与地上建筑物分别进行摊销和计提折旧。但下列情况除外:①房地产开发企业取得的土地使用权用于建造对外出售的房屋建筑物,相关的土地使用权应当计入所建造的房屋建筑物成本。②企业外购的房屋建筑物,实际支付的价款中包括土地使用权和建筑物的价值的,应当对实际支付的价款按照合理的方法(如公允价值相对比例)在土地使用权与地上建筑物之间进行分配;如果确实无法在土地使用权与地上建筑物之间进行合理分配的,应当全部作为固定资产,按照固定资产确认和计量的原则进行会计处理。

企业改变土地使用权的用途,将其用于赚取租金或资本增值时,应按账面价值将其转为投资性房地产。

2)自行研究开发无形资产

企业内部研究开发项目所发生的支出应区分研究阶段支出和开发阶段支出。

企业自行开发无形资产发生的研发支出,不满足资本化条件的,借记"研发支出——费用化支出"科目,满足资本化条件的,借记"研发支出——资本化支出"科目,贷记"原材料""银行存款""应付职工薪酬"等科目。自行研究开发无形资产发生的支出取得增值税专用发票可抵扣的进项税额,借记"应交税费——应交增值税(进项税额)"科目。

研究开发项目达到预定用途形成无形资产的,应当按照"研发支出——资本化支出"科目的余额,借记"无形资产"科目,贷记"研发支出——资本化支出"科目。期(月)末,应将"研发支出——费用化支出"科目归集的金额转入"管理费用"科目,借记"管理费用"科目,贷记"研发支出——费用化支出"科目。

企业如果无法可靠区分研究阶段的支出和开发阶段的支出,应将发生的研发支出全部费用化,计入当期损益,记入"管理费用"科目的借方。

微课:自行研发无形资产的核算

【例4-47】 悦兴公司自行研究开发一项技术,截至2×20年12月31日,发生研发支出合计4 000 000元,经测试,该项研发活动完成了研究阶段,从2×21年1月1日进入开发阶段。2×21年4～9月共发生开发支出600 000元,假定符合《企业会计准则第6号——无形资产》规定的开发支出资本化的条件,取得的增值税专用发票上注明的增值税额为78 000元。2×21年9月30日,该项研发活动结束,最终开发出一项非专利技术。悦兴公司应编制会计分录如下:

2×20年发生研发支出时:

借:研发支出——费用化支出　　4 000 000

　　贷:银行存款等　　4 000 000

2×20年12月31日,结转研究阶段的支出时:

借:管理费用　　4 000 000

　　贷:研发支出——费用化支出　　4 000 000

2×21年,确认符合资本化条件的开发支出时:

借：研发支出——资本化支出　　600 000
　　应交税费——应交增值税(进项税额)　　78 000
　　贷：银行存款等　　678 000
借：无形资产——非专利技术　　600 000
　　贷：研发支出——资本化支出　　600 000

在[例 4-47]中，2×20 年 12 月 31 日，悦兴公司应将“研发支出——费用化支出”科目归集的金额 4 000 000 元转入“管理费用”科目，借记“管理费用”科目，贷记“研发支出——费用化支出”科目。

【做中学·单项选择题】 甲公司自行研发非专利技术共发生支出 460 万元，其中，研究阶段共发生支出 160 万元；开发阶段发生支出 300 万元，符合资本化条件支出为 180 万元。不考虑其他因素，该研发活动应计入当期损益的金额为(　　)万元。

A. 340　　B. 160　　C. 280　　D. 180

【答案】 C

【解析】 应计入管理费用的金额＝160＋(300－180)＝280(万元)。

2. 摊销无形资产

企业应当于取得无形资产时分析判断其使用寿命。使用寿命有限的无形资产应进行摊销；使用寿命不确定的无形资产不应摊销。

·理论点拨·

无形资产使用寿命的确定

(1) 源自合同性权利或其他法定权利取得的无形资产，其使用寿命通常不应超过合同性权利或其他法定权利的期限。如企业以支付土地出让金方式取得一块土地 50 年的使用权，如果企业准备持续持有且在 50 年内没有计划出售，则该项土地使用权预期为企业带来未来经济利益的时间为 50 年。但如果企业使用资产的预期期限短于合同性权利或其他法定权利规定的期限的，则应当按照企业预期使用的期限来确定其使用寿命。如企业取得的某项实用新型专利权，法律规定的保护期限为 10 年，企业预计运用该项实用新型专利权所生产的产品在未来 6 年内会为企业带来经济利益，则该项专利权的预计使用寿命为 6 年。

如果合同性权利或其他法定权利能够在到期时因续约等延续，当有证据表明企业续约不需要付出重大成本时，续约期才能够包括在使用寿命的估计中。下列情况一般说明企业无须付出重大成本即可延续合同性权利或其他法定权利：有证据表明合同性权利或法定权利将被重新延续，如果在延续之前需要第三方同意，则还需有第三方将会同意的证据；有证据表明为获得重新延续所必需的所有条件将被满足，以及企业为延续持有无形资产所付出的成本与预期从重新延续中流入企业的未来经济利益相比不具有重要性。如果企业为延续无形资产持有期间而付出的成本与预期从重新延续中流入企业的未来经济利益相比具有重要性，则从本质上来看是企业获得了一项新的无形资产。

(2) 没有明确的合同或法律规定无形资产的使用寿命的，企业应当综合各方面因素判断，如聘请相关专家进行论证、与同行业的情况进行比较以及参考企业的历史经验等，来确定无形资产为企业带来未来经济利益的期限。

(3)企业经过上述努力仍确实无法合理确定无形资产为企业带来经济利益的期限的，才能将其作为使用寿命不确定的无形资产。比如，企业取得了一项在过去几年中市场份额领先的畅销产品的商标，该商标按照法律规定还有5年的使用寿命，但是在保护期届满时，企业可每10年以较低的手续费申请延期，同时有证据表明企业有能力申请延期。此外，有关的调查表明，根据产品生命周期、市场竞争等方面情况综合判断，该商标将在不确定的期间内为企业带来现金流量。综合各方面情况，该商标可视为使用寿命不确定的无形资产。又如，企业通过公开拍卖取得一项出租车运营许可，按照所在地的规定，以现有出租车运营许可权为限，不再授予新的运营许可权，而且在旧的出租车报废以后，有关的运营许可权可用于新的出租车。企业估计在有限的未来，将持续经营出租车行业。对于该运营许可权，其能为企业带来未来经济利益的期限从目前情况来看，无法可靠地估计，因而应将其视为使用寿命不确定的无形资产。

使用寿命有限的无形资产，其残值通常视为零。对于使用寿命有限的无形资产，企业应当按月进行摊销。自可供使用(即其达到预定用途)当月起开始摊销，处置当月不再摊销。无形资产摊销方法有年限平均法(即直线法)、生产总量法等。企业选择的无形资产摊销方法，应当反映与该项无形资产有关的经济利益的预期消耗方式。无法可靠确定预期实现方式的，应当采用年限平均法(直线法)摊销。

·理论点拨·

无形资产的应摊销额

微课：无形资产摊销的核算

使用寿命有限的无形资产，通常其残值视为零，但下列情况除外，①有第三方承诺在无形资产使用寿命结束时购买该无形资产；②可以根据活跃市场得到预计残值信息，并且该市场在无形资产使用寿命结束时很可能存在。无形资产的应摊销金额＝无形资产的成本－预计残值－已计提减值准备。

无形资产的摊销额一般应当计入当期损益。企业管理用的无形资产，其摊销金额计入管理费用；出租的无形资产，其摊销金额计入其他业务成本；某项无形资产包含的经济利益通过所生产的产品或其他资产实现的，其摊销金额应当计入相关资产成本。

企业对无形资产进行摊销时，借记“管理费用”“其他业务成本”“生产成本”“制造费用”等科目，贷记“累计摊销”科目。

【例4-48】 悦兴公司购买了一项管理用特许权，成本为9 600 000元，合同规定受益年限为10年，悦兴公司采用年限平均法进行摊销。每月摊销的会计分录如下：

每月应摊销额＝9 600 000÷10÷12＝80 000(元)

借：管理费用　　80 000

　贷：累计摊销　　80 000

【例4-49】 2×21年2月1日，悦兴公司将其自行开发完成的非专利技术出租给盛达公司，该非专利技术成本为7 200 000元，双方约定的租赁期限为10年，悦兴公司采用年限平均法按月进行摊销。每月摊销时，悦兴公司应作会计处理如下：

每月应摊销额＝7 200 000÷10÷12＝60 000(元)

借：其他业务成本　　60 000

　　贷：累计摊销　　60 000

在[例 4-49]中，该无形资产属于出租的无形资产，其摊销金额应记入“其他业务成本”科目的借方。

3. 出售和报废无形资产

企业出售无形资产，应当将取得的价款扣除该无形资产账面价值以及出售相关税费后的差额作为资产处置损益进行会计处理。

微课：无形资产处置和减值的核算

企业出售无形资产，应当按照实际收到或应收的金额等，借记“银行存款”“其他应收款”等科目，按照已计提的累计摊销，借记“累计摊销”科目，按照实际支付相关费用的可抵扣进项税额，借记“应交税费——应交增值税（进项税额）”科目，按照实际支付的相关费用，贷记“银行存款”等科目，按无形资产账面余额，贷记“无形资产”科目，按照开具的增值税专用发票上注明的增值税销项税额，贷记“应交税费——应交增值税（销项税额）”科目，按照其差额，贷记或借记“资产处置损益”科目。已计提减值准备的，还应同时结转减值准备，借记“无形资产减值准备”科目。

【例 4-50】 悦兴公司为增值税一般纳税人，将其购买的一项专利权转让给盛安公司，开具的增值税专用发票上注明的价款为 1 000 000 元，增值税额为 60 000 元，全部款项 1 060 000 元已存入银行。该专利权的成本为 1 200 000 元，已摊销 440 000 元。悦兴公司应编制会计分录如下：

借：银行存款　　1 060 000

　　累计摊销　　440 000

　　贷：无形资产　　1 200 000

　　　　应交税费——应交增值税（销项税额）　　60 000

　　　　资产处置损益　　240 000

在[例 4-50]中，在出售时，企业该项专利权的账面价值为 760 000 元（1 200 000－440 000），取得的出售价款为 1 000 000 元，企业出售该项专利权实现净损益为 240 000 元（1 000 000－760 000）。

如果无形资产预期不能为企业带来未来经济利益，例如，某项无形资产已被其他新技术所替代或超过法律保护期，该资产不再符合无形资产的定义，企业应将其报废并予以转销，其账面价值转入当期损益。

企业报废并转销无形资产时，应按已计提的累计摊销，借记“累计摊销”科目，按其账面余额，贷记“无形资产”科目，如果已计提减值准备的，还应同时结转减值准备，借记“无形资产减值准备”科目，按其差额，借记“营业外支出——处置非流动资产损失”科目。

【例 4-51】 2×21 年 12 月初，悦兴公司经批准将内部研发成功的 M 非专利技术替代现有的 N 专利技术，并将其予以转销。转销时，N 专利技术的成本为 4 000 000 元，已累计摊销 3 200 000 元，未计提减值准备，该专利技术的残值为 0。假定不考虑其他相关因素。悦兴公司应编制会计分录如下：

借：累计摊销　　3 200 000
　　营业外支出——非流动资产处置损失　　800 000
　　贷：无形资产——N专利技术　　4 000 000

·理论点拨·

无形资产出租的核算

企业让渡无形资产使用权并收取租金，在满足收入确认条件的情况下，确认相关出租无形资产取得租金收入时，借记"银行存款"等科目，贷记"其他业务收入"等科目；摊销租出无形资产的成本和发生与转让有关的各种税费支出时，借记"其他业务成本""税金及附加"等科目，贷记"累计摊销""应交税费"等科目。

4. 无形资产的减值

如果无形资产将来为企业创造的经济利益还不足以补偿无形资产成本（摊余成本），则说明无形资产发生了减值，具体表现为无形资产的账面价值超过了其可收回金额。

在资产负债表日，无形资产存在可能发生减值迹象，且其可收回金额低于账面价值的，企业应当将该无形资产的账面价值减记至可收回金额，减记的金额确认为减值损失，并计提相应的资产减值准备。企业按照应减记的金额，借记"资产减值损失——无形资产减值损失"科目，贷记"无形资产减值准备"科目。

需要强调的是，根据《企业会计准则第8号——资产减值》的规定，企业无形资产减值损失一经确认，在以后会计期间不得转回。

【例4-52】 2×21年12月31日，悦兴公司拥有某专利技术的账面价值为1 600 000元，剩余摊销年限为4年，经减值测试，该专利技术的可收回金额为1 500 000元。由于该专利技术可收回金额低于其账面价值，应按其差额100 000元（1 600 000－1 500 000）计提减值准备。悦兴公司应编制会计分录如下：

借：资产减值损失——无形资产减值损失　　100 000
　　贷：无形资产减值准备　　100 000

二、长期待摊费用

长期待摊费用是指企业已经发生但应由本期和以后各期负担的分摊期限在1年以上的各项费用，如以租赁方式租入的使用权资产发生的改良支出等。

为了反映长期待摊费用的发生、摊销情况，企业应设置"长期待摊费用"科目。该科目借方登记发生的长期待摊费用，贷方登记摊销的长期待摊费用，期末借方余额反映企业尚未摊销完毕的长期待摊费用。"长期待摊费用"科目可按待摊费用项目进行明细核算。

企业发生长期待摊费用时，借记"长期待摊费用"科目，按当期可抵扣的增值税进项税额，借记"应交税费——应交增值税（进项税额）"科目，贷记"原材料""银行存款"等科目；摊销长期待摊费用时，借记"管理费用""销售费用"等科目，贷记"长期待摊费用"科目。

【例4-53】 2×21年6月1日，悦兴公司对以租赁方式新租入的办公楼进行装修，发生有关支出为：领用生产用材料1 600 000元；发生有关人员工资等职工薪酬800 000元。

2×21年11月30日，该办公楼装修完工，达到预定可使用状态并交付使用，按租赁期

10年进行摊销。假定不考虑其他因素。悦兴公司应编制会计分录如下：

(1) 装修办公楼领用原材料时：

借：长期待摊费用　　1 600 000

　贷：原材料　　1 600 000

(2) 确认工程人员职工薪酬时：

借：长期待摊费用　　800 000

　贷：应付职工薪酬　　800 000

(3) 2×21年12月，摊销装修支出时：

借：管理费用　　20 000

　贷：长期待摊费用　　20 000

在[例4-53]中，悦兴公司发生的办公楼装修支出合计为2 400 000元(1 600 000+800 000)，2×21年12月份应分摊的装修支出为20 000元(2 400 000÷10÷12)。

【做中学·单项选择题】 2021年12月初，甲企业的“长期待摊费用”科目为借方余额4 000元，当月借方发生额为3 000元，贷方发生额为2 000元。不考虑其他因素，甲企业2021年年末“长期待摊费用”科目余额为(　　)。

A. 借方余额5 000元　　B. 贷方余额5 000元

C. 借方余额3 000元　　D. 贷方余额3 000元

【答案】 A

【解析】 “长期待摊费用”科目期末余额=期初借方余额+本期借方发生额−本期贷方发生额=4 000+3 000−2 000=5 000(元)。

第四章思考题和习题

第五章　负　　债

【案例导入】

课程思政

南山集团短期债务承压

在负债方面，南山集团面临的局面不容乐观。2018—2020 年年末及 2021 年 3 月，其负债总额分别为 690.50 亿元、687.30 亿元、662.478 亿元、642.15 亿元。

同期，该集团全部债务分别为 537.27 亿元、517.13 亿元、486.19 亿元、460.32 亿元。其中，长期债务分别为 270.19 亿元、224.63 亿元、105.84 亿元、103.25 亿元。

中国科技新闻网注意到，南山集团的负债总额、全部债务和长期债务在逐年降低的同时，其近几年的短期债务却明显增加。

2018—2020 年年末及 2021 年 3 月，南山集团短期债务分别为 267.08 亿元、292.50 亿元、380.34 亿元、357.07 亿元，短期债务占全部债务比重呈现逐年上涨趋势，分别为 49.71%、56.56%、78.22%、77.57%。值得注意的是，2020 年南山集团的短期债务较 2019 年同比增长 30.03%。

2021 年 6 月，联合资信评级报告显示，南山集团 2020 年短期债务增长主要系短期借款增加所致。南山集团债务规模大且短期债务占比高，存续债券规模较大，存在一定集中兑付压力。同时，南山集团还存在多笔债务即将到期情况。截至 2021 年 5 月，南山集团存续债券本金合计金额为 52.11 亿元，2021 年 6 月至 12 月期间约有 41.84 亿元债务集中兑付(考虑债券回售的情形)。

联合资信在评级报告中还提到，在有息债务期限结构方面，南山集团全部债务 2021 年到期 379.96 亿元，2022 年到期 84.82 亿元，2023 年到期 19.36 亿元，2024 年及以后到期 1.72 亿元。

此外，从短期偿债能力指标来看，近 3 年，南山集团流动比率及速动比率有所下降。近 3 年及 3 月末，南山集团流动比率分别为 1.30、1.20、1.02 和 1.03，速动比率分别为 0.86、0.82、0.72 和 0.70。

有人认为，在南山集团盈利状况好的时候，不断采用借新还旧模式能够实现滚动运营，一旦出现亏损或债券融资渠道不畅等情况，则有可能出现流动性危机。

在较大的短期偿债压力之下，南山集团如何化解由此带来的经营风险？是摆在其面前的一道思考题。

【资料来源】根据网络资料改编。

【请思考】负债包括哪些内容？流动负债包括哪些内容？

【知识目标】

1. 掌握短期借款的账务处理方法。
2. 掌握应付款项的内容及其账务处理方法。
3. 掌握应付职工薪酬的内容及其账务处理方法。
4. 掌握应交税费的内容、相关规定及其账务处理方法。
5. 掌握长期借款和长期应付款的内容，掌握长期借款的账务处理方法。

【技能目标】

1. 能对短期借款的取得、计息、归还进行确认和计量。
2. 能对应付票据、应付账款、预收账款、应付利息、应付股利、其他应付款进行确认和计量。
3. 能区分应付职工薪酬的各项内容，能对应付职工薪酬进行确认和计量。
4. 能处理各种税费的分析和计算，能对各种应交税费进行确认和计量。
5. 能对长期借款的取得、计息、归还进行确认和计量。

【思政目标】

1. 培养法制意识，不泄露商业机密。
2. 养成严谨细致的职业习惯。

第一节 短期借款

一、短期借款的概念和科目设置

短期借款是指企业向银行或其他金融机构等借入的期限在1年以下(含1年)的各种款项。

·知识点拨·

短期借款一般是企业为了满足正常生产经营所需的资金或者是为了抵偿某项债务而借入的。短期借款具有借款金额小、时间短、利息低等特点，对企业资产的流动性要求高。

企业应设置“短期借款”科目核算短期借款的取得、偿还等情况。该科目的贷方登记取得短期借款本金的金额，借方登记偿还短期借款的本金金额，期末余额在贷方，反映企业尚未偿还的短期借款。该科目可按借款种类、贷款人和币种设置明细科目进行明细核算。

二、短期借款的核算

(一) 取得短期借款

企业取得短期借款时,借记“银行存款”科目,贷记“短期借款”科目。

(二) 发生短期借款利息

企业借入短期借款应支付利息。在实际工作中,短期借款利息的核算方法分为两种:

(1) 如果短期借款利息是按期支付的,如按季度支付利息,或者利息是在借款到期时连同本金一起归还,并且其数额较大的,企业于月末应采用预提方式进行短期借款利息的核算。短期借款利息属于企业的筹资费用,应当在发生时作为财务费用直接计入当期损益。在资产负债表日,企业应当按照计算确定的短期借款利息费用,借记“财务费用”科目,贷记“应付利息”科目;实际支付利息时,借记“应付利息”科目,贷记“银行存款”或“库存现金”科目。

(2) 如果企业的短期借款利息按月支付,或者在借款到期时连同本金一起归还,数额不大的可以不采用预提的方法,而在实际支付或收到银行的计息通知时,直接计入当期损益,借记“财务费用”科目,贷记“银行存款”科目。

(三) 归还短期借款

短期借款到期时,应及时归还。短期借款到期偿还本金时,企业应借记“短期借款”科目,贷记“银行存款”科目。如果在借款到期时连同本金一起归还利息的,企业应将归还的利息通过“应付利息”(已预提)或“财务费用”(未预提)科目核算。

·知识点拨·

根据规定,短期借款按季结息的,每季度末月的 20 日为结息日;按月结息的,每月的 20 日为结息日。具体结息方式由借贷双方协商确定。借款人在归还本金时,同时也要结清该笔借款所滋生的利息,即利随本清。

【例 5-1】 2×21 年 4 月 1 日,甲公司向银行借入一笔生产经营用短期借款共计 1 800 000 元,期限为 6 个月,年利率为 4%。根据与银行签署的借款协议,该项借款的本金到期后一次归还,利息按季支付。甲公司应编制会计分录如下:

(1) 4 月 1 日,借入短期借款时:

借:银行存款	1 800 000	
贷:短期借款		1 800 000

(2) 4 月末,计提 4 月份应付利息时:

本月应计提的利息金额=1 800 000×4%÷12=6 000(元)

借:财务费用	6 000	
贷:应付利息		6 000

5月末计提5月份利息费用的处理与4月份相同。

(3) 6月20日,按季度支付银行借款利息时:

借:财务费用(6 000÷30×20)	4 000	
应付利息(6 000+6 000)	12 000	
贷:银行存款		16 000

(4) 6月30日,计提6月份最后10日的应付利息时:

借:财务费用(6 000÷30×10)	2 000	
贷:应付利息		2 000

7月末、8月末计提利息费用的处理与4月份相同。

(5) 9月20日,按季度支付银行借款利息时:

借:财务费用(6 000÷30×20)	4 000	
应付利息(2 000+6 000+6 000)	14 000	
贷:银行存款		18 000

(6) 9月30日,偿还银行借款本金和最后10日的利息时:

借:短期借款	1 800 000	
财务费用(6 000÷30×10)	2 000	
贷:银行存款		1 802 000

【做中学·单项选择题】 企业以银行存款偿还到期的短期借款,下列关于这项经济业务的说法中,正确的是(　　)。

A. 导致负债内部增减变动,总额不变　　B. 导致资产、负债同时减少

C. 导致资产、负债同时增加　　D. 导致所有者权益减少,负债减少

【答案】 B

【解析】 以银行存款偿还到期的短期借款,会计分录为:借记"短期借款"科目,贷记"银行存款"科目。该项经济业务发生后,企业负债减少,资产减少,选项B正确。

第二节　应付及预收账款

一、应付票据

(一) 应付票据的概念和科目设置

应付票据是指企业购买材料、商品和接受劳务供应等而开出、承兑的商业汇票。商业汇票包括商业承兑汇票和银行承兑汇票。

·小思考·

商业承兑汇票和银行承兑汇票的区别是什么?

企业应设置"应付票据"科目核算应付票据的开出、偿付等情况。该科目的贷方登记

开出、承兑汇票的面值，借方登记支付票据的金额，期末余额在贷方，反映企业尚未到期的商业汇票的票面金额。

·知识点拨·

企业应当设置应付票据备查簿，详细登记商业汇票的种类、号数和出票日期、到期日、票面余额、交易合同号和收款人姓名或单位名称以及付款日期和金额等资料。应付票据到期结清时，上述内容应当在备查簿内予以注销。

我国商业汇票的付款期限不超过6个月，因此，企业应将应付票据作为流动负债管理和核算。同时，由于应付票据的偿付时间较短，在会计实务中，一般均按照开出、承兑的应付票据的面值入账。

（二）应付票据的账务处理

1. 商业汇票开出的账务处理

企业因购买材料、商品和接受劳务供应，抵付应付账款等而开出、承兑的商业汇票，应当按其票面金额作为应付票据的入账金额，借记“材料采购”“在途物资”“原材料”“库存商品”“应付账款”“应交税费——应交增值税（进项税额）”等科目，贷记“应付票据”科目。

企业因开出银行承兑汇票而支付的银行承兑汇票手续费，应当计入当期财务费用。支付手续费时，按照确认的手续费，借记“财务费用”科目，取得增值税专用发票的，按注明的增值税进项税额，借记“应交税费——应交增值税（进项税额）”科目，按照实际支付的金额，贷记“银行存款”科目。

2. 商业汇票到期支付的账务处理

企业开具的商业汇票到期支付票据款时，根据开户银行的付款通知，借记“应付票据”科目，贷记“银行存款”科目。

【例5-2】 甲公司为增值税一般纳税人，原材料按计划成本核算。2×21年6月6日，甲公司购入原材料一批，增值税专用发票上注明的价款为50 000元，增值税额为6 500元，原材料已验收入库。该公司开出并经开户银行承兑的商业汇票一张，面值为56 500元、期限为5个月，交纳银行承兑手续费28.25元，其中增值税额为1.6元。11月6日，商业汇票到期，甲公司通知其开户银行以银行存款支付票款。甲公司应编制会计分录如下：

（1）开出并承兑商业汇票购入材料时：

借：材料采购	50 000	
应交税费——应交增值税（进项税额）	6 500	
贷：应付票据		56 500

（2）支付商业汇票承兑手续费时：

借：财务费用	26.65	
应交税费——应交增值税（进项税额）	1.60	
贷：银行存款		28.25

（3）支付商业汇票款时：

借：应付票据　　　　56 500

　　贷：银行存款　　　　56 500

3. 应付票据转销的账务处理

不同种类的商业汇票，其转销的账务处理方法也不同。

(1) 应付商业承兑汇票到期，如企业无力支付票款，由于商业汇票已经失效，企业应将应付票据按账面余额转作应付账款，借记“应付票据”科目，贷记“应付账款”科目。

(2) 应付银行承兑汇票到期，如企业无力支付票款，则由承兑银行代为支付并作为付款企业的贷款处理，企业应将应付票据的账面余额转作短期借款，借记“应付票据”科目，贷记“短期借款”科目。

【例 5-3】 承[例 5-2]，假设上述银行承兑汇票到期时甲公司无力支付票款。甲公司应编制会计分录如下：

借：应付票据　　　　56 500

　　贷：短期借款　　　　56 500

【做中学·单项选择题】 下列各项中，企业对于到期无力支付票款的商业承兑汇票，转销时应贷记(　　)科目。

A.“短期借款”　B.“应付账款”　C.“其他应付款”　D.“预收账款”

【答案】 B

【解析】 应付商业承兑汇票到期，如企业无力支付票款，由于商业汇票已经失效，企业应将应付票据按账面余额转作应付账款，借记“应付票据”科目，贷记“应付账款”科目。

二、应付账款

(一) 应付账款的概念和科目设置

应付账款是指企业因购买材料、商品或接受劳务供应等经营活动而应付给供应单位的款项。

·知识点拨·

(1) 在实务中，为了使所购入材料、商品的金额、品种、数量和质量等与合同规定的条款相符，避免因验收时发现所购材料、商品的数量或质量存在问题而对入账的材料、商品或应付账款金额进行改动，在材料、商品和发票账单同时到达的情况下，企业一般在所购材料、商品验收入库后，根据发票账单登记入账，确认应付账款。

(2) 在所购材料、商品已经验收入库，但是发票账单未能同时到达的情况下，企业应付材料、商品供应单位的债务已经成立，在会计期末，为了反映企业的负债情况，需要将所购材料、商品和相关的应付账款暂估入账，待下月初用红字将上月末暂估入账的应付账款予以冲销。

·小思考·

企业将应付账款暂估入账，具体如何编制会计分录？

企业应设置"应付账款"科目核算应付账款的发生、偿还、转销等情况。该科目的贷方登记应付未付款项的增加，借方登记应付未付款项的减少，期末贷方余额反映企业尚未支付的应付账款余额。该科目可按债权人设置明细科目进行明细核算。

(二) 应付账款的账务处理

1. 发生应付账款

企业购入材料、商品或接受劳务等所产生的应付账款，应按应付金额入账。

购入材料、商品等验收入库，但货款尚未支付，根据有关凭证(发票账单、随货同行发票上记载的实际价款或暂估价值)，借记"材料采购""在途物资""原材料""库存商品"等科目，按照可抵扣的增值税进项税额，借记"应交税费——应交增值税(进项税额)"科目，按应付的款项，贷记"应付账款"科目。

·知识点拨·

应付账款的入账价值包括货款、增值税及销售方代垫的运杂费、包装费等。

企业接受供应单位提供劳务而发生的应付未付款项，根据供应单位的发票账单所列金额，借记"生产成本""管理费用"等科目，按照增值税专用发票上注明的可抵扣的增值税进项税额，借记"应交税费——应交增值税(进项税额)"科目，贷记"应付账款"科目。

2. 偿还应付账款

企业偿还应付账款或开出商业汇票抵付应付账款时，借记"应付账款"科目，贷记"银行存款""应付票据"等科目。

【例 5-4】 甲公司为增值税一般纳税人。2×21 年 6 月 1 日，从 A 公司购入一批材料，增值税专用发票上注明的价款为 200 000 元，增值税额为 26 000 元；同时，对方代垫运费 2 000 元、增值税额 180 元，已收到对方开具的增值税专用发票。材料验收入库(该公司材料按实际成本进行日常核算)，款项尚未支付。7 月 10 日，甲公司以银行存款支付购入材料相关款项 228 180 元。甲公司应编制会计分录如下：

(1) 确认应付账款时：

应付账款的入账价值＝200 000＋26 000＋2 000＋180＝228 180(元)

借：原材料	202 000	
应交税费——应交增值税(进项税额)	26 180	
贷：应付账款——A 公司		228 180

(2) 偿还应付账款时：

借：应付账款——A 公司	228 180	
贷：银行存款		228 180

·知识点拨·

在实务中，企业外购电力、燃气等动力一般通过"应付账款"科目核算，即在每月付款时先作暂付款处理，按照增值税专用发票上注明的价款，借记"应付账款"科目，按照增值税专用发票上注明的可抵扣的增值税进项税额，借记“应交税费——应交增值税（进项税额）”科目，贷记“银行存款”等科目；月末，按照外购动力的用途分配动力费时，借记“生产成本”“制造费用”“管理费用”等科目，贷记“应付账款”科目。

【例 5-5】 2×21 年 5 月 20 日，丙企业收到银行转来某电力公司供电部门开具的增值税专用发票，发票上注明的电费为 76 800 元，增值税额为 9 984 元，丙企业以银行存款付讫。月末，丙企业分配本月应付电费 76 800 元，其中生产车间电费 51 200 元，企业行政管理部门电费 25 600 元。丙企业应编制会计分录如下：

（1）支付外购动力费时：

借：应付账款——某电力公司	76 800	
应交税费——应交增值税（进项税额）	9 984	
贷：银行存款		86 784

（2）月末，分配外购动力费时：

借：制造费用	51 200	
管理费用	25 600	
贷：应付账款——某电力公司		76 800

3. 转销应付账款

应付账款一般在较短期限内支付，但有时由于债权单位撤销或其他原因而使应付账款无法清偿。企业对于确实无法支付的应付账款应予以转销，按其账面余额计入营业外收入，借记“应付账款”科目，贷记“营业外收入”科目。

【例 5-6】 2×21 年 12 月 31 日，甲公司确认一笔应付某公司货款 50 000 元为无法支付的款项，对此予以转销。甲公司应编制会计分录如下：

借：应付账款	50 000	
贷：营业外收入		50 000

三、预收账款

（一）预收账款的概念和科目设置

预收账款是指企业按照合同规定预收的款项。

企业应设置“预收账款”科目核算预收账款的取得、偿付等情况。该科目贷方登记发生的预收账款金额，借方登记企业冲销的预收账款金额。该科目期末贷方余额反映企业预收的款项；如为借方余额，反映企业尚未转销的款项。该科目一般应按照客户设置明细科目进行明细核算。

（二）预收账款的账务处理

企业预收款项时，按实际收到的全部预收款，借记“库存现金”“银行存款”科目，涉及增值税的，按预收款计算的应交增值税，贷记“应交税费——应交增值税（销项税额）”科目，按全部预收款扣除应交增值税的差额，贷记“预收账款”科目。

企业分期确认有关收入时，按照实现的收入，借记“预收账款”科目，贷记“主营业务收入”“其他业务收入”科目。

企业收到客户补付款项时，借记“库存现金”“银行存款”科目，贷记“预收账款”“应交税费——应交增值税(销项税额)”科目；退回客户多预付的款项时，借记“预收账款”科目，贷记“库存现金”“银行存款”科目；涉及增值税的，还应进行相应的会计处理。

预收账款业务不多的企业，可以不单独设置“预收账款”科目，其所发生的预收账款，可通过“应收账款”科目核算。

·小思考·

预付账款如何进行账务处理?

【例 5-7】 甲公司为增值税一般纳税人，出租有形动产适用的增值税税率为13%。2×21 年 7 月 1 日，甲公司与乙公司签订经营租赁(非主营业务)挖土机合同，向乙公司出租挖土机 3 台，期限为 6 个月，3 台挖土机租金(含税)共计 101 700 元。合同约定，合同签订日预付租金(含税)33 900 元，合同到期结清全部租金余款。合同签订日，甲公司收到租金并存入银行，开具的增值税专用发票注明租金为 30 000 元、增值税额为 3 900 元。租赁期满日，甲公司收到租金余款及相应的增值税。甲公司应编制会计分录如下：

(1) 收到乙公司预付租金时：

借：银行存款	33 900	
贷：预收账款——乙公司		30 000
应交税费——应交增值税(销项税额)		3 900

(2) 每月末，确认租金收入时：

借：预收账款——乙公司	15 000	
贷：其他业务收入		15 000

(3) 租赁期满收到租金余款及增值税时：

借：银行存款	67 800	
贷：预收账款——乙公司		60 000
应交税费——应交增值税(销项税额)		7 800

·小思考·

假设[例 5-7]中，甲公司不设置“预收账款”科目，该如何编制会计分录?

四、合同负债

合同负债是指企业已收或应收客户对价而应向客户转让商品的义务。具体账务处理参见本书第七章相关内容。

·知识点拨·

合同负债和预收账款的区别：预收账款的确认是以收到了款项为前提，而合同负债的确认是以合同中履约义务的确立为前提。如果所预收的款项与合同规定的履约义务无关，则不能作为合同负债核算，应作为预收账款确认和计量。如果能够认定合同中规定的履约义务确已产生，且企业履约后对这笔款项有无条件收取的权利，则不管款项是否已经被企业预收，企业应对此确认合同负债。

五、应付利息和应付股利

(一) 应付利息

应付利息是指企业按照合同约定应支付的利息。它包括预提短期借款利息、分期付息到期还本的长期借款、企业债券等应支付的利息。

·小思考·

何种类型的短期借款利息需要预提?

企业应设置“应付利息”科目核算应付利息的发生、支付情况。该科目贷方登记按照合同约定计算的应付利息，借方登记实际支付的利息，期末贷方余额反映企业应付未付的利息。该科目一般应按照债权人设置明细科目进行明细核算。

企业采用合同约定的利率计算确定利息费用时，按应付合同利息金额，借记“财务费用”等科目，贷记“应付利息”科目；实际支付利息时，借记“应付利息”科目，贷记“银行存款”等科目。

【例5-8】 甲公司借入5年期到期还本、每年付息的长期借款2 000 000元，合同约定年利率为5%。甲公司应编制有关利息费用的会计分录如下：

(1) 每年计算确认利息费用时：

企业每年应支付的利息＝2 000 000×5%＝100 000(元)

借：财务费用	100 000	
贷：应付利息		100 000

(2) 每年实际支付利息时：

借：应付利息	100 000	
贷：银行存款		100 000

【做中学·多项选择题】 下列关于“应付利息”科目的表述中，正确的有(　　)。

A. 企业开出银行承兑汇票支付银行手续费，应记入“应付利息”科目的借方

B. “应付利息”科目期末贷方余额反映企业应付未付的利息

C. 按照短期借款合同约定计算确认的应付利息，应记入“应付利息”科目的借方

D. 企业支付已经预提的利息，应记入“应付利息”科目的借方

【答案】 BD

【解析】 选项A，企业因开出银行承兑汇票而支付银行的承兑汇票手续费，借记“财

务费用”科目，贷记“银行存款”科目；选项C，计算确认的短期借款利息费用，借记“财务费用”科目，贷记“应付利息”科目。

(二) 应付股利

应付股利是指企业根据股东大会或类似机构审议批准的利润分配方案确定分配给投资者的现金股利或利润。

企业应设置“应付股利”科目核算企业确定或宣告发放但尚未实际支付的现金股利或利润。该科目贷方登记应支付的现金股利或利润，借方登记实际支付的现金股利或利润，期末贷方余额反映企业应付未付的现金股利或利润。该科目应按照投资者设置明细科目进行明细核算。

企业根据股东大会或类似机构审议批准的利润分配方案，确认应付给投资者的现金股利或利润时，借记“利润分配——应付现金股利或利润”科目，贷记“应付股利”科目；向投资者实际支付现金股利或利润时，借记“应付股利”科目，贷记“银行存款”等科目。

·知识点拨·

(1) 企业董事会或类似机构通过的利润分配方案中拟分配的现金股利或利润，不作账务处理，不作为应付股利核算，但应在附注中披露。

(2) 企业分配的股票股利不通过“应付股利”科目核算。

【例5-9】 P有限责任公司有A、B两个股东，其出资分别占注册资本的30%和70%。2×21年度该公司实现净利润6 000 000元，经过股东会批准，决定分配股利3 000 000元，股利已用银行存款支付。P有限责任公司应编制会计分录如下：

(1) 确认应付投资者利润时：

借：利润分配——应付现金股利或利润　　3 000 000
　　贷：应付股利——A股东　　900 000
　　　　　　　　——B股东　　2 100 000

(2) 支付投资者利润时：

A股东应分配的股利＝3 000 000×30%＝900 000(元)

B股东应分配的股利＝3 000 000×70%＝2 100 000(元)

借：应付股利——A股东　　900 000
　　　　　　——B股东　　2 100 000
　　贷：银行存款　　3 000 000

【做中学·判断题】 企业董事会通过的利润分配方案中拟分配的现金股利，不需要进行账务处理。　　(　　)

【答案】 √

【解析】 企业董事会或类似机构通过的利润分配方案中拟分配的现金股利或利润，不作账务处理，不作为应付股利核算，但应在附注中披露。

六、其他应付款

其他应付款是指企业除应付票据、应付账款、预收账款、应付职工薪酬、应交税费、应付利息、应付股利等经营活动以外的其他各项应付、暂收的款项，如应付短期租赁固定资产租金、应付低价值资产租赁的租金、应付租入包装物租金、出租或出借包装物向客户收取的押金、存入保证金等。

·小思考·

其他应收款的主要内容包括哪些？

企业应设置"其他应付款"科目核算其他应付款的增减变动及其结存情况。该科目贷方登记发生的各种应付、暂收款项，借方登记偿还或转销的各种应付、暂收款项，期末贷方余额反映企业应付未付的其他应付款项。该科目按照其他应付款的项目和对方单位（或个人）设置明细科目进行明细核算。

微课："其他应收款"和"其他应付款"的内容对比

企业发生其他各种应付、暂收款项时，借记"管理费用"等科目，贷记"其他应付款"科目；支付或退回其他各种应付、暂收款项时，借记"其他应付款"科目，贷记"银行存款"等科目。

【例 5-10】 2×21 年 6 月 1 日，甲公司向乙客户出借一批包装箱，收到现金押金 4 500 元；2×21 年 9 月 1 日，乙客户将该批完好无损的包装箱还回甲公司，甲公司于当日退还其现金押金 4 500 元。甲公司应编制会计分录如下：

（1）6 月 1 日，收到押金时：

借：库存现金　　4 500

　　贷：其他应付款　　4 500

（2）9 月 1 日，退还押金时：

借：其他应付款　　4 500

　　贷：库存现金　　4 500

【做中学·多项选择题】 下列各项中，企业应通过"其他应付款"科目核算的有（　　）。

A. 购进商品时发生的供货方代垫运费

B. 应付的合同违约金

C. 代垫职工家属医药费

D. 存入保证金

【答案】 BD

【解析】 选项 A，计入应付账款；选项 C，计入其他应收款。

第三节　应付职工薪酬

一、职工薪酬的概念和内容

职工薪酬是指企业为获得职工提供的服务或解除劳动关系而给予的各种形式的报酬或补偿。职工薪酬包括短期薪酬、离职后福利、辞退福利和其他长期职工福利。企业提供给职工配偶、子女、受赡养人、已故员工遗属及其他受益人等的福利，也属于职工薪酬。

·知识点拨·

这里所称的"职工"，主要包括三类人员：①与企业订立劳动合同的所有人员，含全职、兼职和临时职工；②未与企业订立劳动合同，但由企业正式任命的企业治理层和管理层人员，如董事会成员、监事会成员等；③在企业的计划和控制下，虽未与企业订立劳动合同或未由其正式任命，但向企业所提供服务与职工所提供服务类似的人员，也属于职工的范畴，包括通过企业与劳务中介公司签订用工合同而向企业提供服务的人员。

职工薪酬主要包括以下内容。

（一）短期职工薪酬

短期职工薪酬是指企业在职工提供相关服务的年度报告期间结束后 12 个月内需要全部予以支付的职工薪酬，因解除与职工的劳动关系给予的补偿除外。短期职工薪酬具体包括：

（1）职工工资、奖金、津贴和补贴，是指按照构成工资总额的计时工资、计件工资、支付给职工的超额劳动报酬和增收节支的劳动报酬、为补偿职工特殊或额外的劳动消耗和因其他特殊原因支付给职工的津贴，以及为保证职工工资水平不受物价影响支付给职工的物价补贴等。其中，企业按照短期奖金计划向职工发放的奖金属于短期薪酬，按照长期奖金计划向职工发放的奖金属于其他长期职工福利。

（2）职工福利费，是指企业向职工提供的生活困难补助、丧葬补助费、抚恤费、职工异地安家费、防暑降温费等职工福利支出。

（3）医疗保险费、工伤保险费等社会保险费，是指企业按照国家规定的基准和比例计算，向社会保险经办机构缴纳的医疗保险费、工伤保险费。

（4）住房公积金，是指企业按照国家规定的基准和比例计算，向住房公积金管理机构缴存的住房公积金。

（5）工会经费和职工教育经费，是指企业为了改善职工文化生活、为职工学习先进技术及提高文化水平和业务素质，用于开展工会活动和职工教育及职业技能培训等相关支出。

（6）短期带薪缺勤，是指职工虽然缺勤但企业仍向其支付报酬的安排，包括年休假、病假、婚假、产假、丧假、探亲假等。长期带薪缺勤属于其他长期职工福利。

（7）短期利润分享计划，是指因职工提供服务而与职工达成的基于利润或其他经营成果提供薪酬的协议。长期利润分享计划属于其他长期职工福利。

（8）其他短期薪酬，是指除了上述薪酬的其他为获得职工提供的服务而给予的短期薪酬。

(二) 长期职工薪酬

1. 离职后福利

离职后福利是指企业为获得职工提供的服务而在职工退休或与企业解除劳动关系后，提供的各种形式的报酬和福利，短期薪酬和辞退福利除外。企业应当将离职后福利计划分类为设定提存计划和设定受益计划。离职后福利计划是指企业与职工就离职后福利达成的协议，或者企业为向职工提供离职后福利制定的规章或办法等。其中，设定提存计划是指向独立的基金缴存固定费用后，企业不再承担进一步支付义务的离职后福利计划；设定受益计划是指除设定提存计划以外的离职后福利计划。

2. 辞职福利

辞退福利是指企业在职工劳动合同到期之前解除与职工的劳动关系，或者为鼓励职工自愿接受裁减而给予职工的补偿。

3. 其他长期职工福利

其他长期职工福利是指除短期薪酬、离职后福利、辞退福利之外所有的职工薪酬，包括长期带薪缺勤、长期残疾福利和长期利润分享计划等。

【做中学·单项选择题】 下列各项中，不属于企业职工薪酬组成内容的是(　　)。

A. 为职工代扣代交的个人所得税

B. 根据设定提存计划计提应向单独主体缴存的提存金

C. 为鼓励职工自愿接受裁减而给予职工的补偿

D. 按国家规定标准提取的职工教育经费

【答案】 A

【解析】 职工薪酬主要包括以下内容：一是短期职工薪酬，具体包括：①职工工资、奖金、津贴和补贴；②职工福利费；③医疗保险费、工伤保险费等社会保险费；④住房公积金；⑤工会经费和职工教育经费(选项 D)；⑥短期带薪缺勤；⑦短期利润分享计划；⑧其他短期薪酬。二是长期职工薪酬，具体包括：①离职后福利(选项 B)；②辞退福利(选项 C)；③其他长期职工福利。

二、应付职工薪酬的科目设置

企业应设置“应付职工薪酬”科目核算应付职工薪酬的计提、结算和使用等情况。该科目的贷方登记已分配计入有关成本费用项目的职工薪酬，借方登记实际发放的职工薪酬，包括扣还的款项等，期末贷方余额反映企业应付未付的职工薪酬。

“应付职工薪酬”科目应按照“工资”“职工福利费”“非货币性福利”“社会保险费”“住房公积金”“工会经费”“职工教育经费”“带薪缺勤”“利润分享计划”“设定提存计划”“设定受益计划”“辞退福利”等职工薪酬项目设置明细科目进行明细核算。

三、短期职工薪酬的核算

企业应当在职工为其提供服务的会计期间，将实际发生的短期职工薪酬确认为负债，并计入当期损益，《企业会计准则》要求或允许计入资产成本的除外。

(一) 货币性职工薪酬

1. 职工工资、奖金、津贴和补贴

对于职工工资、奖金、津贴和补贴等货币性职工薪酬，企业应当在职工为其提供服务的会计期间，将实际发生的职工工资、奖金、津贴和补贴等，根据职工提供服务的受益对象，将应确认的职工薪酬，借记“生产成本”“制造费用”“合同履约成本”“管理费用”“销售费用”等科目，贷记“应付职工薪酬——工资”科目。

企业按照有关规定向职工支付工资、奖金、津贴和补贴等，借记“应付职工薪酬——工资”科目，贷记“银行存款”“库存现金”等科目；企业从应付职工薪酬中扣还的各种款项（代垫的职工家属医药费、代扣个人所得税等），借记“应付职工薪酬”科目，贷记“银行存款”“库存现金”“其他应收款”“应交税费——应交个人所得税”等科目。

·小思考·

通过“其他应收款”科目核算的内容有哪些？

·知识点拨·

在实务中，企业一般在每月发放工资前，先根据工资费用分配汇总表中的“实发金额”栏的合计数，通过开户银行支付给职工或从开户银行提取现金，再向职工发放。

【例 5-11】 甲公司 2×21 年 7 月份应付职工工资总额为 1 039 500 元，工资费用分配汇总表中列示的产品生产人员工资为 720 000 元，车间管理人员工资为 157 500 元，公司行政管理人员工资为 135 900 元，专设销售机构人员工资为 26 100 元。甲公司根据工资费用分配汇总表结算本月应付职工工资总额 1 039 500 元，其中公司代垫职工房租 48 000 元、代垫职工家属医药费 12 000 元，代扣个人所得税 79 500 元，实发工资 900 000 元。甲公司应编制会计分录如下：

(1) 计提工资时：

借：生产成本——基本生产成本	720 000	
制造费用	157 500	
管理费用	135 900	
销售费用	26 100	
贷：应付职工薪酬——工资		1 039 500

(2) 结转代垫、代扣款项时：

借：应付职工薪酬——工资	139 500	
贷：其他应收款——职工房租		48 000
——代垫医药费		12 000
应交税费——应交个人所得税		79 500

(3) 通过银行发放工资时：

借：应付职工薪酬——工资	900 000	
贷：银行存款		900 000

2. 职工福利费

对于职工福利费，企业应当在实际发生时根据实际发生额计入当期损益或相关资产成本，借记“生产成本”“制造费用”“管理费用”“销售费用”等科目，贷记“应付职工薪酬——职工福利费”科目。

【例 5-12】 乙企业下设一所职工食堂，每月根据在岗职工数量及岗位分布情况、相关历史经验数据等计算需要补贴食堂的金额，从而确定企业每期因职工食堂而需要承担的福利费金额。2×21 年 9 月，乙企业在岗职工共计 180 人，其中管理部门 30 人，生产车间生产人员 150 人，乙企业的历史经验数据表明，每个职工每月需补贴 100 元。2×21 年 10 月，乙企业支付 18 000 元补贴给食堂。乙企业应编制会计分录如下：

(1) 2×21 年 9 月，计算补贴时：

借：生产成本	15 000	
管理费用	3 000	
贷：应付职工薪酬——职工福利费		18 000

(2) 2×21 年 10 月，支付补贴时：

借：应付职工薪酬——职工福利费	18 000	
贷：银行存款		18 000

【做中学·判断题】 企业生产车间生产人员福利费应根据实际发生额计入生产成本。 （ ）

【答案】 √

【解析】 生产车间生产人员的福利费属于直接人工，记入“生产成本”科目。

3. 国家规定计提标准的职工薪酬

1）工会经费和职工教育经费

根据《中华人民共和国工会法》的规定，企业按每月全部职工工资总额的 2%向工会拨缴经费，并在成本费用中列支，主要用于为职工服务和工会活动。职工教育经费一般由企业按照每月工资总额的 8%计提，主要用于职工接受岗位培训、继续教育等方面的支出。

期末，企业根据规定的计提基础和比例计算确定应付工会经费、职工教育经费，借记“生产成本”“制造费用”“管理费用”“销售费用”“在建工程”“研发支出”等科目，贷记“应付职工薪酬——工会经费”“应付职工薪酬——职工教育经费”科目；实际上缴或发生实际开支时，借记“应付职工薪酬——工会经费”“应付职工薪酬——职工教育经费”科目，贷记“银行存款”等科目。

【例 5-13】 承[例 5-11]，2×21 年 7 月份，甲公司根据相关规定，分别按照职工工资总额的 2%和 8%的计提标准，确认应付工会经费和职工教育经费。甲公司应编制会计分录如下：

借：生产成本——基本生产成本	72 000	
制造费用	15 750	
管理费用	13 590	
销售费用	2 610	
贷：应付职工薪酬——工会经费		20 790
——职工教育经费		83 160

[例 5-13]中，应确认的应付职工薪酬＝1 039 500×(2%＋8%)＝103 950(元)，其中，工会经费＝1 039 500×2%＝20 790(元)，职工教育经费＝1 039 500×8%＝83 160(元)。应记入“生产成本”科目的金额＝720 000×(2%＋8%)＝72 000(元)；应记入“制造费用”科目的金额＝157 500×(2%＋8%)＝15 750(元)；应记入“管理费用”科目的金额＝135 900×(2%＋8%)＝13 590(元)；应记入“销售费用”科目的金额＝26 100×(2%＋8%)＝2 610(元)。

2) 社会保险费和住房公积金

社会保险费包括医疗保险费、养老保险费、失业保险费、工伤保险费。企业承担的社会保险费，除养老保险费和失业保险费按规定确认为离职后福利外，其他的社会保险作为企业的短期薪酬。

住房公积金分为职工所在单位为职工缴存和职工个人缴存两部分，但其全部属于职工个人所有。

微课：社会保险费和住房公积金的账务处理

期末，对于企业应交纳的社会保险费（不含基本养老保险费和失业保险费）和住房公积金，应按照国家规定的计提基础和比例，在职工提供服务期间根据受益对象计入当期损益或相关资产成本，并确认相应的应付职工薪酬金额，借记“生产成本”“制造费用”“管理费用”“销售费用”“在建工程”“研发支出”等科目，贷记“应付职工薪酬——社会保险费、住房公积金”科目；对于职工个人承担的社会保险费和住房公积金，由职工所在企业每月从其工资中代扣代交，借记“应付职工薪酬——工资”科目，贷记“其他应付款——社会保险费（医疗保险、工伤保险）、住房公积金”科目。

【例 5-14】 承[例 5-11]，2×21 年 7 月，该公司根据规定的计提标准，计算应由公司负担的向社会保险经办机构交纳的社会保险费（不含基本养老保险费和失业保险费）共计 124 740 元，按照规定标准计提住房公积金为 114 345 元。假定该公司从应付职工薪酬中代扣个人应交纳的社会保险费（不含基本养老保险费和失业保险）31 185 元、住房公积金为 114 345 元，共计 145 530 元。甲公司应编制会计分录如下：

(1) 公司负担部分：

借：生产成本——基本生产成本	165 600	
制造费用	36 225	
管理费用	31 257	
销售费用	6 003	
贷：应付职工薪酬——社会保险费		124 740
——住房公积金		114 345

其中，应确认的应付职工薪酬＝124 740＋114 345＝239 085(元)，应记入“生产成本”科目的金额＝239 085×(720 000÷1 039 500)＝165 600(元)；应记入“制造费用”科目的金额＝239 085×(157 500÷1 039 500)＝36 225(元)；应记入“管理费用”科目的金额＝239 085×(135 900÷1 039 500)＝31 257(元)；应记入“销售费用”科目的金额＝239 085×(26 100÷1 039 500)＝6 003(元)。

(2) 个人负担部分：

借：应付职工薪酬——工资　　145 530

　　贷：其他应付款——社会保险费　　31 185

　　　　　　　　——住房公积金　　114 345

4. 短期带薪缺勤

对于职工带薪缺勤，企业应当根据其性质及职工享有的权利，分为累积带薪缺勤和非累积带薪缺勤两类。企业应当对累积带薪缺勤和非累积带薪缺勤分别进行会计处理。如果带薪缺勤属于长期带薪缺勤的，企业应当作为其他长期职工福利处理。

(1) 累积带薪缺勤是指带薪权利可以结转下期的带薪缺勤，本期尚未用完的带薪缺勤权利可以在未来期间使用。企业应当在职工提供了服务从而增加了其未来享有的带薪缺勤权利时，确认与累积带薪缺勤相关的职工薪酬，并以累积未行使权利而增加的预期支付金额计量。确认累积带薪缺勤时，借记“管理费用”等科目，贷记“应付职工薪酬——带薪缺勤——短期带薪缺勤(累积带薪缺勤)”科目。

【例 5-15】 丁企业从 2×21 年 1 月 1 日起实行累积带薪缺勤制度。该制度规定，每个职工每年可享受 5 个工作日带薪年休假，未使用的年休假只能向后结转一个公历年度，超过 1 年未使用的权利作废，在职工离开企业时也无权获得现金支付；职工休年假时，先使用当年可享受的权利，不足部分再从上年结转的带薪年休假中扣除。

截至 2×21 年 12 月 31 日，丁企业有 2 500 名职工未享受当年的带薪年休假，丁企业预计 2×22 年有 2 300 名职工将享受不超过 5 天的带薪年休假，剩余 200 名职工每人将平均享受 6 天半年休假，假定这 200 名职工全部为总部各部门经理，该企业平均每名职工每个工作日工资为 350 元。假定不考虑其他相关因素。2×21 年 12 月 31 日，丁企业应编制会计分录如下：

借：管理费用　　105 000

　　贷：应付职工薪酬——带薪缺勤——短期带薪缺勤(累积带薪缺勤)

　　　　105 000

丁企业在 2×21 年 12 月 31 日应当预计由于职工累积未使用的带薪年休假权利而导致的预期支付的金额，即相当于 300 天[200×(6.5－5)]的年休假工资金额 105 000 元(300×350)。

(2) 非累积带薪缺勤是指带薪权利不能结转下期的带薪缺勤，本期尚未用完的带薪缺勤权利将予以取消，并且职工离开企业时也无权获得现金支付。我国企业职工休婚假、产假、丧假、探亲假、病假期间的工资通常属于非累积带薪缺勤。由于职工提供服务本身不能增加其能够享受的福利金额，企业在职工未缺勤时不应当计提相关费用和负债。为此，企业应当在职工实际发生缺勤的会计期间确认与非累积带薪缺勤相关的职工薪酬。

企业确认职工享有的与非累积带薪缺勤权利相关的薪酬，视同职工出勤确认的当期损益或相关资产成本。在通常情况下，与非累积带薪缺勤相关的职工薪酬已经包括在企业每期向职工发放的工资等薪酬中，因此，不必额外作相应的账务处理。

【做中学・判断题】 某企业职工张某经批准休探亲假 5 天，根据企业规定确认为非累

积带薪缺勤，该企业应当在其休假期间确认与非累积带薪缺勤相关的职工薪酬。（ ）

【答案】√

【解析】 企业应当在职工实际发生缺勤的会计期间确认与非累积带薪缺勤相关的职工薪酬。

（二）非货币性职工薪酬

微课："非货币性职工福利——自产产品"的账务处理

（1）企业以其自产产品作为非货币性福利发放给职工的，应当根据受益对象，按照该产品的含税公允价值计入相关资产成本或当期损益，同时确认应付职工薪酬，借记"生产成本""制造费用""管理费用"等科目，贷记"应付职工薪酬——非货币性福利"科目。企业以自产产品作为职工薪酬发放给职工时，应确认主营业务收入，同时结转相关成本，涉及增值税销项税额的，还应进行相应的处理，借记"应付职工薪酬——非货币性福利"科目，贷记"主营业务收入""应交税费——应交增值税（销项税额）"科目。

【例 5-16】 甲公司为家电生产企业，共有职工 200 名，其中 150 名为直接参加生产的职工，50 名为总部管理人员。2×21 年 12 月，甲公司以其生产的每台成本为 800 元的电暖器作为春节福利发放给公司每名职工。该型号的电暖器不含增值税的市场售价为每台 1 000 元，甲公司销售商品适用的增值税税率为 13%。甲公司应编制会计分录如下：

确认发放自产产品给职工作为非货币性福利时：

借：生产成本　　169 500
　　管理费用　　56 500
　　贷：应付职工薪酬——非货币性福利　　226 000

在［例 5-16］中，应确认的应付职工薪酬＝200×1 000×（1＋13%）＝226 000（元）。其中，应记入"生产成本"科目的金额＝150×1 000×（1＋13%）＝169 500（元）；应记入"管理费用"科目的金额＝50×1 000×（1＋13%）＝56 500（元）。

实际发放时（甲公司向职工发放电暖器作为非货币性福利，应确认主营业务收入，同时根据现行增值税制度规定，计算增值税销项税额）：

借：应付职工薪酬——非货币性福利　　226 000
　　贷：主营业务收入　　200 000
　　　　应交税费——应交增值税（销项税额）　　26 000
借：主营业务成本　　160 000
　　贷：库存商品　　160 000

在［例 5-16］中，甲公司应确认的主营业务收入＝200×1 000＝200 000（元）；甲公司应确认的增值税销项税额＝200×1 000×13%＝26 000（元）；甲公司应结转的销售成本＝200×800＝160 000（元）。

（2）将企业拥有的房屋等资产无偿提供给职工使用的，应当根据受益对象，将该住房每期应计提的折旧计入相关资产成本或当期损益，同时确认应付职工薪酬，借记"生产成本""制造费用""管理费用"等科目，贷记"应付职工薪酬——非货币性福利"科目，并且同时借记"应付职工薪酬——非货币性福利"科目，贷记"累计折旧"科目。

(3) 租赁住房等资产供职工无偿使用的，应当根据受益对象，将每期应付的租金计入相关资产成本或当期损益，并确认应付职工薪酬，借记“生产成本”“制造费用”“管理费用”等科目，贷记“应付职工薪酬——非货币性福利”科目。企业支付租赁住房等资产供职工无偿使用所发生的租金，借记“应付职工薪酬——非货币性福利”科目，贷记“银行存款”等科目。

(4) 难以认定受益对象的非货币性福利，直接计入当期损益和应付职工薪酬。

【例5-17】 甲公司为总部各部门经理级别以上职工提供汽车免费使用，同时为副总裁以上高级管理人员每人租赁一套住房。甲公司总部共有部门经理以上职工25名，每人提供一辆桑塔纳汽车免费使用，假定每辆桑塔纳汽车每月计提折旧1 000元；该公司共有副总裁以上高级管理人员6名，公司为其每人租赁一套面积为150平方米的公寓，月租金为每套10 000元(含税)。甲公司应编制会计分录如下：

确认提供汽车的非货币性福利时：

借：管理费用　　25 000

　　贷：应付职工薪酬——非货币性福利　　25 000

每月计提折旧时：

公司提供汽车供职工使用的非货币性福利＝25×1 000＝25 000(元)

借：应付职工薪酬——非货币性福利　　25 000

　　贷：累计折旧　　25 000

确认为职工租赁住房的非货币性福利时：

公司租赁住房供职工使用的非货币性福利＝6×10 000＝60 000(元)

借：管理费用　　60 000

　　贷：应付职工薪酬——非货币性福利　　60 000

每月支付租金时：

借：应付职工薪酬——非货币性福利　　60 000

　　贷：银行存款　　60 000

【做中学·多项选择题】 下列关于企业非货币性福利职工薪酬的会计处理的表述中，正确的有(　　)。

A. 难以认定受益对象的非货币性福利，应当直接计入当期损益

B. 企业租赁汽车供高级管理人员无偿使用，应当将每期应付的租金计入管理费用

C. 企业以自产产品作为非货币性福利发放给销售人员，应当按照产品的实际成本计入销售费用

D. 企业将自有房屋无偿提供给生产工人使用，应当按照该住房的公允价值计入生产成本

【答案】 AB

【解析】 选项C错误，企业以其自产产品作为非货币性福利发放给销售人员，应当按照该产品的公允价值加上增值税销项税额计入销售费用；选项D错误，企业将自有房屋无偿提供给生产工人使用，应当按照该住房每期应计提的折旧计入生产成本。

四、长期职工薪酬的核算

（一）离职后福利

企业应当将离职后福利计划分类为设定提存计划和设定受益计划。对于设定提存计划，企业应当根据在资产负债表日为换取职工在会计期间提供的服务而应向单独主体缴存的提存金，确认为应付职工薪酬，并计入当期损益或相关资产成本，借记"生产成本""制造费用""管理费用""销售费用"等科目，贷记"应付职工薪酬——设定提存计划"科目。

【例 5-18】 承[例 5-11]，甲公司根据所在地政府规定，按照职工工资总额的 16%计提基本养老保险费，缴存当地社会保险经办机构。2×21 年 7 月份，甲公司缴存的基本养老保险费，应计入生产成本的金额为 115 200 元，应计入制造费用的金额为 25 200 元，应计入管理费用的金额为 21 744 元，应计入销售费用的金额为 4 176 元。甲公司应编制会计分录如下：

借：生产成本——基本生产成本　　115 200
　　制造费用　　25 200
　　管理费用　　21 744
　　销售费用　　4 176
　贷：应付职工薪酬——设定提存计划（基本养老保险费）　　166 320

（二）辞退福利

企业向职工提供辞退福利的，应当在"企业不能单方面撤回因解除劳动关系或裁减所提供的辞退福利时"和"企业确认涉及支付辞退福利的重组相关的成本或费用时"两者孰早日，确认辞退福利产生的职工薪酬负债，并计入当期损益，借记"管理费用"科目，贷记"应付职工薪酬——辞退福利"科目。

【例 5-19】 甲公司是一家洗衣机制造企业。2×21 年 9 月，为了能够在下一年度顺利实施转产，甲公司管理层制订了一项辞退计划。从 2×22 年 1 月 1 日起，甲公司将以职工自愿方式，辞退其柜式洗衣机生产车间的职工。辞退计划的详细内容，包括拟辞退的职工所在部门、数量、各级别能够获得的补偿以及计划实施的时间等均已与职工沟通，并达成一致意见，辞退计划已于 2×21 年 12 月 10 日经董事会正式批准，辞退计划将于下一个年度内实施完毕。该项辞退计划的详细内容如表 5-1 所示。

表 5-1　辞退计划

所属部门	职位	辞退数量（人）	工龄（年）	每人补偿额（万元）
洗衣机车间	车间主任、副主任	10	1～10	15
			10～20	30
			20～30	45
	高级技工	50	1～10	12
			10～20	27
			20～30	42

(续表)

所属部门	职位	辞退数量(人)	工龄(年)	每人补偿额(万元)
洗衣机车间	一般技工	100	1～10	7.5
			10～20	22.5
			20～30	37.5
合计		160		

2×21 年 12 月 31 日,企业预计各级别职工拟接受辞退职工数量的最佳估计数(最可能发生数)及其应支付的补偿如表 5-2 所示。

表 5-2　预计接受辞退补偿

所属部门	职位	辞退数量(人)	工龄(年)	接受数量(人)	每人补偿额(万元)	补偿金额(万元)
洗衣机车间	车间主任、副主任	10	1～10	5	15	75
			10～20	2	30	60
			20～30	1	45	45
	高级技工	50	1～10	20	12	240
			10～20	10	27	270
			20～30	5	42	210
	一般技工	100	1～10	50	7.5	375
			10～20	20	22.5	450
			20～30	10	37.5	375
合计		160		123		2 100

根据表 5-2,愿意接受辞退职工的最佳估计数为 123 名,预计补偿总额为 2 100 万元,甲公司在 2×21 年(辞退计划于 2×21 年 12 月 10 日由董事会批准)应编制会计分录如下:

借:管理费用　　　　21 000 000

　贷:应付职工薪酬——辞退福利　　　　21 000 000

(三)其他长期职工福利

企业向职工提供的其他长期职工福利,符合设定提存计划条件的,应当按照设定提存计划的有关规定进行会计处理;符合设定受益计划条件的,应当按照设定受益计划的有关规定进行会计处理。

长期残疾福利的确定分为两种情形:长期残疾福利水平取决于职工提供服务期间长短的,企业应在职工提供服务的期间确认应付长期残疾福利义务,计量时应当考虑长期残疾福利支付的可能性和预期支付的期限;与职工提供服务期间长短无关的,企业应当在导致职工长期残疾的事件发生的当期确认应付长期残疾福利。

【做中学·单项选择题】 甲公司与其销售总经理达成协议:5 年后利润达到 2 亿元,其薪酬为利润的 3%。则甲公司向销售总经理提供薪酬的类别是(　　)。

A. 带薪缺勤　　　　B. 辞退福利

C. 离职后福利　　　　D. 利润分享计划

【答案】 D

【解析】 利润分享计划是指因职工提供服务而与职工达成的基于利润或其他经营成果提供薪酬的协议。

第四节 应交税费

一、应交税费概述

企业根据税法规定应交纳的各种税费包括增值税、消费税、企业所得税、城市维护建设税、资源税、土地增值税、房产税、车船税、城镇土地使用税、教育费附加、印花税、耕地占用税、环境保护税、契税、车辆购置税等。

企业应通过"应交税费"科目核算各种税费的应交、交纳等情况。该科目的贷方登记应交纳的各种税费等,借方登记实际交纳的税费。该科目期末余额一般在贷方,反映企业尚未交纳的税费;期末余额如在借方,反映企业多交或尚未抵扣的税费。该科目按应交税费项目设置明细科目进行明细核算。

企业代扣代交的个人所得税,也通过"应交税费"科目核算,而企业交纳的印花税、耕地占用税等不需要预计应交数的税金,不通过"应交税费"科目核算。

【做中学·多项选择题】 下列各项中,应通过"应交税费"科目核算的有(　　)。

A. 交纳的印花税

B. 增值税一般纳税人购进固定资产应支付的增值税进项税额

C. 为企业员工代扣代交的个人所得税

D. 交纳的耕地占用税

【答案】 BC

【解析】 选项BC,通过"应交税费"科目核算,而企业交纳的印花税、耕地占用税不通过"应交税费"科目核算。

二、应交增值税

(一) 应交增值税概述

1. 增值税的征税范围和纳税义务人

增值税是以商品(含应税劳务、应税行为)在流转过程中实现的增值额作为计税依据而征收的一种流转税。按照我国现行增值税制度的规定,在我国境内销售货物、加工修理修配劳务、服务、无形资产和不动产以及进口货物的企业、单位和个人为增值税的纳税人。其中,服务是指提供交通运输服务、建筑服务、邮政服务、电信服务、金融服务、现代服务、生活服务。

根据经营规模大小及会计核算水平的健全程度,增值税纳税人分为一般纳税人和小规模纳税人。一般纳税人是指年应税销售额超过财政部、国家税务总局规定标准的增值税纳税人。小规模纳税人是指年应税销售额未超过规定标准,并且会计核算不健全,不能够提供准确税务资料的增值税纳税人。

2. 增值税的计税方法

增值税的计税方法分为一般计税方法和简易计税方法。

1）一般计税方法

增值税的一般计税方法，是先按当期销售额和适用的税率计算出销项税额，再以该销项税额对当期购进项目支付的税款（即进项税额）进行抵扣，间接算出当期的应纳税额。应纳税额的计算公式为：

应纳税额＝当期销项税额－当期进项税额

公式中的当期销项税额是指纳税人当期销售货物、加工修理修配劳务、服务、无形资产和不动产时按照销售额和增值税税率计算并收取的增值税额。其中，销售额是指纳税人销售货物、加工修理修配劳务、服务、无形资产和不动产向购买方收取的全部价款和价外费用，但是不包括收取的销项税额。当期销项税额的计算公式为：销项税额＝销售额×增值税税率。

公式中的当期进项税额是指纳税人购进货物、加工修理修配劳务、服务、无形资产或者不动产，支付或者负担的增值税额。下列进项税额准予从销项税额中抵扣：

(1) 从销售方取得的增值税专用发票（含税控机动车销售统一发票，下同）上注明的增值税额。

(2) 取得的海关进口增值税专用缴款书上注明的增值税额。

(3) 购进农产品，除取得增值税专用发票或者海关进口增值税专用缴款书外，按照农产品收购发票或者销售发票上注明的农产品买价和9%的扣除率计算的进项税额；如用于生产销售或委托加工13%税率货物的农产品，按照农产品收购发票或者销售发票上注明的农产品买价和10%的扣除率计算的进项税额。

(4) 从境外单位或者个人购进服务、无形资产或者不动产，从税务机关或者扣缴义务人取得的解缴税款的完税凭证上注明的增值税额。

(5) 一般纳税人支付的道路、桥、闸通行费，凭取得的通行费发票上注明的收费金额和规定的方法计算的可抵扣的增值税进项税额。

当期销项税额小于当期进项税额不足抵扣时，其不足部分可以结转下期继续抵扣。

一般纳税人采用的税率分为13%、9%、6%和零税率。

(1) 一般纳税人销售货物、劳务、有形动产租赁服务或者进口货物，税率为13%。

(2) 一般纳税人销售或者进口粮食等农产品、食用植物油、食用盐、自来水、暖气、冷气、热水、煤气、石油液化气、天然气、二甲醚、沼气、居民用煤炭制品、图书、报纸、杂志、音像制品、电子出版物、饲料、化肥、农药、农机、农膜以及国务院及其有关部门规定的其他货物，税率为9%；提供交通运输、邮政、基础电信、建筑、不动产租赁服务，销售不动产，转让土地使用权，税率为9%；其他应税行为，税率为6%。

(3) 一般纳税人出口货物，税率为0；但是，国务院另有规定的除外。境内单位和个人发生的跨境应税行为税率为0，具体范围由财政部和国家税务总局另行规定。

2）简易计税方法

增值税的简易计税方法是按照销售额与征收率的乘积计算应纳税额，不得抵扣进项税额。应纳税额的计算公式为：

应纳税额＝销售额×征收率

公式中的销售额不包括其应纳税额，如果纳税人采用销售额和应纳税额合并定价方法的，应按照公式“销售额＝含税销售额÷(1＋征收率)”还原为不含税销售额计算。

增值税一般纳税人计算增值税大多采用一般计税方法；小规模纳税人一般采用简易计税方法；一般纳税人发生财政部和国家税务总局规定的特定应税销售行为，也可以选择简易计税方式计税，但是不得抵扣进项税额。

采用简易计税方式的增值税征收率为3%，国家另有规定的除外。

（二）一般纳税人的账务处理

1. 增值税核算应设置的会计科目

为了核算企业应交增值税的发生、抵扣、交纳、退税及转出等情况，增值税一般纳税人应当在“应交税费”科目下设置“应交增值税”“未交增值税”“预交增值税”“待抵扣进项税额”“待认证进项税额”“待转销项税额”“简易计税”“转让金融商品应交增值税”“代扣代交增值税”等明细科目。

(1)“应交增值税”明细科目用来核算一般纳税人进项税额、销项税额抵减、已交税金、转出未交增值税、减免税款、出口抵减内销产品应纳税额、销项税额、出口退税、进项税额转出等情况。其对应的明细账设置以下专栏：①“进项税额”专栏，记录一般纳税人购进货物、加工修理修配劳务、服务、无形资产或不动产而支付或负担的、准予从当期销项税额中抵扣的增值税额；②“销项税额抵减”专栏，记录一般纳税人按照现行增值税制度规定因扣减销售额而减少的销项税额；③“已交税金”专栏，记录一般纳税人当月已交纳的应交增值税额；④“转出未交增值税”和“转出多交增值税”专栏，分别记录一般纳税人月度终了转出当月应交未交或多交的增值税额；⑤“减免税款”专栏，记录一般纳税人按现行增值税制度规定准予减免的增值税额；⑥“出口抵减内销产品应纳税额”专栏，记录实行“免、抵、退”办法的一般纳税人按规定计算的出口货物的进项税抵减内销产品的应纳税额；⑦“销项税额”专栏，记录一般纳税人销售货物、加工修理修配劳务、服务、无形资产或不动产应收取的增值税额；⑧“出口退税”专栏，记录一般纳税人出口货物、加工修理修配劳务、服务、无形资产按规定退回的增值税额；⑨“进项税额转出”专栏，记录一般纳税人购进货物、加工修理修配劳务、服务、无形资产或不动产等发生非正常损失以及其他原因而不应从销项税额中抵扣、按规定转出的进项税额。

(2)“未交增值税”明细科目用来核算一般纳税人月度终了从“应交增值税”或“预交增值税”明细科目转入当月应交未交、多交或预交的增值税额，以及当月交纳以前期间未交的增值税额。

(3)“预交增值税”明细科目用来核算一般纳税人转让不动产、提供不动产经营租赁服务、提供建筑服务、采用预收款方式销售自行开发的房地产项目等，以及其他按现行增值税制度规定应预交的增值税额。

(4)“待抵扣进项税额”明细科目用来核算一般纳税人已取得增值税扣税凭证并经税务机关认证，按照现行增值税制度规定准予以后期间从销项税额中抵扣的进项税额。

(5)“待认证进项税额”明细科目用来核算一般纳税人未经税务机关认证而不得从当

期销项税额中抵扣的进项税额。该明细科目包括一般纳税人已取得增值税扣税凭证、按照现行增值税制度规定准予从销项税额中抵扣，但尚未经税务机关认证的进项税额；一般纳税人已申请稽核但尚未取得稽核相符结果的海关进口增值税专用缴款书进项税额。

(6)“待转销项税额”明细科目用来核算一般纳税人销售货物、加工修理修配劳务、服务、无形资产或不动产，已确认相关收入（或利得）但尚未发生增值税纳税义务而需于以后期间确认为销项税额的增值税额。

(7)“简易计税”明细科目用来核算一般纳税人采用简易计税方法发生的增值税计提、扣减、预交、交纳等业务。

(8)“转让金融商品应交增值税”明细科目用来核算增值税纳税人转让金融商品发生的增值税额。

(9)“代扣代交增值税”明细科目用来核算纳税人购进在境内未设经营机构的境外单位或个人在境内的应税行为代扣代交的增值税。

【做中学·单项选择题】 下列各项中，增值税一般纳税人当期发生（增值税专用发票已经税务机关认证）准予以后期间抵扣的进项税额，应记入（ ）科目。

A.“应交税费——待转销项税额”

B.“应交税费——未交增值税”

C.“应交税费——待抵扣进项税额”

D.“应交税费——应交增值税”

【答案】 C

【解析】 “待抵扣进项税额”明细科目用来核算一般纳税人已取得增值税扣税凭证并经税务机关认证，按照现行增值税制度规定准予以后期间从销项税额中抵扣的进项税额，选项C正确。

2. 取得资产、接受劳务或服务

第一，一般纳税人购进货物、加工修理修配劳务、服务、无形资产或者不动产，按应计入相关成本费用或资产的金额，借记“材料采购”“在途物资”“原材料”“库存商品”“生产成本”“无形资产”“固定资产”“管理费用”等科目，按当月已认证的可抵扣增值税额，借记“应交税费——应交增值税（进项税额）”科目，按当月未认证的可抵扣增值税额，借记“应交税费——待认证进项税额”科目，按应付或实际支付的金额，贷记“应付账款”“应付票据”“银行存款”等科目。购进货物等发生的退货，应根据税务机关开具的红字增值税专用发票编制相反的会计分录，如原增值税专用发票未作认证，应将发票退回并作相反的会计分录。

企业购进农产品除取得增值税专用发票或者海关进口增值税专用缴款书外，按照农产品收购发票或者销售发票上注明的农产品买价和9%的扣除率计算的进项税额；购进用于生产销售或委托加工13%税率货物的农产品，按照农产品收购发票或者销售发票上注明的农产品买价和10%的扣除率计算的进项税额，借记“应交税费——应交增值税（进项税额）”科目，按农产品买价扣除进项税额后的差额，借记“材料采购”“在途物资”“原材料”“库存商品”等科目，按照应付或实际支付的价款，贷记“应付账款”“应付票据”“银行存款”等科目。

【例5-20】 甲公司为增值税一般纳税人，销售商品适用的增值税税率为13%，原材料按实际成本核算，销售商品价格为不含增值税的公允价格。2×21年6月份，甲公司发生交易或事项以及相关的会计分录如下：

5日，购入原材料一批，增值税专用发票上注明的价款为180 000元，增值税额为23 400元，材料尚未到达，全部款项已用银行存款支付。

借：在途物资　　180 000
　　应交税费——应交增值税(进项税额)　　23 400
　贷：银行存款　　203 400

10日，收到5日购入的原材料并验收入库，实际成本总额为180 000元。同日，与运输公司结清运输费用，增值税专用发票上注明的运输费用为7 500元，增值税额为675元，运输费用和增值税额已用转账支票付讫。

借：原材料　　187 500
　　应交税费——应交增值税(进项税额)　　675
　贷：银行存款　　8 175
　　　在途物资　　180 000

15日，购入不需要安装的生产设备一台，增值税专用发票上注明的价款为45 000元，增值税额为5 850元，款项尚未支付。

借：固定资产　　45 000
　　应交税费——应交增值税(进项税额)　　5 850
　贷：应付账款　　50 850

20日，购入农产品一批，农产品收购发票上注明的买价为300 000元，规定的扣除率为9%，货物尚未到达，价款已用银行存款支付。

进项税额＝购买价款×扣除率＝300 000×9%＝27 000(元)

借：在途物资　　273 000
　　应交税费——应交增值税(进项税额)　　27 000
　贷：银行存款　　300 000

25日，公司管理部门委托外单位修理机器设备，取得对方开具的增值税专用发票上注明的修理费用为30 000元，增值税额为3 900元，款项已用银行存款支付。

借：管理费用　　30 000
　　应交税费——应交增值税(进项税额)　　3 900
　贷：银行存款　　33 900

25日，该公司购进一幢简易办公楼作为固定资产核算，并投入使用。已取得增值税专用发票并经税务机关认证，增值税专用发票上注明的价款为2 250 000元，增值税额为202 500元，全部款项以银行存款支付。假定不考虑其他相关因素。

借：固定资产　　2 250 000
　　应交税费——应交增值税(进项税额)　　202 500
　贷：银行存款　　2 452 500

第二，货物等已验收入库但尚未取得增值税扣税凭证。企业购进的货物等已到达并验收入库，但尚未收到增值税扣税凭证并未付款的，应在月末按货物清单或相关合同协议上的价格暂估入账，不需要将增值税的进项税额暂估入账。下月初，企业用红字冲销原暂估入账金额，待取得相关增值税扣税凭证并经认证后，按应计入相关成本费用或资产的金额，借记“原材料”“库存商品”“固定资产”“无形资产”等科目，按可抵扣的增值税额，借记“应交税费——应交增值税（进项税额）”科目，按应付或实际支付的金额，贷记“应付账款”“应付票据”“银行存款”等科目。

【例 5-21】 承[例 5-20]，2×21 年 6 月 30 日，甲公司购进原材料一批已验收入库，但尚未收到增值税扣税凭证，款项也未支付。随货同行的材料清单列明的原材料销售价格为 390 000 元。甲公司应编制会计分录如下：

借：原材料　　390 000

　　贷：应付账款　　390 000

下月初，用红字冲销原暂估入账金额：

借：原材料　　390 000（红字）

　　贷：应付账款　　390 000（红字）

7 月 10 日，取得相关增值税专用发票上注明的价款为 390 000 元，增值税额为 50 700 元，增值税专用发票已经认证，全部款项以银行存款支付。甲公司应编制会计分录如下：

借：原材料　　390 000

　　应交税费——应交增值税（进项税额）　　50 700

　　贷：银行存款　　440 700

第三，进项税额转出。企业已单独确认进项税额的购进货物、加工修理修配劳务或者服务、无形资产或者不动产但其事后改变用途（如用于简易计税方法计税项目、免征增值税项目、非增值税应税项目等），或发生非正常损失，原已计入进项税额、待抵扣进项税额或待认证进项税额，按照现行增值税制度规定不得从销项税额中抵扣。

·知识点拨·

这里所说的“非正常损失”，根据现行增值税制度规定，是指因管理不善造成货物被盗、丢失、霉烂变质，以及因违反法律、法规造成货物或者不动产被依法没收、销毁、拆除的情形。自然灾害造成损失的进项税不用转出。

进项税额转出的账务处理为，借记“待处理财产损溢”“应付职工薪酬”“固定资产”“无形资产”等科目，贷记“应交税费——应交增值税（进项税额转出）”“应交税费——待抵扣进项税额”或“应交税费——待认证进项税额”科目。属于转作待处理财产损失的进项税额，应与非正常损失的购进货物、在产品或库存商品、固定资产或无形资产的成本一并处理。

微课：进项税额转出的账务处理

【例 5-22】 承[例 5-20]，2×21 年 6 月份，甲公司发生进项税额转出事项如下：

10 日，库存材料因管理不善发生火灾损失，材料实际成本为 30 000 元，相关增值税专用发票上注明的增值税额为 3 900 元。甲公司将毁损库存材料作为待处理财产损溢入账。

甲公司应编制会计分录如下：

借：待处理财产损溢——待处理流动资产损溢　　33 900
　贷：原材料　　30 000
　　应交税费——应交增值税（进项税额转出）　　3 900

18 日，领用一批外购原材料用于集体福利，该批原材料的实际成本为 90 000 元，相关增值税专用发票上注明的增值税额为 11 700 元。甲公司应编制会计分录如下：

借：应付职工薪酬——职工福利费　　101 700
　贷：原材料　　90 000
　　应交税费——应交增值税（进项税额转出）　　11 700

需要说明的是，一般纳税人购进货物、加工修理修配劳务、服务、无形资产或不动产，用于简易计税方法计税项目、免征增值税项目、集体福利或个人消费等，即使取得的增值税专用发票上已注明增值税进项税额，该税额按照现行增值税制度规定也不得从销项税额中抵扣的，取得增值税专用发票时，应将待认证的目前不可抵扣的增值税进项税额，借记"应交税费——待认证进项税额"科目，贷记"银行存款""应付账款"等科目。经税务机关认证为不可抵扣的增值税进项税额时，借记"应交税费——应交增值税（进项税额）"科目，贷记"应交税费——待认证进项税额"科目；同时，将增值税进项税额转出，借记相关成本费用或资产科目，贷记"应交税费——应交增值税（进项税额转出）"科目。

【例 5-23】 承[例 5-20]，2×21 年 6 月 28 日，甲公司外购空调扇 300 台作为福利发放给直接从事生产的职工，取得的增值税专用发票上注明的价款为 225 000 元，增值税额为 29 250 元，以银行存款支付了购买空调扇的价款和增值税进项税额，增值税专用发票尚未经税务机关认证，甲公司应编制会计分录如下：

购入时：

借：库存商品——空调扇　　225 000
　应交税费——待认证进项税额　　29 250
　贷：银行存款　　254 250

经税务机关认证不可抵扣时：

借：应交税费——应交增值税（进项税额）　　29 250
　贷：应交税费——待认证进项税额　　29 250

同时：

借：库存商品——空调扇　　29 250
　贷：应交税费——应交增值税（进项税额转出）　　29 250

实际发放时：

借：应付职工薪酬——非货币性福利　　254 250
　贷：库存商品——空调扇　　254 250

·小思考·

企业将自产产品用于职工福利，该如何进行账务处理？

3. 销售等业务的账务处理

(1) 企业销售货物、加工修理修配劳务、服务、无形资产或不动产，应当按应收或已收的金额，借记"应收账款""应收票据""银行存款"等科目，按取得的收益金额，贷记"主营业务收入""其他业务收入""固定资产清理"等科目，按现行增值税制度规定计算的销项税额(或采用简易计税方法计算的应纳增值税额)，贷记"应交税费——应交增值税(销项税额)"或"应交税费——简易计税"科目。

·知识点拨·

企业销售货物等发生销售退回的，应根据税务机关开具的红字增值税专用发票作相反的会计分录。根据《企业会计准则》相关规定的收入或利得确认时点早于按照现行增值税制度确认增值税纳税义务发生时点的，应将相关销项税额记入"应交税费——待转销项税额"科目，待实际发生纳税义务时，再转入"应交税费——应交增值税(销项税额)"或"应交税费——简易计税"科目。按照增值税制度确认增值税纳税义务发生时点早于根据《企业会计准则》相关规定收入或利得确认时点的，应将应纳增值税额，借记"应收账款"科目，贷记"应交税费——应交增值税(销项税额)"或"应交税费——简易计税"科目，根据《企业会计准则》相关规定确认收入或利得时，应按扣除增值税销项税额后的金额确认收入或利得。

【例5-24】 承[例5-20]，2×21年6月份，甲公司发生与销售相关的交易或事项如下：

15日，销售产品一批，开具增值税专用发票上注明的价款为4 500 000元，增值税额为585 000元，提货单和增值税专用发票已交给买方，款项尚未收到。甲公司应编制会计分录如下：

借：应收账款　　5 085 000

　贷：主营业务收入　　4 500 000

　　　应交税费——应交增值税(销项税额)　　585 000

28日，为外单位代加工电脑桌500个，每个收取加工费120元，已加工完成。开具的增值税专用发票上注明的价款为60 000元，增值税额为7 800元，款项已收到并存入银行。甲公司应编制会计分录如下：

借：银行存款　　67 800

　贷：主营业务收入　　60 000

　　　应交税费——应交增值税(销项税额)　　7 800

(2) 视同销售。企业有些交易或事项按照现行增值税制度规定，应视同对外销售处理，计算应交增值税。视同销售需要交纳增值税的事项主要有企业将自产或委托加工的货物用于集体福利或个人消费、作为投资提供给其他单位或个体工商户、分配给股东或投资者、对外捐赠等。在这些情况下，企业应当根据视同销售的具体内容，按照现行增值税制度规定计算的销项税额(或采用简易计税方法计算的应纳增值税额)，借记"长期股权投资""应付职工薪酬""利润分配""营业外支出"等科目，贷记"应交税费——应交增值税(销项税额)”或“应交税费——简易计税”科目。

【例 5-25】 承[例 5-20],2×21 年 6 月份,甲公司发生的视同销售的交易或事项如下:

10 日,以公司生产的产品对外捐赠,该批产品的实际成本为 300 000 元,市场不含税售价为 375 000 元,开具的增值税专用发票上注明的增值税额为 48 750 元。甲公司应编制会计分录如下:

甲公司以自产产品对外捐赠应交的增值税销项税额=375 000×13%=48 750(元)

借:营业外支出　　348 750

　贷:库存商品　　300 000

　　应交税费——应交增值税(销项税额)　　48 750

25 日,甲公司用一批原材料对外进行长期股权投资。该批原材料实际成本为 900 000 元,双方协商不含税价值为 1 125 000 元,开具的增值税专用发票上注明的增值税额为 146 250 元。甲公司应编制会计分录如下:

甲公司对外投资原材料应交的增值税销项税额=1 125 000×13%=146 250(元)

借:长期股权投资　　1 271 250

　贷:其他业务收入　　1 125 000

　　应交税费——应交增值税(销项税额)　　146 250

同时:

借:其他业务成本　　900 000

　贷:原材料　　900 000

【做中学·多项选择题】 下列关于增值税一般纳税人的会计处理的表述中,正确的有(　　)。

A. 已单独确认进项税额的购进货物用于投资,应贷记“应交税费——应交增值税(进项税额转出)”科目

B. 将委托加工的货物用于对外捐赠,应贷记“应交税费——应交增值税(销项税额)”科目

C. 已单独确认进项税额的购进货物发生非正常损失,应贷记“应交税费——应交增值税(进项税额转出)”科目

D. 企业管理部门领用本企业生产的产品,应贷记“应交税费——应交增值税(销项税额)”科目

【答案】 BC

【解析】 外购货物用于投资,应视同销售,确认增值税销项税额,选项 A 不正确;委托加工的货物对外捐赠,应视同销售,确认增值税销项税额,选项 B 正确;存货发生非正常损失,进项税额不得抵扣,应作进项税额转出处理,选项 C 正确;企业领用自己生产的存货,不视同销售,按成本领用,选项 D 不正确。

4. 交纳增值税

企业交纳当月应交的增值税,借记“应交税费——应交增值税(已交税金)”科目,贷记“银行存款”科目;企业交纳以前期间未交的增值税,借记“应交税费——未交增值税”科

目，贷记“银行存款”科目。

【例 5-26】 承[例 5-20]至[例 5-25]，2×21 年 6 月份，甲公司当月发生增值税销项税额合计为 787 800 元，增值税进项税额转出合计为 44 850 元，增值税进项税额合计为 292 575 元。甲公司当月应交增值税计算结果如下：

当月应交增值税＝787 800＋44 850－292 575＝540 075(元)

甲公司当月实际交纳增值税 500 075 元，编制会计分录如下：

借：应交税费——应交增值税(已交税金)　　500 075

　贷：银行存款　　500 075

5. 月末转出多交增值税和未交增值税

月度终了，企业应当将当月应交未交或多交的增值税自“应交增值税”明细科目转入“未交增值税”明细科目。对于当月应交未交的增值税，借记“应交税费——应交增值税(转出未交增值税)”科目，贷记“应交税费——未交增值税”科目；对于当月多交的增值税，借记“应交税费——未交增值税”科目，贷记“应交税费——应交增值税(转出多交增值税)”科目。

【例 5-27】 承[例 5-26]，2×21 年 6 月 30 日，甲公司将尚未交纳的其余增值税 40 000 元进行转账。甲公司编制会计分录如下：

借：应交税费——应交增值税(转出未交增值税)　　40 000

　贷：应交税费——未交增值税　　40 000

7 月份，甲公司交纳 6 月未交的增值税 40 000 元，编制会计分录如下：

借：应交税费——未交增值税　　40 000

　贷：银行存款　　40 000

·知识点拨·

企业购入材料、商品等不能取得增值税专用发票的，发生的增值税应计入材料采购成本，借记“材料采购”“在途物资”“原材料”“库存商品”等科目，贷记“银行存款”等科目。

(三) 小规模纳税人的账务处理

小规模纳税人核算增值税采用简化的方法，即购进货物、应税服务或应税行为，取得增值税专用发票上注明的增值税，一律不予抵扣，直接计入相关成本费用或资产。小规模纳税人销售货物、应税服务或应税行为时，按照不含税的销售额和规定的增值税征收率计算应交纳的增值税(即应纳税额)。

·知识点拨·

小规模纳税人销售货物、应税服务或应税行为时，只能开具增值税普通发票，不得开具增值税专用发票。若购货方要求获得增值税专用发票，小规模纳税人需申请税务机关代开发票。

一般来说，小规模纳税人采用销售额和应纳税额合并定价的方法并向客户结算款项，销售货物、应税劳务或应税行为后，应进行价税分离，确定不含税的销售额。不含税的销售额计算公式为：

不含税销售额＝含税销售额÷(1＋征收率)

应纳税额＝不含税销售额×征收率

小规模纳税人进行账务处理时，只需在“应交税费”科目下设置“应交增值税”明细科目，该明细科目不再设置增值税专栏。“应交税费——应交增值税”科目贷方登记应交纳的增值税，借方登记已交纳的增值税。该科目期末贷方余额反映小规模纳税人尚未交纳的增值税；期末借方余额反映小规模纳税人多交纳的增值税。

小规模纳税人购进货物、应税服务或应税行为，按照应付或实际支付的全部款项(包括支付的增值税额)，借记“材料采购”“在途物资”“原材料”“库存商品”等科目，贷记“应付账款”“应付票据”“银行存款”等科目；销售货物、应税服务或应税行为，应按全部价款(包括应交的增值税额)，借记“银行存款”等科目，按不含税的销售额，贷记“主营业务收入”等科目，按应交增值税，贷记“应交税费——应交增值税”科目。

【例 5-28】 某企业为增值税小规模纳税人，适用增值税征收率为 3%，原材料按实际成本核算。该企业发生经济交易如下：购入原材料一批，取得的增值税专用发票上注明的价款为 45 000 元，增值税额为 5 850 元，全部款项以银行存款支付，材料已验收入库。销售产品一批，开具的普通发票上注明的货款(含税)为 77 250 元，款项已存入银行。用银行存款交纳增值税 2 250 元。该企业应编制会计分录如下：

(1) 购入原材料时：

借：原材料　　50 850

　贷：银行存款　　50 850

(2) 销售产品时：

不含税销售额＝含税销售额÷(1＋征收率)＝77 250÷(1＋3%)＝75 000(元)

应纳增值税＝不含税销售额×征收率＝75 000×3%＝2 250(元)

借：银行存款　　77 250

　贷：主营业务收入　　75 000

　　应交税费——应交增值税　　2 250

(3) 交纳增值税时：

借：应交税费——应交增值税　　2 250

　贷：银行存款　　2 250

【做中学·单项选择题】 某企业为增值税小规模纳税人。该企业购入一批原材料，取得增值税专用发票上注明的价款为 150 万元，增值税额为 19.5 万元；另付运费 1 万元，增值税额为 0.09 万元。假定不考虑其他因素，该批原材料的入账成本为(　　)万元。

A. 151　　B. 170.59　　C. 170.5　　D. 151.09

【答案】 B

【解析】 原材料的入账成本＝150＋19.5＋1＋0.09＝170.59(万元)。

(四) 差额征税的账务处理

根据财政部和国家税务总局“营改增”相关规定，对于企业发生的某些业务(金融商品转让、经纪代理服务、融资租赁和融资性售后回租业务、一般纳税人提供客运场站服务、试点纳税人提供旅游服务、选择简易计税方法提供建筑服务等)无法通过抵扣机制避免重复征税的,应采用差额征税方式计算交纳增值税。

1. 企业按规定相关成本费用允许扣减销售额的账务处理

按现行增值税制度规定,企业发生相关成本费用允许扣减销售额的,发生成本费用时,按应付或实际支付的金额,借记"主营业务成本"等科目,贷记"应付账款""应付票据""银行存款"等科目。待取得合规增值税扣税凭证且纳税义务发生时,按照允许抵扣的税额,借记"应交税费——应交增值税(销项税额抵减)"或"应交税费——简易计税"科目(小规模纳税人应借记"应交税费——应交增值税"科目),贷记"主营业务成本"等科目。

【例 5-29】 某旅行社为增值税一般纳税人,应交增值税采用差额征税方式核算。2×21 年 7 月份,该旅行社为乙公司提供职工境内旅游服务,向乙公司收取含税价款 477 000 元,其中增值税 27 000 元,全部款项已收妥入账。旅行社以银行存款支付其他接团旅游企业的旅游费用和其他单位相关费用共 381 600 元,其中,因允许扣减销售额而减少的销项税额为 21 600 元。该旅行社应编制会计分录如下:

(1) 确认旅游服务收入时:

借:银行存款	477 000	
贷:主营业务收入		450 000
应交税费——应交增值税(销项税额)		27 000

(2) 支付旅游费用等时:

借:主营业务成本	381 600	
贷:银行存款		381 600

(3) 根据增值税扣税凭证抵减销项税额,并调整成本时:

借:应交税费——应交增值税(销项税额抵减)	21 600	
贷:主营业务成本		21 600

上述分录(2)和分录(3)可合并编制会计分录如下:

借:主营业务成本	360 000	
应交税费——应交增值税(销项税额抵减)	21 600	
贷:银行存款		381 600

2. 企业转让金融商品按规定以盈亏相抵后的余额作为销售额

按现行增值税制度规定,企业实际转让金融商品,月末,如产生转让收益,则按应纳税额,借记"投资收益"等科目,贷记"应交税费——转让金融商品应交增值税"科目;如产生转让损失,则按可结转下月抵扣税额,借记"应交税费——转让金融商品应交增值税"科目,贷记"投资收益"等科目。交纳增值税时,应借记"应交税费——转让金融商品应交增值税"科目,贷记"银行存款"科目。年末,"应交税费——转让金融商品应交增值税"科目如有借方余额,则借记"投资收益"等科目,贷记"应交税费——转让金融商品应交增值税"科目。

·知识点拨·

转让金融商品应交增值税的具体账务处理见第三章第二节交易性金融资产的相关内容。

（五）增值税税控系统专用设备和技术维护费用抵减增值税额的账务处理

按现行增值税制度规定，企业初次购买增值税税控系统专用设备支付的费用以及交纳的技术维护费允许在增值税应纳税额中全额抵减。

·知识点拨·

增值税税控系统专用设备，包括增值税防伪税控系统设备（如金税卡、IC卡、读卡器或金税盘和报税盘）、货物运输业增值税专用发票税控系统设备（如税控盘和报税盘）、机动车销售统一发票税控系统和公路、内河货物运输业发票税控系统的设备（如税控盘和传输盘）。

企业初次购入增值税税控系统专用设备，按实际支付或应付的金额，借记“固定资产”科目，贷记“银行存款”“应付账款”等科目，按规定抵减的增值税应纳税额，借记“应交税费——应交增值税（减免税款）”科目（小规模纳税人应借记“应交税费——应交增值税”科目），贷记“管理费用”等科目。

企业发生增值税税控系统专用设备技术维护费，应按实际支付或应付的金额，借记“管理费用”科目，贷记“银行存款”等科目，按规定抵减的增值税应纳税额，借记“应交税费——应交增值税（减免税款）”科目（小规模纳税人应借记“应交税费——应交增值税”科目），贷记“管理费用”等科目。

【例 5-30】 某公司为增值税一般纳税人，初次购买数台增值税税控系统专用设备作为固定资产核算，取得的增值税专用发票上注明的价款为 57 000 元，增值税额为 7 410 元，价款和税款以银行存款支付。该公司应编制会计分录如下：

（1）取得设备，支付价款和税款时：

借：固定资产	64 410	
贷：银行存款		64 410

（2）按规定抵减增值税应纳税额时：

借：应交税费——应交增值税（减免税款）	64 410	
贷：管理费用		64 410

·知识点拨·

小微企业在取得销售收入时，应当按照现行增值税制度的规定计算应交增值税，并确认为应交税费，在达到增值税制度规定的免征增值税条件时，将有关应交增值税转入当期损益。

三、应交消费税

(一) 应交消费税概述

消费税是指在我国境内生产、委托加工和进口应税消费品的单位和个人，按其流转额交纳的一种税。消费税有从价定率、从量定额、从价定率和从量定额复合计税（简称“复合计税”）三种征收方法：

(1) 采取从价定率方法征收的消费税，以不含增值税的销售额为税基，按照税法规定的税率计算。企业的销售收入包含增值税的，应将其换算为不含增值税的销售额。

(2) 采取从量定额计征的消费税，按税法确定的企业应税消费品的数量和单位应税消费品应缴纳的消费税计算确定。

(3) 采取复合计税计征的消费税，由以不含增值税的销售额为税基，按照税法规定的税率计算的消费税和根据按税法确定的企业应税消费品的数量和单位应税消费品应缴纳的消费税计算的消费税合计确定。

(二) 应交消费税的账务处理

企业应在“应交税费”科目下设置“应交消费税”明细科目，核算应交消费税的发生、交纳情况。该科目贷方登记应交纳的消费税，借方登记已交纳的消费税，期末贷方余额反映企业尚未交纳的消费税，期末借方余额反映企业多交纳的消费税。

1. 销售应税消费品

企业销售应税消费品应交的消费税，应借记“税金及附加”科目，贷记“应交税费——应交消费税”科目。

【例 5-31】 甲公司销售所生产的高档化妆品，价款为 1 500 000 元（不含增值税），开具的增值税专用发票上注明的增值税额为 195 000 元，适用的消费税税率为 15%，款项已存入银行。甲公司应编制会计分录如下：

(1) 取得价款和税款时：

借：银行存款　　1 695 000

　　贷：主营业务收入　　1 500 000

　　　　应交税费——应交增值税（销项税额）　　195 000

(2) 计算应交纳的消费税时：

应纳消费税额＝1 500 000×15%＝225 000（元）

借：税金及附加　　225 000

　　贷：应交税费——应交消费税　　225 000

2. 自产自用应税消费品

企业将生产的应税消费品用于在建工程等非生产机构时，按规定应交纳的消费税，借记“在建工程”等科目，贷记“应交税费——应交消费税”科目。

【例 5-32】 乙企业在建工程领用自产柴油，成本为 75 000 元，应纳消费税 9 000 元。假定不考虑其他相关税费。乙企业应编制会计分录如下：

借：在建工程　84 000
　贷：库存商品　75 000
　　应交税费——应交消费税　9 000

【例 5-33】 丙企业下设的职工食堂享受企业提供的补贴，本月领用自产产品一批，该产品的成本为 30 000 元，市场不含税售价为 45 000 元，适用的增值税税率为 13%、消费税税率为 10%。丙企业应编制会计分录如下：

借：应付职工薪酬——职工福利费　50 850
　税金及附加　4 500
　贷：主营业务收入　45 000
　　应交税费——应交增值税(销项税额)　5 850
　　　　　——应交消费税　4 500

同时：

借：主营业务成本　30 000
　贷：库存商品　30 000

3. *委托加工应税消费品*

企业如有应交消费税的委托加工物资，一般应由受托方代收代交消费税。具体处理方法分为两种情况：

(1) 委托加工物资收回后，直接用于销售的，应将受托方代收代交的消费税计入委托加工物资的成本，借记"委托加工物资"等科目，贷记"应付账款""银行存款"等科目。

(2) 委托加工物资收回后用于连续生产应税消费品的，按规定准予抵扣的，应按已由受托方代收代交的消费税，借记"应交税费——应交消费税"科目，贷记"应付账款""银行存款"等科目，待用委托加工的应税消费品生产出应纳消费税的产品销售时，再交纳消费税。

【例 5-34】 甲公司委托乙企业代为加工一批应交消费税的材料(非金银首饰)。甲公司发出材料的成本为 3 000 000 元，应付加工费为 600 000 元，增值税税率为 13%，由乙企业代收代交的消费税为 240 000 元。材料已经加工完成，并由甲公司收回验收入库，加工费及相关税金尚未支付。甲公司采用实际成本法进行原材料的核算。甲公司应编制会计分录如下：

(1) 委托加工物资收回继续用于生产应税消费品时：

借：委托加工物资　3 000 000
　贷：原材料　3 000 000
借：委托加工物资　600 000
　应交税费——应交增值税(进项税额)　78 000
　　　　——应交消费税　240 000
　贷：应付账款　918 000
借：原材料　3 600 000
　贷：委托加工物资　3 600 000

(2) 如果委托加工物资收回直接对外销售时：

借：委托加工物资 3 000 000

贷：原材料 3 000 000

借：委托加工物资 840 000

应交税费——应交增值税(进项税额) 78 000

贷：应付账款 918 000

借：原材料 3 840 000

贷：委托加工物资 3 840 000

·知识点拨·

同学们可结合教材“委托加工物资”的内容进行学习。

4. 进口应税消费品

企业进口应税物资交纳的消费税由海关代征。应交的消费税按照组成计税价格和规定的税率计算，消费税计入该项物资成本，借记“在途物资”“材料采购”“原材料”“库存商品”科目，贷记“银行存款”等科目。

【例 5-35】 甲公司从国外进口一批需要交纳消费税的商品，已知该商品关税完税价格为 810 000 元，按规定应交纳关税 162 000 元，假定进口的应税消费品的消费税税率为 10%、增值税税率为 13%。货物报关后，自海关取得的海关进口消费税专用缴款书注明的消费税为 108 000 元、海关进口增值税专用缴款书注明的增值税为 140 400 元。进口商品已验收入库，全部货款和税款已用银行存款支付。甲公司应编制会计分录如下：

进口商品的入账成本＝810 000＋162 000＋108 000＝1 080 000(元)

借：库存商品 1 080 000

应交税费——应交增值税(进项税额) 140 400

贷：银行存款 1 220 400

在[例 5-35]中，应交消费税＝[(810 000＋162 000)÷(1－10%)]×10%＝108 000(元)；应交增值税＝(810 000＋162 000＋108 000)×13%＝140 400(元)。

【做中学·单项选择题】 下列关于企业应交消费税的相关会计处理的表述中，正确的是(　　)。

A. 收回委托加工物资直接对外销售，受托方代收代交的消费税记入“应交税费——应交消费税”科目的借方

B. 销售产品应交的消费税记入“税金及附加”科目的借方

C. 用于在建工程的自产产品应交纳的消费税记入“税金及附加”科目的借方

D. 收回委托加工物资连续生产应税消费品，受托方代收代交的消费税记入“委托加工物资”科目的借方

【答案】 B

【解析】 选项 A，计入委托加工物资的成本；选项 C，计入在建工程；选项 D，计入应交税费——应交消费税。

四、其他应交税费

其他应交税费是指除了上述应交税费的其他各种应上交国家的税费，包括应交资源税、应交城市维护建设税、应交教育费附加、应交土地增值税、应交房产税、应交城镇土地使用税、应交车船税、应交企业所得税、应交个人所得税、应交环境保护税等。企业应当在“应交税费”科目下设置相应的明细科目进行核算。其贷方登记应交纳的有关税费，借方登记已交纳的有关税费，期末贷方余额反映企业尚未交纳的有关税费。

（一）应交资源税

资源税是对在我国境内开采矿产品或者生产盐的单位和个人征收的税。其账务处理分为两种情形：

（1）对外销售应税产品应交纳的资源税应记入“税金及附加”科目，借记“税金及附加”科目，贷记“应交税费——应交资源税”科目。

（2）自产自用应税产品应交纳的资源税应记入“生产成本”“制造费用”等科目，借记“生产成本”“制造费用”等科目，贷记“应交税费——应交资源税”科目。

【例5-36】 甲公司本期对外销售资源税应税矿产品5 400 000千克、将自产资源税应税矿产品1 200 000千克用于其产品生产，税法规定每1 000千克矿产品应交资源税5元。甲公司应编制会计分录如下：

计算对外销售应税矿产品应交资源税时：

企业对外销售应税产品而应交的资源税＝5 400 000÷1 000×5＝27 000（元）

借：税金及附加　　27 000

　　贷：应交税费——应交资源税　　27 000

计算自用应税矿产品应交资源税时：

企业自产自用应税矿产品而应交纳的资源税＝1 200 000÷1 000×5＝6 000（元）

借：生产成本　　6 000

　　贷：应交税费——应交资源税　　6 000

交纳资源税时：

借：应交税费——应交资源税　　33 000

　　贷：银行存款　　33 000

（二）应交城市维护建设税

城市维护建设税是以增值税和消费税为计税依据征收的一种税。其纳税人为交纳增值税和消费税的单位和个人，以纳税人实际交纳的增值税和消费税的税额为计税依据，并分别与两项税金同时交纳。其税率因纳税人所在地不同从1%到7%不等。城市维护建设税应纳税额计算公式为：

应纳税额＝（实际交纳的增值税＋实际交纳的消费税）×适用税率

企业按规定计算出应交纳的城市维护建设税，借记“税金及附加”等科目，贷记“应交税费——应交城市维护建设税”科目。交纳城市维护建设税时，借记“应交城市维护建设税”科目，贷记“银行存款”科目。

【例 5-37】 2×21 年 5 月份，甲公司实际交纳增值税 765 000 元、消费税 360 000 元，适用的城市维护建设税税率为 7%。甲公司应编制会计分录如下：

(1) 计算应交城市维护建设税时：

应交的城市维护建设税＝(765 000＋360 000)×7%＝78 750(元)

借：税金及附加　　78 750

　　贷：应交税费——应交城市维护建设税　　78 750

(2) 用银行存款交纳城市维护建设税时：

借：应交税费——应交城市维护建设税　　78 750

　　贷：银行存款　　78 750

(三) 应交教育费附加

教育费附加是指为了加快发展地方教育事业、扩大地方教育经费资金来源而向企业征收的附加费用。教育费附加以各单位实际交纳的增值税、消费税的税额为计征依据，按其一定比例分别与增值税、消费税同时交纳。企业按规定计算出应交纳的教育费附加，借记“税金及附加”等科目，贷记“应交税费——应交教育费附加”科目。

【例 5-38】 甲公司按税法规定计算，2×21 年第四季度应交纳教育费附加 450 000 元。款项已经用银行存款支付。甲公司应编制会计分录如下：

(1) 计算应交纳的教育费附加时：

借：税金及附加　　450 000

　　贷：应交税费——应交教育费附加　　450 000

(2) 交纳教育费附加时：

借：应交税费——应交教育费附加　　450 000

　　贷：银行存款　　450 000

(四) 应交土地增值税

土地增值税是对转让国有土地使用权、地上的建筑物及其附着物(以下简称“转让房地产”)并取得增值性收入的单位和个人所征收的一种税。土地增值税按照转让房地产所取得的增值额和规定的税率计算征收。

·知识点拨·

转让房地产的增值额是转让收入减去税法规定扣除项目金额后的余额，其中，转让收入包括货币收入、实物收入和其他收入；扣除项目主要包括取得土地使用权所支付的金额、开发土地的成本及费用、新建房及配套设施的成本及费用、与转让房地产有关的税金、旧房及建筑物的评估价格、财政部确定的其他扣除项目等。土地增值税采用四级超率累进税率，其中最低税率为 30%，最高税率为 60%。

根据企业对房地产核算方法不同，企业应交土地增值税的账务处理也有所区别：

(1) 企业转让的土地使用权连同地上建筑物及其附着物一并在“固定资产”科目核算的，转让时应交的土地增值税，借记“固定资产清理”科目，贷记“应交税费——应交土地增值税”科目。

(2) 土地使用权在“无形资产”科目核算的，借记“银行存款”“累计摊销”“无形资产减值准备”科目，按应交的土地增值税，贷记“应交税费——应交土地增值税”科目，同时冲销土地使用权的账面价值，贷记“无形资产”科目，按其差额，借记或贷记“资产处置损益”科目。

(3) 房地产开发经营企业销售房地产应交纳的土地增值税，借记“税金及附加”科目，贷记“应交税费——应交土地增值税”科目，交纳土地增值税时，借记“应交税费——应交土地增值税”科目，贷记“银行存款”科目。

【例 5-39】 甲公司对外转让一栋厂房，根据税法规定计算的应交土地增值税为 37 500 元。甲公司应编制会计分录如下：

计算应交土地增值税时：

借：固定资产清理　　37 500

　贷：应交税费——应交土地增值税　　37 500

用银行存款交纳土地增值税时：

借：应交税费——应交土地增值税　　37 500

　贷：银行存款　　37 500

【做中学·判断题】 房地产开发经营企业销售房地产应交纳的土地增值税记入“税金及附加”科目。（　）

【答案】 √

【解析】 房地产开发经营企业销售房地产应交纳的土地增值税，借记“税金及附加”科目，贷记“应交税费——应交土地增值税”科目。

(五) 应交房产税、城镇土地使用税和车船税

房产税是国家对在城市、县城、建制镇和工矿区征收的由产权所有人交纳的一种税。房产税依照房产原值一次减除 10%～30%后的余额计算交纳。没有房产原值作为依据的，由房产所在地税务机关参考同类房产核定；房产出租的，以房产租金收入为房产税的计税依据。

城镇土地使用税是以城市、县城、建制镇、工矿区范围内使用土地的单位和个人为纳税人，以其实际占用的土地面积和规定税额计算征收的一种税。

车船税是以车辆、船舶(简称“车船”)为课征对象，向车船的所有人或者管理人征收的一种税。

企业应交的房产税、城镇土地使用税、车船税，记入“税金及附加”科目，借记“税金及附加”科目，贷记“应交税费——应交房产税、应交城镇土地使用税、应交车船税”科目。

【例 5-40】 某企业按税法规定本期应交纳房产税 240 000 元、车船税 57 000 元、城镇土地使用税 67 500 元。该企业应编制会计分录如下：

(1) 计算应交纳的上述税金时：

借：税金及附加　　364 500

　贷：应交税费——应交房产税　　240 000

　　　　　　——应交城镇土地使用税　　67 500

　　　　　　——应交车船税　　57 000

(2) 用银行存款交纳上述税金时：

借：应交税费——应交房产税　　240 000

　　　　　　——应交城镇土地使用税　　67 500

　　　　　　——应交车船税　　57 000

　贷：银行存款　　364 500

第五节　非流动负债

一、长期借款

(一) 长期借款的概念和科目设置

长期借款是指企业向银行或其他金融机构借入的期限在1年以上(不含1年)的各种借款，一般用于固定资产的购建、改扩建工程、大修理工程、对外投资以及保持长期经营能力等方面。它是企业长期负债的重要组成部分，必须加强管理与核算。

·知识点拨·

由于长期借款的使用关系到企业的生产经营规模和效益，企业除了要遵守有关的贷款规定、编制借款计划并要有不同形式的担保外，还应监督借款的使用、近期支付长期借款的利息以及按规定的期限归还借款本金等。因此，长期借款会计处理的基本要求是反映和监督企业长期借款的借入、借款利息的结算和借款本息的归还情况，促使企业遵守信贷纪律，提高信用等级，同时也要确保长期借款有效使用。

企业应通过“长期借款”科目核算长期借款的借入、归还等情况。该科目按照贷款单位和贷款种类设置明细账，分“本金”“利息调整”等进行明细核算。该科目的贷方登记长期借款本息的增加额，借方登记本息的减少额，期末贷方余额反映企业尚未偿还的长期借款。

(二) 长期借款的账务处理

1. 取得长期借款

企业借入长期借款，应按实际收到的金额，借记“银行存款”科目，贷记“长期借款——本金”科目；如存在差额，还应借记“长期借款——利息调整”科目。

【例5-41】 甲公司为增值税一般纳税人，于2×21年11月30日从银行借入资金4 500 000元，借款期限为3年，年利率为4.8%(到期一次还本付息，不计复利)。所借款项已存入银行。甲公司用该借款于当日购买不需安装的设备一台，价款为3 000 000元，增值税额为390 000元，另支付保险等费用150 000元，设备已于当日投入使用。甲公司应编制会计分录如下：

(1) 取得借款时：

借：银行存款　　4 500 000

　贷：长期借款——本金　　4 500 000

(2) 支付设备款及保险费用时：

借：固定资产　　3 150 000

　　应交税费——应交增值税(进项税额)　　390 000

　　贷：银行存款　　3 540 000

2. 发生长期借款利息

长期借款利息费用应当在资产负债表日按照实际利率法计算确定，实际利率与合同利率差异较小的，也可以采用合同利率计算确定利息费用。

长期借款计算确定的利息费用，应当按以下原则计入有关成本、费用：属于筹建期间的，计入管理费用；属于生产经营期间的，计入财务费用。如果长期借款用于购建固定资产等符合资本化条件的，在资产尚未达到预定可使用状态前，所发生的利息支出数应当资本化，计入在建工程等相关资产成本；资产达到预定可使用状态后发生的利息支出，以及按规定不予资本化的利息支出，计入财务费用。

长期借款按合同利率计算确定的应付未付利息，如果属于分期付息的，贷记“应付利息”科目，如果属于到期一次还本付息的，贷记“长期借款——应计利息”科目。同时，借记“在建工程”“制造费用”“财务费用”“研发支出”等科目。

【例 5-42】 承[例 5-41]，甲公司于 2×21 年 12 月 31 日计提长期借款利息。甲公司应编制会计分录如下：

2×21 年 12 月 31 日计提的长期借款利息＝4 500 000×4.8%÷12＝18 000(元)

借：财务费用　　18 000

　　贷：长期借款——应计利息　　18 000

2×22 年 1 月至 2×24 年 10 月末预提利息分录同上。

【做中学·多项选择题】 下列关于长期借款利息的说法中，正确的有(　　)。

A. 购建固定资产符合条资本化件的利息应记入“在建工程”科目

B. 生产经营用借款利息记入“制造费用”科目

C. 自行开发无形资产符合资本化条件的记入“研发支出”科目

D. 筹建期不符合资本化条件的记入“管理费用”科目

【答案】 ACD

【解析】 生产经营用借款的利息通常记入“财务费用”科目。

3. 归还长期借款

企业归还长期借款的本金时，应按归还的金额，借记“长期借款——本金”科目，贷记“银行存款”科目，按归还的利息，借记“应付利息”或“长期借款——应计利息”科目，贷记“银行存款”科目。

【例 5-43】 承[例 5-42]，2×24 年 11 月 30 日，甲公司偿还该笔银行借款本息。甲公司应编制会计分录如下：

借：财务费用　　18 000

　　长期借款——本金　　4 500 000

　　　　　　——应计利息　　630 000

　　贷：银行存款　　5 148 000

二、长期应付款

(一) 长期应付款的概念和科目设置

长期应付款是指企业除长期借款和应付债券以外的其他各种长期应付款项，如以分期付款方式购入固定资产发生的应付款项等。

企业应设置“长期应付款”科目，用来核算企业应付的款项及偿还情况。该科目可按长期应付款的种类和债权人进行明细核算。该科目的贷方登记发生的长期应付款，借方登记偿还的应付款项，期末贷方余额反映企业尚未偿还的长期应付款。

(二) 长期应付款的账务处理

企业购买资产有可能延期支付有关价款。如果延期支付的购买价款超过正常信用条件，实质上具有融资性质的，所购资产的成本不能以各期付款额之和确定，应当以延期支付购买价款的现值为基础确认。

·知识点拨·

固定资产购买价款的现值，应当按照各期支付的价款选择适当的折现率进行折现后的金额加以确定。折现率是反映当前市场货币时间价值和延期付款债务特定风险的利率。该折现率实质上是供货企业的必要报酬率。

具体来说，企业购入资产超过正常信用条件延期付款实质上具有融资性质时，应按购买价款的现值，借记“固定资产”“在建工程”“财务费用”等科目，按应支付的价款总额，贷记“ 长期应付款”科目，按其差额，借记“未确认融资费用”科目。

各期实际支付的价款之和与其现值之间的差额，应当在信用期间内采用实际利率法进行摊销，计入相关资产成本或当期损益。

应付债券　　第五章思考题和习题

第六章 所有者权益

【案例导入】

课程思政

火锅店的注册资本

小刘和小王为某财经大学同学，大学毕业后两人决定一起自主创业。在双方父母的资助下，小刘和小王各出资40万元开了一家火锅店，注册资本为80万元，小刘和小王各占50%。

火锅店生意十分火爆，两人想扩大火锅店规模，但是资金不足，就找来同学小张追加注册资本，三人商定将火锅店注册资本增加至120万元，小张追加注册资本50万元，三人各占股权分配的1/3。

【请思考】小张追加注册资本50万元，实际计入实收资本数应该为多少呢？

【知识目标】

1. 理解实收资本(或股本)的含义，掌握实收资本(或股本)增加和减少的账务处理。
2. 掌握资本公积的内容和账务处理。
3. 理解留存收益的含义，掌握留存收益的构成和掌握处理。

【技能目标】

1. 能对所有者权益的各个项目进行职业判断。
2. 能进行实收资本(或股本)、资本公积和留存收益的会计实务处理。

【思政目标】

1. 能正确处理国家、单位和个人利益关系。
2. 强化服务意识。

第一节 实收资本(或股本)

一、实收资本(或股本)概述

实收资本是指企业按照章程规定或合同、协议约定,接收投资者投入企业的资本。对于股份制公司,实收资本表现为实际发行的股票面值总额,也称为股本;对于有限责任公司,实收资本表现为投资者实际出资额。实收资本的构成比例或股东的股份比例,是确定所有者在企业所有者权益中份额的基础,也是企业进行利润或股利分配的主要依据,同时还是企业清算时确定所有者对净资产要求权的依据。

《中华人民共和国公司法》规定,股东可以用货币出资,也可以用实物、知识产权、土地使用权等可以用货币估价并可以依法转让的非货币财产作价出资;但是,法律、行政法规规定不得作为出资的财产除外。企业应当对作为出资的非货币财产评估作价,核实财产,不得高估或者低估作价。法律、行政法规对评估作价有规定的,从其规定。股东应当按期足额交纳公司章程中规定的各自所认缴的出资额。股东不按照前款规定交纳出资的,除应当向公司足额交纳外,还应当向已按期足额交纳出资的股东承担违约责任。企业收到所有者投入企业的资本后,应根据有关原始凭证(如投资清单、银行通知单等),分别不同的出资方式进行会计处理。

·理论点拨·

实收资本和注册资本的区别

注册资本是公司在设立时募集的、由章程载明的、经公司登记机关注册的资本,是股东认缴或认购的出资额;实收资本是公司成立时实际收到的股东出资额,是公司实际拥有的资本。

注册资本是法律上规定的强制性要求,而实收资本则是企业在实际业务中遵循法律规定的结果,两者不是同一个概念。但在现行制度下,它们在金额上存在等同的情况,如果足额到位,实收资本就等于注册资本;若未足额到位的话,则以实际的到位金额来表示。由于公司认缴股份以后,可以一次全部缴清,也可以分期缴纳,所以实收资本在某段时间内可能小于注册资本,但公司的注册资本和实收资本最终应当是一致的。

二、实收资本(或股本)的账务处理

为了反映和监督投资者投入资本的增减变动情况,股份有限公司应设置"股本"科目,其他各类企业应设置"实收资本"科目。

"股本"科目的贷方登记已发行的股票面值,借方登记经批准核销的股票面值,期末贷方余额反映发行在外的股票面值。"股本"科目应当按照股票的类别设置明细账,进行明细核算。

"实收资本"科目的贷方登记企业收到投资者符合注册资本的出资额,借方登记企业按照法定程序报经批准减少的注册资本额，期末贷方余额，反映企业实有的资本额。“实收资本”科目应按照投资者设置明细科目进行明细核算。企业接收投资者的投资有多种方式，可以接受投资者现金投资，也可以接受投资者非现金资产投资。

（一）接受现金资产投资

1. 股份有限公司以外的企业接受现金资产投资

微课：公司接受现金资产投资的核算

企业接受现金资产投资时，应以实际收到的金额或存入企业开户银行的金额，借记“银行存款”等科目，按投资合同或协议约定的投资者在企业注册资本中所占份额的部分，贷记“实收资本”科目，企业实际收到或存入开户银行的金额超过投资者在企业注册资本中所占份额的部分，贷记“资本公积——资本溢价”科目。

【例 6-1】 A、B、C 三家公司共同投资设立悦兴有限责任公司，注册资本为 1 000 000 元，A、B、C 公司持股比例分别为 60%、25%和 15%。按照章程规定，A、B、C 公司的投入资本分别为 600 000 元、250 000 元和 150 000 元。悦兴有限责任公司已如期收到各投资者一次缴足的款项。悦兴有限责任公司应编制会计分录如下：

借：银行存款	1 000 000	
贷：实收资本——A 公司		600 000
——B 公司		250 000
——C 公司		150 000

2. 股份有限公司接受现金资产投资

为了反映和监督股份有限公司股本情况，股份有限公司应设置“股本”科目。该科目贷方登记已发行的股票面值，借方登记经批准核销的股票面值，期末贷方余额反映发行在外的股票面值。“股本”科目应当按照股票的类别设置明细科目进行明细核算。

股份有限公司发行股票时，既可以按面值发行股票，也可以溢价发行（我国目前不允许折价发行）。股份有限公司在核定的股本总额及核定的股份总额的范围内发行股票时，应在实际收到现金资产时进行会计处理。股份有限公司发行股票收到现金资产时，借记“银行存款”等科目，按每股股票面值和发行股份总数的乘积计算的金额，贷记“股本”科目，实际收到的金额与该股本之间的差额，贷记“资本公积——股本溢价”科目。

股份有限公司发行股票发生的手续费、佣金等交易费用，应从溢价中抵扣，冲减资本公积（股本溢价），溢价不足抵扣的部分依次冲减盈余公积和未分配利润。

【例 6-2】 悦盛股份有限公司委托某证券公司代理发行普通股 10 000 000 股，每股面值为 1 元，每股发行价格为 5 元。假定股票发行成功，该证券公司按照发行收入的 1%收取手续费。根据上述资料，悦盛股份有限公司应编制会计分录如下：

公司实收价款＝10 000 000×5×（1－1%）＝49 500 000（元）

普通股股本＝10 000 000×1＝10 000 000（元）

应记入“资本公积”科目的金额＝49 500 000－10 000 000＝39 500 000（元）

借：银行存款　　49 500 000
　　贷：股本　　10 000 000
　　　　资本公积——股本溢价　　39 500 000

·理论点拨·

从理论上讲，股票发行有三种情况：一是溢价发行，即公司股票发行价格大于票面金额；二是折价发行，即公司股票发行价格小于票面金额；三是平价发行，又称面值发行，即公司股票发行价格等于票面金额。但从实际来看，许多国家都不允许折价发行股票，我国也是如此。

【做中学·单项选择题】 甲公司委托乙证券公司代理发行普通股 2 000 万股，每股面值为 1 元，每股发行价为 4 元，按协议约定，乙证券公司从发行收入总额中提取 2% 的手续费，甲公司发行普通股应计入资本公积的金额为（　　）万元。

A. 6 000　　B. 5 840　　C. 5 880　　D. 6 160

【答案】 B

【解析】 企业发行股票的收入大于面值的部分需要计入资本公积，发行股票的手续费、佣金等费用需要从溢价当中扣除，冲减资本公积。则甲公司发行普通股股票应计入资本公积的金额＝2 000×4－2 000×1－2 000×4×2%＝5 840（万元）。

（二）接受非现金资产投资

企业接受非现金投资时，应按投资合同或协议约定的价值（不公允的除外）作为非现金资产的入账价值，按投资合同或协议约定的投资者在企业注册资本（或股本）中所占份额的部分作为实收资本（或股本）入账，投资合同或协议约定的价值（不公允的除外）超过投资者在企业注册资本（或股本）中所占份额的部分，计入资本公积。

微课：公司接受非现金资产投资的核算

1. 接受投入固定资产

企业接受投资者作价投入的房屋、建筑物、机器设备等固定资产，应按投资合同或协议约定价值（不公允的除外）作为固定资产的入账价值，按投资合同或协议约定的投资者在企业注册资本（或股本）中所占份额的部分作为实收资本（或股本）入账，投资合同或协议约定的价值（不公允的除外）超过投资者在企业注册资本或股本中所占份额的部分，计入资本公积（资本溢价或股本溢价）。

【例 6-3】 悦兴有限责任公司于设立时收到 A 公司作为资本投入的不需要安装的机器设备一台，合同约定该机器设备的价值为 1 000 000 元，增值税进项税额为 130 000 元（由 A 公司支付税款，并开具增值税专用发票）。经约定，悦兴有限责任公司接受 A 公司的投入资本为 1 130 000 元，全部作为实收资本。合同约定的固定资产价值与公允价值相符，不考虑其他因素，悦兴有限责任公司应编制会计分录如下：

借：固定资产　　1 000 000
　　应交税费——应交增值税（进项税额）　　130 000
　　贷：实收资本——A 公司　　1 130 000

2. 接受投入材料物资

企业接受投资者作价投入的材料物资，应按投资合同或协议约定的价值(不公允的除外)作为材料物资的入账价值，按投资合同或协议约定的投资者在企业注册资本或股本中所占份额的部分作为实收资本或股本入账，投资合同或协议约定的价值(不公允的除外)超过投资者在企业注册资本或股本中所占份额的部分，计入资本公积(资本溢价或股本溢价)。

【例 6-4】 悦兴有限责任公司于设立时收到A公司作为资本投入的原材料一批，该批原材料投资合同约定价值(不含可抵扣的增值税进项税额部分)为200 000元，增值税进项税额为26 000元(由A公司支付税款，并开具增值税专用发票)。合同约定的价值与公允价值相符，不考虑其他因素。悦兴有限责任公司对原材料按实际成本进行日常核算，应编制会计分录如下：

借：原材料	200 000	
应交税费——应交增值税(进项税额)	26 000	
贷：实收资本——A公司		226 000

【做中学·单项选择题】 甲公司为增值税一般纳税人，收到乙公司作为资本投入的原材料一批，合同约定该批材料不含增值税的价值为100万元，增值税额为13万元(由乙公司支付)，甲公司已取得增值税专用发票。该批材料合同约定的价值与公允价值相符，乙公司享有甲公司注册资本的份额为80万元。不考虑其他因素，下列关于甲公司接受乙公司投资相关会计处理的表述中，正确的是(　　)。

A. 借记“原材料”科目113万元

B. 贷记“实收资本”科目100万元

C. 贷记“应交税费——应交增值税(进项税额)”科目13万元

D. 贷记“资本公积——资本溢价”科目33万元

【答案】 D

【解析】 甲公司接受乙公司投资的账务处理如下：

借：原材料	1 000 000	
应交税费——应交增值税(进项税额)	130 000	
贷：实收资本		800 000
资本公积——资本溢价		330 000

3. 接受投入无形资产

企业收到以无形资产方式投入的资本，应按投资合同或协议约定的价值(不公允的除外)作为无形资产的入账价值，按投资合同或协议约定的投资者在企业注册资本(或股本)中所占份额的部分作为实收资本(或股本)入账，投资合同或协议约定的价值(不公允的除外)超过投资者在企业注册资本(或股本)中所占份额的部分，计入资本公积(资本溢价或股本溢价)。

【例 6-5】 悦兴有限责任公司于设立时收到A公司作为资本投入的非专利技术一项，该非专利技术投资合同约定价值为50 000元，增值税进项税额为3 000元(由A公司支付税款，并开具增值税专用发票)；同时，收到B公司作为资本投入的土地使用权一项，投资合同约定价值为100 000元，增值税进项税额为9 000元(由B公司支付税款，并开具

增值税专用发票)。合同约定的资产价值与公允价值相符,不考虑其他因素。悦兴有限责任公司应编制会计分录如下:

借:无形资产——非专利技术　　50 000
　　　　　　——土地使用权　　100 000
　　应交税费——应交增值税(进项税额)　　12 000
　　贷:实收资本——A公司　　53 000
　　　　　　　　——B公司　　109 000

(三)实收资本(或股本)的增减变动

在一般情况下,企业的实收资本应相对固定不变,但在某些特定情况下,实收资本也可能发生增减变化:一是符合增资条件并经有关部门批准增资;二是企业按法定程序报经批准减少注册资本。

微课:实收资本增加及减少的核算

《中华人民共和国企业法人登记管理条例施行细则》规定,除了国家另有规定,企业的注册资金应当与实收资本相一致,当实收资本比原注册资金增加或减少超过20%时,应持资金使用证明或者验资证明,向原登记主管机关申请变更登记。如企业擅自改变注册资本或抽逃资金,要受到工商行政管理部门的处罚。

1. 实收资本(或股本)增加

一般企业增加资本主要有三个途径:接受投资者追加投资、资本公积转增资本和盈余公积转增资本。

企业按规定接受投资者追加投资时,其核算方法与投资者初次投入时相同。

企业采用资本公积或盈余公积转增资本时,应按转增的资本金额确认实收资本(或股本)。用资本公积转增资本时,借记"资本公积——资本溢价(或股本溢价)"科目,贷记"实收资本"(或"股本")科目;用盈余公积转增资本时,借记"盈余公积"科目,贷记"实收资本"(或"股本")科目。

需要注意的是,由于资本公积和盈余公积均属于所有者权益,用其转增资本时,如果是独资企业比较简单,直接结转即可;如果是股份有限公司或有限责任公司,应该按照原投资者各自出资比例相应增加各投资者的出资额。

【例6-6】 A、B、C三家公司共同投资设立悦兴有限责任公司,原注册资本为3 000 000元,A、B、C公司分别出资1 500 000元、900 000元、600 000元,持股比例分别为50%、30%和20%。为扩大经营规模,经批准,悦兴有限责任公司注册资本扩大为5 000 000元,A、B、C公司按照原出资比例分别追加投资100 000元、600 000元和400 000元。悦兴有限责任公司如期收到A、B、C公司追加的现金投资。悦兴有限责任公司应编制会计分录如下:

借:银行存款　　2 000 000
　　贷:实收资本——A公司　　1 000 000
　　　　　　　　——B公司　　600 000
　　　　　　　　——C公司　　400 000

【例 6-7】 承[例 6-6],因扩大经营规模需要,经批准,悦兴有限责任公司按原出资比例将资本公积 2 000 000 元转增资本。悦兴有限责任公司应编制会计分录如下:

借:资本公积　　2 000 000
　贷:实收资本——A 公司　　1 000 000
　　　　　　——B 公司　　600 000
　　　　　　——C 公司　　400 000

【例 6-8】 承[例 6-6],因扩大经营规模需要,经批准,悦兴有限责任公司按原出资比例将盈余公积 2 000 000 元转增资本。悦兴有限责任公司应编制会计分录如下:

借:盈余公积　　2 000 000
　贷:实收资本——A 公司　　1 000 000
　　　　　　——B 公司　　600 000
　　　　　　——C 公司　　400 000

【做中学·单项选择题】 某公司由甲、乙投资者分别出资 100 万元设立。为扩大经营规模,该公司的注册资本由 200 万元增加到 250 万元,丙企业以现金出资 100 万元享有公司 20%的注册资本。假定不考虑其他因素,该公司接受丙企业出资的相关会计处理结果中,正确的有(　　)。

A. 贷记"实收资本"科目 100 万元

B. 贷记"盈余公积"科目 100 万元

C. 贷记"资本公积"科目 50 万元

D. 借记"银行存款"科目 100 万元

【答案】 CD

【解析】 该公司相关账务处理如下:

借:银行存款　　1 000 000
　贷:实收资本(2 500 000×20%)　　500 000
　　　资本公积　　500 000

2. 实收资本(或股本)的减少

企业因为资本过剩或者发生重大亏损、缩减经营规模等原因可能会减少实收资本。有限责任公司和一般企业按照法定程序报经批准减少注册资本的,借记"实收资本"科目,贷记"银行存款"等科目。

股份有限公司由于采用的是发行股票的方式筹集股本,发还股款时,则要回购发行的股票,发行股票的价格与股票面值可能不同,回购股票的价格也可能与发行价格不同。股份有限公司采用收购本公司股票方式减资的,通过"库存股"科目核算回购股份的金额。减资时,按股票面值和注销股数计算的股票面值总额,借记"股本"科目,按注销库存股的账面余额,贷记"库存股"科目,按其差额,借记"资本公积——股本溢价"科目;股本溢价不足冲减的,应借记"盈余公积""利润分配——未分配利润"科目。如果回购股票支付的价款低于面值总额的,应按股票面值总额,借记"股本"科目,按所注销的库存股账面余额,贷记"库存股"科目,按其差额,贷记"资本公积——股本溢价"科目。

·理论点拨·

“库存股”科目用来核算公司收购的尚未转让或注销的该公司股份金额。在公司的资产负债表上，库存股不能列为公司资产，因为公司不能自己投资自己，成为自己的股东，“库存股”科目是所有者权益抵减科目。抵减的意思就是所有者权益的减少。该科目借方表示增加，贷方表示减少，与“坏账准备”科目是资产类科目的备抵科目一样，它的增减跟所有者权益相反。

【例 6-9】 悦盛股份有限公司 2×21 年 12 月 31 日的股本为 50 000 000 元(面值为 1 元)，资本公积(股本溢价)为 15 000 000 元，盈余公积为 20 000 000 元。经股东大会批准，该公司以现金回购方式回购该公司股票 10 000 000 股并注销。假定悦盛股份有限公司按每股 2 元的价格回购股票，不考虑其他因素。悦盛股份有限公司应编制会计分录如下：

(1) 回购本公司股份时：

库存股成本＝10 000 000×2＝20 000 000(元)

借：库存股	20 000 000	
贷：银行存款		20 000 000

(2) 注销本公司股份时：

应冲减的资本公积＝10 000 000×2－10 000 000×1＝10 000 000(元)

借：股本	10 000 000	
资本公积——股本溢价	10 000 000	
贷：库存股		20 000 000

【例 6-10】 承[例 6-9]，假定悦盛股份有限公司按每股 3 元的价格回购股票，其他条件不变，悦盛股份有限公司应编制会计分录如下：

(1) 回购该公司股份时：

库存股成本＝10 000 000×3＝30 000 000(元)

借：库存股

贷：银行存款

(2) 注销该公司股份时：

应冲减的资本公积＝10 000 000×3－10 000 000×1＝20 000 000(元)

借：股本	10 000 000	
资本公积——股本溢价	15 000 000	
盈余公积	5 000 000	
贷：库存股		30 000 000

在[例 6-10]中，由于应冲减的金额大于该公司现有的资本公积，只能冲减资本公积 15 000 000 元，剩余的 5 000 000 元应冲减盈余公积。

【例 6-11】 承[例 6-10]，假定悦盛股份有限公司按每股 0.9 元回购股票，其他条件不变，悦盛股份有限公司应编制会计分录如下：

(1) 回购该公司股份时：

库存股成本＝10 000 000×0.9＝9 000 000(元)

借：库存股　　9 000 000

　　贷：银行存款　　9 000 000

(2) 注销该公司股份时：

应增加的资本公积＝10 000 000×1－10 000 000×0.9＝1 000 000(元)

借：股本　　10 000 000

　　贷：库存股　　9 000 000

　　　　资本公积——股本溢价　　1 000 000

在[例 6-11]中，由于折价回购，股本与库存股成本的差额 1 000 000 元应作增加资本公积处理。

有限责任公司和小企业减少注册资本的会计处理比较简单，按法定程序报经批准减少注册资本的，按减少的注册资本金额减少实收资本，借记“实收资本”“资本公积”等科目，贷记“库存现金”“银行存款”等科目。

【做中学·多项选择题】 某公司期初的所有者权益为：股本 5 000 万元(面值为 1 元)，资本公积 1 000 万元(其中股本溢价 800 万元)，盈余公积 500 万元，未分配利润 600 万元。本期经股东大会批准以每股 7 元的价格回购该公司股票 200 万股并按期注销。下列各项中，该公司回购并注销股票的相关会计处理结果中，正确的有(　　)。

A. 注销时，借记“股本”科目 1 400 万元

B. 回购时，借记“库存股”科目 1 400 万元

C. 注销时，借记“盈余公积”科目 400 万元

D. 注销时，借记“资本公积——股本溢价”科目 800 万元

【答案】 BCD

【解析】 回购时，应编制会计分录如下：

借：库存股　　14 000 000

　　贷：银行存款　　14 000 000

注销时，应编制会计分录如下：

借：股本　　2 000 000

　　资本公积——股本溢价　　8 000 000

　　盈余公积　　4 000 000

　　贷：库存股　　14 000 000

其他权益工具

第二节　资本公积

一、资本公积概述

(一) 资本公积的来源

资本公积是企业收到投资者出资额超出其在注册资本(或股本)中所占份额的部分，

以及其他资本公积等。资本公积包括资本溢价(或股本溢价)和其他资本公积等。

形成资本溢价(或股本溢价)的原因有溢价发行股票、投资者超额缴入资本等。

其他资本公积是指除了资本溢价(或股本溢价)、净损益、其他综合收益和利润分配的所有者权益其他变动。比如,企业的长期股权投资采用权益法核算时,因被投资单位除净损益、其他综合收益以及利润分配以外的所有者权益的其他变动,投资企业按应享有份额而增加或减少的资本公积,直接计入投资方所有者权益(资本公积——其他资本公积)。

·理论点拨·

根据国家有关规定企业实行股权激励的,如果在等待期内取消了授予的权益工具,企业应在进行权益工具加速行权处理时,将剩余等待期内应确认的金额计入当期损益,并同时确认资本公积(其他资本公积)。企业集团(由母公司和其全部子公司构成)内发生的股份支付交易,如结算企业为接受服务企业的投资者,应当按照授予日权益工具的公允价值或应承担负债的公允价值确认为对接受服务企业的长期股权投资,同时确认资本公积(其他资本公积)或负债。

(二) 资本公积与实收资本(或股本)的区别

(1) 来源和性质不同。实收资本(或股本)是指投资者按照企业章程或合同、协议的约定,实际投入企业并依法进行注册的资本,它体现了企业所有者对企业的基本产权关系。资本公积是投资者的出资额超出其在注册资本中所占份额的部分(即资本溢价或股本溢价),以及其他资本公积,它不直接表明所有者对企业的基本产权关系。

(2) 用途不同。实收资本(或股本)的构成比例是确定所有者参与企业财务经营策的基础,也是企业进行利润分配或股利分配的依据,同时还是企业清算时确定所有者对净资产的要求权的依据。资本公积主要是用来转增资本(或股本),资本公积不体现各所有者的占有比例,也不能作为所有者参与企业财务经营决策或进行利润分配(或股利分配)的依据。

(三) 资本公积的确认和计量

1. 资本溢价(或股本溢价)的确认与计量

资本溢价按投资者超额缴入资本的数额,即投资者实际缴入的款额超过其在企业注册资本中所占份额的数额确认与计量。股本溢价按溢价发行股票的溢价扣除发行费用后的数额,即股份有限公司发行股票实际收到的款额超过其股票面值总额的部分确认与计量。

2. 其他资本公积的确认与计量

其他资本公积涉及的情况相对比较复杂,以下简单介绍三种:

(1) 企业的长期股权投资采用权益法核算时,因被投资单位除净损益、其他综合收益以及利润分配以外的所有者权益的其他变动(主要包括被投资单位接受其他股东的资本性投入、被投资单位发行可分离交易的可转债中包含的权益成分、以权益结算的股份支付、其他股东对被投资单位增资导致投资方持股比例变动等),投资企业按应享有份额而增加或减少的资本公积,直接计入投资方所有者权益(资本公积——其他资本公积)。

(2) 以权益结算的股份支付换取职工或其他方提供服务的，应按照确定的金额，将当期取得的服务计入相关资产成本或当期费用，同时增加资本公积(其他资本公积)。根据国家有关规定企业实行股权激励的，如果在等待期内取消了授予的权益工具，企业应在进行权益工具加速行权处理时，将剩余等待期内应确认的金额计入当期损益，并同时确认资本公积(其他资本公积)。

(3) 企业集团(由母公司和其全部子公司构成)内发生的股份支付交易，如结算企业为接受服务企业的投资者，应当按照授予日权益工具的公允价值或应承担负债的公允价值确认为对接受服务企业的长期股权投资，同时确认资本公积(其他资本公积)或负债。

二、资本公积的账务处理

微课：资本公积的核算

企业应设置“资本公积”科目反映和监督企业资本公积的增减变动情况。按照资本公积的来源，企业设置“资本溢价(或股本溢价)”“其他资本公积”两个明细科目。

(一) 资本溢价(或股本溢价)

1. 资本溢价

除了股份有限公司的其他类型企业，在企业创立时，投资者认缴的出资额与注册资本一致，一般不会产生资本溢价。但在企业重组或有新的投资者加入时，常常会出现资本溢价。其主要原因在于：一是企业在正常生产经营后，其资本利润率通常要高于企业初创阶段，企业原有资本已经增值，新的投资者要以高于原投资者的出资额占有与原投资者同样的份额；二是企业有内部积累，新投资者加入企业后，对这些积累将来也要分享，所以新加入的投资者往往要付出大于原投资者的出资额，才能取得与原投资者相同的出资比例。投资者多缴的部分就形成了资本溢价。

【例 6-12】 悦兴有限责任公司由两位投资者投资 400 000 元设立，每人出资 200 000 元。1 年后，为扩大经营规模，经批准，悦兴有限责任公司注册资本增加到 600 000 元，并引入第三位投资者。按照投资协议，新投资者需缴入现金 240 000 元，同时享有该公司 1/3 的股份。悦兴有限责任公司已收到该现金投资。假定不考虑其他因素，悦兴有限责任公司应编制会计分录如下：

借：银行存款	240 000	
贷：实收资本		200 000
资本公积——资本溢价		40 000

2. 股本溢价

股份有限公司以发行股票的方式筹集股本的，其股票可按面值发行，也可按溢价发行，我国目前不准折价发行。与其他类型的企业不同，股份有限公司在成立时可能会溢价发行股票，因而在成立之初，就可能会产生股本溢价。股本溢价的数额等于股份有限公司发行股票时实际收到的款额超过股票面值总额的部分。

在按面值发行股票的情况下，企业发行股票取得的收入，应全部作为股本处理；在溢价发行股票的情况下，企业发行股票取得的收入，等于股票面值部分计入股本，超出股票面值的溢价收入计入股本溢价。

企业发行股票相关的手续费、佣金等交易费用，如果是溢价发行股票的，应从溢价中抵扣，冲减资本公积(股本溢价)；无溢价发行股票或溢价金额不足以抵扣的，应将不足抵扣的部分冲减盈余公积，盈余公积不足抵扣的冲减未分配利润。

【例6-13】 悦盛股份有限公司首次公开发行普通股50 000 000股，每股面值为1元，每股发行价格为5元。该公司与证券公司约定，按发行收入的3%收取佣金，从发行收入中扣除。假定收到的股款已存入银行，悦盛股份有限公司应编制会计分录如下：

该公司收到证券公司转来的发行收入＝50 000 000×5×(1－3%)

＝242 500 000(元)

股本溢价金额＝溢价收入－发行佣金

＝50 000 000×(5－1)－50 000 000×5×3%

＝192 500 000(元)

借：银行存款	242 500 000	
贷：股本		50 000 000
资本公积——股本溢价		192 500 000

【做中学·单项选择题】 下列关于股份有限公司溢价发行股票相关会计处理的表述中，正确的是(　　)。

A. 发行股票发生的交易费用应单独计入当期损益

B. 溢价总额不足以抵扣发行股票发生的交易费用的差额应冲减股本

C. 溢价总额高于发行股票发生的交易费用的差额作为资本公积入账

D. 溢价总额不足以抵扣发行股票发生的交易费用的差额应计入当期损益

【答案】 C

【解析】 发行股票相关的手续费、佣金等交易费用，如果是溢价发行股票的，应从溢价中抵扣，冲减资本公积(股本溢价)，而不是计入当期损益，选项A错误；无溢价发行股票或溢价金额不足以抵扣交易费用的，应将不足抵扣的部分依次冲减盈余公积和未分配利润，选项BD错误；在溢价发行股票的情况下，企业发行股票取得的收入，等于股票面值部分作为股本处理，超出股票面值的溢价收入应作为资本公积——股本溢价处理，选项C正确。

(二) 其他资本公积

其他资本公积是指除资本溢价(或股本溢价)、净损益、其他综合收益和利润分配以外所有者权益的其他变动，其他资本公积不得转增资本或股本。

1. 采用权益法核算的长期股权投资

企业对被投资单位的长期股权投资采用权益法核算的，在持股比例不变的情况下，对因被投资单位除净损益、其他综合收益和利润分配以外的所有者权益的其他变动，应按持股比例计算其应享有或应分担被投资单位所有者权益的增减数额，调整长期股权投资的账面价值和资本公积(其他资本公积)。在处置长期股权投资时，应转销与该笔投资相关的其他资本公积。

·理论点拨·

其他综合收益是指企业根据《企业会计准则》的规定未在当期损益中确认的各项利得和损失。其他综合收益一般是由特定资产的计价变动形成的,当处置特定资产时,其他综合收益也应一并处置,所以其他综合收益不得用于转增资本(或股本)。其他综合收益分为下列两类:

(1) 以后会计期间不能重分类进损益的其他综合收益项目,主要包括:①重新计量设定受益计划变动额;②权益法不能转损益的其他综合收益变动;③其他权益工具投资公允价值变动;④企业自身信用风险公允价值变动等。

(2) 以后会计期间满足规定条件时将重分类进损益的其他综合收益项目,主要包括:①权益法下可转损益的其他综合收益;②其他债权投资公允价值变动;③金融资产重分类计入其他综合收益的金额;④其他债权投资信用减值准备;⑤现金流量套期储备;⑥外币财务报表折算差额;⑦自用房地产或作为存货的房地产转换为以公允价值模式计量的投资性房地产在转换日公允价值大于账面价值部分等。

【例6-14】 悦兴有限责任公司于2×21年1月1日向A公司投资6 000 000元,拥有该公司20%的股份,并对该公司有重大影响,对A公司长期股权投资采用权益法核算。2×21年12月31日,A公司除了净损益、其他综合收益和利润分配的所有者权益增加了800 000元。假定除此以外,A公司的所有者权益没有变化,悦兴有限责任公司的持股比例没有变化,A公司资产的账面价值与公允价值一致。假定不考虑其他因素,悦兴有限责任公司应编制会计分录如下:

悦兴有限责任公司对A公司投资增加的资本公积=800 000×20%=160 000(元)

借:长期股权投资——A公司　　160 000

　　贷:资本公积——其他资本公积　　160 000

2. 以权益结算的股份支付

以权益结算的股份支付换取职工或其他方提供服务的,应按照确定的金额,记入"管理费用"科目,同时增加资本公积(其他资本公积)。在职工或其他方行权日,应按实际行权的权益数量计算确定的金额,借记"资本公积——其他资本公积"科目,按计入实收资本或股本的金额,贷记"实收资本"或"股本"科目,并将其差额记入"资本公积——资本溢价"或"资本公积——股本溢价"科目。

(三) 资本公积转增资本

经股东大会或类似机构决议,用资本公积转增资本时,应冲减资本公积,同时按照转增资本前的实收资本(或股本)的结构或比例,将转增的金额记入"实收资本"(或"股本")科目下各所有者的明细分类账。有关账务处理,参见[例6-7]的有关内容。

·小思考·

下列项目中,哪些会引起资本公积的变动?

(1) 处置采用权益法核算的长期股权投资。

(2) 计入当期损益的利得。

(3) 发行股票相关的手续费用、佣金等交易费用。

(4) 接受捐赠非流动性资产。

(5) 资本公积转增资本。

补充例题　其他综合收益的账务处理

第三节 留存收益

一、留存收益概述

留存收益是指企业从历年实现的利润中提取或形成的留存于企业的内部积累，包括盈余公积和未分配利润两类。

（一）盈余公积

盈余公积是指企业按照有关规定从净利润中提取的积累资金。公司制企业的盈余公积包括法定盈余公积和任意盈余公积。

法定盈余公积是指企业按照规定的比例从净利润中提取的盈余公积。按照《中华人民共和国公司法》的有关规定，公司制企业应按照净利润（减弥补以前年度亏损，下同）的10%提取法定盈余公积。非公司制企业法定盈余公积的提取比例可超过净利润的10%。法定盈余公积累计额已达注册资本的50%时可以不再提取。值得注意的是，如果以前年度未分配利润有盈余（即年初未分配利润余额为正数），在计算提取法定盈余公积的基数时，不应包括企业年初未分配利润；如果以前年度有亏损（即年初未分配利润余额为负数），应先弥补以前年度亏损再提取盈余公积。

任意盈余公积是指企业经股东大会或类似权力机构批准按照规定的比例从净利润中提取的盈余公积。法定盈余公积和任意盈余公积的区别在于其各自计提的依据不同，前者以国家的法律、法规为依据；后者由企业的权力机构自行决定。

企业提取的盈余公积经批准可用于弥补亏损、转增资本或发放现金股利或利润等。

【做中学·单项选择题】 下列各项中，能导致企业盈余公积减少的是（　）。

A. 股东大会宣告分配股票股利　　B. 以资本公积转增资本

C. 提取盈余公积　　D. 以盈余公积弥补亏损

【答案】 D

【解析】 选项A，宣告分配股票股利不作账务处理，不影响盈余公积。选项B，不影响盈余公积，会计分录如下：

借：资本公积

　　贷：实收资本/股本

选项C，增加盈余公积，会计分录如下：

借：利润分配——提取法定（任意）盈余公积

　　贷：盈余公积——法定（任意）盈余公积

选项D，减少盈余公积，会计分录如下：

借：盈余公积

　　贷：利润分配——盈余公积补亏

(二) 未分配利润

未分配利润是指企业实现的净利润经过弥补亏损、提取盈余公积和向投资者分配利润后留存在企业的、历年结存的利润。从数量上看，未分配利润等于期初未分配利润，加上本年实现的净利润，减去提取盈余公积和利润分配以后的余额。相对于所有者权益的其他部分来说，企业对于未分配利润的使用有较大的自主权。

·理论点拨·

弥补亏损是指如果上年的净利润为负（或以前各年的净利润总和为负），本年的税前利润要先弥补掉这部分亏损，才能作为可供分配的净利润，来计提盈余公积或者进行分红。

企业弥补亏损的方式主要有三种：

(1) 企业发生亏损，可以用次年度的税前利润弥补，次年度利润不足弥补的，可以在5年内延续弥补，即税前弥补亏损的期间为5年。

(2) 企业发生的亏损，5年内的税前利润不足弥补亏损时，用税后利润弥补。

(3) 企业发生的亏损，可以用盈余公积弥补。

【做中学·多项选择题】 下列各项中，不会引起留存收益总额发生增减变动的有(　　)。

A. 资本公积转增资本　　　　　　　　B. 盈余公积转增资本

C. 盈余公积弥补亏损　　　　　　　　D. 税后利润弥补亏损

【答案】 ACD

【解析】 选项A，不涉及留存收益；选项B，导致盈余公积减少，实收资本增加，影响留存收益总额；选项C，是留存收益内部的增减变动，不影响留存收益总额；选项D，不进行账务处理。

二、留存收益的账务处理

(一) 盈余公积

为了反映和监督盈余公积的形成和使用情况，企业应设置“盈余公积”科目。该科目贷方登记按规定提取的盈余公积数额，借方登记用盈余公积弥补亏损和转增资本的实际数额，期末贷方余额反映企业的盈余公积。“盈余公积”科目应按照盈余公积形成的来源分设“法定盈余公积”和“任意盈余公积”两个明细科目。

微课：留存收益的核算

1. 提取盈余公积

企业按规定提取盈余公积时，应通过“利润分配”和“盈余公积”等科目核算。

【例6-15】 悦盛股份有限公司本年实现净利润为4 000 000元，年初未分配利润为1 000 000元。经股东大会批准，悦盛股份有限公司按当年净利润的10%提取法定盈余公积，按当年净利润的15%提取任意盈余公积。假定不考虑其他因素，悦盛股份有限公司应编制会计分录如下：

本年提取的法定盈余公积＝4 000 000×10%＝400 000(元)

本年提取的任意盈余公积＝4 000 000×15%＝600 000(元)

借：利润分配——提取法定盈余公积　　400 000
　　　　　　——提取任意盈余公积　　600 000
　贷：盈余公积——提取法定盈余公积　　400 000
　　　　　　　——提取任意盈余公积　　600 000

2. 盈余公积补亏

【例 6-16】 经股东大会批准，悦盛股份有限公司用以前年度提取的盈余公积弥补当年亏损，当年弥补亏损的金额为500 000元。假定不考虑其他因素。悦盛股份有限公司应编制会计分录如下：

借：盈余公积　　500 000
　贷：利润分配——盈余公积补亏　　500 000

·小思考·

用利润弥补亏损和用盈余公积弥补亏损的账务处理有何不同？

3. 盈余公积转增资本(或股本)

盈余公积转增资本(或股本)时，必须经股东大会决议批准。企业在实际将盈余公积转增资本(或股本)时，要按原有持股比例结转。按照《中华人民共和国公司法》的规定，转增后留存的盈余公积数额不得少于注册资本的25%。有关账务处理参见[例 6-8]的内容。

4. 用盈余公积发放现金股利或利润

【例 6-17】 2×20年12月31日，悦盛股份有限公司股本为50 000 000元(每股面值为1元)，可供投资者分配的利润为7 000 000元，盈余公积为20 000 000元。2×21年3月20日，股东大会批准了该公司2×20年度利润分配方案，按每10股2元发放现金股利。该公司共需要分派10 000 000元现金股利，其中动用可供投资者分配的利润为7 000 000元、盈余公积为3 000 000元。假定不考虑其他因素，悦盛股份有限公司应编制会计分录如下：

(1) 宣告发放现金股利时：

借：利润分配——应付现金股利或利润　　7 000 000
　　盈余公积　　3 000 000
　贷：应付股利　　10 000 000

(2) 支付股利时：

借：应付股利　　10 000 000
　贷：银行存款　　10 000 000

(二) 利润分配

利润分配是指企业根据国家有关规定和企业章程、投资者协议等,对企业当年可供分配的利润所进行的分配。可供分配的利润的计算公式为:

$$可供分配的利润=\frac{当年实现的净利润}{(或净亏损)}+\frac{年初未分配利润}{(或-年初未弥补亏损)}+其他转入$$

利润分配的顺序依次是:①提取法定盈余公积;②提取任意盈余公积;③向投资者分配利润。

企业应通过“利润分配”科目核算企业利润的分配(或亏损的弥补)和历年分配(或弥补)后的未分配利润(或未弥补亏损)。该科目应分别“提取法定盈余公积”“提取任意盈余公积”“应付现金股利或利润”“盈余公积补亏”“未分配利润”等进行明细核算。企业未分配利润通过“利润分配——未分配利润”科目进行核算。年度终了,企业应将全年实现的净利润或发生的净亏损,自“本年利润”科目转入“利润分配——未分配利润”科目,并将“利润分配”科目所属其他明细科目的余额,转入“未分配利润”明细科目。结转后,“利润分配——未分配利润”科目如为贷方余额,表示累积未分配的利润金额;如为借方余额,则表示累积未弥补的亏损金额。

【例 6-18】 悦盛股份有限公司年初未分配利润为 50 000 元,本年实现净利润 4 000 000 元,本年提取法定盈余公积 400 000 元,宣告发放现金股利 800 000 元,假定不考虑其他因素,悦盛股份有限公司应编制会计分录如下:

(1) 结转实现净利润时:

借:本年利润　　4 000 000

　贷:利润分配——未分配利润　　4 000 000

(2) 提取法定盈余公积、宣告发放现金股利时:

借:利润分配——提取法定盈余公积　　400 000

　　　　——应付现金股利或利润　　800 000

　贷:盈余公积　　400 000

　　应付股利　　800 000

(3) 结转“利润分配”科目所属明细科目至“利润分配——未分配利润”科目时:

借:利润分配——未分配利润　　1 200 000

　贷:利润分配——提取法定盈余公积　　400 000

　　　　　——应付现金股利或利润　　800 000

此时[例 6-18]中“利润分配——未分配利润”科目的余额为 2 850 000 元(年初未分配利润 50 000+本年净利润 4 000 000-提取法定盈余公积 400 000-应付现金股利 800 000),该科目余额在贷方,即为悦盛股份有限公司本年年末的累积未分配利润。

需要说明的是,如果企业当年发生亏损,则应借记“利润分配——未分配利润”科目,贷记“本年利润”科目。

【做中学·单项选择题】 A 企业留存收益年初余额为 100 万元,本年利润总额为 800 万元,所得税税率为 25%,按净利润的 10%提取法定盈余公积,按净利润的 5%提取任意盈余公积，将盈余公积 20 万元、30 万元分别用于转增资本、发放现金股利。假定不考虑其他因素，A 企业留存收益余额为(　　)万元。

A. 650　　B. 740　　C. 700　　D. 790

【答案】 A

【解析】 本年实现的净利润＝800－800×25%＝600(万元)，留存收益增加；提取的法定盈余公积和任意盈余公积金额＝600×(10%＋5%)＝90(万元)，盈余公积增加，同时未分配利润减少，不影响留存收益总额；将盈余公积用于转增资本、发放现金股利导致盈余公积减少，从而导致留存收益总额减少，所以留存收益余额＝100＋600－20－30＝650(万元)。

第六章思考题和习题

第七章　收入、费用和利润

【案例导入】

课程思政

***ST 节能(神雾节能 000820)2016 年和 2017 年年报存在虚假记载**

一、2016 年年报存在虚假记载

*ST 节能于 2019 年 4 月 30 日披露的会计差错更正中就金川弃渣综合利用一期工程项目追溯调增 2016 年约 1.16 亿元成本，追溯调减 2016 年利润总额及净利润约 1.16 亿元，约占 2016 年公司披露利润总额的 30%。

二、2017 年年报存在虚假记载

（一）金川弃渣综合利用二期工程项目在收入、成本、利润方面存在虚假记载

(1) 收入确认不符合《企业会计准则》要求。*ST 节能在 2017 年不应确认金川弃渣综合利用二期工程项目的收入，导致 2017 年虚记收入约 1.41 亿元，虚增利润约 1.41 亿元。

(2) 虚增成本。金川弃渣综合利用二期工程项目在 2017 年虚增收入约 1.41 亿元、虚增成本约 0.49 亿元，导致虚增利润约 0.92 亿元，约占 2017 年公司披露利润总额的 22%。

（二）广西景昇隆项目在收入、成本、利润方面存在虚假记载

*ST 节能于 2020 年 4 月 30 日披露的会计差错更正中，追溯调减了 2017 年度广西景昇隆项目成本约 1.02 亿元，收入约 1.47 亿，导致该项目虚增利润 0.45 亿元，约占 2017 年公司披露利润总额的 11%。

相关执法机关拟对*ST 节能进行处罚。

【资料来源】根据网络资料改编。

【请思考】《企业会计准则第 14 号——收入》关于收入确认的原则、收入确认计量的步骤有哪些规定？

【知识目标】

1. 掌握《企业会计准则第 14 号——收入》的适用范围、收入确认的原则、条件、收入确认计量的五步法；掌握合同履约成本与合同取得成本的构成及账务处理方法。

2. 掌握营业成本、税金及附加和企业费用、营业外收支的内容和账务处理方法；掌握营业利润、利润总额和净利润的构成与计算。

3. 掌握当期所得税费用和递延所得税费用的基本内容、纳税调整增加与纳税调

整减少项目的基本内容、应纳税所得额的含义；掌握本年利润的结转方法与账务处理方法。

【技能目标】

1. 能识别时点履约义务下收入的确认，并进行时点履约义务收入的确认和计量；能识别时段履约义务下收入的确认，并进行时段履约义务收入的确认计量；能完成合同成本的确认计量。

2. 能计算营业利润、利润总额、净利润；能进行费用的确认和计量。

3. 能计算应纳税所得额、当期所得税费用、递延所得税费用；能完成所得税费用的确认和计量；能完成本年利润的确认和计量。

【思政目标】

1. 培养责任意识，树立依法纳税观念。

2. 树立费用管理理念，培养勤俭节约的中国传统美德。

3. 培养客观公正的品质。

第一节 收 入

一、收入概述

（一）收入的概念和特征

收入是指企业在日常活动中形成的、会导致所有者权益增加的、与所有者投入资本无关的经济利益总流入。

收入具有以下特征：

（1）收入是企业在日常活动中形成的。

（2）收入是与所有者投入资本无关的经济利益的总流入。

（3）收入会导致所有者权益的增加。

（二）收入的管理

企业加强收入核算与监督的目标是保证收入的真实、完整，保证销售折让、折扣等可变对价的正确合理，保证客户信用管理和货款的及时足额收回，反映企业向客户转让商品的模式及其相应的销售政策和策略等销售决策的科学性、合理性。

收入核算和监督的基本要求是，确认收入的方式应当反映其向客户转让商品或提供服务的模式，收入的金额应当反映企业因转让商品或提供服务而预期有权收取的对价金额。通过收入确认和计量能进一步如实地反映企业的生产经营成果，准确核算企业实现的损益。

二、收入的确认和计量

企业在确认和计量收入时，应遵循的基本原则是，确认收入的方式应当反映其向客户转让商品或提供服务的模式，收入的金额应当反映企业因转让商品或提供服务而预期有权收取的对价金额。通过收入确认和计量应能如实反映企业的经营成果，准确提供企业的损益信息。

·理论点拨·

《企业会计准则第14号——收入》的适用范围

本章的收入适用于所有与客户之间的合同，但下列各项除外：

(1) 企业对外出租资产收取的租金。

(2) 进行债权投资收取的利息。

(3) 进行股权投资取得的现金股利。

(4) 保险合同取得的保费收入等。

适用《企业会计准则第14号——收入》的特殊情形：企业以存货换取客户的存货、固定资产、无形资产以及长期股权投资等，按照本章内容进行会计处理。

(一) 收入确认的原则

企业应当在履行了合同中的履约义务，即在客户取得相关商品控制权时确认收入。取得相关商品控制权是指客户能够主导该商品的使用并从中获得几乎全部经济利益，也包括有能力阻止其他方主导该商品的使用并从中获得经济利益。

微课：收入确认的原则和前提条件

取得商品控制权包括三个要素：一是客户必须拥有现时权利，能够主导该商品的使用并从中获得几乎全部经济利益。如果客户只能在未来的某一期间主导该商品的使用并从中获益，则表明其尚未取得该商品的控制权。二是客户有能力主导该商品的使用，即客户在其活动中有权使用该商品，或者能够允许或阻止其他方使用该商品。三是客户能够获得商品几乎全部的经济利益。商品的经济利益是指商品的潜在现金流量，既包括现金流入的增加，也包括现金流出的减少。客户可以通过使用、消耗、出售、处置、交换、抵押或持有等多种方式直接或间接地获得商品的经济利益。

·理论点拨·

这里的客户是指与企业订立合同以向该企业购买其日常活动产出的商品并支付对价的一方。商品既包括商品，也包括服务。收入不涉及企业对外出租资产收取的租金、进行债权投资收取的利息、进行股权投资取得的现金股利以及保费收入等。

(二) 收入确认的前提条件

企业与客户之间的合同同时满足下列五项条件的，企业应当在客户取得相关商品控制权时确认收入：

(1) 合同各方已批准该合同并承诺将履行各自义务。

(2) 该合同明确了合同各方与所转让商品相关的权利和义务。

(3) 该合同有明确的与所转让商品相关的支付条款。

(4) 该合同具有商业实质，即履行该合同将改变企业未来现金流量的风险、时间分布或金额。

(5) 企业因向客户转让商品而有权取得的对价很可能收回。

·小思考·

会计中的可能、很可能与基本确定的概率一般情况是指百分之多少？

【做中学·单项选择题】 下列关于收入确认的前提条件的表述中，正确的是(　　)。

A. 该合同明确了合同各方与所转让的商品相关的权利和义务

B. 该合同有明确的与所转让的商品相关的风险和时间分布

C. 该合同如不具有商业实质，可以根据合同各方已批准的合同确认收入

D. 企业因向客户转让商品而有权取得的对价可能收回

【答案】 A

【解析】 选项B，该合同有明确的与所转让的商品相关的支付条款，不是风险和时间分布；选项C，该合同具有商业实质，才能确认收入，没有实质不能确认收入；选项D，企业因向客户转让商品而有权取得的对价应是很可能收回，不是可能收回。

(三) 收入确认计量的五步法

根据《企业会计准则第14号——收入》，收入的确认和计量大致可以分为五步。

第一步，识别与客户订立的合同。合同是指双方或多方之间订立有法律约束力的权利和义务的协议。合同有书面形式、口头形式以及其他形式。合同的存在是企业收入确认和计量的前提，企业与客户之间的合同一经签订，企业即享有从客户取得与转移商品和服务对价的权利，同时负有向客户转移商品和服务的履约义务。

微课：收入确认的五步法

第二步，识别合同中的单项履约义务。履约义务是指合同中企业向客户转让可明确区分商品或服务的承诺。企业应当将向客户转让可明确区分商品(或者商品的组合)的承诺以及向客户转让一系列实质相同且转让模式相同的、可明确区分商品的承诺作为单项履约义务。例如，企业与客户签订合同，向其销售商品并提供安装服务，该安装服务简单，除了该企业，其他供应商也可以提供此类安装服务，该合同中销售商品和提供安装服务为两项单项履约义务。若该安装服务复杂且商品需要按客户定制要求修改，则合同中销售商品和提供安装服务合并为单项履约义务。

【做中学·多项选择题】 甲公司向A客户销售一台生产的设备并负责安装服务，合同约定设备价款为100万元，安装服务为10万元，设备销售与设备安装服务均可以单独进行(单独售卖)。甲公司向B客户销售一台生产设备并负责安装服务，合同约定设备价款为100万元(含安装服务)，设备销售与设备安装服务不可单独进行。下列对甲公司的履

约义务的判断中,正确的有(　　)。

A. 向A客户销售生产的设备并负责安装服务,不具有高度关联性,表明两者在合同中彼此之间可明确区分

B. 向A客户销售生产的设备并负责安装服务,属于两项履约义务

C. 向B客户销售生产的设备并负责安装服务,具有高度关联性,表明两者在合同中彼此之间不可明确区分

D. 向B客户销售生产的设备并负责安装服务,属于一项履约义务

【答案】 ABCD

第三步,确定交易价格。交易价格是指企业因向客户转让商品而预期有权收取的对价金额。

·理论点拨·

交易价格不包括企业代第三方收取的款项(如增值税)以及企业预期将退还给客户的款项。合同条款所承诺的对价,可能是固定金额、可变金额或两者兼有。例如,甲公司与客户签订合同为其建造一栋厂房,约定的价款为200万元,4个月完工,交易价格就是固定金额200万元;假如合同中约定若提前1个月完工,客户将额外奖励甲公司20万元,甲公司估计工程提前1个月完工的概率为95%,则甲公司预计有权收取的对价为220万元,因此,交易价格包括固定金额200万元和可变金额20万元,总计220万元。

第四步,将交易价格分摊至各单项履约义务。当合同中包含两项或多项履约义务时,需要将交易价格分摊至各单项履约义务,分摊的方法是在合同开始日,按照各单项履约义务所承诺商品的单独售价(企业向客户单独销售商品的价格)的相对比例,将交易价格分摊至各单项履约义务。企业分摊至各单项履约义务的交易价格能够反映其因向客户转让已承诺的相关商品而有权收取的对价金额。例如,甲公司与客户签订合同,向其销售A、B、C三件产品,不含增值税的合同总价款为20 000元。A、B、C产品的不含增值税单独售价分别为10 000元、7 000元和15 000元,合计32 000元。按照交易价格分摊原则,A产品应当分摊的交易价格为6 250元(10 000÷32 000×20 000),B产品应当分摊的交易价格为4 375元(7 000÷32 000×20 000),C产品应当分摊的交易价格为9 375元(15 000÷32 000×20 000)。

【做中学·单项选择题】 2×21年5月1日,甲公司与客户签订合同,向其销售A、B两项商品,合同价款为5 000元。假定A商品和B商品分别构成单项履约义务,A商品的单独售价为1 500元,B商品的单独售价为6 000元。假定不考虑相关税费的影响,A商品和B商品应分摊的交易价格分别是(　　)。

A. 2 500元和2 500元　　B. 1 000元和4 000元

C. 2 000元和3 000元　　D. 1 500元和6 000元

【答案】 B

【解析】 交易价格应按各单项履约义务所承诺商品的单独售价的相对比例进行分摊。所以,A商品应分摊的交易价格为1 000元(1 500÷7 500×5 000),B商品应分摊的

交易价格为 4 000 元(6 000÷7 500×5 000)。

第五步,履行各单项履约义务时确认收入。当企业将商品转移给客户,客户取得了相关商品的控制权,意味着企业履行了合同履约义务,此时,企业应确认收入。企业将商品控制权转移给客户,可能在某一时段内(即履行履约义务的过程中)发生,也可能在某一时点(即履约义务完成时)发生。

·理论点拨·

企业应当根据实际情况,先判断履约义务是否满足在某一时段内履行的条件,如不满足,则该履约义务属于在某一时点履行的履约义务(先判断是不是时段履约,如果不是则判断为时点履约)。

一般而言,确认和计量任何一项合同收入应考虑全部的五个步骤,但履行某些合同义务确认收入不一定都经过五个步骤,如某项合同仅为单项履约义务时,可以从第三步直接进入第五步确认收入,不需要第四步(分摊交易价格)。收入确认计量的五个步骤中,第一步、第二步和第五步主要与收入的确认有关,第三步和第四步主要与收入的计量有关。

三、收入核算设置的会计科目

为了核算企业与客户之间的合同产生的收入及相关的成本费用,企业一般需要设置"主营业务收入""其他业务收入""主营业务成本""其他业务成本""合同取得成本""合同履约成本""合同履约成本减值准备""合同取得成本减值准备""合同资产""合同资产减值准备""合同负债"等科目。

(1)"主营业务收入"科目用来核算企业确认的销售商品、提供服务等主营业务的收入。该科目贷方登记企业主营业务活动实现的收入,借方登记期末转入"本年利润"科目的主营业务收入,结转后该科目应无余额。该科目可按主营业务的种类进行明细核算。

【做中学·单项选择题】 下列各项中,属于制造业企业主营业务收入的是(　　)。

A. 销售原材料收入　　B. 出租包装物租金收入

C. 出售生产设备净收益　　D. 销售产品收入

【答案】 D

【解析】 "主营业务收入"科目核算企业确认的销售商品、提供服务等主营业务的收入,选项 D 正确;选项 AB,计入其他业务收入;选项 C,计入资产处置损益。

(2)"其他业务收入"科目用来核算企业确认的除主营业务活动以外的其他经营活动实现的收入,包括出租固定资产、出租无形资产、出租包装物和商品、销售材料等、用材料进行非货币性资产交换(非货币性资产交换具有商业实质且公允价值能够可靠计量)或债务重组实现的收入。该科目贷方登记企业其他业务活动实现的收入,借方登记期末转入"本年利润"科目的其他业务收入,结转后该科目应无余额。该科目可按其他业务的种类进行明细核算。

(3)"主营业务成本"科目用来核算企业确认销售商品、提供服务等主营业务收入时应结转的成本。该科目借方登记企业应结转的主营业务成本，贷方登记期末转入“本年利润”科目的主营业务成本，结转后该科目应无余额。该科目可按主营业务的种类进行明细核算。

(4) “其他业务成本”科目用来核算企业确认的除主营业务活动以外的其他经营活动所形成的成本，包括出租固定资产的折旧额、出租无形资产的摊销额、出租包装物的成本或摊销额、销售材料的成本等。该科目借方登记企业应结转的其他业务成本，贷方登记期末转入“本年利润”科目的其他业务成本，结转后该科目应无余额。该科目可按其他业务的种类进行明细核算。

(5) “合同取得成本”科目用来核算企业取得合同发生的、预计能够收回的增量成本。该科目借方登记发生的合同取得成本，贷方登记摊销的合同取得成本，期末借方余额反映企业尚未结转的合同取得成本。该科目可按合同进行明细核算。

(6) “合同履约成本”科目用来核算企业为履行当前或预期取得的合同所发生的(如人、财、物)、不属于其他企业会计准则规范范围且按照《企业会计准则第 14 号——收入》应当确认为一项资产的成本。该科目借方登记发生的合同履约成本，贷方登记摊销的合同履约成本，期末借方余额反映企业尚未结转的合同履约成本。该科目可按合同分别“服务成本”“工程施工”等进行明细核算。

(7) “合同履约成本减值准备”科目用来核算与合同履约成本有关资产的减值准备，借方登记企业发生合同取得成本，贷方登记企业本期摊销的合同取得成本，期末借方余额反映企业尚未结转的合同取得成本。该科目按照合同进行明细核算。

(8) “合同取得成本减值准备”科目用来核算与合同取得成本有关的资产减值准备。其借方登记企业转回已计提的与合同取得成本有关资产的减值准备，贷方登记与合同取得成本有关的资产发生的减值应减记的金额，期末贷方余额反映企业已计提但尚未转销的合同取得成本减值准备。该科目按照合同进行明细核算。

(9) “合同资产”科目用来核算企业已向客户转让商品而有权收取对价的权利，不包括仅取决于时间流逝因素的权利。其借方登记企业在客户实际支付合同对价或在该对价到期应付之前，已经向客户转让了商品而有权收取对价的金额，贷方登记企业取得无条件收款权时有权收取对价金额。期末借方余额反映企业已向客户转让商品而有权收取对价除仅取决于时间流逝因素以外的权利。该科目按照合同进行明细核算。

(10) “合同资产减值准备”科目用来核算与合同资产有关的减值准备。该科目借方登记企业转回已计提的合同资产减值准备，贷方登记企业合同资产发生价值时应减记的金额，期末贷方余额反映企业已计提但尚未转销的合同资产减值准备。该科目按照合同进行明细核算。

(11) “合同负债”科目用来核算企业已收或应收客户对价而应向客户转让商品的义务。其借方登记企业向客户转让相关商品实现的收入，贷方登记企业向客户转让商品之前，客户已经支付了合同对价或企业已经取得了无条件收取合同对价权利的已收或应收的金额，期末贷方余额反映企业在向客户转让商品之前，已经收到的合同对价或已经取得的无条件收取合同对价权利的金额。该科目按照合同进行明细核算。

·小思考·

合同取得成本、合同履约成本属于哪一类会计科目？

【做中学·单项选择题】 下列关于合同成本的表述中，不正确的是（　　）。

A. 合同成本包括合同取得成本和合同履约成本

B. 合同取得成本核算企业取得合同发生的、预计能够收回的增量成本

C. 合同履约成本核算企业为履行合同所发生的一些成本

D. 合同取得成本和合同履约成本均为损益类科目

【答案】 D

【解析】 合同取得成本和合同履约成本均属于资产类科目。

四、一般商品销售收入的账务处理

（一）一般商品销售收入的确认

对于在某一时点履行的履约义务，企业应当在客户取得相关商品控制权时点确认收入。在判断控制权是否转移时，企业应当综合考虑下列迹象：

（1）企业就该商品享有现时收款权利，即客户就该商品负有现时付款义务。例如，甲企业与客户签订销售商品合同，约定客户有权定价且在收到商品无误后10日内付款。在客户收到甲企业开具的发票、商品验收入库后，客户能够自主确定商品的销售价格或商品的使用情况，此时，甲企业享有收款权利，客户负有现时付款义务。

（2）企业已将该商品的法定所有权转移给客户，即客户已拥有该商品的法定所有权。例如，房地产企业向客户销售商品房，在客户付款后取得房屋产权证时，表明企业已将该商品房的法定所有权转移给客户。

（3）企业已将该商品实物转移给客户，即客户已占有该商品实物。例如，企业与客户签订交款提货合同，在企业销售商品并送货到客户指定地点，客户验收合格付款时，表明企业已将该商品实物转移给客户，即客户已占有该商品实物。

（4）企业已将该商品所有权上的主要风险和报酬转移给客户，即客户已取得该商品所有权上的主要风险和报酬。例如，甲房地产公司向客户销售商品房办理产权转移手续后，该商品房价格上涨或下跌带来的利益或损失全部属于客户，表明客户已取得该商品房所有权上的主要风险和报酬。

（5）客户已接受该商品。例如，企业向客户销售为其定制生产的节能设备，客户收到并验收合格后办理入库手续，表明客户已接受该商品。

（6）其他表明客户已取得商品控制权的迹象。

（二）现金结算方式销售业务的账务处理

企业以现金结算方式对外销售商品，在客户取得相关商品控制权时点确认收入，按实际收到的款项，借记“库存现金”“银行存款”等科目，按实现的收入，贷记“主营业务收入”科目，按应交的增值税，贷记“应交税费——应交增值税（销项税额）”科目。

【例 7-1】 2×21 年 6 月 1 日，悦利公司向安盛公司销售一批商品，开具的增值税专用发票上注明售价为 200 000 元，增值税额为 26 000 元。当日，悦利公司收到安盛公司支付的款项存入银行；该批商品的实际成本为 180 000 元；安盛公司收到商品并验收入库。

在[例 7-1]中，悦利公司已经收到安盛公司支付的货款，客户安盛公司收到商品并验收入库，因此，该项业务为单项履约义务且属于在某一时点履行的履约义务。悦利公司应编制会计分录如下：

(1) 确认收入时：

借：银行存款	226 000	
贷：主营业务收入		200 000
应交税费——应交增值税(销项税额)		26 000

(2) 结转商品销售成本时：

借：主营业务成本	180 000	
贷：库存商品		180 000

(三) 委托收款结算方式销售业务的账务处理

企业以委托收款结算方式对外销售商品，在其办妥委托收款手续且客户取得相关商品控制权时点确认收入，按应收的款项，借记“应收账款”科目，按实现的收入，贷记“主营业务收入”科目，按应交的增值税，贷记“应交税费——应交增值税(销项税额)”科目，在实际收到款项时，借记“银行存款”科目，贷记“应收账款”科目。

【例 7-2】 2×21 年 7 月 1 日，悦利公司向安盛公司赊销一批商品，开具的增值税专用发票上注明售价为 100 000 元，增值税额为 13 000 元；悦利公司以银行存款 2 180 元代安盛公司垫付运费。当日，安盛公司收到商品并验收入库，悦利公司将委托收款凭证和债务证明提交开户银行，办妥托收手续；该批商品的实际成本为 80 000 元。7 月 6 日，悦利公司收到银行转来的收款通知，货款已全部收存银行。

在[例 7-2]中，悦利公司已向银行办妥委托收款手续，客户安盛公司收到商品并验收入库，因此，该项业务为单项履约义务且属于在某一时点履行的履约义务。悦利公司应编制会计分录如下：

(1) 7 月 1 日，确认收入时：

借：应收账款	115 180	
贷：主营业务收入		100 000
应交税费——应交增值税(销项税额)		13 000
银行存款		2 180

同时，结转销售商品成本：

借：主营业务成本	80 000	
贷：库存商品		80 000

(2) 7 月 6 日，收到收款通知时：

借：银行存款	115 180	
贷：应收账款		115 810

(四) 商业汇票结算方式销售业务的账务处理

企业以商业汇票结算方式对外销售商品，在收到商业汇票并且客户取得相关商品控制权时点确认收入，按收到商业汇票的票面金额，借记"应收票据"科目，按实现的收入，贷记"主营业务收入"科目，按应交的增值税，贷记"应交税费——应交增值税(销项税额)"科目。

【例 7-3】 2×21 年 3 月 1 日，悦利公司向安盛公司销售商品一批，开具的增值税专用发票上注明的售价为 800 000 元，增值税额为 104 000 元。悦利公司收到安盛公司开出的不带息银行承兑汇票一张，票面金额为 904 000 元，期限为 3 个月。悦利公司以银行存款支付代垫运费，增值税专用发票上注明的运输费为 4 000 元，增值税额为 360 元，所垫运费尚未收到。该批商品成本为 650 000 元；安盛公司收到商品并验收入库。

在[例 7-3]中，悦利公司已经收到安盛公司开出的不带息银行承兑汇票，客户安盛公司收到商品并验收入库，因此，销售商品为单项履约义务且属于在某一时点履行的履约义务。悦利公司应编制会计分录如下：

(1) 确认收入时：

借：应收票据　　904 000

　　贷：主营业务收入　　800 000

　　　　应交税费——应交增值税(销项税额)　　104 000

借：主营业务成本　　650 000

　　贷：库存商品　　650 000

(2) 代垫运费时：

借：应收账款　　4 360

　　贷：银行存款　　4 360

(五) 赊销方式销售业务的账务处理

企业以赊销方式对外销售商品，在客户取得相关商品控制权时点确认收入，按应收的款项，借记"应收账款"科目，按实现的收入，贷记"主营业务收入"科目，按应交的增值税，贷记"应交税费——应交增值税(销项税额)"科目，在实际收到款项时，借记"银行存款"科目，贷记"应收账款"科目。

【例 7-4】 2×21 年 7 月 1 日，悦利公司向安盛公司赊销一批商品，开具的增值税专用发票上注明售价为 20 000 元，增值税额为 2 600 元；双方约定 2 个月内支付货款。当日，安盛公司收到商品并验收入库，该批商品的实际成本为 16 000 元。8 月 31 日，悦利公司收到安盛公司支付的货款 22 600 元并存入银行。

在[例 7-4]中，悦利公司与安盛公司约定 2 个月内付款，客户安盛公司收到商品并验收入库，因此，该项业务为单项履约义务且属于在某一时点履行的履约义务。悦利公司应编制会计分录如下：

(1) 7 月 1 日，确认收入时：

借：应收账款　　22 600

　　贷：主营业务收入　　20 000

　　　　应交税费——应交增值税(销项税额)　　2 600

同时，结转销售商品成本：

借：主营业务成本　　16 000

　　贷：库存商品　　16 000

(2) 8月31日，收到货款时：

借：银行存款　　22 600

　　贷：应收账款　　22 600

【例7-5】 2×21年4月1日，悦利公司与客户签订合同，向其销售A、B两种商品。A商品的单独售价为6 000元，B商品的单独售价为24 000元，合同价款为25 000元。合同约定，A商品于合同开始日交付，B商品在1个月之后交付，当两项商品全部交付之后，悦利公司才有权收取25 000元的合同对价。上述价格均不包含增值税。A商品和B商品的实际成本分别为4 200元和18 000元。假定A商品和B商品分别构成单项履约义务，其控制权在交付时转移给客户。2×21年5月1日，悦利公司交付B商品，开具的增值税专用发票上注明售价为25 000元，增值税额为3 250元。2×21年6月1日，悦利公司收到客户支付的货款并存入银行。

在[例7-5]中，悦利公司将A商品交付给客户之后，与该商品相关的履约义务已经履行，但需要等到后续交付B商品时，才具有无条件收取合同对价的权利，因此，悦利公司应当将因交付A商品而有权收取的对价确认为合同资产，而不是应收账款。

悦利公司应将交易价格25 000元分摊至A商品和B商品，编制会计分录如下：

分摊至A商品的合同价款＝[6 000÷(6 000＋24 000)]×25 000 ＝ 5 000(元)

分摊至B商品的合同价款＝[24 000÷(6 000＋24 000)]×25 000 ＝ 20 000(元)

(1) 4月1日，交付A商品时：

借：合同资产　　5 000

　　贷：主营业务收入　　5 000

借：主营业务成本　　4 200

　　贷：库存商品　　4 200

(2) 5月1日，交付B商品时：

借：应收账款　　28 250

　　贷：合同资产　　5 000

　　　　主营业务收入　　20 000

　　　　应交税费——应交增值税(销项税额)　　3 250

借：主营业务成本　　18 000

　　贷：库存商品　　18 000

(3) 6月1日，收到货款时：

借：银行存款　　28 250

　　贷：应收账款　　28 250

(六) 发出商品业务的账务处理

企业按合同发出商品，合同约定客户只有在商品售出取得价款后才支付货款。企业向客户转让商品的对价未达到很可能收回收入确认条件。在发出商品时，企业不应确认收入，应将发出商品的成本记入“发出商品”科目，借记“发出商品”科目，贷记“库存商品”科目。如已发出的商品被客户退回，企业应编制相反的会计分录。“发出商品”科目用来核算企业商品已发出但客户没有取得商品的控制权的商品成本。当收到货款或取得收取货款权利，确认收入时，借记“银行存款”“应收账款”科目，贷记“主营业务收入”“应交税费——应交增值税（销项税额）”科目，同时结转已销商品成本，借记“主营业务成本”科目，贷记“发出商品”科目。

【例 7-6】 2×21 年 7 月 10 日，悦利公司向安盛公司销售一批商品，开出的增值税专用发票上注明的销售价款为 400 000 元，增值税额为 52 000 元，款项尚未收到，该批商品成本为 240 000 元。悦利公司在销售时已知安盛公司资金周转发生困难，但为了减少存货积压，同时也为了维护与安盛公司长期建立的商业合作关系，悦利公司仍将商品发往安盛公司且办妥托收手续。假定悦利公司发出该批商品时其增值税纳税义务尚未发生。

在[例 7-6]中，由于安盛公司资金周转存在困难，因而悦利公司在货款回收方面存在较大的不确定性，与该批商品所有权有关的风险和报酬没有转移给安盛公司。根据在某一时点履行的履约义务的收入确认条件，悦利公司在发出商品且办妥托收手续时不能确认收入。

悦利公式在发出商品时，应编制会计分录如下：

借：发出商品　　240 000

　　贷：库存商品　　240 000

【例 7-7】 悦利公司与乙公司均为增值税一般纳税人。2×21 年 6 月 3 日，悦利公司与乙公司签订委托代销合同，悦利公司委托乙公司销售 Z 商品 1 000 件，Z 商品已经发出，每件商品成本为 140 元。合同约定乙公司应按每件 200 元的价格对外销售，悦利公司按不含增值税的销售价格的 10%向乙公司支付手续费。除非这些商品在乙公司存放期间内由于乙公司的责任发生毁损或丢失，否则在 Z 商品对外销售之前，乙公司没有义务向悦利公司支付货款。乙公司不承担包销责任，没有售出的 Z 商品须退回悦利公司，同时，悦利公司也有权要求收回 Z 商品或将其销售给其他的客户。截至 2×21 年 6 月 30 日，乙公司实际对外销售 1 000 件 Z 商品，开出的增值税专用发票上注明的销售价款为 200 000 元，增值税额为 26 000 元。

在[例 7-7]中，悦利公司将 Z 商品发送至乙公司后，乙公司虽然已经承担 Z 商品的实物保管责任，但仅为接受悦利公司的委托销售 Z 商品，并根据实际销售的数量赚取一定比例的手续费。悦利公司有权要求收回 Z 商品或将其销售给其他的客户，乙公司并不能主导这些商品的销售，这些商品对外销售与否、是否获利以及获利多少等不由乙公司控制，乙公司没有取得这些商品的控制权。因此，悦利公司将 Z 商品发送至乙公司时，不应确认收入，而应当在乙公司将 Z 商品销售给最终客户时确认收入。

(1) 2×21 年 6 月 3 日，悦利公司按合同约定发出商品时，应编制会计分录如下：

借：发出商品——乙公司　　140 000

　　贷：库存商品——Z 商品　　140 000

(2) 2×21 年 6 月 30 日，悦利公司收到乙公司开具的代销清单时，应编制会计分录如下：

借：应收账款　　226 000

　贷：主营业务收入　　200 000

　　应交税费——应交增值税（销项税额）　　26 000

受托方的账务处理

借：主营业务成本　　140 000

　贷：发出商品　　140 000

借：销售费用　　20 000

　应交税费——应交增值税（进项税额）　　1 200

　贷：应收账款　　21 200

(3) 收到乙公司货款时：

借：银行存款　　204 800

　贷：应收账款　　204 800

·理论点拨·

“发出商品”科目的期末余额应在资产负债表“存货”项目反映。

【做中学·判断题】 某企业赊销商品时知晓客户财务困难，不能确定能否收回货款，为了维持客户的长期合作关系仍将商品发出并开具销售发票。对于该赊销，不需要进行相关的会计处理。（　　）

【答案】 ×

【解析】 发出商品通过“发出商品”科目核算。

（七）销售材料等存货业务的账务处理

企业在日常活动中会发生对外销售不需用的原材料、随同商品对外销售单独计价的包装物等业务。企业销售原材料、包装物等存货取得收入的确认和计量原则比照商品销售。企业销售原材料、包装物等存货确认的收入作为其他业务收入处理，结转的相关成本作为其他业务成本处理。

【例 7-8】 2×21 年 7 月 20 日，悦利公司向乙公司销售一批原材料，开具的增值税专用发票上注明的售价为 200 000 元，增值税额为 26 000 元。悦利公司收到乙公司支付的款项并存入银行；该批原材料的实际成本为 180 000 元；乙公司收到原材料并验收入库。

悦利公司已经收到乙公司支付的货款，客户乙公司收到原材料并验收入库，因此，该项业务为单项履约义务且属于在某一时点履行的履约义务。悦利公司应编制会计分录如下：

(1) 确认收入时：

借：银行存款　　226 000

　贷：其他业务收入　　200 000

　　应交税费——应交增值税（销项税额）　　26 000

(2) 结转原材料成本时：

借：其他业务成本　　180 000

　贷：原材料　　180 000

(八) 销售退回业务的账务处理

销售退回是指企业因售出商品在质量、规格等方面不符合销售合同规定条款的要求，客户要求企业予以退货。企业销售商品发生退货，表明企业履约义务的减少和客户商品控制权及其相关经济利益的丧失。已确认销售商品收入的售出商品发生销售退回的，除了属于资产负债表日后事项的，企业收到退回的商品时，应退回货款或冲减应收账款，并冲减主营业务收入和增值税销项税额，借记“主营业务收入”“应交税费——应交增值税(销项税额)”等科目，贷记“银行存款”“应收票据”“应收账款”等科目。收到退回商品验收入库，按照商品成本，借记“库存商品”科目，贷记“主营业务成本”科目。

【例 7-9】 悦利公司 2×21 年 5 月 20 日销售 A 商品一批，增值税专用发票上注明售价为 700 000 元，增值税额为 91 000 元，该批商品成本为 364 000 元。A 商品于 2×21 年 5 月 20 日发出，客户于 5 月 27 日付款。该项业务属于在某一时点履行的履约义务并确认销售收入。2×21 年 9 月 16 日，该商品质量出现严重问题，客户将该批商品全部退回给悦利公司。悦利公司同意退货，于退货当日支付了退货款，并按规定向客户开具了增值税专用发票(红字)。假定不考虑其他因素，悦利公司应编制会计分录如下：

(1) 2×21 年 5 月 20 日，确认收入时：

借：应收账款	791 000	
贷：主营业务收入		700 000
应交税费——应交增值税(销项税额)		91 000
借：主营业务成本	364 000	
贷：库存商品		364 000

(2) 2×21 年 5 月 27 日，收到货款时：

借：银行存款	791 000	
贷：应收账款		791 000

(3) 2×21 年 9 月 16 日，销售退回时：

借：主营业务收入	700 000	
应交税费——应交增值税(销项税额)	91 000	
贷：银行存款		791 000
借：库存商品	364 000	
贷：主营业务成本		364 000

五、可变对价的账务处理

(一) 可变对价的管理

企业与客户的合同中约定的对价金额可能是固定的，也可能会因折扣、价格折让返利、退款、奖励积分、激励措施、业绩奖金和索赔等因素而变化。此外，根据一项或多项或有事项的发生而收取不同对价金额的合同，也属于可变对价的情形。

若合同中存在可变对价，企业应当对计入交易价格的可变对价进行估计。企业应当按照期望值或最可能发生金额确定可变对价的最佳估计数。但是，企业不能在两种方法之间随意进行选择。期望值是按照各种可能发生的对价金额及相关概率计算确定的金额;最可能发生金额是一系列可能发生的对价金额中最可能发生的单一金额,即合同最可能产生的单一结果。此外,需要注意的是,企业确定可变对价金额之后,计入交易价格的可变对价金额还应满足限制条件,即包含可变对价的交易价格,应当不超过在相关不确定性消除时,累计已确认的收入极可能不会发生重大转回的金额。

(二) 可变对价的账务处理

【例 7-10】 2×21 年 6 月 1 日,悦利公司向安盛公司销售一批商品,增值税专用发票上注明售价为 300 000 元,增值税额为 39 000 元,款项尚未收到;该批商品成本为 270 000 元。该项业务属于在某一时点履行的履约义务。2×21 年 6 月 20 日,安盛公司在验收过程中发现商品外观上存在瑕疵,但基本上不影响使用。安盛公司要求悦利公司在价格上(不含增值税税额)给予 5%的减让。假定悦利公司已确认收入。悦利公司同意价格折让,并按规定向安盛公司开具了增值税专用发票(红字)。2×21 年 6 月 30 日,悦利公司收到安盛公司支付的货款并存入银行。悦利公司应编制会计分录如下:

(1) 6 月 1 日,确认收入时:

借:应收账款	339 000	
贷:主营业务收入		300 000
应交税费——应交增值税(销项税额)		39 000

同时,结转销售商品成本:

借:主营业务成本	270 000	
贷:库存商品		270 000

(2) 6 月 20 日,发生销售折让 15 000 元(300 000×5%)时:

借:主营业务收入	15 000	
应交税费——应交增值税(销项税额)	1 950	
贷:应收账款		16 950

(3) 6 月 30 日,收到货款时:

借:银行存款	322 050	
贷:应收账款		322 050

【例 7-11】 悦利公司为增值税一般纳税人。2×21 年 9 月 1 日,悦利公司销售 A 商品 5 000 件并开具增值税专用发票,每件商品的标价为 200 元(不含增值税),A 商品适用的增值税税率为 13%;每件商品的实际成本为 120 元;由于是成批销售,悦利公司给予客户 10%的商业折扣,并在销售合同中规定现金折扣条件为"2/20,N/30",且计算现金折扣时不考虑增值税。当日,A 商品发出,客户收到商品并验收入库。悦利公司基于对客户的了解,预计客户 20 天内付款的概率为 90%,20 天后付款的概率为 10%。2×21 年 9 月 18 日,悦利公司收到客户支付的货款。

在[例 7-11]中,该项销售业务属于在某一时点履行的履约义务。对于商业折扣,悦利公司应从确认的销售商品收入中予以扣除;对于现金折扣,悦利公司认为按照最可能发生金额能够更好地预测其有权获取的对价金额。因此,悦利公司相关计算如下:

应确认的销售商品收入的金额＝200×(1－10％)×5 000×(1－2％)＝882 000(元)

增值税销项税额＝200×(1－10％)×5 000×13％＝117 000(元)

悦利公司应编制会计分录如下：

(1) 9 月 1 日，确认收入、结转成本时：

借：应收账款　　999 000

　贷：主营业务收入　　882 000

　　　应交税费——应交增值税(销项税额)　　117 000

借：主营业务成本　　600 000

　贷：库存商品　　600 000

(2) 9 月 18 日，收到货款时：

借：银行存款　　999 000

　贷：应收账款　　999 000

【例 7-12】 甲公司是一家电生产销售企业，销售家电适用的增值税税率为 13％。2×21 年 6 月，甲公司向零售商乙公司销售 1 000 台 A 型冰柜，每台价格为 5 000 元，合同价款合计 500 万元。每台 A 型冰柜的成本为 3 000 元。乙公司收到 A 型冰柜并验收入库。甲公司向乙公司提供价格保护，同意在未来 6 个月内，如果同款冰柜售价下降，则按照合同价格与最低售价之间的差额向乙公司支付差价。甲公司根据以往执行类似合同的经验，预计各种结果发生的概率如表 7-1 所示。

表 7-1　　冰柜售价下降的概率估计

未来 6 个月内每台的降价金额(元)	概率
0	40％
200	30％
400	20％
600	10％

在[例 7-12]中，该项销售业务属于在某一时点履行的履约义务。甲公司认为期望值能够更好地预测其有权获取的对价金额。在该方法下，甲公司估计交易价格为每台 4 800 元(5 000×40％＋4 800×30％＋4 600×20％＋4 400×10％)。

2×21 年 6 月，甲公司应编制会计分录如下：

(1) 确认收入时：

借：应收账款　　5 424 000

　贷：主营业务收入　　4 800 000

　　　应交税费——应交增值税(销项税额)　　624 000

(2) 结转商品销售成本时：

借：主营业务成本　　3 000 000

　贷：库存商品　　3 000 000

六、在某一时段完成的商品销售收入的账务处理

微课：在某一时段内履行履约义务确认收入

对于在某一时段内履行的履约义务，企业应当在该段时间内按照履约进度确认收入，履约进度不能合理确定的除外。满足下列条件之一的，属于在某一时段内履行的履约义务：①客户在企业履约的同时即取得并消耗企业履约所带来的经济利益；②客户能够控制企业履约过程中在建的商品；③企业履约过程中所产出的商品具有不可替代用途，且该企业在整个合同期间内有权就累计至今已完成的履约部分收取款项。

企业应当考虑商品的性质，采用实际测量的完工进度、评估已实现的结果、时间进度、已完工或交付的产品等产出指标，或采用投入的材料数量、花费的人工工时、机器工时、发生的成本和时间进度等投入指标确定恰当的履约进度，并且在确定履约进度时，应当扣除那些控制权尚未转移给客户的商品和服务。资产负债表日，企业按照合同的交易价格总额乘以履约进度扣除以前会计期间累计已确认的收入后的金额，确认当期收入。

通常，企业按照累计实际发生的成本占预计总成本的比例（即成本法）确定履约进度。累计实际发生的成本包括企业向客户转移商品过程中所发生的直接成本和间接成本，如直接人工、直接材料、分包成本以及其他与合同相关的成本。

对于每一项履约义务，企业只能采用一种方法来确定其履约进度，并一直使用。对于类似情况下的类似履约义务，企业应当采用相同的方法确定履约进度。资产负债表日，企业按照合同的交易价格总额乘以履约进度扣除以前会计期间累计已确认的收入后的金额，确认当期收入。当履约进度不能合理确定时，企业已经发生的成本预计能够得到补偿的，应当按照已经发生的成本金额确认收入，直到履约进度能够合理确定为止。

·理论点拨·

按确定的履约进度计算确认服务（劳务）收入和服务（劳务）成本：

本期确认的劳务收入＝劳务总收入×本期期末劳务的履约进度－以前期间已确认的收入

本期确认的劳务成本＝劳务总成本×本期期末劳务的履约进度－以前期间已确认的成本

当履约进度不能合理确定时，企业已经发生的成本预计能够得到补偿的，应当按照已经发生的成本金额确认收入，直到履约进度能够合理确定为止。

（一）合同成本与合同负债

微课：合同取得成本与合同履约成本的确认计量

1. 合同取得成本

企业在与客户建立合同关系的过程中发生的成本主要有合同取得成本和合同履约成本。

企业为取得合同发生的增量成本预期能够收回的，应作为合同取得成本确认为一项资产。增量成本是指企业不取得合同就不会发生的成本，也就是企业发生的与合同直接相关，但又不是所签订合同的对象或内容（如建

造商品或提供服务)本身所直接发生的费用。如销售佣金，若预期可通过未来的相关服务收入予以补偿，该销售佣金(即增量成本)应在发生时确认为一项资产，即合同取得成本。

企业取得合同发生的增量成本已经确认为资产的，应当采用与该资产相关的商品收入确认相同的基础进行摊销，计入当期损益。为简化实务操作，该资产摊销期限不超过1年的，可以在发生时计入当期损益。

企业为取得合同发生的、除预期能够收回的增量成本之外的其他支出，如无论是否取得合同均会发生的差旅费、投标费、为准备投标资料发生的相关费用等，应当在发生时计入当期损益，除非这些支出明确由客户承担。

【做中学·多项选择题】 下列各项中，应计入当期损益的是(　　)。

A. 为取得合同而发生的由客户承担的差旅费

B. 为准备投标资料发生的相关费用

C. 为取得合同发生的尽职调查的支出

D. 取得合同时支付的销售佣金

【答案】 BC

【解析】 企业为取得合同发生的、除预期能够收回的增量成本之外的其他成本，如无论是否取得合同均会发生的差旅费、投标费、为准备投标资料发生的相关费用、尽职调查支出等，应当在发生时计入当期损益，除非这些支出明确由客户承担，所以选项BC正确，选项A不正确。选项D，应计入合同取得成本。

2. 合同履约成本

合同履约成本是指企业为履行当前或预期取得的合同所发生的、属于《企业会计准则第14号——收入》规范范围并且按照该准则应当确认为一项资产的成本。企业为履行合同可能会发生各种成本，企业在确认收入的同时应当对这些成本进行分析，属于《企业会计准则第14号——收入》准则规范范围且同时满足下列条件的，应当作为合同履约成本确认为一项资产：

(1) 该成本与一份当前或预期取得的合同直接相关。这包括：

第一，与合同直接相关的成本。①直接人工(如支付给直接为客户提供所承诺服务的人员的工资、奖金等)；②直接材料(如为履行合同耗用的原材料、辅助材料、构配件、零件、半成品的成本和周转材料的摊销及租赁费用等)；③制造费用或类似费用(如组织和管理相关生产、施工、服务等活动发生的费用，包括车间管理人员的职工薪酬、劳动保护费、固定资产折旧费及修理费、物料消耗、取暖费、水电费、办公费、差旅费、财产保险费、工程保修费、临时设施摊销费等)。

第二，明确由客户承担的成本以及仅因该合同而发生的其他成本(如支付给分包商的成本、机械使用费、设计和技术援助费用、施工现场二次搬运费、生产工具和用具使用费、检验试验费、工程定位复测费、工程点交费用、场地清理费等)。

(2) 该成本增加了企业未来用于履行(包括持续履行)履约义务的资源。

(3) 该成本预期能够收回。

·理论点拨·

企业应当在下列支出发生时，将其计入当期损益：一是管理费用，除非这些费用明确由客户承担。二是非正常消耗的直接材料、直接人工和制造费用（或类似费用），这些支出为履行合同发生，但未反映在合同价格中。三是与履约义务中已履行（包括已全部履行或部分履行）部分相关的支出，即该支出与企业过去的履约活动相关。四是无法在尚未履行的与已履行（或已部分履行）的履约义务之间区分的相关支出。

3. 合同负债

合同负债是指企业已收或应收客户对价而应向客户转让商品的义务。需要说明的是，对于尚未向客户履行转让商品的义务而已收或应收客户对价中的增值税部分，因不符合合同负债的定义，不应确认为合同负债。

（二）合同取得成本及销售收入的账务处理

企业对已确认为资产的合同取得成本，应当采用与该资产相关的商品收入确认相同的基础进行摊销，计入当期损益。为简化实务操作，该资产摊销期限不超过1年的，可以在发生时计入当期损益。

企业发生合同取得成本时，借记“合同取得成本”科目，贷记“银行存款”“应付职工薪酬”等科目，对合同取得成本进行摊销时，借记“销售费用”等科目，贷记“合同取得成本”科目。

【例7-13】 鸿兴公司是一家咨询公司，为增值税一般纳税人，对外提供咨询服务的增值税税率为6%。2×21年，鸿兴公司通过竞标赢得一个服务期为5年的客户，该客户每年年末支付含税咨询费954 000元。为取得与该客户的合同，鸿兴公司聘请外部律师进行尽职调查支付相关费用7 500元，为投标而发生的差旅费为5 000元，支付销售人员佣金30 000元。鸿兴公司预期这些支出未来均能够收回。此外，鸿兴公司根据其年度销售目标、整体盈利情况及个人业绩等，向销售部门经理支付年度奖金5 000元。

在[例7-13]中，鸿兴公司因签订该客户合同而向销售人员支付的佣金属于取得合同发生的增量成本，应当将其作为合同取得成本确认为一项资产；鸿兴公司聘请外部律师进行尽职调查发生的支出、为投标发生的差旅费以及向销售部门经理支付的年度奖金（不能直接归属于可识别的合同）不属于增量成本，应当于发生时直接计入当期损益。鸿兴公司应编制会计分录如下：

（1）支付与取得合同相关费用时：

借：合同取得成本	30 000	
管理费用	12 500	
贷：银行存款		42 500

（2）每月确认服务收入，摊销销售佣金时：

服务收入＝954 000÷（1＋6%）÷12＝75 000（元）

销售佣金摊销额＝30 000÷5÷12＝500（元）

借：应收账款　　79 500
　　贷：主营业务收入　　75 000
　　　　应交税费——应交增值税（销项税额）　　4 500
借：销售费用　　500
　　贷：合同取得成本　　500
(3) 确认销售部门经理奖金时：
借：销售费用　　5 000
　　贷：职工薪酬　　5 000
(4) 发放部门经理奖金时：
借：职工薪酬　　5 000
　　贷：银行存款　　5 000

（三）合同履约成本及销售收入的账务处理

企业对已确认为资产的合同履约成本，应当采用与该资产相关的商品收入确认相同的基础进行摊销，计入当期损益。

企业发生合同履约成本时，借记“合同履约成本”科目，贷记“银行存款”“应付职工薪酬”“原材料”等科目，对合同履约成本进行摊销时，借记“主营业务成本”“其他业务成本”等科目，贷记“合同履约成本”科目。涉及增值税的，还应进行相应的处理。

【例 7-14】 旗家公司为增值税一般纳税人，装修服务适用增值税税率为 9%。2×21 年 12 月 1 日，旗家公司与乙公司签订一项为期 3 个月的装修合同，合同约定装修价款为 1 000 000 元，增值税额为 90 000 元，装修费用每月末按完工进度支付。2×21 年 12 月 31 日，经专业测量师测量后，确定该项劳务的完工程度为 25%，乙公司按完工进度支付价款及相应的增值税款。截至 2×21 年 12 月 31 日，旗家公司为完成该合同累计发生劳务成本 200 000 元（假定均为装修人员薪酬），估计还将发生劳务成本 600 000 元。假定该业务属于旗家公司的主营业务，全部由其自行完成。该装修服务构成单项履约义务，并属于在某一时段内履行的履约义务。旗家公司按照实际测量的完工进度确定履约进度。旗家公司应编制会计分录如下：

(1) 实际发生劳务成本 200 000 元时：
借：合同履约成本　　200 000
　　贷：应付职工薪酬　　200 000
(2) 2×21 年 12 月 31 日，确认劳务收入并结转劳务成本时：
2×21 年 12 月 31 日确认的劳务收入＝1 000 000×25%－0＝250 000（元）
借：银行存款　　272 500
　　贷：主营业务收入　　250 000
　　　　应交税费——应交增值税（销项税额）　　22 500
借：主营业务成本　　200 000
　　贷：合同履约成本　　200 000

【例 7-15】 承[例 7-14]，2×22 年 1 月 31 日，经专业测量师测量后，确定该项劳务的完工程度为70%；乙公司按完工进度支付价款同时支付对应的增值税款。2×22年1月，为完成该合同发生劳务成本360 000元(假定均为装修人员薪酬)，为完成该合同估计还将发生劳务成本240 000，旗家公司应编制会计分录如下：

(1) 实际发生劳务成本360 000元时：

借：合同履约成本　　360 000

　　贷：应付职工薪酬　　360 000

(2) 2×22年1月31日，确认劳务收入并结转劳务成本时：

2×22年1月31日确认劳务收入=1 000 000×70%-250 000=450 000(元)

借：银行存款　　490 500

　　贷：主营业务收入　　450 000

　　　　应交税费——应交增值税(销项税额)　　40 500

借：主营业务成本　　360 000

　　贷：合同履约成本　　360 000

【例7-16】 承[例7-15]，2×22年2月28日，装修完工，乙公司验收合格，按完工进度支付价款同时支付对应的增值税款。2×22年2月，为完成该合同发生劳务成本240 000元(假定均为装修人员薪酬)。旗家公司应编制会计分录如下：

(1) 实际发生劳务成本240 000元时：

借：合同履约成本　　240 000

　　贷：应付职工薪酬　　240 000

(2) 2×22年2月28日，确认劳务收入并结转劳务成本时：

2×22年2月28日确认劳务收入=1 000 000-250 000-450 000=300 000(元)

借：银行存款　　327 000

　　贷：主营业务收入　　300 000

　　　　应交税费——应交增值税(销项税额)　　27 000

借：主营业务成本　　240 000

　　贷：合同履约成本　　240 000

【例7-17】 宏鑫公司经营一家健身俱乐部。2×21年7月1日，某客户与宏鑫公司签订合同，成为宏鑫公司的会员，并向公司支付会员费7 632元，可在未来的12个月内在该俱乐部健身，且没有次数的限制。该业务适用的增值税税率为6%。

在[例7-17]中，客户在会籍期间可随时来俱乐部健身，且没有次数限制，客户已使用俱乐部健身的次数不会影响其未来继续使用的次数。宏鑫公司在该合同下的履约义务是承诺随时准备在客户需要时为其提供健身服务。因此，该履约义务属于在某一时段内履行的履约义务，并且该履约义务在会员的会籍期间内随时间的流逝而被履行。宏鑫公司按照直线法确认收入，每月应当确认的收入为600元(7 632÷1.06÷12)。宏鑫公司应编制会计分录如下：

(1) 2×21年7月1日，收取会费时：

借：银行存款　　7 632

　　贷：合同负债　　7 200

　　　　应交税费——待转销项税额　　432

在[例 7-17]中,客户签订合同时支付了合同对价，可在未来 12 个月内在该俱乐部进行健身消费，且没有次数的限制。企业在向客户转让商品之前已经产生一项负债,即合同负债。

(2) 2×21 年 7 月 31 日,确认收入,开具增值税专用发票并收到税款时：

借：合同负债　　600
　　应交税费——待转销项税额　　36
　贷：主营业务收入　　600
　　　应交税费———应交增值税(销项税额)　　36

2×21 年 8 月至 2×22 年 6 月，每月确认收入同上。

【例 7-18】 悦利公司为增值税一般纳税人,经营一家酒店,该酒店是悦利公司的自有资产。2×21 年 12 月,悦利公司计提与酒店经营直接相关的酒店、客房以及客房内的设备家具等折旧 240 000 元、酒店土地使用权摊销费用 130 000 元。经计算,当月确认房费、餐饮等服务含税收入 848 000 元,全部存入银行。

在[例 7-18]中,悦利公司经营酒店主要是通过提供客房服务赚取收入,而客房服务的提供直接依赖于酒店物业(包含土地)以及家具等相关资产,这些资产折旧和摊销属于悦兴公司为履行与客户的合同而发生的合同履约成本。已确认的合同履约成本在收入确认时予以摊销,计入营业成本。悦利公司应编制会计分录如下：

(1) 确认资产的折旧费、摊销费时：

借：合同履约成本　　370 000
　贷：累计折旧　　240 000
　　　累计摊销　　130 000

(2) 确认酒店服务收入并摊销合同履约成本时：

借：银行存款　　848 000
　贷：主营业务收入　　800 000
　　　应交税费——应交增值税(销项税额)　　48 000
借：主营业务成本　　370 000
　贷：合同履约成本　　370 000

【做中学·多项选择题】 某公司经营一家健身俱乐部,适用的增值税税率为 6%。2×21 年 1 月 1 日,该公司与客户签订合同,并收取客户会员费 6 000 元(不含税)。客户可在未来 12 个月内享受健身服务,且没有次数限制。不考虑其他因素,下列关于该公司会计处理的表述中,正确的有(　)。

A. 1 月 1 日,收到会费确认合同负债 6 000 元

B. 1 月 1 日,收到会费确认预计负债 6 000 元

C. 1 月 31 日,确认主营业务收入的金额为 530 元

D. 1 月 31 日,确认主营业务收入的金额为 500 元

【答案】 AD

【解析】 该公司 1 月 1 日收到会员费时,应编制会计分录如下：

借：银行存款　　6 000
　贷：合同负债　　6 000

1月31日，确认主营业务收入时，应编制会计分录如下：

借：合同负债　　500

　　银行存款　　30

　　贷：主营业务收入　　500

　　　　应交税费——应交增值税(销项税额)　　30

第二节　费　用

一、费用的构成

任何一项支出构成企业的费用，必须具备费用的特点并符合费用确认的条件。为了科学地进行费用的核算，企业应当对费用进行合理的分类，如图7-1所示。

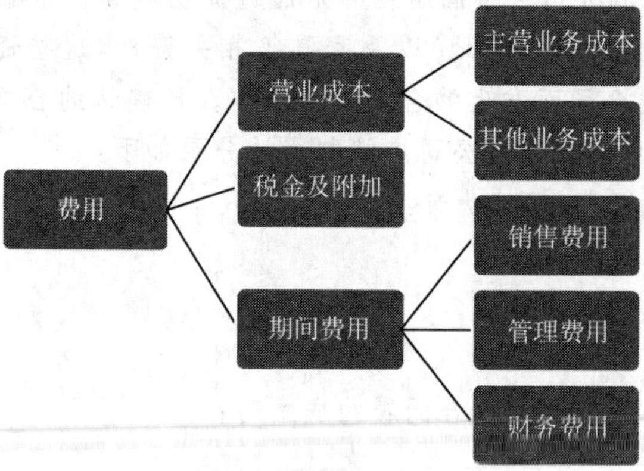

图7-1　费用的构成

·理论点拨·

费用包括企业日常活动中发生的经济利润总流出。费用主要是指企业为取得营业收入进行产品销售等营业活动所发生的营业成本、税金及附加和期间费用。

企业为生产产品、提供劳务等发生的可归属于产品成本、劳务成本等的费用，应当在确认销售商品收入、提供劳务收入等时，将已销售商品、已提供劳务的成本确认为营业成本(包括主营业务成本和其他业务成本)。期间费用包括销售费用、管理费用和财务费用。

二、营业成本

营业成本是指企业为生产产品、提供服务等发生的可归属于产品成本、服务成本等的费用，应当在确认销售商品收入、提供服务收入等时，将已销售商品、已提供服务的成本等计入当期损益。营业成本包括主营业务成本和其他业务成本。

微课：营业成本的核算

(一) 主营业务成本

主营业务成本是指企业销售商品、提供服务等经常性活动所发生的成本。企业一般在确认销售商品、提供服务等主营业务收入时，或在月末，将已销售商品、已提供服务的成本转入主营业务成本。企业应当设置“主营业务成本”科目核算企业因销售商品、提供服务等日常活动而发生的实际成本。该科目按主营业务的种类进行明细核算。

【做中学·多项选择题】 下列各项中，应列入利润表“营业成本”项目的有（　　）。

A. 出售商品的成本

B. 销售材料的成本

C. 出租非专利技术的摊销额

D. 以经营租赁方式出租设备计提的折旧额

【答案】 ABCD

【例 7-19】 2×21 年 5 月 20 日，悦利公司向乙公司销售一批产品，开具的增值税专用发票上注明的价款为 400 000 元，增值税额为 52 000 元；悦利公司已收到乙公司支付的款项 452 000 元，并将提货单送交乙公司；该批产品成本为 380 000 元。该项销售业务属于某一时点履行的履约义务。悦利公司应编制会计分录如下：

(1) 销售实现时：

借：银行存款	452 000	
贷：主营业务收入		400 000
应交税费——应交增值税（销项税额）		52 000
借：主营业务成本	380 000	
贷：库存商品		380 000

(2) 期末，将主营业务成本结转至本年利润时：

借：本年利润	380 000	
贷：主营业务成本		380 000

【例 7-20】 2×21 年 5 月 10 日，盛安公司销售甲产品 100 件，单价为 2 000 元，单位成本为 1 600 元，开具的增值税专用发票上注明的价款为 200 000 元，增值税额为 26 000 元，购货方尚未付款，该项销售业务属于某一时点履行的履约义务。8 月 28 日，因产品质量问题购货方退货，并开具增值税专用发票（红字）。假定不考虑其他因素，盛安公司应编制会计分录如下：

(1) 销售产品时：

借：应收账款	226 000	
贷：主营业务收入		200 000
应交税费——应交增值税（销项税额）		26 000
借：主营业务成本	160 000	
贷：库存商品		160 000

(2) 销售退回时：

借：主营业务收入　　200 000
　　应交税费——应交增值税(销项税额)　　26 000
　　贷：应收账款　　226 000
借：库存商品　　160 000
　　贷：主营业务成本　　160 000

【例 7-21】 2×21 年 8 月末，盛安公司计算已销售的甲、乙、丙三种产品的实际成本，分别为 20 000 元、40 000 元和 50 000 元。盛安公司月末结转已销甲、乙、丙产品成本时，应编制会计分录如下：

借：主营业务成本　　110 000
　　贷：库存商品——甲产品　　20 000
　　　　　　　——乙产品　　40 000
　　　　　　　——丙产品　　50 000

(二) 其他业务成本

其他业务成本是指企业确认的除了主营业务活动的其他日常经营活动所发生的支出。其他业务成本包括销售材料的成本、出租固定资产的折旧额、出租无形资产的摊销额、出租包装物的成本或摊销额等。采用成本模式计量投资性房地产的，其投资性房地产计提的折旧额或摊销额，也构成其他业务成本。

企业应当设置"其他业务成本"科目核算企业确认的除主营业务活动以外的其他日常经营活动所发生的支出。"其他业务成本"科目按其他业务成本的种类进行明细核算。企业发生的其他业务成本，借记"其他业务成本"科目，贷记"原材料""周转材料""累计折旧""累计摊销""应付职工薪酬""银行存款"等科目。期末，"其他业务成本"科目余额应转入"本年利润"科目，结转后，"其他业务成本"科目无余额。

·理论点拨·

主营业务和其他业务是相对而言的，企业应根据自己的主要经营业务来划分主营业务和其他业务。例如，让渡资产使用权中的固定资产经营租赁业务，对于以固定资产经营租赁为主业的企业来说，属于主营业务；对于其他企业来说，属于其他业务。

【例 7-22】 2×21 年 5 月 10 日，盛安公司销售一批原材料，开具的增值税专用发票上注明的价款为 20 000 元，增值税额为 2 600 元，款项已由银行收妥。该批原材料的实际成本为 14 000 元。该项销售业务属于某一时点履行的履约义务。盛安公司应编制会计分录如下：

(1) 销售实现时：

借：银行存款　　22 600
　　贷：其他业务收入　　20 000
　　　　应交税费——应交增值税(销项税额)　　2 600
借：其他业务成本　　14 000
　　贷：原材料　　14 000

(2) 期末，将其他业务成本结转至本年利润时：

借：本年利润　　14 000

　　贷：其他业务成本　　14 000

【例 7-23】 2×21 年 1 月 5 日，盛安公司将自行开发完成的非专利技术出租给一家公司，该非专利技术成本为 480 000 元，双方约定的租赁期限为 10 年，盛安公司每月应摊销 4 000 元(480 000÷10÷12)。盛安公司每月摊销非专利技术成本时，应编制会计分录如下：

借：其他业务成本　　4 000

　　贷：累计摊销　　4 000

【例 7-24】 2×21 年 11 月 22 日，盛安公司因销售商品领用单独计价的包装物的实际成本为 80 000 元，开具的增值税专用发票上注明的价款为 200 000 元，增值税额为 26 000 元，款项已存入银行。销售商品领用单独计价包装物属于销售商品和包装物两项履约义务，且属于某一时点履行的履约义务。盛安公司确认商品销售收入的同时应编制会计分录如下：

(1) 出售包装物时：

借：银行存款　　226 000

　　贷：其他业务收入　　200 000

　　　　应交税费——应交增值税(销项税额)　　26 000

(2) 结转出售包装物成本时：

借：其他业务成本　　80 000

　　贷：周转材料——包装物　　80 000

(3) 期末，将其他业务成本结转至本年利润时：

借：本年利润　　80 000

　　贷：其他业务成本　　80 000

三、税金及附加

税金及附加是指企业经营活动应负担的相关税费，包括消费税、城市维护建设税、教育费附加、资源税、土地增值税、房产税、环境保护税、城镇土地使用税、车船税、印花税等。

微课：税金及附加

·小思考·

契税、耕地占用税和车辆购置税是否通过“税金及附加”核算？

企业应当设置“税金及附加”科目核算企业经营活动发生的消费税、城市维护建设税、教育费附加、资源税、房产税、城镇土地使用税、车船税、印花税等相关税费。其中，按规定计算确定的与经营活动相关的消费税、城市维护建设税、教育费附加、资源税、房产税、城镇土地使用税、车船税等税费，企业应借记“税金及附加”科目，贷记“应交税费”科目。期末，企业应将“税金及附加”科目余额转入“本年利润”科目，结转后，“税金及附加”科目无余额。企业交纳的印花税，不会发生应付未付税款的情况，不需要预计应纳税金额，同时也不存在与税务机关结算或者清算的问题。因此,企业交纳的印花税不通过"应交税费"科目核算,于购买印花税票时,直接借记"税金及附加"科目,贷记"银行存款"科目。

【例 7-25】 2×21 年 8 月 1 日,盛安公司取得销售商品收入 6 000 000 元,该商品应纳消费税,适用的消费税税率为 25%。盛安公司应编制会计分录如下:

(1) 计算应交消费税额时:

借:税金及附加　　1 500 000

　贷:应交税费——应交消费税　　1 500 000

(2) 实际交纳消费税时:

借:应交税费——应交消费税　　1 500 000

　贷:银行存款　　1 500 000

·理论点拨·

税金及附加和应交税费核算,如表 7-2 所示。

表 7-2　税金及附加和应交税费核算表

不计入税金及附加的税种	不计入应交税费的税种
增值税、企业所得税、个人所得税、土地增值税(非房地产开发企业)、烟叶税、进口关税、契税、耕地占用税、车辆购置税	印花税、耕地占用税
计入税金及附加的税种	**计入应交税费的税种**
消费税、城市维护建设税、教育费附加、出口关税、资源税、土地增值税(房地产开发企业)、房产税、城镇土地使用税、车船税、印花税、环境保护税、船舶吨税	增值税、企业所得税、个人所得税、烟叶税、关税、契税、车辆购置税、消费税、城市维护建设税、教育费附加、资源税、土地增值税、房产税、城镇土地使用税、车船税、环境保护税、船舶吨税

【例 7-26】 2×21 年 9 月,盛安公司当月实际交纳的增值税为 450 000 元、消费税为 150 000 元,适用的城市维护建设税税率为 7%,教育费附加征收比率为 3%。盛安公司应编制与城市维护建设税、教育费附加有关的会计分录如下:

(1) 计算确认应交城市维护建设税和教育费附加时:

城市维护建设税=(450 000+150 000)×7%=42 000(元)

教育费附加=(450 000+150 000)×3%=18 000(元)

借:税金及附加　　60 000

　贷:应交税费——应交城市维护建设税　　42 000

　　　　　　——应交教育费附加　　18 000

(2) 实际交纳城市维护建设税和教育费附加时:

借:应交税费——应交城市维护建设税　　42 000

　　　　　——应交教育费附加　　18 000

　贷:银行存款　　60 000

【例 7-27】 2×21 年 12 月,盛安公司一幢房产的原价为 4 000 000 元,已知房产税税率为1.2%，当地规定的房产税扣除比例为30%。盛安公司应编制会计分录如下：

(1) 计算应交房产税33 600元[4 000 000×(1－30%)×1.2%]时：

借：税金及附加　　33 600

　　贷：应交税费——应交房产税　　33 600

(2) 实际交纳房产税时：

借：应交税费——应交房产税　　33 600

　　贷：银行存款　　33 600

【例7-28】 2×21年12月，盛安公司按规定当月实际应交车船税48 000元，应交城镇土地使用税100 000元。盛安公司应编制会计分录如下：

(1) 计算应交纳的车船税、城镇土地使用税时：

借：税金及附加　　148 000

　　贷：应交税费——应交车船税　　48 000

　　　　　　　　——应交城镇土地使用税　　100 000

(2) 实际交纳车船税、城镇土地使用税时：

借：应交税费——应交车船税　　48 000

　　　　　　——应交城镇土地使用税　　100 000

　　贷：银行存款　　148 000

【做中学·单项选择题】 下列各项中，应列入利润表"税金及附加"项目的是(　　)。

A. 销售自产应税化妆品应交的消费税

B. 进口原材料应交的关税

C. 购进生产设备应交的增值税

D. 购入土地使用权应交纳的契税

【答案】 A

【解析】 选项B，计入原材料的入账成本；选项C，为价外税；选项D，计入无形资产的入账成本。

四、期间费用

(一) 期间费用概述

期间费用是指企业日常活动发生的不能计入特定核算对象的成本，而应计入发生当期损益的各种费用。期间费用是企业日常活动中所发生的经济利益的流出，通常不计入特定的成本核算对象，它是企业为组织和管理整个经营活动所发生的费用，与可以确定特定成本核算对象的材料采购、产成品生产等没有直接关系，因而期间费用不计入有关核算对象的成本，而是直接计入当期损益。

微课：期间费用的核算

期间费用包含以下两种情况：一是企业发生的不符合或者不再符合资产确认条件的支出，应当在发生时确认为费用，计入当期损益。二是企业发生的交易或者事项导致其承担了一项负债，而又不确认为一项资产的，应当在发生时确认为费用计入当期损益。

(二) 期间费用的账务处理

1. 销售费用

销售费用是指企业销售商品和材料、提供服务的过程中发生的各种费用。它包括企业在销售商品过程中发生的保险费、包装费、展览费和广告费、商品维修费、预计产品质量保证损失、运输费、装卸费等以及为销售本企业商品而专设的销售机构(含销售网点、售后服务网点等)的职工薪酬、业务费、折旧费等经营费用。企业发生的与专设销售机构相关的固定资产修理费用等后续支出也属于销售费用。

·小思考·

预计产品质量保证金记入"销售费用"科目借方的同时,对应的贷方科目是什么?

销售费用是与企业销售商品活动有关的费用,但不包括销售商品本身的成本,该成本属于主营业务成本。

企业应设置"销售费用"科目核算销售费用的发生和结转情况。该科目借方登记企业所发生的各项销售费用,贷方登记期末转入"本年利润"科目的销售费用,结转后,"销售费用"科目应无余额。"销售费用"科目应按销售费用的费用项目进行明细核算。

【例 7-29】 盛安公司为增值税一般纳税人。2×21 年 6 月 1 日,该公司为宣传新产品发生广告费,取得的增值税专用发票上注明的价款为 200 000 元,增值税额为 12 000 元,价税款项用银行存款支付。盛安公司应编制会计分录如下:

借:销售费用——广告费	200 000	
应交税费——应交增值税(进项税额)	12 000	
贷:银行存款		212 000

【例 7-30】 盛安公司为增值税一般纳税人。2×21 年 6 月 13 日,该公司销售一批产品,取得的增值税专用发票上注明的运输费为 14 000 元,增值税额为 1 260 元,取得的增值税普通发票上注明的装卸费价税合计为 6 000 元,上述款项均用银行存款支付。盛安公司应编制会计分录如下:

借:销售费用	20 000	
应交税费——应交增值税(进项税额)	1 260	
贷:银行存款		21 260

【例 7-31】 盛安公司为增值税一般纳税人。2×21 年 6 月 16 日,该公司用银行存款支付所销产品保险费合计 10 600 元,取得的增值税专用发票上注明的保险费为 10 000 元,增值税额为 600 元。盛安公司应编制会计分录如下:

借:销售费用——保险费	10 000	
应交税费——应交增值税(进项税额)	600	
贷:银行存款		10 600

【例 7-32】 盛安公司销售部 2×21 年 6 月份共发生费用 220 000 元,其中,销售人员

薪酬为100 000元，销售部专用办公设备和房屋的折旧费为50 000元，业务费为70 000元（用银行存款支付）。假设不考虑其他因素，盛安公司应编制会计分录如下：

借：销售费用　　220 000
　贷：应付职工薪酬　　100 000
　　累计折旧　　50 000
　　银行存款　　70 000

【例7-33】 承[例7-29]至[例7-32]，盛安公司2×21年6月30日将"销售费用"科目余额450 000元结转至"本年利润"科目。盛安公司应编制会计分录如下：

借：本年利润　　450 000
　贷：销售费用　　450 000

2. 管理费用

管理费用是指企业为组织和管理生产经营发生的各种费用。它包括企业在筹建期间内发生的开办费、董事会和行政管理部门在企业的经营管理中发生的以及应由企业统一负担的公司经费（包括行政管理部门职工薪酬、物料消耗、低值易耗品摊销、办公费和差旅费等）、行政管理部门负担的工会经费、董事会费（包括董事会成员津贴、会议费和差旅费等）、聘请中介机构费、咨询费（含顾问费）、诉讼费、业务招待费、技术转让费、排污费以及研究费用、行政管理部门发生的修理费用等。

企业应设置"管理费用"科目核算管理费用的发生和结转情况。"管理费用"科目借方登记企业发生的各项管理费用，贷方登记期末转入"本年利润"科目的管理费用，结转后，"管理费用"科目应无余额。"管理费用"科目按管理费用的费用项目进行明细核算。商品流通企业管理费用不多的，可不设"管理费用"科目，相关核算内容可并入"销售费用"科目核算。

【例7-34】 2×21年4月12日，盛安公司行政管理部门发生招待客户的住宿费100 000元，取得的增值税专用发票上注明的增值税额为6 000元，已用银行存款支付全部款项。盛安公司应编制会计分录如下：

借：管理费用——业务招待费　　100 000
　应交税费——应交增值税（进项税额）　　6 000
　贷：银行存款　　106 000

【例7-35】 盛安公司行政部2×21年4月份共发生费用358 000元，其中，行政人员薪酬为300 000元，报销行政人员差旅费为42 000元（假定报销人员均未预借差旅费），其他办公、水电费为16 000元（均用银行存款支付）。假设不考虑增值税等因素，盛安公司应编制会计分录如下：

借：管理费用　　358 000
　贷：应付职工薪酬　　300 000
　　库存现金　　42 000
　　银行存款　　16 000

【例7-36】 2×21年4月30日，盛安公司计提管理部门固定资产折旧100 000元，摊销公司管理部门用无形资产成本160 000元。盛安公司应编制会计分录如下：

借：管理费用　　260 000
　　贷：累计折旧　　100 000
　　　　累计摊销　　160 000

【例 7-37】 承[例 7-34]至[例 7-36]，盛安公司 2×21 年 4 月 30 日将“管理费用”科目余额 718 000 元结转至“本年利润”科目。盛安公司应编制会计分录如下：

借：本年利润　　718 000
　　贷：销售费用　　718 000

3. 财务费用

财务费用是指企业为筹集生产经营所需资金等而发生的筹资费用。它包括利息支出(减利息收入)、汇兑损益以及相关的手续费、企业发生的现金折扣或收到的现金折扣等。

企业应设置“财务费用”科目核算财务费用的发生和结转情况。“财务费用”科目借方登记企业发生的各项财务费用，贷方登记期末转入“本年利润”科目的财务费用，结转后，“财务费用”科目应无余额。“财务费用”科目应按财务费用的费用项目进行明细核算。

【例 7-38】 盛安公司于 2×21 年 12 月 1 日向银行借入生产经营用短期借款 360 000 元，期限为 6 个月，年利率为 5%，该借款本金到期后一次归还，利息分月预提，按季支付。盛安公司的会计处理如下：

每月末预提当月应计利息＝360 000×5%÷12＝1 500(元)

借：财务费用——利息支出　　1 500
　　贷：应付利息　　1 500

【例 7-39】 2×21 年 12 月 21 日，盛安公司收到开户银行转来活期存款利息清单 4 000 元。该公司应编制会计分录如下：

借：银行存款　　4 000
　　贷：财务费用——利息收入　　4 000

【例 7-40】 盛安公司于 2×21 年 12 月 31 日用银行存款支付本月应负担的短期借款利息 25 440 元。盛安公司应编制会计分录如下：

借：财务费用——利息支出　　25 440
　　贷：银行存款　　25 440

【例 7-41】 承[例 7-38]至[例 7-40]，2×21 年 12 月 31 日，盛安公司将“财务费用”科目余额 22 940 元结转至“本年利润”科目。盛安公司应编制会计分录如下：

借：本年利润　　22 940
　　贷：财务费用　　22 940

【做中学·单项选择题】 2×21 年度，某企业“财务费用”科目核算内容如下：支付短期借款利息支出 90 万元，收到流动资金存款利息收入 1 万元，支付银行承兑汇票手续费 15 万元。不考虑其他因素，2×21 年度该企业应计入财务费用的金额为(　　)万元。

A. 104　　B. 90　　C. 105　　D. 106

【答案】 A

第三节　利　　润

一、利润的含义及构成

微课：利润的构成

利润是指企业一定会计期间的经营成果。它包括收入减去费用后的净额、直接计入当期利润的利得和损失等。未计入当期利润的利得和损失扣除所得税影响后的净额计入其他综合收益项目。净利润与其他综合收益的合计金额为综合收益总额。利得是指由企业非日常活动所形成的、会导致所有者权益增加的、与所有者投入资本无关的经济利益的流入。损失是指由企业非日常活动所发生的、会导致所有者权益减少的、与向所有者分配利润无关的经济利益的流出。

·理论点拨·

政府补助对利润的影响，如图 7-3 所示。

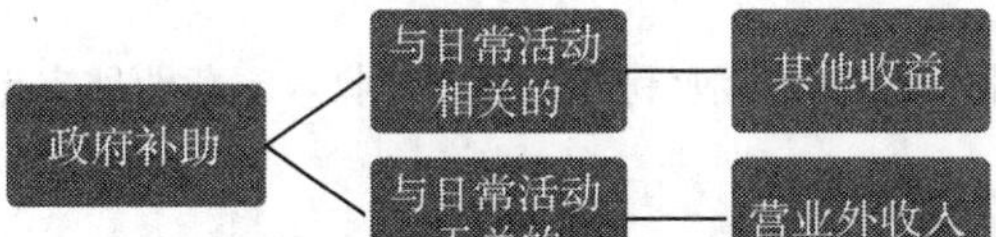

图 7-3　政府补助对利润的影响

(一) 营业利润

营业利润的计算公式如下：

营业利润＝营业收入－营业成本－税金及附加－销售费用－管理费用－研发费用－财务费用＋其他收益＋投资收益(－投资损失)＋净敞口套期收益(－净敞口套期损失)＋公允价值变动收益(－公允价值变动损失)－信用减值损失－资产减值损失＋资产处置收益(－资产处置损失)

其中：

营业收入是指企业经营业务所实现的收入总额。它包括主营业务收入和其他业务收入。

营业成本是指企业经营业务所发生的实际成本总额。它包括主营业务成本和其他业务成本。

研发费用是指企业进行研究与开发过程中发生的费用化支出，以及计入管理费用的自行开发无形资产的摊销。

其他收益主要是指与企业日常活动相关，除冲减相关成本费用以外的政府补助，以及其他应计入其他收益的内容。

投资收益(或损失)是指企业以各种方式对外投资所取得的收益(或损失)。

公允价值变动收益(或损失)是指企业交易性金融资产等公允价值变动形成的应计入

当期损益的利得(或损失)。

信用减值损失是指企业计提各项金融资产信用减值准备所确认的信用损失。

资产减值损失是指企业计提有关资产减值准备所形成的损失。

资产处置收益(或损失)反映企业出售划分为持有待售的非流动资产(金融工具、长期股权投资和投资性房地产除外)或处置组(子公司和业务除外)时确认的处置利得或损失,以及处置未划分为持有待售的固定资产、在建工程、生产性生物资产及无形资产而产生的处置利得或损失,还包括非货币性资产交换中换出非流动资产产生的利得或损失。

【做中学·单项选择题】 某企业2×21年发生经济业务如下:确认销售费用1 000万元,确认公允价值变动损失60万元,确认信用减值损失4万元,支付税收滞纳金26万元。不考虑其他因素,上述业务导致该企业2×21年营业利润减少(　　)万元。

A. 1 090　　B. 1 060　　C. 1 080　　D. 1 064

【答案】 D

(二)利润总额

利润总额的计算公式如下:

利润总额=营业利润+营业外收入-营业外支出

其中:

营业外收入是指企业发生的与其日常活动无直接关系的各项利得。

营业外支出是指企业发生的与其日常活动无直接关系的各项损失。

【做中学·单项选择题】 下列各项中,不会引起利润总额发生增减变动的是(　　)。

A. 计提存货跌价准备　　B. 确认服务收入

C. 确认所得税费用　　D. 取得持有国债的利息收入

【答案】 C

(三)净利润

净利润的计算公式如下:

净利润=利润总额-所得税费用

其中:

所得税费用是指企业确认的应从当期利润总额中扣除的所得税费用。

二、营业外收支

(一)营业外收入

1. 营业外收入核算的内容

营业外收入是指企业确认的与其日常活动无直接关系的各项利得。营业外收入并不是企业经营资金耗费所产生的,实际上是经济利益的净流入,不需要与有关的费用进行配比。营业外收入主要包括非流动资产毁损报废收益、与企业日常活动无关的政府补助、盘盈利得、捐赠利得等。

其中：

非流动资产毁损报废收益是指因自然灾害等发生毁损、已丧失使用功能而报废非流动资产所产生的清理收益。

与企业日常活动无关的政府补助是指企业从政府无偿取得货币性资产或非货币性资产，且与企业日常活动无关的利得。

盘盈利得是指企业对现金等资产清查盘点时发生盘盈，报经批准后计入营业外收入的金额。

捐赠利得是指企业接受捐赠产生的利得。

2. 营业外收入的账务处理

企业应设置“营业外收入”科目核算营业外收入的取得及结转情况。该科目贷方登记企业确认的营业外收入，借方登记期末将“营业外收入”科目余额转入“本年利润”科目的营业外收入，结转后“营业外收入”科目无余额。“营业外收入”科目可按营业外收入项目进行明细核算。

(1) 企业确认处置非流动资产毁损报废收益时，借记“固定资产清理”“银行存款”“待处理财产损溢”等科目，贷记“营业外收入”科目。

【例7-42】 盛安公司将固定资产报废清理的净收益179 800元转作营业外收入，应编制会计分录如下：

借：固定资产清理　　179 800

　贷：营业外收入——非流动资产毁损报废收益　　179 800

(2) 企业确认盘盈利得、捐赠利得计入营业外收入时，借记“库存现金”“待处理财产损溢”等科目，贷记“营业外收入”科目。

【例7-43】 盛安公司在现金清查中盘盈200元，按管理权限报经批准后转入营业外收入，应编制会计分录如下：

发现盘盈时：

借：库存现金　　200

　贷：待处理财产损溢　　200

经批准转入营业外收入时：

借：待处理财产损溢　　200

　贷：营业外收入　　200

(3) 期末，应将“营业外收入”科目余额转入“本年利润”科目，借记“营业外收入”科目，贷记“本年利润”科目。结转后，“营业外收入”科目应无余额。

【例7-44】 承[例7-42]和[例7-43]，盛安公司本期营业外收入总额为180 000元，期末结转本年利润，应编制会计分录如下：

借：营业外收入　　180 000

　贷：本年利润　　180 000

(二) 营业外支出

1. 营业外支出的核算内容

营业外支出是指企业发生的与其日常活动无直接关系的各项损失。它主要包括非流动资产毁损报废损失、捐赠支出、盘亏损失、非常损失、罚款支出等。

其中：

非流动资产毁损报废损失是指因自然灾害等发生毁损、已丧失使用功能而报废非流动资产所产生的清理损失。

捐赠支出是指企业对外进行捐赠发生的支出。

盘亏损失主要是指对于财产清查盘点中盘亏的资产，查明原因并报经批准计入营业外支出的损失。

非常损失是指企业对于因客观因素（如自然灾害等）造成的损失，扣除保险公司赔偿后应计入营业外支出的净损失。

罚款支出是指企业支付的行政罚款、税务罚款，以及其他违反法律、法规、合同协议等而支付的罚款、违约金、赔偿金等支出。

2. 营业外支出的账务处理

企业应设置“营业外支出”科目核算营业外支出的发生及结转情况。该科目借方登记确认的营业外支出，贷方登记期末将“营业外支出”科目余额转入“本年利润”科目的营业外支出，结转后，“营业外支出”科目无余额。“营业外支出”科目可按营业外支出项目进行明细核算。

（1）企业确认处置非流动资产毁损报废损失时，借记“营业外支出”科目，贷记“固定资产清理”“无形资产”等科目。

【例 7-45】 2×21 年 2 月 1 日，盛安公司取得一项价值 1 000 000 元的非专利技术并确认为无形资产，采用直线法摊销，摊销期限为 10 年。2×23 年 2 月 1 日，由于该技术已被其他新技术所替代，公司决定将其转入报废处理，报废时已摊销 200 000 元，未计提减值准备。盛安公司应编制会计分录如下：

借：累计摊销	200 000	
营业外支出	800 000	
贷：无形资产		1 000 000

（2）确认盘亏、罚款支出计入营业外支出时，借记“营业外支出”科目，贷记“待处理财产损溢”“库存现金”等科目。

【例 7-46】 盛安公司发生原材料自然灾害损失 270 000 元，经批准全部转作营业外支出。盛安公司对原材料采用实际成本进行日常核算，应编制会计分录如下：

发生原材料自然灾害损失时：

借：待处理财产损溢	270 000	
贷：原材料		270 000

批准处理时：

借：营业外支出	270 000	
贷：待处理财产损溢		270 000

【例 7-47】 盛安公司用银行存款支付税款滞纳金 30 000 元，应编制会计分录如下：

借：营业外支出	30 000	
贷：银行存款		30 000

（3）期末，应将“营业外支出”科目余额转入“本年利润”科目，借记“本年利润”科目，贷记“营业外支出”科目。结转后，“营业外支出”科目应无余额。

【例 7-48】 盛安公司本期营业外支出总额为 1 100 000 元，期末转入本年利润，应编制会计分录如下：

借：本年利润　　1 100 000

　　贷：营业外支出　　1 100 000

三、所得税费用

企业的所得税费用包括当期所得税和递延所得税两个部分。其中，当期所得税是指当期应交所得税；递延所得税包括递延所得税资产和递延所得税负债。递延所得税资产是指以未来期间很可能取得用来抵扣可抵扣暂时性差异的应纳税所得额为限确认的一项资产。递延所得税负债是指根据应纳税暂时性差异计算的未来期间应付所得税的金额。

（一）应交所得税的计算

应交所得税是指企业按照企业所得税法规定计算确定的针对当期发生的交易或事项，应交纳给税务部门的所得税金额，即当期应交所得税。应纳税所得额是在企业税前会计利润（即利润总额）的基础上调整确定的。其计算公式为：

微课：所得税费用的核算

应纳税所得额＝税前会计利润＋纳税调整增加额－纳税调整减少额

纳税调整增加额主要包括企业所得税法规定允许扣除项目中，企业已计入当期费用但超过税法规定扣除标准的金额（如超过企业所得税法规定标准的职工福利费、工会经费、职工教育经费、业务招待费、公益性捐赠支出、广告费和业务宣传费等），以及企业已计入当期损失但企业所得税法规定不允许扣除项目的金额（如税收滞纳金、罚金、罚款等）。纳税调整减少额主要包括按企业所得税法规定允许弥补的亏损和准予免税的项目，如前 5 年内未弥补亏损和国债利息收入等。企业当期应交所得税的计算公式为：

应交所得税＝应纳税所得额×所得税税率

【做中学·多项选择题】 下列各项中，企业在计算应纳税所得额时应在利润总额的基础上进行纳税调整的内容有（　　）。

A. 企业进行国债投资取得的利息收入 8 000 元

B. 企业支付税收滞纳金 10 000 元

C. 企业从其投资的居民企业取得现金股利 40 000 元

D. 企业支付超过企业所得税法规定标准的职工福利费 10 000 元

【答案】 BD

【解析】 选项 AC，为纳税调整减少的内容。

【例 7-49】 悦利公司 2×21 年度利润总额（税前会计利润）为 19 800 000 元，所得税税率为 25%。悦利公司全年实发工资、薪金为 2 000 000 元，职工福利费为 300 000 元，工会经费为 50 000 元，职工教育经费为 210 000 元。经查，悦利公司当年营业外支出中有

120 000 元为税收滞纳罚金。假定悦利公司全年无其他纳税调整因素。

企业所得税法规定，企业发生的合理的工资、薪金支出准予据实扣除；企业发生的职工福利费支出，不超过工资、薪金总额 14% 的部分准予扣除；企业拨缴的工会经费，不超过工资、薪金总额 2% 的部分准予扣除；除国务院财政、税务主管部门另有规定外，企业发生的职工教育经费支出，不超过工资、薪金总额 8% 的部分准予扣除，超过部分准予结转以后纳税年度扣除。

在[例 7-48]中，按企业所得税法规定，企业在计算当期应纳税所得额时，可以扣除工资、薪金支出 2 000 000 元，扣除职工福利费支出 280 000 元(2 000 000×14%)，工会经费支出 40 000 元(2 000 000×2%)，职工教育经费支出 160 000 元(2 000 000×8%)。悦利公司有两种纳税调整因素：一是已计入当期费用但超过企业所得税法规定标准的费用支出；二是已计入当期营业外支出但按企业所得税法规定不允许扣除的税收滞纳金，这两种因素均应调整增加应纳税所得额。悦利公司当期所得税的计算如下：

纳税调整增加额＝(300 000－280 000)＋(50 000－40 000)＋(210 000－160 000)＋120 000

＝200 000(元)

应纳税所得额＝税前会计利润＋纳税调整增加额

＝19 800 000＋200 000

＝20 000 000(元)

当期应交所得税额＝20 000 000×25%＝500 000(元)

【例 7-50】 悦利公司 2×21 年全年利润总额(即税前会计利润)为 10 200 000 元，其中包括本年实现的国债利息收入 200 000 元，所得税税率为 25%。假定悦利公司全年无其他纳税调整因素。按照企业所得税法的有关规定，该公司购买国债的利息收入免交所得税，即在计算应纳税所得额时可将其扣除。悦利公司当期所得税的计算如下：

应纳税所得额＝税前会计利润－纳税调整减少额

＝10 200 000－200 000

＝10 000 000(元)

当期应交所得税额＝10 000 000×25%＝2 500 000(元)

(二) 所得税费用的账务处理

企业根据《企业会计准则》的规定，计算确定的当期所得税和递延所得税之和，为应从当期利润总额中扣除的所得税费用。即：

所得税费用＝当期所得税＋递延所得税

其中：

$$\text{递延所得税}=\left(\text{递延所得税负债的期末余额}-\text{递延所得税负债的期初余额}\right)-\left(\text{递延所得税资产的期末余额}-\text{递延所得税资产的期初余额}\right)$$

·理论点拨·

如何理解递延所得税公式？

当递延所得税负债的期末余额＞期初余额时，递延所得税负债增加，记入贷方；

当递延所得税负债的期末余额＜期初余额时，递延所得税负债减少，记入借方；

当递延所得税资产的期末余额＞期初余额时，递延所得税资产增加，记入借方；

当递延所得税资产的期末余额＜期初余额时，递延所得税资产减少，记入贷方。

企业应设置“所得税费用”科目核算企业所得税费用的确认及其结转情况。期末，企业应将“所得税费用”科目的余额转入“本年利润”科目，借记“本年利润”科目，贷记“所得税费用”科目，结转后，“所得税费用”科目应无余额。

【例 7-51】 2×21 年，悦利公司当年应交所得税为 5 000 000 元；递延所得税负债年初数为 400 000 元，年末数为 500 000 元；递延所得税资产年初数为 250 000 元，年末数为 200 000 元。

悦利公司所得税费用的计算如下：

递延所得税＝(500 000－400 000)－(200 000－250 000)＝150 000(元)

所得税费用＝5 000 000＋150 000＝5 150 000(元)

悦利公司应编制会计分录如下：

借：所得税费用　　5 150 000

　　贷：应交税费——应交所得税　　5 000 000

　　　　递延所得税负债　　100 000

　　　　递延所得税资产　　50 000

·理论点拨·

所得税费用知识梳理如下：

(1) 所得税费用＝当期所得税＋递延所得税。

(2) 当期应交所得税＝应纳税所得额×所得税税率，应纳税所得额＝税前会计利润±纳税调整额。

(3) 递延所得税会计分录如下：

借：所得税费用

　　贷：应交税费——应交所得税

　　　　递延所得税负债(或借方)

　　　　递延所得税资产(或借方)

(4) 净利润＝利润总额－所得税费用。

在计算净利润时，我们要用利润总额，而不是调整后的应纳税所得额减去所得税费用。

四、本年利润

(一) 结转本年利润的方法

会计期末，结转本年利润的方法有表结法和账结法两种。

1. 表结法

在表结法下，各损益类科目每月末只需结计出本月发生额和月末累计余额，不结转到“本年利润”科目，只有在年末时才将全年累计余额结转入“本年利润”科目。但每月末要将损益类科目的本月发生额合计数填入利润表的本月数栏，同时将本月末累计余额填入利润表的本年累计数栏，通过利润表计算反映各期的利润(或亏损)。表结法下，年中损益类科目无须结转入“本年利润”科目，从而减少了转账环节和工作量，同时并不影响利润表的编制及有关损益指标的利用。

【做中学·单项选择题】 某企业采用表结法结转本年利润，2×21 年度营业利润为 3 000 万元，营业外收入为 50 万元，营业外支出为 40 万元。该企业年末从本年利润结转至利润分配全年累计余额是(　　)万元。

A. 3 250　　B. 2 257.5

C. 3 010　　D. 3 000

【答案】 C

2. 账结法

在账结法下，每月末企业均需编制转账凭证，将在账上结计出的各损益类科目的余额结转入“本年利润”科目。结转后，“本年利润”科目的本月余额反映当月实现的利润或发生的亏损，“本年利润”科目的本年余额反映本年累计实现的利润或发生的亏损。账结法在各月均可通过“本年利润”科目提供当月及本年累计的利润(或亏损)额，但增加了转账环节和工作量。

·小思考·

请对比表结法与账结法的优、缺点。

(二) 结转本年利润的账务处理

企业应设置“本年利润”科目核算企业本年度实现的净利润(或发生的净亏损)。

会计期末，企业应将“主营业务收入”“其他业务收入”“其他收益”“营业外收入”等科目的余额分别转入“本年利润”科目的贷方，将“主营业务成本”“其他业务成本”“税金及附加”“销售费用”“管理费用”“财务费用”“信用减值损失”“资产减值损失”“营业外支出”“所得税费用”等科目的余额分别转入“本年利润”科目的借方。企业还应将“投资收益”“公允价值变动损益”“资产处置损益”科目的净收益转入“本年利润”科目的贷方，将“投资收益”“公允价值变动损益”“资产处置损益”科目的净损失转入“本年利润”科目的借方。结转后，“本年利润”科目如为贷方余额，表示当年实现的净利润；如为借方余额，表示当年发生的净亏损。

年度终了，企业还应将“本年利润”科目的本年累计余额转入“利润分配——未分配利润”科目。如“本年利润”科目为贷方余额，借记“本年利润”科目，贷记“利润分配——未分配利润”科目；如为借方余额，作相反的会计分录，借记“利润分配——未分配利润”科目，贷记“本年利润”科目。结转后，“本年利润”科目应无余额。

（三）利润总额

【例 7-52】 悦利公司 2×21 年有关损益类科目的年末余额如表 7-3 所示（该公司采用表结法年末一次结转损益类科目，所得税税率为 25%）。

表 7-3　　2×21 年有关损益类科目的年末余额表　　单位：元

科目名称	借或贷	结账前余额
主营业务收入	贷	12 000 000
其他业务收入	贷	1 400 000
其他收益	贷	300 000
投资收益	贷	2 000 000
营业外收入	贷	100 000
主营业务成本	借	8 000 000
其他业务成本	借	800 000
税金及附加	借	160 000
销售费用	借	1 000 000
管理费用	借	1 540 000
财务费用	借	600 000
营业外支出	借	500 000

悦利公司 2×21 年年末结转本年利润时，应编制会计分录如下：

(1) 将各损益类科目年末余额结转至“本年利润”科目。

结转各收入、利得类科目时：

借：主营业务收入　　12 000 000
　　其他业务收入　　1 400 000
　　其他收益　　300 000
　　投资收益　　2 000 000
　　营业外收入　　100 000
　　贷：本年利润　　15 800 000

结转各费用、损失类科目时：

借：本年利润　　12 600 000
　　贷：主营业务成本　　8 000 000
　　　　其他业务成本　　800 000
　　　　税金及附加　　160 000
　　　　销售费用　　1 000 000
　　　　管理费用　　1 540 000
　　　　财务费用　　600 000
　　　　营业外支出　　500 000

(2) 经过上述结转后,"本年利润"科目贷方发生额合计 15 800 000 元,减去借方发生额 12 600 000 元,即为税前利润 3 200 000 元。

(3) 假设悦利公司 2×21 年不存在所得税纳税调整以及递延所得税因素。

(4) 应交所得税=3 200 000×25%=800 000(元)

确认所得税费用时:

借:所得税费用　　800 000

　　贷:应交税费——应交所得税　　800 000

将所得税费用转入"本年利润"科目时:

借:本年利润　　800 000

　　贷:所得税费用　　800 000

(5) 将"本年利润"科目余额 2 400 000 元(15 800 000－12 600 000－800 000),转入"利润分配——未分配利润"科目时:

借:本年利润　　2 400 000

　　贷:利润分配——未分配利润　　2 400 000

第七章思考题和习题

第八章 财务报告

【案例导入】

课程思政

公司提供虚假的财务报表

2020 年 4 月 10 日下午，上海市第三中级人民法院（以下简称“上海三中院”）对一起违规披露重要信息案公开开庭审理，并当庭作出一审判决。被告人任某某作为直接负责的主管人员，以违规披露重要信息罪被判处有期徒刑 1 年，缓刑 1 年，并处罚金人民币 20 万元。该案系上海市首例违规披露重要信息罪案件，也是上海三中院依据上海高院 2020 年 1 月 31 日下发的《关于跨行政区划人民法院金融刑事案件管辖的规定》依法审理的首起金融刑事案件。

法院经审理查明，2015 年 7 月，上海某股份公司全资子公司厦门公司与江西某公司签订了项目施工合同，后因未支付保证金等原因，合同未生效，应由厦门公司完成的项目未实际开展。2015 年 10 月，上海某股份公司为虚增业绩，由时任公司副董事长、总经理的任某某决定将该已由其他公司完工的整体项目的 80%工程量收入违规计入上海某股份公司第三季度财务报表，由厦门公司副总经理盛某安排厦门公司提供虚假的工程、财务数据，上海某股份公司财务经理秦某某依据上述数据编制第三季度财务报表，交该公司副总经理、财务总监林某某签字确认。

2015 年 10 月 28 日，上海某股份公司将第三季度财务报表对外披露。经鉴定，上海某股份公司共虚增主营收入 7 267 万元，占同期披露主营收入总额的 50.24%；虚增利润 1 063 余万元，占同期披露利润总额的 81.35%；虚增净利润 797 余万元，将亏损披露为盈利。法院审理后认为，上海某股份公司作为依法负有信息披露义务的公司，向股东和社会公众提供虚假的财务会计报告，具有严重情节；被告人任某某作为直接负责的主管人员，被告人林某某、盛某、秦某某作为其他直接责任人员，其行为均已构成违规披露重要信息罪。

【资料来源】根据网络资料改编。

【请思考】财务报表包括哪些内容？应如何编制财务报表？

【知识目标】

1. 熟悉财务报告的内容、作用和编制要求。

2. 掌握资产负债表的作用、结构及其编制方法。
3. 掌握利润表的作用、结构及其编制方法。
4. 掌握现金流量表的作用、结构及其编制方法。
5. 熟悉所有者权益变动表的作用、结构及其编制方法。
6. 熟悉附注的作用、主要内容以及财务报告信息披露的要求。

【技能目标】

1. 能运用资产负债表项目的填列方法编制资产负债表。
2. 能运用利润表项目的填列方法编制利润表。
3. 能运用现金流量表项目的填列方法编制现金流量表。
4. 能辨别所有者权益变动表、附注包含的主要内容。
5. 能理解财务报告信息披露的基本要求。

【思政目标】

1. 培养数字思维和团队意识。
2. 树立提供客观真实会计信息的理念。

第一节　概　　述

一、财务报告的概念

财务报告又称财务会计报告，是指企业对外提供的反映企业某一特定日期的财务状况和某一会计期间的经营成果、现金流量等会计信息的文件。

财务报告是企业财务会计的重要组成部分，是财务会计工作的主要成果。

二、财务报告管理的意义

财务报告的使用者通常包括投资者、债权人、政府管理者和社会公众等。财务报告所提供的关于企业财务状况、经营成果和现金流量等信息是企业投资者、债权人、政府管理者和社会公众等利益相关者评价、考核、监督企业管理者受托经管责任履行状况的基本手段，是企业投资者、债权人等作出投资或信贷决策的重要依据。真实、完整、有用的财务报告是经济社会诚信的重要内容和基石。提供虚假的财务报告是违法行为，构成犯罪的应依法追究刑事责任。

为了防范和化解企业财务报告法律责任，确保财务报告信息真实可靠，提升企业治理和经营管理水平，促进资本市场和市场经济健康可持续发展，应当明确财务报告编制要求、落实经办责任、强化财务报告的监督管理。

·知识点拨·

企业编制、对外提供和分析利用财务报告的风险主要有以下三点：①编制财务报告违反会计法律、法规和国家统一的会计制度，可能导致企业承担法律责任和声誉受损；②提供虚假财务报告，误导财务报告使用者，造成决策失误，干扰市场秩序；③不能有效利用财务报告，难以及时发现企业经营管理中存在的问题，可能导致企业财务和经营风险失控。

三、财务报告体系

财务报告包括财务报表和其他应当在财务报告中披露的相关信息和资料。财务报表是财务报告的主体和核心内容，其他应当在财务报告中披露的相关信息和资料是对财务报表的补充和说明，共同构成财务报告体系。财务报告体系的具体内容如图 8-1 所示。

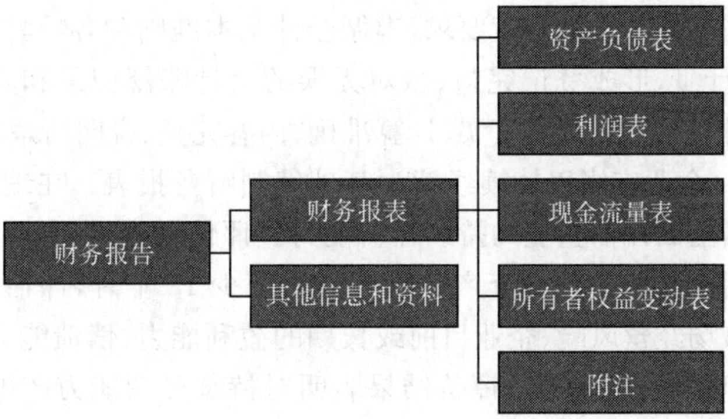

图 8-1 财务报告体系

财务报表又称财务会计报表，是指对企业财务状况、经营成果和现金流量的结构性表述。一套完整的财务报表至少应当包括“四表一注”，即资产负债表、利润表、现金流量表、所有者权益变动表和附注，并且这些组成部分在列报上同等重要，企业不得强调某张报表或某些报表（或附注）较其他报表（或附注）更为重要。附注是对在资产负债表、利润表、现金流量表和所有者权益变动表等报表中列示项目的文字描述或明细资料，以及对未能在这些报表中列示项目的说明等。

财务报表列报是指交易或事项在报表中的列示和在附注中的披露。其中，列示通常反映资产负债表、利润表、现金流量表和所有者权益（或股东权益）变动表等报表中的信息；相对于列示而言，披露通常主要反映附注中的信息。

四、财务报告的分类

财务报告可以按照不同的标准进行分类。

财务报告按照编报时间不同，可以分为年报和中期报告。年报是年度财务报告的简称，是指以会计年度为基础编制的财务报告。中期报告是中期财务报告的简称，是指以中期为基础编制的财务报告。中期是指短于一个完整的会计年度的报告期间。中期报告分为月度报告(简称月报)、季度报告(简称季报)和半年度报告(简称半年报)。中期财务报告至少应当包括资产负债表、利润表、现金流量表和附注。中期资产负债表、利润表和现金流量表应当是完整报表,其格式和内容应当与上年度财务报表相一致。相应地,财务报表分为年度财务报表和中期财务报表。中期财务报表分为月度、季度和半年度财务报表。

除此之外,财务报表按编制主体不同,可以分为个别财务报表和合并财务报表。个别财务报表是指反映母公司所属子公司财务状况、经营成果和现金流量的财务报表。合并财务报表是指反映母公司和其全部子公司形成的企业集团整体财务状况、经营成果和现金流量的财务报表。

五、财务报告的编制要求

财务报告的编制主要有以下八项要求:

(1) 依据各项会计准则确认和计量的结果编制财务报表。企业应当根据实际发生的交易或事项,依据国家统一会计制度要求,遵循会计基本准则和各项具体会计准则及解释的规定进行确认和计量,形成登记完整、核对无误的会计账簿记录和其他有关资料,并在此基础上编制财务报表,做到数字真实、计算准确、内容完整、说明清楚。

(2) 列报基础。企业应当以持续经营为基础编制财务报表。在编制财务报表的过程中,企业管理层应当全面评估企业的持续经营能力。评估时,应当利用其所有可获得的信息,评估涵盖的期间应包括企业自资产负债表日起至少 12 个月,评估需要考虑的因素包括宏观政策风险、市场经营风险、企业目前或长期的盈利能力、偿债能力、财务弹性以及企业管理层改变经营政策的意向等。评价结果表明对持续经营能力产生重大怀疑的,企业应当在附注中披露导致对持续经营能力产生重大怀疑的影响因素以及企业拟采取的改善措施。

·知识点拨·

企业在评估持续经营能力时应当结合考虑企业的具体情况。通常情况下,如果企业过去每年都有可观的净利润,并且易于获取所需的财务资源,则对持续经营能力的评估易于判断,这表明企业以持续经营为基础编制财务报表是合理的,而无须进行详细的分析。反之,如果企业过去多年有亏损的记录等情况,则需要通过考虑更加广泛的相关因素来作出评价,如目前和预期未来的获利能力、债务清偿计划、替代融资的潜在来源等。

企业如果存在以下情况之一,通常表明其处于非持续经营状态:①企业已在当期进行清算或停止营业;②企业已经正式决定在下一个会计期间进行清算或停止营业;③企业已确定在当期或下一个会计期间没有其他可供选择的方案而将被迫进行清算或停止营业。企业处于非持续经营状态时,应当采用清算价值等其他基础编制财务报表,如破产企业的资产采用可变现净值计量、负债按照其预计的结算金额计量等。在非持续经营情况下,企业应当在附注中声明财务报表未以持续经营为基础列报、披露未以持续经营为基础的原因以及财务报表的编制基础。

(3) 权责发生制。除现金流量表按照收付实现制编制外，企业应当按照权责发生制编制其他财务报表。在采用权责发生制会计的情况下，当项目符合基本准则中财务报表要素的定义和确认标准时，企业就应当确认相应的资产、负债、所有者权益、收入和费用，并在财务报表中加以反映。

(4) 列报的一致性。财务报表项目的列报应当在各个会计期间保持一致，不得随意变更，包括财务报表中的项目名称和财务报表项目的分类、排列顺序等方面都应保持一致。在下列情况下，企业可以变更财务报表项目的列报：一是会计准则要求改变财务报表项目的列报；二是企业经营业务的性质发生重大变化或对企业经营影响较大的交易或事项发生后，变更财务报表项目的列报能够提供更可靠、更相关的会计信息。企业变更财务报表项目列报的，应当根据会计准则的有关规定提供列报的比较信息。

(5) 依据重要性原则单独或汇总列报项目。重要性是判断财务报表项目是否单独列报的重要标准。重要性是指在合理预期下，如果财务报表某项目的省略或错报会影响使用者据此作出经济决策的，则该项目就具有重要性。企业在进行重要性判断时，应当根据所处环境，从项目的性质和金额大小两方面予以判断：一方面，应当考虑该项目的性质是否属于企业日常活动，以及是否显著影响企业的财务状况、经营成果和现金流量等因素；另一方面，判断项目金额大小的重要性，应当通过单项金额占资产总额、负债总额、所有者权益总额、营业收入总额、营业成本总额、净利润、综合收益总额等直接相关或所属报表单列项目金额的比重加以确定。企业对于各个项目的重要性判断标准一经确定，不得随意变更。

对于财务报表中的项目是单独列报还是汇总列报，应当依据重要性原则来判断。如果某项目单个看不具有重要性，则可将其与其他项目汇总列报；如果具有重要性，则应当单独列报。

·知识点拨·

企业应按照财务报表项目的性质或功能判断其重要性：一是性质或功能不同的项目，一般应当在财务报表中单独列报，但是不具有重要性的项目可以汇总列报。性质或功能可以按照流动性来判断。流动性通常按资产的变现或耗用时间长短或者负债的偿还时间长短来确定。比如，存货和固定资产在性质上和功能上都有本质差别，必须分别在资产负债表上单独列报。二是性质或功能类似的项目，一般可以汇总列报，但是对其具有重要性的类别应该单独列报。例如，原材料、低值易耗品等项目在性质上类似，均通过生产过程形成企业的产品存货，因此可以汇总列报，汇总之后的类别统称为“存货”，在资产负债表上单独列报。三是项目单独列报的原则不仅适用于报表，还适用于附注。某些项目的重要性程度不足以在资产负债表、利润表、现金流量表或所有者权益变动表中单独列示，但对附注却具有重要性，在这种情况下应当在附注中单独披露。例如，对某制造业企业而言，原材料、在产品、库存商品等项目的重要性程度不足以在资产负债表上单独列示，因此，在资产负债表上汇总列示，但是鉴于其对该制造业企业的重要性，应当在附注中单独披露。四是《会计会计准则——基本准则》规定在财务报表中单独列报的项目，企业应当单独列报。其他会计准则规定单独列报的项目，企业应当增加单独列报项目。

(6) 总额列报。财务报表项目应当以总额列报，资产和负债、收入和费用、直接计入当期利润的利得项目和损失项目的金额不能相互抵销，即不得以净额列报，但另有规定的除外。比如，企业欠客户的应付款不得与其他客户欠本企业的应收款相抵销，否则就掩盖了交易的实质。又如，收入和费用反映了企业投入和产出之间的关系，是企业经营成果的两个方面，为了更好地反映经济交易的实质、考核企业经营管理水平以及预测企业未来现金流量，收入和费用不得相互抵销。

·知识点拨·

以下三种情况不属于抵销：

一是一组类似交易形成的利得和损失以净额列示的，不属于抵销。例如，汇兑损益应当以净额列报，为交易目的而持有的金融工具形成的利得和损失应当以净额列报。但是，如果相关的利得和损失具有重要性，则应当单独列报。

二是资产或负债项目按扣除备抵项目后的净额列示，不属于抵销。例如，资产计提的减值准备，实质上意味着资产的价值确实发生了减损，资产项目应当按扣除减值准备后的净额列示，这样才能反映资产当时的真实价值。

三是非日常活动产生的利得和损失，以同一交易形成的收益扣减相关费用后的净额列示更能反映交易实质的，不属于抵销。非日常活动并非企业主要的业务，非日常活动产生的损益以收入扣减费用后的净额列示，更能有利于报表使用者的理解。例如，非流动资产处置形成的利得或损失，应当按处置收入扣除该资产的账面金额和相关销售费用后的净额列报。

(7) 比较信息的列报。企业在列报当期财务报表时，至少应当提供所有列报项目上一个可比会计期间的比较数据，以及与理解当期财务报表相关的说明，提高信息在会计期间的可比性。列报比较信息的要求适用于财务报表的所有组成部分，包括“四表一注”。通常情况下，企业列报的所有项目至少包括两期各报表及相关附注的比较数据。当企业追溯应用会计政策或追溯重述，或者重新分类财务报表项目时，应当在一套完整的财务报表中列报最早可比期间期初的财务报表，即应当至少列报三期资产负债表、两期其他报表(利润表、现金流量表和所有者权益变动表)及相关附注。其中，列报的三期资产负债表分别指当期期末的资产负债表、上期期末(即当期期初)的资产负债表以及上期期初的资产负债表。

(8) 财务报表表首的列报要求。财务报表通常与其他信息(如企业年度报告等)一起公布，企业应当将按照《企业会计准则》编制的财务报告与一起公布的同一文件中的其他信息相区分。企业在财务报表的显著位置(通常是表首部分)应当至少披露下列基本信息：编报企业的名称，如企业名称在所属当期发生了变更的，还应明确标明。对资产负债表而言，应当披露资产负债表日；对利润表、现金流量表、所有者权益变动表而言，应当披露报表涵盖的会计期间。货币名称和单位，按照我国《企业会计准则》的规定，企业应当以人民币作为记账本位币列报，并标明金额单位，如人民币元、人民币万元等。

第二节 资产负债表

一、资产负债表概述

资产负债表是反映企业在某一特定日期的财务状况的报表，是对企业特定日期的资产、负债和所有者权益的结构性表述，属于静态报表。

·知识点拨·

在资产负债表概念中，特定日期是指会计期间中会计年度的年末及中期的月末、季末和半年末(如6月30日)等。财务状况是指企业经营活动及其结果在某一特定日期的资金结构状况及其表现，表明企业取得资金的方式与来路和这些资金的使用状态与去向，如资产负债率是企业财务状况的重要财务指标，表明企业在特定日期的资产所使用的资金中通过负债取得资金的比率。

资产负债表是根据“资产＝负债＋所有者权益”这一平衡公式，按照各具体项目的性质和功能作为分类标准，依次将某一特定日期的资产、负债、所有者权益的具体项目予以适当的排列编制而成。

资产负债表可以反映企业在某一特定日期所拥有或控制的经济资源(资产)、所承担的现时义务(负债)和所有者对净资产的要求权(所有者权益)，帮助财务报告使用者全面了解企业的财务状况、分析企业的偿债能力等情况，从而为其作出经济决策提供依据。

二、资产负债表的结构

资产负债表主要由表首和表体两部分组成。表首部分应列明报表名称、编制单位名称、资产负债表日、报表编号和计量单位；表体部分是资产负债表的主体，列示了用来说明企业财务状况的各个项目。

资产负债表的表体格式一般有两种：报告式资产负债表和账户式资产负债表。报告式资产负债表是上下结构，上半部分列示资产各项目，下半部分列示负债和所有者权益各项目。账户式资产负债表是左右结构，左边列示资产各项目，反映全部资产的分布及存在状态；右边列示负债和所有者权益各项目，反映全部负债和所有者权益的内容及构成情况。不管采取什么格式，资产各项目的合计一定等于负债和所有者权益各项目的合计。

我国企业的资产负债表采用账户式结构，分为左右两方。左方为资产项目，大体按资产的流动性强弱排列，流动性强的资产如“货币资金”“交易性金融资产”等排在前面，流动性弱的资产如“长期股权投资”“固定资产”等排在后面；右方为负债及所有者权益项目，一般按要求清偿时间的先后顺序排列，“短期借款”“应付票据”“应付账款”等需要在1年以内或者长于1年的一个正常营业周期内偿还的流动负债排在前面，“长期借款”等在1年以上才需偿还的非流动负债排在中间，在企业清算之前不需要偿还的所有者权益项目排在后面。

【做中学·多项选择题】 下列资产负债表项目中，属于非流动资产的有(　　)。

A.“开发支出”　　B.“其他应收款”　C.“固定资产”　　D.“在建工程”

【答案】 ACD

【解析】 选项B，属于流动资产。

账户式资产负债表中的资产各项目的合计等于负债和所有者权益各项目的合计，即资产负债表左方和右方平衡。账户式资产负债表可以反映资产、负债和所有者权益之间的内在关系，即“资产＝负债＋所有者权益”。我国一般企业资产负债表格式如表8-1所示。

表8-1　　　　资产负债表　　　　会企01表

编制单位：　　　　年　月　日　　　　单位：元

资产	期末余额	上年年末余额	负债和所有者权益（或股东权益）	期末余额	上年年末余额
流动资产：			流动负债：		
货币资金			短期借款		
交易性金融资产			交易性金融负债		
衍生金融资产			衍生金融负债		
应收票据			应付票据		
应收账款			应付账款		
应收款项融资			预收款项		
预付款项			合同负债		
其他应收款			应付职工薪酬		
存货			应交税费		
合同资产			其他应付款		
持有待售资产			持有待售负债		
一年内到期的非流动资产			一年内到期的非流动负债		
其他流动资产			其他流动负债		
流动资产合计			流动负债合计		
非流动资产：			非流动负债：		
债权投资			长期借款		
其他债权投资			应付债券		
长期应收款			其中：优先股		
长期股权投资			永续债		
其他权益工具投资			租赁负债		
其他非流动金融资产			长期应付款		
投资性房地产			预计负债		
固定资产			递延收益		
在建工程			递延所得税负债		
生产性生物资产			其他非流动负债		

（续表）

资产	期末余额	上年年末余额	负债和所有者权益（或股东权益）	期末余额	上年年末余额
油气资产			非流动负债合计		
使用权资产			负债合计		
无形资产			所有者权益（或股东权益）：		
开发支出			实收资本（或股本）		
商誉			其他权益工具		
长期待摊费用			其中：优先股		
递延所得税资产			永续债		
其他非流动资产			资本公积		
非流动资产合计			减：库存股		
			其他综合收益		
			专项储备		
			盈余公积		
			未分配利润		
			所有者权益（或股东权益）合计		
资产总计			负债和所有者权益（或股东权益）总计		

三、资产负债表的编制

（一）资产负债表项目的填列方法

资产负债表各项目均需填列“期末余额”和“上年年末余额”两栏。资产负债表的“上年年末余额”栏内各项数字应根据上年年末资产负债表的“期末余额”栏内所列数字填列。

·知识点拨·

如果上年度资产负债表规定的各个项目的名称和内容与本年度不相一致，应按照本年度的规定对上年年末资产负债表各项目的名称和数字进行调整，填入资产负债表“上年年末余额”栏内。

资产负债表的“期末余额”栏主要有以下几种填列方法。

1. 根据总账科目余额填列

该方法具体分为两类：①有些项目根据各总账科目的余额直接填列，如“短期借款”“应付票据”“实收资本”“资本公积”“盈余公积”等项目；②有些项目则需根据几个总账科目的期末余额计算填列，如“货币资金”项目，需根据“库存现金”“银行存款”“其他货币资金”三个总账科目的期末余额的合计数填列。

【例 8-1】 2×21 年 12 月 31 日，甲公司“短期借款”科目的余额如下：银行质押借款为 15 万元，信用借款为 60 万元，则 2×21 年 12 月 31 日，甲公司资产负债表中“短期借款”项目“期末余额”栏的列报金额为75万元(15+60)。

【例8-2】 2×21年12月31日,甲公司“应付票据”科目的余额如下:银行承兑汇票为37.5万元,商业承兑汇票为15万元,则2×21年12月31日,甲公司资产负债表中“应付票据”项目“期末余额”栏的列报金额为52.5万元(37.5+15)。

【例8-3】 甲公司是由A公司于2×01年3月1日注册成立的有限责任公司,注册资本为人民币7 500万元,A公司以货币资金人民币7 500万元出资,占注册资本的100%,持有甲公司100%的权益。上述实收资本已于2×01年3月1日经相关会计师事务所出具的验资报告验证。该资本投入自2×01年至2×21年年末未发生变动,则2×21年12月31日,甲公司资产负债表中“实收资本(或股本)”项目“期末余额”栏的列报金额为7 500万元。

【例8-4】 2×21年12月31日,甲公司“库存现金”科目余额为0.15万元,“银行存款”科目余额为151.35万元,“其他货币资金”科目余额为148.5万元,则2×21年12月31日,甲公司资产负债表中“货币资金”项目“期末余额”栏的列报金额为300万元(0.15+151.35+148.5)。

2. 根据明细账科目余额计算填列

微课:根据明细账科目余额计算填列

(1) 比如,“应付账款”项目需要根据“应付账款”和“预付账款”两个科目所属的相关明细科目的期末贷方余额计算填列;“预付款项”项目需要根据“应付账款”科目和“预付账款”科目所属的相关明细科目的期末借方余额减去与“预付账款”有关的“坏账准备”科目的贷方余额计算填列;“预收款项”项目需要根据“应收账款”科目和“预收账款”科目所属相关明细科目的期末贷方金额合计填列。

(2) “开发支出”项目需要根据“研发支出”科目所属的“资本化支出”明细科目期末余额计算填列。

(3) “应付职工薪酬”项目需要根据“应付职工薪酬”科目的明细科目期末余额计算填列。

(4) “一年内到期的非流动资产”和“一年内到期的非流动负债”项目需要根据相关非流动资产和非流动负债项目的明细科目余额计算填列。

【例8-5】 2×21年12月31日,甲公司“应付职工薪酬”科目的明细项目为:工资105万元,社会保险费(含医疗保险、工伤保险)6.15万元,设定提存计划(含基本养老保险费)3.75万元,住房公积金3万元,工会经费2.1万元,则2×21年12月31日,甲公司资产负债表中“应付职工薪酬”项目“期末余额”栏的列报金额为120万元(105+6.15+3.75+3+2.1)。

【做中学·单项选择题】 2×21年12月31日,某企业“应付账款——甲企业”科目为贷方余额40 000元,“应付账款——乙企业”科目为借方余额10 000元,“预付账款——丙企业”科目为借方余额30 000元,“预付账款——丁企业”科目为贷方余额6 000元。假定不考虑其他因素,该企业2×21年12月31日资产负债表“应付账款”项目期末余额为(　　)元。

A. 36 000　　B. 40 000　　C. 30 000　　D. 46 000

【答案】 D

【解析】 期末余额＝40 000＋6 000＝46 000(元)。

【做中学·单项选择题】 下列各项中，资产负债表日起1年内到期且企业不能自主将清偿义务展期的长期借款，应列入资产负债表的(　　)项目。

A. “其他非流动负债”　　　　B. “长期借款”

C. “一年内到期的非流动负债”　　　　D. “短期借款”

【答案】 C

【解析】 资产负债表日起1年内到期且企业不能自主地将清偿义务展期的长期借款应列报在资产负债表中的“一年内到期的非流动负债”项目。

3. 根据总账科目和明细账科目余额分析计算填列

比如，“长期借款”项目需要根据“长期借款”总账科目余额扣除“长期借款”科目所属的明细科目中将在1年内到期且企业不能自主地将清偿义务展期的长期借款后的金额计算填列；“长期待摊费用”项目应根据“长期待摊费用”科目的期末余额减去将于1年内(含1年)摊销的数额后的金额填列；“其他非流动资产”项目应根据有关科目的期末余额减去将于1年内(含1年)收回数后的金额计算填列；“其他非流动负债”项目应根据有关科目的期末余额减去将于1年内(含1年)到期偿还后的金额计算填列。

【例8-6】 2×21年12月31日，甲公司“长期借款”科目余额为232.5万元，其中自乙银行借入的7.5万元借款将于1年内到期，甲公司不具有自主展期清偿的权利，则甲公司2×21年12月31日资产负债表中“长期借款”项目“期末余额”栏的列报金额为225万元(232.5－7.5)，“一年内到期的非流动负债”项目“期末余额”栏的列报金额为7.5万元。

4. 根据有关科目余额减去其备抵科目余额后的净额填列

比如，资产负债表中“应收票据”“应收账款”“长期股权投资”“在建工程”等项目，应当根据“应收票据”“应收账款”“长期股权投资”“在建工程”等科目的期末余额减去“坏账准备”“长期股权投资减值准备”“在建工程减值准备”等备抵科目余额后的净额填列。“投资性房地产”(采用成本模式计量)、“固定资产”项目，应当根据“投资性房地产”“固定资产”科目的期末余额，减去“投资性房地产累计折旧”“投资性房地产减值准备”“累计折旧”“固定资产减值准备”等备抵科目的期末余额，以及“固定资产清理”科目期末余额后的净额填列；“无形资产”项目应当根据“无形资产”科目的期末余额，减去“累计摊销”“无形资产减值准备”等备抵科目余额后的净额填列。

微课：根据有关科目余额减去其备抵科目余额后的净额填列

【例8-7】 2×21年12月31日，甲公司“应收票据”科目的余额为1 950万元；“坏账准备”科目中有关应收票据计提的坏账准备余额为67.5万元，则2×21年12月31日，甲公司资产负债表中“应收票据”项目“期末余额”栏的列报金额为1 882.5万元(1 950－67.5)。

【例8-8】 2×21年12月31日，甲公司“固定资产”科目为借方余额6 000万元，“累计折旧”科目为贷方余额3 000万元，“固定资产减值准备”科目为贷方余额750万元，“固定资产清理”科目为借方余额750万元，则2×21年12月31日，甲公司资产负债表中“固定资产”项目“期末余额”栏的列报金额为3 000万元(6 000－3 000－750＋750)。

【例8-9】 甲公司计划出售一项固定资产，该固定资产于2×21年12月31日被划分为持有待售固定资产，其账面价值为472.5万元，从划归为持有待售的下个月起停止计提折旧，不考虑其他因素，则2×21年12月31日，甲公司资产负债表中“持有待售资产”项目“期末余额”栏的列报金额为472.5万元。

【例8-10】 2×21年12月31日，甲公司“无形资产”科目借方余额为1 200万元，“累计摊销”科目贷方余额为300万元，“无形资产减值准备”科目贷方余额为150万元，则2×21年12月31日，甲公司资产负债表中“无形资产”项目“期末余额”栏的列报金额为750万元(1 200－300－150)。

【做中学·单项选择题】 2×21年12月31日，某公司下列会计科目余额如下：“固定资产”科目为借方余额1 000万元，“累计折旧”科目为贷方余额400万元，“固定资产减值准备”科目为贷方余额80万元，“固定资产清理”科目为借方余额20万元。该公司资产负债表中“固定资产”项目期末余额应列报的金额为(　　)万元。

A. 540　　B. 600　　C. 520　　D. 620

【答案】 A

【解析】 “固定资产”项目期末余额应列报的金额为540万元(1 000－400－80＋20)，选项A正确。

5. 综合运用上述填列方法分析填列

比如，资产负债表中的“存货”项目，需要根据“原材料”“库存商品”“委托加工物资”“周转材料”“材料采购”“在途物资”“发出商品”“材料成本差异”等总账科目期末余额的分析汇总数，减去“存货跌价准备”科目余额后的净额填列。

【例8-11】 2×21年12月31日，甲公司有关科目余额如下：“发出商品”科目为借方余额1 200万元，“生产成本”科目为借方余额450万元，“原材料”科目为借方余额150万元，“委托加工物资”科目为借方余额300万元，“材料成本差异”科目为贷方余额37.5万元，“存货跌价准备”科目为贷方余额150万元，“受托代销商品”科目为借方余额600万元，“受托代销商品款”科目为贷方余额600万元，则2×21年12月31日，甲公司资产负债表中“存货”项目“期末余额”栏的列报金额为1 912.5万元(1 200＋450＋150＋300－37.5－150＋600－600)。

微课：综合运用上述填列方法分析填列

【做中学·单项选择题】 2×21年12月31日，某企业有关科目期末借方余额如下：“原材料”科目55万元，“库存商品”科目35万元，“生产成本”科目65万元，“材料成本差异”科目8万元。假定不考虑其他因素，2×21年12月31日，该企业资产负债表中“存货”项目期末余额填列的金额为(　　)万元。

A. 163　　B. 155　　C. 90　　D. 147

【答案】 A

【解析】 资产负债表中“存货”项目期末余额填列的金额为163万元(55＋35＋65＋8)。

(二) 资产负债表项目的填列说明

1. 资产项目的填列说明

(1) “货币资金”项目，反映企业库存现金、银行结算户存款、外埠存款、银行汇票存款、银行本票存款、信用卡存款、信用证保证金存款等的合计数。该项目应根据“库存现金”

“银行存款”“其他货币资金”科目期末余额的合计数填列。

（2）“交易性金融资产”项目，反映资产负债表日企业分类为以公允价值计量且其变动计入当期损益的金融资产，以及企业持有的指定为以公允价值计量且其变动计入当期损益的金融资产的期末账面价值。该项目应根据“交易性金融资产”科目的相关明细科目期末余额分析填列。自资产负债表日起超过1年到期且预期持有超过1年的以公允价值计量且其变动计入当期损益的非流动金融资产的期末账面价值，在“其他非流动金融资产”项目反映。

（3）“应收票据”项目，反映资产负债表日以摊余成本计量的、企业因销售商品、提供服务等收到的商业汇票，包括银行承兑汇票和商业承兑汇票。该项目应根据“应收票据”科目的期末余额，减去“坏账准备”科目中相关坏账准备期末余额后的金额分析填列。

（4）“应收账款”项目，反映资产负债表日以摊余成本计量的、企业因销售商品、提供服务等经营活动应收取的款项。该项目应根据“应收账款”科目的期末余额，减去“坏账准备”科目中相关坏账准备期末余额后的金额分析填列。

（5）“应收款项融资”项目，反映资产负债表日以公允价值计量且其变动计入其他综合收益的应收票据和应收账款等。

（6）“预付款项”项目，反映企业按照购货合同规定预付给供应单位的款项等。该项目应根据“预付账款”和“应付账款”科目所属各明细科目的期末借方余额合计数，减去“坏账准备”科目中有关预付账款计提的坏账准备期末余额后的净额填列。如“预付账款”科目所属明细科目期末为贷方余额的，应在资产负债表“应付账款”项目内填列。

（7）“其他应收款”项目，反映企业除了应收票据、应收账款、预付账款等经营活动的其他各种应收、暂付的款项。该项目应根据“应收利息”“应收股利”和“其他应收款”科目的期末余额合计数，减去“坏账准备”科目中相关坏账准备期末余额后的金额填列。其中的“应收利息”仅反映相关金融工具已到期可收取但于资产负债表日尚未收到的利息。基于实际利率法计提的金融工具的利息应包含在相应金融工具的账面余额中。

【做中学·单项选择题】 2×21年12月31日，甲公司“其他应收款”科目期末余额为15万元，“应收利息”科目期末余额为25万元，“应收股利”科目期末余额为10万元。则2×21年12月31日，甲公司资产负债表中“其他应收款”项目“期末余额”栏的列报金额为（　）万元。

A. 15　　B. 40　　C. 50　　D. 35

【答案】 C

【解析】 15＋25＋10＝50（万元）。

（8）“存货”项目，反映企业期末在库、在途和在加工中的各种存货的可变现净值或成本（成本与可变现净值孰低）。存货包括各种材料、商品、在产品、半成品、包装物、低值易耗品、发出商品等。该项目应根据“材料采购”“原材料”“库存商品”“周转材料”“委托加工物资”“发出商品”“生产成本”“受托代销商品”等科目的期末余额合计数，减去“受托代销商品款”“存货跌价准备”科目期末余额后的净额填列。材料采用计划成本核算，以及库存商品采用计划成本核算或售价核算的企业，还应按加或减材料成本差异、商品进销差价后的金额填列。

(9)“合同资产”项目,反映企业按照《企业会计准则第14号——收入》的相关规定,根据企业履行履约义务与客户付款之间的关系在资产负债表中列示的合同资产。“合同资产”项目应根据“合同资产”科目的相关明细科目期末余额分析填列,同一合同下的合同资产和合同负债应当以净额列示,其中净额为借方余额的,应当根据其流动性在“合同资产”或“其他非流动资产”项目中填列,已计提减值准备的,还应以减去“合同资产减值准备”科目中相关的期末余额后的金额填列;其中,净额为贷方余额的,应当根据其流动性在“合同负债”或“其他非流动负债”项目中填列。

(10)“持有待售资产”项目,反映资产负债表日划分为持有待售类别的非流动资产及划分为持有待售类别的处置组中的流动资产和非流动资产的期末账面价值。该项目应根据“持有待售资产”科目的期末余额,减去“持有待售资产减值准备”科目的期末余额后的金额填列。

(11)“一年内到期的非流动资产”项目,反映企业预计自资产负债表日起1年内变现的非流动资产。该项目应根据有关科目的期末余额分析填列。

(12)“债权投资”项目,反映资产负债表日企业以摊余成本计量的长期债权投资的期末账面价值。该项目应根据“债权投资”科目的相关明细科目期末余额,减去“债权投资减值准备”科目中相关减值准备的期末余额后的金额分析填列。自资产负债表日起1年内到期的长期债权投资的期末账面价值,在“一年内到期的非流动资产”项目反映。企业购入的以摊余成本计量的1年内到期的债权投资的期末账面价值,在“其他流动资产”项目反映。

(13)“其他债权投资”项目,反映资产负债表日企业分类为以公允价值计量且其变动计入其他综合收益的长期债权投资的期末账面价值。该项目应根据“其他债权投资”科目的相关明细科目期末余额分析填列。自资产负债表日起1年内到期的长期债权投资的期末账面价值,在“一年内到期的非流动资产”项目反映。企业购入的以公允价值计量且其变动计入其他综合收益的1年内到期的债权投资的期末账面价值,在“其他流动资产”项目反映。

(14)“长期应收款”项目,反映企业租赁产生的应收款项和采用递延方式分期收款、实质上具有融资性质的销售商品和提供劳务等经营活动产生的应收款项。该项目应根据“长期应收款”科目的期末余额,减去相应的“未实现融资收益”科目和“坏账准备”科目所属相关明细科目期末余额后的金额填列。

(15)“长期股权投资”项目,反映投资方对被投资单位实施控制、重大影响的权益性投资,以及对其合营企业的权益性投资。该项目应根据“长期股权投资”科目的期末余额,减去“长期股权投资减值准备”科目的期末余额后的净额填列。

(16)“其他权益工具投资”项目,反映资产负债表日企业指定为以公允价值计量且其变动计入其他综合收益的非交易性权益工具投资的期末账面价值。该项目应根据“其他权益工具投资”科目的期末余额填列。

(17)“固定资产”项目,反映资产负债表日企业固定资产的期末账面价值和企业尚未清理完毕的固定资产清理净损益。该项目应根据“固定资产”科目的期末余额,减去“累计折旧”和“固定资产减值准备”科目的期末余额后的金额,以及“固定资产清理”科目的期末余额填列。

(18)“在建工程”项目,反映资产负债表日企业尚未达到预定可使用状态的在建工程的期末账面价值和企业为在建工程准备的各种物资的期末账面价值。该项目应根据“在建工程”科目的期末余额,减去“在建工程减值准备”科目的期末余额后的金额,以及“工程物资”科目的期末余额,减去“工程物资减值准备”科目的期末余额后的金额填列。

(19)“使用权资产”项目,反映资产负债表日承租人企业持有的使用权资产的期末账面价值。该项目应根据“使用权资产”科目的期末余额,减去“使用权资产累计折旧”科目和“使用权资产减值准备”科目的期末余额后的金额填列。

(20)“无形资产”项目,反映企业持有的专利权、非专利技术、商标权、著作权、土地使用权等无形资产的成本减去累计摊销和减值准备后的净值。该项目应根据“无形资产”科目的期末余额,减去“累计摊销”科目和“无形资产减值准备”科目期末余额后的净额填列。

(21)“开发支出”项目,反映企业开发无形资产过程中能够资本化形成无形资产成本的支出部分。该项目应当根据“研发支出”科目所属的“资本化支出”明细科目期末余额填列。

(22)“长期待摊费用”项目,反映企业已经发生但应由本期和以后各期负担的分摊期限在1年以上的各项费用。该项目应根据“长期待摊费用”科目的期末余额,减去将于1年内(含1年)摊销的数额后的金额分析填列。但长期待摊费用的摊销年限只剩1年或不足1年的,或预计在1年内(含1年)进行摊销的部分,不得归类为流动资产,仍在非流动资产项目中填列,不转入“一年内到期的非流动资产”项目。

(23)“递延所得税资产”项目,反映企业根据《企业会计准则》确认的可抵扣暂时性差异产生的所得税资产。该项目应根据“递延所得税资产”科目的期末余额填列。

(24)“其他非流动资产”项目,反映企业除上述非流动资产以外的其他非流动资产。该项目应根据有关科目的期末余额填列。

2. 负债项目的填列说明

(1)“短期借款”项目,反映企业向银行或其他金融机构等借入的期限在1年以下(含1年)的各种借款。该项目应根据“短期借款”科目的期末余额填列。

(2)“交易性金融负债”项目,反映企业资产负债表日承担的交易性金融负债,以及企业持有的直接指定为以公允价值计量且其变动计入当期损益的金融负债的期末账面价值。该项目应根据“交易性金融负债”科目的相关明细科目期末余额填列。

(3)“应付票据”项目,反映资产负债表日以摊余成本计量的、企业因购买材料、商品和接受服务等开出、承兑的商业汇票,包括银行承兑汇票和商业承兑汇票。该项目应根据“应付票据”科目的期末余额填列。

(4)“应付账款”项目,反映资产负债表日以摊余成本计量的、企业因购买材料、商品和接受服务等经营活动应支付的款项。该项目应根据“应付账款”科目和“预付账款”科目所属的相关明细科目的期末贷方余额合计数填列。

(5)“预收款项”项目,反映企业按照合同规定预收的款项。该项目应根据“预收账款”科目和“应收账款”科目所属各明细科目的期末贷方余额合计数填列。如“预收账款”科目所属明细科目期末为借方余额的,应在资产负债表“应收账款”项目内填列。

（6）“合同负债”项目，反映企业按照《企业会计准则第14号——收入》的相关规定，根据本企业履行履约义务与客户付款之间的关系在资产负债表中列示的合同负债。“合同负债”项目应根据“合同负债”的相关明细科目期末余额分析填列。

（7）“应付职工薪酬”项目，反映企业为获得职工提供的服务或解除劳动关系而给予的各种形式的报酬或补偿。该项目应根据“应付职工薪酬”科目所属各明细科目的期末贷方余额分析填列。外商投资企业按规定从净利润中提取的职工奖励及福利基金，也在该项目列示。

（8）“应交税费”项目，反映企业按照税法规定计算应交纳的各种税费，包括增值税、消费税、城市维护建设税、教育费附加、企业所得税、资源税、土地增值税、房产税、城镇土地使用税、车船税等。企业代扣代交的个人所得税，也通过该项目列示。企业所交纳的税金不需要预计应交数的，如印花税、耕地占用税等，不在该项目列示。该项目应根据“应交税费”科目的期末贷方余额填列。需要说明的是，“应交税费”科目下的“应交增值税”“未交增值税”“待抵扣进项税额”“待认证进项税额”“增值税留抵税额”等明细科目期末借方余额应根据情况，在资产负债表中的“其他流动资产”或“其他非流动资产”项目列示；“应交税费——待转销项税额”等科目期末贷方余额应根据情况，在资产负债表中的“其他流动负债”或“其他非流动负债”项目列示；“应交税费”科目下的“未交增值税”“简易计税”“转让金融商品应交增值税”“代扣代交增值税”等科目期末贷方余额应在资产负债表中的“应交税费”项目列示。

（9）“其他应付款”项目，反映企业除了应付票据、应付账款、预收账款、应付职工薪酬、应交税费等经营活动的其他各项应付、暂收的款项。该项目应根据“应付利息”“应付股利”“其他应付款”科目的期末余额合计数填列。其中，“应付利息”科目仅反映相关金融工具已到期应支付但于资产负债表日尚未支付的利息。基于实际利率法计提的金融工具的利息应包含在相应金融工具的账面余额中。

（10）“持有待售负债”项目，反映资产负债表日处置组中与划分为持有待售类别的资产直接相关的负债的期末账面价值。该项目应根据“持有待售负债”科目的期末余额填列。

（11）“一年内到期的非流动负债”项目，反映企业非流动负债中将于资产负债表日后1年内到期部分的金额，如将于1年内偿还的长期借款。该项目应根据有关科目的期末余额分析填列。

（12）“长期借款”项目，反映企业向银行或其他金融机构借入的期限在1年以上（不含1年）的各项借款。该项目应根据“长期借款”科目的期末余额，扣除“长期借款”科目所属的明细科目中将在资产负债表日起1年内到期且企业不能自主地将清偿义务展期的长期借款后的金额计算填列。

（13）“应付债券”项目，反映企业为筹集长期资金而发行的债券本金及应付的利息。该项目应根据“应付债券”科目的期末余额分析填列。对于资产负债表日企业发行的金融工具，分类为金融负债的，应在该项目填列，对于优先股和永续债还应在该项目下的“优先股”项目和“永续债”项目分别填列。

（14）“租赁负债”项目，反映资产负债表日承租人企业尚未支付的租赁付款额的期末账面价值。该项目应根据“租赁负债”科目的期末余额填列。自资产负债表日起1年内到期应予以清偿的租赁负债的期末账面价值，在“一年内到期的非流动负债”项目反映。

(15)“长期应付款”项目，应根据“长期应付款”科目的期末余额，减去相关的“未确认融资费用”科目的期末余额后的金额，以及“专项应付款”科目的期末余额填列。

(16)“预计负债”项目，反映企业根据《企业会计准则第13号——或有事项》等相关准则确认的各项预计负债，包括对外提供担保、未决诉讼、产品质量保证、重组义务以及固定资产和矿区权益弃置义务等产生的预计负债。该项目应根据“预计负债”科目的期末余额填列。企业按照《企业会计准则第22号——金融工具确认和计量》的相关规定，对贷款承诺等项目计提的损失准备，应当在该项目中填列。

(17)“递延收益”项目，反映尚待确认的收入或收益。该项目核算包括企业根据《企业会计准则第16号——政府补助》确认的应在以后期间计入当期损益的政府补助金额、售后租回形成融资租赁的售价与资产账面价值差额等其他递延性收入。该项目应根据“递延收益”科目的期末余额填列。该项目中摊销期限只剩1年或不足1年的，或预计在1年内(含1年)进行摊销的部分，不得归类为流动负债，仍在该项目中填列，不转入“一年内到期的非流动负债”项目。

(18)“递延所得税负债”项目，反映企业根据《企业会计准则第18号——所得税》确认的应纳税暂时性差异产生的所得税负债。该项目应根据“递延所得税负债”科目的期末余额填列。

(19)“其他非流动负债”项目，反映企业除了以上非流动负债的其他非流动负债。该项目应根据有关科目期末余额，减去将于1年内(含1年)到期偿还数后的余额分析填列。非流动负债各项目中将于1年内(含1年)到期的非流动负债，应在“一年内到期的非流动负债”项目内反映。

3. 所有者权益项目的填列说明

(1)“实收资本(或股本)”项目，反映企业各投资者实际投入的资本(或股本)总额。该项目应根据“实收资本(或股本)”科目的期末余额填列。

(2)“其他权益工具”项目，反映资产负债表日企业发行在外的除了普通股的分类为权益工具的金融工具的期末账面价值，并下设“优先股”和“永续债”两个项目，分别反映企业发行的分类为权益工具的优先股和永续债的账面价值。

(3)“资本公积”项目，反映企业收到投资者出资超出其在注册资本或股本中所占的份额以及直接计入所有者权益的利得和损失等。该项目应根据“资本公积”科目的期末余额填列。

(4)“其他综合收益”项目，反映企业其他综合收益的期末余额。该项目应根据“其他综合收益”科目的期末余额填列。

(5)“专项储备”项目，反映高危行业企业按国家规定提取的安全生产费的期末账面价值。该项目应根据“专项储备”科目的期末余额填列。

(6)“盈余公积”项目，反映企业盈余公积的期末余额。该项目应根据“盈余公积”科目的期末余额填列。

(7)“未分配利润”项目，反映企业尚未分配的利润。该项目应根据“本年利润”科目和“利润分配”科目的余额计算填列。未弥补的亏损在该项目内以“－”号填列。

【例 8-12】 承[例 8-1]至[例 8-11],2×21 年 12 月 31 日,甲公司“利润分配——未分配利润”科目的期末贷方余额为 337.5 万元,则甲公司 2×21 年 12 月 31 日资产负债表中“未分配利润”项目“期末余额”栏的列报金额为 337.5 万元。甲公司编制的 2×21 年 12 月 31 日的资产负债表如表 8-2 所示。

表 8-2 **资产负债表** 会企 01 表

编制单位:甲公司 2×21 年 12 月 31 日 单位:元

资产	期末余额	上年年末余额(略)	负债和所有者权益(或股东权益)	期末余额	上年年末余额(略)
流动资产:			流动负债:		
货币资金	3 000 000		短期借款	750 000	
交易性金融资产			交易性金融负债		
衍生金融资产			衍生金融负债		
应收票据	18 825 000		应付票据	525 000	
应收账款			应付账款		
应收款项融资			预收款项		
预付款项			合同负债		
其他应收款			应付职工薪酬	1 200 000	
存货	19 125 000		应交税费		
合同资产			其他应付款		
持有待售资产	4 725 000		持有待售负债		
一年内到期的非流动资产			一年内到期的非流动负债	75 000	
其他流动资产			其他流动负债		
流动资产合计	45 675 000		流动负债合计	2 550 000	
非流动资产:			非流动负债:		
债权投资			长期借款	2 250 000	
其他债权投资			应付债券		
长期应收款			其中:优先股		
长期股权投资			永续债		
其他权益工具投资			租赁负债		
其他非流动金融资产			长期应付款		
投资性房地产			预计负债		
固定资产	30 000 000		递延收益		
在建工程			递延所得税负债		
生产性生物资产			其他非流动负债		
油气资产			非流动负债合计	2 250 000	
使用权资产			负债合计	4 800 000	
无形资产	7 500 000		所有者权益(或股东权益):		
开发支出			实收资本(或股本)	75 000 000	

(续表)

资产	期末余额	上年年末余额(略)	负债和所有者权益(或股东权益)	期末余额	上年年末余额(略)
商誉			其他权益工具		
长期待摊费用			其中:优先股		
递延所得税资产			永续债		
其他非流动资产			资本公积		
非流动资产合计	37 500 000		减:库存股		
			其他综合收益		
			专项储备		
			盈余公积		
			未分配利润	3 375 000	
			所有者权益(或股东权益)合计	78 375 000	
资产总计	83 175 000		负债和所有者权益(或股东权益)总计	83 175 000	

【做中学·单项选择题】 下列各项资产负债表项目中,属于汇总列报的是(　　)。

A. 其他应付款　　B. 应付账款　　C. 长期借款　　D. 资本公积

【答案】 A

【解析】 依据重要性原则和性质或功能相同或相近的应付利息、应付股利和其他应付款等汇总列报"其他应付款"项目。

第三节 利 润 表

一、利润表概述

利润表又称损益表,是反映企业在一定会计期间的经营成果的报表。它是在会计凭证、会计账簿等会计资料的基础上进一步确认企业一定会计期间经营成果的结构性表述,综合反映企业利润的实现过程和利润的来源及构成情况,是对企业一定会计期间经营业绩的系统总结。

利润表主要根据"收入－费用＝利润"平衡公式,按照各具体项目的性质和功能作为分类标准,依次将某一会计期间的收入、费用和利润的具体项目予以适当的排列编制而成。

·知识点拨·

利润表项目的性质是指各具体项目的经济性质。比如,营业利润是指企业一定会计期间通过日常营业活动所实现的利润额;利润总额则是指营业利润和非经常性损益净额(即损失和利得)的总和;净利润是指利润总额减去所得税费用的净额。利润表项目的功能是指各具体项目在创造和实现利润的经营业务活动过程中的功能与作用，如利润表中对于费用列报通常按照功能进行分类，包括从事经营业务发生的成本、管理费用、销售费用、研发费用和财务费用等。

利润表的主要作用是有助于财务报告使用者分析判断企业净利润的质量及其风险，评价企业经营管理效率，有助于财务报告使用者预测企业净利润的持续性，从而作出正确的决策。

·知识点拨·

利润表可以反映企业在一定会计期间的收入实现情况，如实现的营业收入、取得的投资收益、发生的公允价值变动损益及营业外收入等对利润的贡献大小；可以反映企业一定会计期间的费用耗费情况，如发生的营业成本、税金及附加、销售费用、管理费用、财务费用、营业外支出等对利润的影响程度；可以反映企业一定会计期间的净利润实现情况，分析判断企业受托责任的履行情况，进而还可以反映企业资本的保值增值情况，为企业管理者解脱受托责任提供依据；将利润表资料及信息与资产负债表资料及信息相结合进行综合计算分析，如将营业成本与存货或资产总额的平均余额进行比较，可以反映企业运用其资源的能力和效率，便于分析判断企业资金周转情况及盈利能力和水平，进而判断企业未来的盈利增长和发展趋势，作出相应经济决策。

二、利润表的结构

利润表的结构有单步式和多步式两种。单步式利润表是先将当期所有的收入列在一起、所有的费用列在一起，再将两者相减得出当期净损益。我国企业的利润表采用多步式格式，即通过对当期的收入、费用、支出项目按性质加以归类，按利润形成的主要环节列示一些中间性利润指标，分步计算当期净损益，以便财务报表使用者理解企业经营成果的不同来源。

利润表主要由表首和表体两部分组成。表首部分应列明报表名称、编制单位名称、编制日期、报表编号和计量单位。表体部分为利润表的主体，列示了形成经营成果的各个项目和计算过程。

为了使财务报表使用者通过比较不同期间利润的实现情况，判断企业经营成果的未来发展趋势，企业需要提供比较利润表。为此，利润表金额栏分为“本期金额”和“上期金额”两栏分别填列。我国一般企业利润表的格式如表 8-3 所示。

表 8-3 **利 润 表** 会企 02 表

编制单位： 年 月 单位：元

项目	本期金额	上期金额
一、营业收入		
减：营业成本		
税金及附加		
销售费用		
管理费用		

(续表)

项目	本期金额	上期金额
研发费用		
财务费用		
其中:利息费用		
利息收入		
加:其他收益		
投资收益(损失以“—”号填列)		
其中:对联营企业和合营企业的投资收益 以摊余成本计量的金融资产终止确认收益(损失以“—”号填列)		
净敞口套期收益(损失以“—”号填列)		
公允价值变动收益(损失以“—”号填列)		
信用减值损失(损失以“—”号填列)		
资产减值损失(损失以“—”号填列)		
资产处置收益(损失以“—”号填列)		
二、营业利润(亏损以“—”号填列)		
加:营业外收入		
减:营业外支出		
三、利润总额(亏损总额以“—”号填列)		
减:所得税费用		
四、净利润(净亏损以“—”号填列)		
(一)持续经营净利润(净亏损以“—”号填列)		
(二)终止经营净利润(净亏损以“—”号填列)		
五、其他综合收益的税后净额		
(一)不能重分类进损益的其他综合收益		
1. 重新计量设定受益计划变动额		
2. 权益法下不能转损益的其他综合收益		
3. 其他权益工具投资公允价值变动		
4. 企业自身信用风险公允价值变动		
……		
(二)将重分类进损益的其他综合收益		
1. 权益法下可转损益的其他综合收益		
2. 其他债权投资公允价值变动		
3. 金融资产重分类计入其他综合收益的金额		
4. 其他债权投资信用减值准备		
5. 现金流量套期		
6. 外币财务报表折算差额		
……		

（续表）

项目	本期金额	上期金额
六、综合收益总额		
七、每股收益		
（一）基本每股收益		
（二）稀释每股收益		

三、利润表的编制

利润表编制的原理是“收入－费用＝利润”的会计平衡公式和收入与费用的配比原则。企业在生产经营中不断地取得各项收入，同时发生各种费用，收入减去费用剩余部分为企业的盈利。如果企业经营不善，发生的生产经营费用超过取得的收入，超过部分为企业的亏损。将取得的收入和发生的相关费用进行对比，对比结果表现为企业的经营成果。企业将经营成果的核算过程和结果编成报表，即利润表。

（一）利润表项目的填列方法

我国一般企业利润表的主要编制步骤和内容如下：

第一步，以营业收入为基础，减去营业成本、税金及附加、销售费用、管理费用、研发费用、财务费用，加上其他收益、投资收益（或减去投资损失）、净敞口套期收益（或减去净敞口套期损失）、公允价值变动收益（或减去公允价值变动损失）、资产减值损失、信用减值损失、资产处置收益（或减去资产处置损失），计算出营业利润。

第二步，以营业利润为基础，加上营业外收入，减去营业外支出，计算出利润总额。

第三步，以利润总额为基础，减去所得税费用，计算出净利润（或净亏损）。

第四步，以净利润（或净亏损）为基础，计算出每股收益。

第五步，以净利润（或净亏损）和其他综合收益为基础，计算出综合收益总额。

·知识点拨·

利润表各项目均需填列“本期金额”和“上期金额”两栏。其中“上期金额”栏内各项数字，应根据上年该期利润表的“本期金额”栏内所列数字填列。“本期金额”栏内各期数字，除了“基本每股收益”和“稀释每股收益”项目，应当按照相关科目的发生额分析填列。比如，“营业收入”项目，根据“主营业务收入”“其他业务收入”科目的发生额分析计算填列；“营业成本”项目，根据“主营业务成本”“其他业务成本”科目的发生额分析计算填列。

【做中学·单项选择题】 下列各项中，影响企业利润表“利润总额”项目的是（　　）。

A. 向投资者分配的现金股利　　B. 向灾区捐款发生的支出

C. 收到投资者超过注册资本份额的出资　D. 确认的所得税费用

【答案】 B

【解析】 选项A，计入应付股利，不影响利润总额；选项B，计入营业外支出，影响利润总额；选项C，计入资本公积——资本溢价，不影响利润总额；选项D，计入所得税费用，不影响利润总额，影响净利润。

(二) 利润表主要项目的填列说明

(1)"营业收入"项目,反映企业经营主要业务和其他业务所确认的收入总额。该项目应根据"主营业务收入"科目和"其他业务收入"科目的发生额分析填列。

【例8-13】 乙公司为热电企业,其经营范围包括电、热的生产和销售;发电、输变电工程的技术咨询;电力设备及相关产品的采购、开发、生产和销售等。乙公司2×21年度"主营业务收入"科目发生额明细如下:电力销售收入合计12 000万元,热力销售收入合计2 100万元;"其他业务收入"科目发生额合计900万元。则乙公司2×21年度利润表中"营业收入"项目"本期金额"栏的列报金额为15 000万元(12 000+2 100+900)。

(2)"营业成本"项目,反映企业经营主要业务和其他业务所发生的成本总额。该项目应根据"主营业务成本"科目和"其他业务成本"科目的发生额分析填列。

【例8-14】 乙公司2×21年度"主营业务成本"科目发生额合计11 250万元、"其他业务成本"科目发生额合计750万元,则乙公司2×21年度利润表中"营业成本"项目"本期金额"栏的列报金额为12 000万元(11 250+750)。

【做中学·单项选择题】 下列各项中,不应列入利润表"营业成本"项目的是(　　)。

A. 已销商品的实际成本　　B. 在建工程领用产品的成本

C. 对外提供劳务结转的成本　　D. 投资性房地产计提的折旧额

【答案】 B

【解析】 在建工程领用产品成本计入在建工程,期末反映在"在建工程"项目中。

(3)"税金及附加"项目,反映企业经营业务应负担的消费税、城市维护建设税、教育费附加、资源税、土地增值税、房产税、车船税、城镇土地使用税、印花税等相关税费。该项目应根据"税金及附加"科目的发生额分析填列。

【例8-15】 乙公司2×21年度"税金及附加"科目的发生额如下:城市维护建设税合计75万元,教育费附加合计45万元,房产税合计600万元,城镇土地使用税合计30万元,则乙公司2×21年度利润表中"税金及附加"项目"本期金额"栏的列报金额为750万元(75+45+600+30)。

(4)"销售费用"项目,反映企业在销售商品过程中发生的包装费、广告费等费用和为销售本企业商品而专设的销售机构的职工薪酬、业务费等经营费用。该项目应根据"销售费用"科目的发生额分析填列。

(5)"管理费用"项目,反映企业为组织和管理生产经营发生的管理费用。该项目应根据"管理费用"科目的发生额分析填列。

【例8-16】 乙公司2×21年度"管理费用"科目发生额合计数为900万元,其中"研发费用"明细科目发生额为400万元。则乙公司2×21年度利润表中"管理费用"项目"本期金额"栏的列报金额为500万元。

(6)"研发费用"项目,反映企业进行研究与开发过程中发生的费用化支出以及计入管理费用的自行开发无形资产的摊销。该项目应根据"管理费用"科目下的"研发费用"明细科目的发生额以及"管理费用"科目下"无形资产摊销"明细科目的发生额分析填列。

【例8-17】 乙公司2×21年度计入当期损益的研发费用合计数为400万元。则乙公司2×21年度利润表中“研发费用”项目“本期金额”栏的列报金额为400万元。

(7)“财务费用”项目，反映企业为筹集生产经营所需资金等而发生的应予费用化的利息支出。该项目应根据“财务费用”科目的相关明细科目发生额分析填列。其中，“利息费用”项目，反映企业为筹集生产经营所需资金等而发生的应予费用化的利息支出，该项目应根据“财务费用”科目的相关明细科目的发生额分析填列。“利息收入”项目，反映企业应冲减财务费用的利息收入，该项目应根据“财务费用”科目的相关明细科目的发生额分析填列。

【例8-18】 乙公司2×21年度“财务费用”科目的发生额如下：银行长期借款利息费用合计600万元，银行短期借款利息费用合计135万元，银行存款利息收入合计12万元，银行手续费支出合计27万元，则乙公司2×21年度利润表中“财务费用”项目“本期金额”栏的列报金额为750万元(600＋135－12＋27)。

【做中学·单项选择题】 某企业2×21年发生短期借款利息120万元，享受购货现金折扣10万元，取得银行存款利息收入30万元。2×21年该企业列入利润表“财务费用”项目的本期金额应为(　　)万元。

A. 80　　B. 100　　C. 150　　D. 90

【答案】 A

【解析】 2×21年该企业列入利润表“财务费用”项目的本期金额为80万元(120－10－30)，选项A正确。

(8)“其他收益”项目，反映计入其他收益的政府补助，以及其他与日常活动相关且计入其他收益的项目。该项目应根据“其他收益”科目的发生额分析填列。企业作为个人所得税的扣缴义务人，根据《中华人民共和国个人所得税法》收到的扣缴税款手续费，应作为其他与日常活动相关的收益在该项目中填列。

(9)“投资收益”项目，反映企业以各种方式对外投资所取得的收益。该项目应根据“投资收益”科目的发生额分析填列。如为投资损失，该项目以“－”号填列。

【例8-19】 乙公司2×21年度“投资收益”科目的发生额如下：按权益法核算的长期股权投资收益合计435万元，按成本法核算的长期股权投资收益合计300万元，处置长期股权投资发生的投资损失合计750万元，则乙公司2×21年度利润表中“投资收益”项目“本期金额”栏的列报金额为－15万元(435＋300－750)。

(10)“净敞口套期收益”项目，反映净敞口套期下被套期项目累计公允价值变动转入当期损益的金额或现金流量套期储备转入当期损益的金额。该项目应根据“净敞口套期损益”科目的发生额分析填列。如为套期损失，该项目以“－”号填列。

(11)“公允价值变动收益”项目，反映企业应当计入当期损益的资产或负债公允价值变动收益。该项目应根据“公允价值变动损益”科目的发生额分析填列。如为净损失，该项目以“－”号填列。

(12)“信用减值损失”项目，反映企业按照《企业会计准则第22号——金融工具确认和计量》的要求计提的各项金融工具信用减值准备所确认的信用损失。该项目应根据“信用减值损失”科目的发生额分析填列。

(13)“资产减值损失”项目，反映企业有关资产发生的减值损失。该项目应根据“资产减值损失”科目的发生额分析填列。

【例8-20】 乙公司2×21年度“资产减值损失”科目的发生额如下：存货减值损失合计127.5万元，固定资产减值损失合计283.5万元，无形资产减值损失合计39万元，则乙公司2×21年度利润表中“资产减值损失”项目“本期金额”栏列报金额为450万元(127.5+283.5+39)。

(14)“资产处置收益”项目，反映企业出售划分为持有待售的非流动资产(金融工具、长期股权投资和投资性房地产除外)或处置组(子公司和业务除外)时确认的处置利得或损失，以及处置未划分为持有待售的固定资产、在建工程、生产性生物资产及无形资产而产生的处置利得或损失。债务重组中因处置非流动资产(金融工具、长期股权投资和投资性房地产除外)产生的利得或损失和非货币性资产交换中换出非流动资产(金融工具、长期股权投资和投资性房地产除外)产生的利得或损失也包括在该项目内。该项目应根据“资产处置损益”科目的发生额分析填列。如为处置损失，该项目以“－”号填列。

【做中学·多项选择题】 下列各项中，应列入利润表“资产处置收益”项目的有(　　)。

A. 出售原材料取得的收入　　B. 出售专利权取得的收益

C. 出售包装物取得的收入　　D. 出售生产设备取得的收益

【答案】 BD

【解析】 选项AC，列入“营业收入”项目；选项BD，列入“资产处置收益”项目。

(15)“营业利润”项目，反映企业实现的营业利润。如为亏损，该项目以“－”号填列。

(16)“营业外收入”项目，反映企业发生的除营业利润以外的收益，主要包括非流动资产毁损报废收益、与企业日常活动无关的政府补助、盘盈利得、捐赠利得(企业接受股东或股东的子公司直接或间接的捐赠，经济实质属于股东对企业的资本性投入的除外)等。该项目应根据“营业外收入”科目的发生额分析填列。

【例8-21】 乙公司2×21年度“营业外收入”科目的发生额如下：接受无偿捐赠利得102万元，现金盘盈利得合计3万元，则乙公司2×21年度利润表中“营业外收入”项目“本期金额”栏的列报金额为105万元(102+3)。

(17)“营业外支出”项目，反映企业发生的除了营业利润的支出，主要包括公益性捐赠支出、非常损失、盘亏损失、非流动资产毁损报废损失等。该项目应根据“营业外支出”科目的发生额分析填列。

【例8-22】 乙公司2×21年度“营业外支出”科目的发生额如下：固定资产盘亏损失为21万元，罚没支出合计15万元，捐赠支出合计6万元，其他支出为3万元，则乙公司2×21年度利润表中“营业外支出”项目“本期金额”栏的列报金额为45万元(21+15+6+3)。

(18)“利润总额”项目，反映企业实现的利润。如为亏损，该项目以“－”号填列。

(19)“所得税费用”项目，反映企业应从当期利润总额中扣除的所得税费用。该项目应根据“所得税费用”科目的发生额分析填列。

【例8-23】 乙公司2×21年度“所得税费用”科目的发生额合计54万元，则乙公司2×21年度利润表中“所得税费用”项目“本期金额”栏的列报金额为54万元。

(20)“净利润”项目，反映企业实现的净利润。如为净亏损，该项目以“－”号填列。

(21)“其他综合收益的税后净额”项目，反映企业根据《企业会计准则》规定未在损益中确认的各项利得和损失扣除所得税影响后的净额。

（22）“综合收益总额”项目，反映企业净利润与其他综合收益（税后净额）的合计金额。

（23）“每股收益”项目，包括基本每股收益和稀释每股收益两项指标，反映普通股或潜在普通股已公开交易的企业，以及正处在公开发行普通股或潜在普通股过程中的企业的每股收益信息。

【例 8-24】 承［例 8-13］至［例 8-23］，乙公司编制的 2×21 年度利润表如表 8-4 所示。

表 8-4 **利 润 表** 会企 02 表

编制单位：乙公司 2×21 年 单位：元

项目	本期金额	上期金额
一、营业收入	150 000 000	
减：营业成本	120 000 000	
税金及附加	7 500 000	
销售费用		
管理费用	5 000 000	
研发费用	4 000 000	
财务费用	7 500 000	
其中：利息费用	7 620 000	
利息收入	120 000	
加：其他收益		
投资收益（损失以“—”号填列）	—150 000	
其中：对联营企业和合营企业的投资收益	4 350 000	
以摊余成本计量的金融资产终止确认收益（损失以“—”号填列）		
净敞口套期收益（损失以“—”号填列）		
公允价值变动收益（损失以“—”号填列）		
信用减值损失（损失以“—”号填列）		
资产减值损失（损失以“—”号填列）	—4 500 000	
资产处置收益（损失以“—”号填列）		
二、营业利润（亏损以“—”号填列）	1 350 000	
加：营业外收入	1 050 000	
减：营业外支出	450 000	
三、利润总额（亏损总额以“—”号填列）	1 950 000	
减：所得税费用	540 000	
四、净利润（净亏损以“—”号填列）	1 410 000	
（一）持续经营净利润（净亏损以“—”号填列）	1 410 000	
（二）终止经营净利润（净亏损以“—”号填列）		
五、其他综合收益的税后净额		
（一）不能重分类进损益的其他综合收益		
1. 重新计量设定受益计划变动额		

（续表）

项目	本期金额	上期金额
2. 权益法下不能转损益的其他综合收益		
3. 其他权益工具投资公允价值变动		
4. 企业自身信用风险公允价值变动		
……		
（二）将重分类进损益的其他综合收益		
1. 权益法下可转损益的其他综合收益		
2. 其他债权投资公允价值变动		
3. 金融资产重分类计入其他综合收益的金额		
4. 其他债权投资信用减值准备		
5. 现金流量套期		
6. 外币财务报表折算差额		
……		
六、综合收益总额	1 410 000	
七、每股收益		
（一）基本每股收益		
（二）稀释每股收益		

第四节　现金流量表

一、现金流量表概述

现金流量表是指反映企业在一定会计期间现金和现金等价物流入和流出的报表。它是以资产负债表和利润表等会计核算资料为依据，按照收付实现制会计基础要求对现金流量的结构性表述，揭示企业在一定会计期间获取现金及现金等价物的能力。

现金流量表基础知识

二、现金流量表的结构

1. 现金流量表的结构内容

现金流量表的基本结构根据“现金流入量－现金流出量＝现金净流量”公式设计。现金流量包括现金流入量、现金流出量和现金净流量。根据企业业务活动的性质和现金流量的功能，主要现金流量可以分为三类并在现金流量表中列示，即经营活动产生的现金流量、投资活动产生的现金流量和筹资活动产生的现金流量。每一类分为流入量、流出量和净流量三部分分项列示。

(1) 经营活动产生的现金流量是指与销售商品、提供劳务有关的活动产生的现金流量,包括企业投资活动和筹资活动以外的所有交易和事项产生的现金流量。比如,销售商品收到现金、购买商品支付现金、经营性租赁、制造产品、广告宣传、交纳税款等,经营活动产生的现金流量分为经营活动产生的现金流入量、经营活动产生的现金流出量以及经营活动产生的现金净流量。

(2) 投资活动产生的现金流量是指与非流动资产的取得或处置有关的活动产生的现金流量,包括企业长期资产的购建和不包括在现金等价物范围内的投资及其处置活动产生的现金流量。比如,购买股票或债券支付现金、销售长期投资收回现金、购建或处置固定资产、无形资产等。投资活动产生的现金流量分为投资活动产生的现金流入量、投资活动产生的现金流出量以及投资活动产生的现金净流量。

(3) 筹资活动产生的现金流量是指涉及企业财务规模的更改或财务结构组成变化的活动,也就是指导致企业资本及债务规模和构成发生变动的活动产生的现金流量。比如,向银行借入款项收到现金、归还银行借款支付现金、吸收投资、发行股票、分配利润等。筹资活动产生的现金流量分为筹资活动产生的现金流入量、筹资活动产生的现金流出量以及筹资活动产生的现金净流量。

除上述三类主要现金流量外,企业持有除记账本位币外的以外币为计量单位的资产负债及往来款项时,现金流量表应列示汇率变动对现金及现金等价物的影响。

2. 现金流量表的格式

现金流量表的格式是指现金流量表结构内容的编排顺序和方式。具体格式如表 8-5 所示。

表 8-5　　**现金流量表(简表)**　　会企 03 表

编制单位:　　年　月　　单位:元

项目	本期金额	上期金额
一、经营活动产生的现金流量:		
销售商品、提供劳务收到的现金		
收到的税费返还		
收到其他与经营活动有关的现金		
经营活动现金流入小计		
购买商品、接受劳务支付的现金		
支付给职工以及为职工支付的现金		
支付的各项税费		
支付其他与经营活动有关的现金		
经营活动现金流出小计		
经营活动产生的现金流量净额		
二、投资活动产生的现金流量:		
收回投资收到的现金		

（续表）

项目	本期金额	上期金额
取得投资收益收到的现金		
处置固定资产、无形资产和其他长期资产收回的现金净额		
处置子公司及其他营业单位收到的现金净额		
收到其他与投资活动有关的现金		
投资活动现金流入小计		
购建固定资产、无形资产和其他长期资产支付的现金		
投资支付的现金		
取得子公司及其他营业单位支付的现金净额		
支付其他与投资活动有关的现金		
投资活动现金流出小计		
投资活动产生的现金流量净额		
三、筹资活动产生的现金流量：		
吸收投资收到的现金		
取得借款收到的现金		
收到其他与筹资活动有关的现金		
筹资活动现金流入小计		
偿还债务所支付的现金		
分配股利、利润和偿付利息支付的现金		
支付其他与筹资活动有关的现金		
筹资活动现金流出小计		
筹资活动产生的现金流量净额		
四、汇率变动对现金及现金等价物的影响		
五、现金及现金等价物净增加额		
加：期初现金及现金等价物余额		
六、期末现金及现金等价物余额		

三、现金流量表的编制

现金流量表的调整计算方法

现金流量表应当分别经营活动、投资活动和筹资活动列报现金流量。现金流量应当分别按照现金流入和现金流出总额列报。但是，下列各项可以按照净额列报：

（1）代客户收取或支付的现金。

（2）周转快、金额大、期限短项目的现金流入和现金流出。

（3）金融企业的有关项目，包括短期贷款发放与收回的贷款本金、活期存款的吸收与支付、同业存款和存放同业款项的存取、向其他金融企业拆借资金,以及证券的买入与卖出等。

(4) 自然灾害损失、保险索赔等特殊项目,应当根据其性质,分别归并到经营活动、投资活动和筹资活动现金流量类别中单独列报。

(5) 外币现金流量以及境外子公司的现金流量,应当采用现金流量发生日的即期汇率或按照系统合理的方法确定的、与现金流量发生日即期汇率近似的汇率折算。汇率变动对现金的影响额应当作为调整项目,在现金流量表中单独列报“汇率变动对现金及现金等价物的影响”。

现金流量表的具体编制方法如图 8-2 所示。

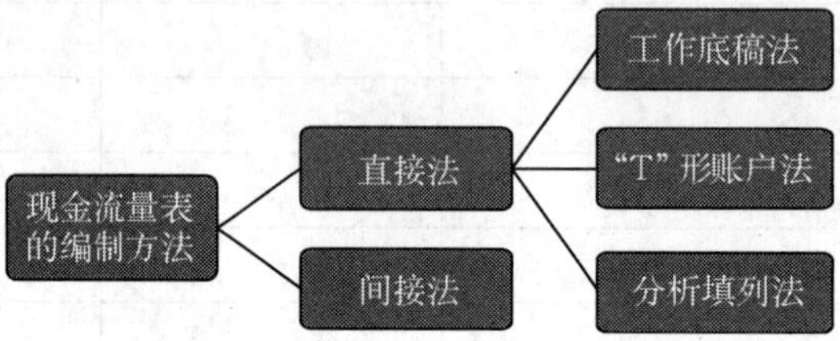

图 8-2 现金流量表的编制方法

现金流量表的编制方法

第五节 所有者权益变动表

一、所有者权益变动表概述

所有者权益变动表是指反映构成所有者权益各组成部分当期增减变动情况的报表。

所有者权益变动表是对资产负债表的补充及对所有者权益增减变动情况的进一步说明。通过所有者权益变动表,既可以为财务报表使用者提供所有者权益总量增减变动的信息,也能为其提供所有者权益增减变动的结构性信息,特别是能够让财务报表使用者理解所有者权益增减变动的根源。此外,所有者权益增减变动表将综合收益和所有者(或股东)的资本交易导致的所有者权益的变动分项列示,有利于分清导致所有者权益增减变动缘由与责任,对于考察、评价企业一定时期所有者权益的保全状况、正确评价管理当局受托责任的履行情况等具有重要的作用。

二、所有者权益变动表的结构

在所有者权益变动表上,企业至少应当单独列示反映下列信息的项目:①综合收益总额;②会计政策变更和差错更正的累积影响金额;③所有者投入资本和向所有者分配利润等;④提取的盈余公积;⑤实收资本、其他权益工具、资本公积、其他综合收益、专项储备、盈余公积、未分配利润的期初和期末余额及其调节情况。

所有者权益变动表以纵横交叉的矩阵式结构所示:一方面列示导致所有者权益变动的交易或事项,即所有者权益变动的来源,对一定时期所有者权益的变动情况进行全面反映；另一方面按照所有者权益各组成部分（即实收资本、其他权益工具、资本公积、库存股、其他综合收益、盈余公积、未分配利润）列示交易或事项对所有者权益各部分的影响。

所有者权益变动表的纵向结构按所有者权益增减变动时间及内容分为“上年年末余额”“本年年初余额”“本年增减变动金额”和“本年年末余额”四栏。各栏之间的数量关系为：

上年年末余额＋会计政策变更、前期差错更正及其他变动＝本年年初余额

本年年初余额＋本年增减变动金额＝本年年末余额

其中，本年增减变动金额按照所有者权益增减变动的交易或事项列示，即：

本年增减变动金额＝综合收益总额±所有者投入和减少资本±利润分配±所有者权益内部结转

所有者权益变动表的横向结构采用比较式结构，分为“本年金额”和“上年金额”两栏，每栏的具体结构按照所有者权益构成内容逐项列示，即：

实收资本（或股本）＋其他权益工具＋资本公积－库存股＋其他综合收益＋专项储备＋盈余公积＋未分配利润＝所有者权益合计

纵横填列结果归结到本年年末所有者权益合计数，保持所有者权益变动表的表内填列数额的平衡。

我国一般企业所有者权益变动表的格式参见表 8-6。

三、所有者权益变动表的编制

（一）所有者权益变动表项目的填列方法

所有者权益变动表在上年度所有者权益变动表和本年已编制的资产负债表、利润表及相关会计政策、前期差错更正和会计科目记录等资料基础上分析计算填列。所有者权益变动表各项目均需填列“本年金额”和“上年金额”两栏。

所有者权益变动表“上年金额”栏内各项数字，应根据上年度所有者权益变动表“本年金额”栏内所列数字填列。上年度所有者权益变动表规定的各个项目的名称和内容同本年度不一致的，应对上年度所有者权益变动表各项目的名称和数字按照本年度的规定进行调整，填入所有者权益变动表的“上年金额”栏内。

所有者权益变动表“本年金额”栏内各项数字一般应根据资产负债表所有者权益项目金额或“实收资本（或股本）”“其他权益工具”“资本公积”“库存股”“其他综合收益”“专项储备”“盈余公积”“利润分配”“以前年度损益调整”等科目及其明细科目的发生额分析填列。

（二）所有者权益变动表的主要项目说明

（1）“上年年末余额”项目，反映企业上年资产负债表中实收资本（或股本）、其他权益工具、资本公积、库存股、其他综合收益、专项储备、盈余公积、未分配利润的年末余额。

（2）“会计政策变更”“前期差错更正”项目，分别反映企业采用追溯调整法处理的会计政策变更的累积影响金额和采用追溯重述法处理的会计差错更正的累积影响金额。

表 8-6

所有者权益变动表

编制单位:丙股份有限公司　　　　2×21 年度　　　　会企 04 表
单位:元

项目	本年金额											上年金额										
	实收资本(或股本)	其他权益工具			资本公积	减:库存股	其他综合收益	专项储备	盈余公积	未分配利润	所有者权益合计	实收资本(或股本)	其他权益工具			资本公积	减:库存股	其他综合收益	专项储备	盈余公积	未分配利润	所有者权益合计
		优先股	永续债	其他									优先股	永续债	其他							
一、上年年末余额	7 500 000								150 000	75 000	7 725 000											
加:会计政策变更																						
前期差错更正																						
其他																						
二、本年年初余额	7 500 000								150 000	75 000	7 725 000											
三、本年增减变动金额(减少以“－”号填列)																						
(一)综合收益总额							120 000			300 000	420 000											
(二)所有者投入和减少资本																						
1. 所有者投入的普通股																						
2. 其他权益工具持有者投入资本																						
3. 股份支付计入所有者权益的金额																						
4. 其他																						

（续表）

项目	本年金额											上年金额										
	实收资本（或股本）	其他权益工具			资本公积	减：库存股	其他综合收益	专项储备	盈余公积	未分配利润	所有者权益合计	实收资本（或股本）	其他权益工具			资本公积	减：库存股	其他综合收益	专项储备	盈余公积	未分配利润	所有者权益合计
		优先股	永续债	其他									优先股	永续债	其他							
（三）利润分配																						
1. 提取盈余公积									30 000	−30 000	0											
2. 对所有者（或股东）的分配										−150 000	−150 000											
3. 其他																						
（四）所有者权益内部结转																						
1. 资本公积转增资本（或股本）																						
2. 盈余公积转增资本（或股本）																						
3. 盈余公积弥补亏损																						
4. 设定受益计划变动额结转留存收益																						
5. 其他综合收益结转留存收益																						
6. 其他																						
四、本年年末余额	7 500 000						120 000		180 000	195 000	7 995 000	7 500 000								150 000	75 000	7 725 000

·知识点拨·

追溯调整法是指对某项交易或事项变更会计政策，视同该项交易或事项初次发生时采用变更后的会计政策，并以此对财务报表相关项目进行调整的方法。追溯重述法是指在发现前期差错时，视同该项前期差错从未发生过，从而对财务报表相关项目进行更正的方法。前期差错通常包括计算错误、应用会计政策错误、疏忽或曲解事实以及舞弊产生的影响以及存货、固定资产盘盈等。

(3)“本年增减变动金额”项目：

第一，“综合收益总额”项目，反映净利润和其他综合收益扣除所得税影响后的净额相加后的合计金额。

第二，“所有者投入和减少资本”项目，反映企业当年所有者投入的资本和减少的资本。

a. “所有者投入的普通股”项目，反映企业接受投资者投入形成的实收资本(或股本)和资本溢价或股本溢价。

b. “其他权益工具持有者投入资本”项目，反映企业发行的除普通股以外分类为权益工具的金融工具的持有者投入资本的金额。

c. “股份支付计入所有者权益的金额”项目，反映企业处于等待期中的权益结算的股份支付当年计入资本公积的金额。

第三，“利润分配”项目，反映企业当年的利润分配金额。

第四，“所有者权益内部结转”项目，反映企业构成所有者权益的组成部分之间当年的增减变动情况。

a. “资本公积转增资本(或股本)”项目，反映企业当年以资本公积转增资本或股本的金额。

b. “盈余公积转增资本(或股本)”项目，反映企业当年以盈余公积转增资本或股本的金额。

c. “盈余公积弥补亏损”项目，反映企业当年以盈余公积弥补亏损的金额。

d. “设定受益计划变动额结转留存收益”项目，反映企业因重新计量设定受益计划净负债或净资产所产生的变动计入其他综合收益，结转至留存收益的金额。

e. “其他综合收益结转留存收益”项目，主要反映：①企业指定为以公允价值计量且其变动计入其他综合收益的非交易性权益工具投资终止确认时，之前计入其他综合收益的累计利得或损失从其他综合收益中转入留存收益的金额；②企业指定为以公允价值计量且其变动计入当期损益的金融负债终止确认时，之前由企业自身信用风险变动引起而计入其他综合收益的累计利得或损失从其他综合收益中转入留存收益的金额等。

【做中学·单项选择题】 下列各项中，属于所有者权益变动表“本年增减变动金额”项目的有(　　)。

A. 盈余公积转增资本　　B. 提取盈余公积

C. 盈余公积弥补亏损　　D. 资本公积转增资本

【答案】 ABCD

【解析】 所有者权益变动表的编制。

【例 8-25】 丙股份有限公司 2×20 年 12 月 31 日所有者权益各项目余额如下：股本为 7 500 000 元，盈余公积为 150 000 元，未分配利润为 75 000 元。2×21 年，丙股份有限公司获得综合收益总额为 420 000 元(其中，净利润 300 000 元)，提取盈余公积 30 000 元，分配现金股利 150 000 元，丙股份有限公司 2×21 年度所有者权益变动表参见表 8-6。

第六节 财务报表附注及财务报告信息披露要求

一、附注概述

附注是对资产负债表、利润表、现金流量表和所有者权益变动表等报表中列示项目的文字描述或明细资料，以及对未能在这些报表中列示项目的说明等。通过附注与资产负债表、利润表、现金流量表和所有者权益变动表列示项目的相互参照关系，以及对未能在财务报表中列示项目的说明，财务报表使用者可以全面了解企业的财务状况、经营成果和现金流量以及所有者权益的情况。

·知识点拨·

附注主要起到两方面的作用：一是附注的披露，是对资产负债表、利润表、现金流量表和所有者权益变动表列示项目含义的补充说明，以帮助财务报表使用者更准确地把握其含义。例如，通过阅读附注中披露的固定资产折旧政策的说明，使用者可以掌握报告企业与其他企业在固定资产折旧政策上的异同，以便进行更准确的比较。二是附注提供了对资产负债表、利润表、现金流量表和所有者权益变动表中未列示项目的详细或明细说明。例如，通过阅读附注中披露的存货增减变动情况，财务报表使用者可以了解资产负债表中未单列的存货分类信息。

二、附注的主要内容

附注是财务报表的重要组成部分。根据《企业会计准则》的规定，企业应当按照如下顺序披露附注的内容。

(1) 企业的基本情况和主要财务指标名称。①企业注册地、组织形式和总部地址；②企业的业务性质和主要经营活动；③母公司以及集团最终母公司的名称；④财务报告的批准报出者和财务报告的批准报出日；⑤营业期限有限的企业，还应当披露有关营业期限的信息；⑥截至报告期末公司近 3 年的主要会计数据和财务指标。

(2) 财务报表的编制基础。财务报表的编制基础是指财务报表是在持续经营基础上还是非持续经营基础上编制的。企业一般是在持续经营基础上编制财务报表，清算、破产属于非持续经营基础。

(3) 遵循《企业会计准则》的声明。企业应当声明编制的财务报表符合《企业会计准则》的要求，真实、完整地反映了企业的财务状况、经营成果和现金流量等有关信息，以此明确企业编制财务报表所依据的制度基础。

(4) 重要会计政策和会计估计。企业应当披露采用的重要会计政策和会计估计,不重要的会计政策和会计估计可以不披露。在披露重要会计政策和会计估计时,企业应当披露重要会计政策的确定依据和财务报表项目的计量基础,以及会计估计中所采用的关键假设和不确定因素。

·知识点拨·

会计政策的确定依据主要是指企业在运用会计政策过程中所作的对财务报表中确认的项目金额最具影响的判断,有助于财务报表使用者理解企业选择和运用会计政策的背景,增加财务报表的可理解性。财务报表项目的计量基础是指企业计量该项目采用的是历史成本、重置成本、可变现净值、现值还是公允价值,这直接影响财务报表使用者对财务报表的理解和分析。

在确定财务报表中确认的资产和负债的账面价值过程中,企业需要对不确定的未来事项在资产负债表日对这些资产和负债的影响加以估计,如企业预计固定资产未来现金流量采用的折现率和假设。这类假设的变动对这些资产和负债项目金额的确定影响很大,有可能会在下一个会计年度内作出重大调整,因此,强调这一披露要求,有助于提高财务报表的可理解性。

(5) 会计政策和会计估计变更以及差错更正的说明。企业应当按照会计政策、会计估计变更和差错更正在《企业会计准则》中的规定,披露会计政策和会计估计变更以及差错更正的有关情况。

(6) 报表重要项目的说明。企业对报表重要项目的说明,应当按照资产负债表、利润表、现金流量表、所有者权益变动表及其项目列示的顺序,采用文字和数字描述相结合的方式进行披露。报表重要项目的明细金额合计应当与报表项目金额相衔接,主要包括以下重要项目:应收款项、存货、长期股权投资、投资性房地产、固定资产、无形资产、职工薪酬、应交税费、短期借款和长期借款、应付债券、长期应付款、营业收入、公允价值变动收益、投资收益、资产减值损失、营业外收入、营业外支出、所得税费用、其他综合收益、政府补助、借款费用。

(7) 或有和承诺事项、资产负债表日后非调整事项、关联方关系及其交易等需要说明的事项。

(8) 有助于财务报表使用者评价企业管理资本的目标、政策及程序的信息。

【做中学·单项选择题】 下列关于财务报表附注的表述中,不正确的是( )。

A. 附注中包括财务报表重要项目的说明

B. 对未能在财务报表列示的项目在附注中说明

C. 如果没有需要披露的重大事项,企业不必编制附注

D. 附注中包括会计政策和会计估计变更以及差错更正的说明

【答案】 C

【解析】 附注是财务报表的组成部分,是不可或缺的。

三、财务报告信息披露的要求

（一）财务报告信息披露概述

财务报告信息披露又称会计信息披露，是指企业对外发布有关其财务状况、经营成果、现金流量等财务信息的过程。按照我国会计准则的规定，披露主要是指会计报表附注的披露。广义的信息披露除财务信息，还包括非财务信息。

信息披露是公司治理的决定性因素，是保护投资者合法权益的基本手段和制度安排，也是会计决策有用性目标所决定的内在必然要求。就上市公司而言，信息披露是企业的法定义务和责任。

（二）财务报告信息披露的基本要求

财务报告信息披露的基本要求又称财务报告信息披露的基本质量，主要有真实性、准确性、完整性、及时性和公平性五个方面。

(1) 真实性是指上市公司及相关信息披露义务人披露的信息应当以客观事实或者具有事实基础的判断和意见为依据，如实反映客观情况，不得有虚假记载和不实陈述。虚假记载是指企业在披露信息时，将不存在的事实在信息披露文件中予以记载的行为。真实性是对财务报告信息披露的最基本要求，只有以客观事实为依据，准确无误地反映公司的经营与财务状况，才能发挥信息披露的作用。

(2) 准确性是指上市公司及相关信息披露义务人披露的信息应当使用明确、贴切的语言和简明扼要、通俗易懂的文字，不得含有任何宣传、广告、恭维或者夸大等性质的词句，不得有误导性陈述。公司披露预测性信息及其他涉及公司未来经营和财务状况等信息时，应当合理、谨慎、客观。误导性陈述是指在信息披露文件中或者通过媒体，作出使投资人对其投资行为发生错误判断并产生重大影响的陈述。

(3) 完整性是指上市公司及相关信息披露义务人披露的信息应当内容完整、文件齐备，格式符合规定要求，不得有重大遗漏。信息披露完整性是公司信息提供给使用者的完整程度。不得忽略、隐瞒重要信息，要使信息使用者能了解公司治理结构、财务状况、经营成果、现金流量、经营风险及风险程度等。重大遗漏是指信息披露义务人在信息披露文件中，未将应当记载的事项完全或者部分予以记载。不正当披露是指信息披露义务人未在适当期限内或者未以法定方式公开披露应当披露的信息。

(4) 及时性是指上市公司及相关信息披露义务人必须遵守法律对财务信息披露的时间性要求，不得提前或延后，要及时将财务信息传递给使用者，便于其及时使用和决策。

(5) 公平性是指上市公司及相关信息披露义务人应当同时向所有投资者公开披露信息，以使所有投资者平等获悉同一信息，不得私下提前向特定对象单独披露、透露或泄露。

企业披露信息应当忠实、勤勉地履行职责，保证披露信息的真实、准确、完整、及时、公平。勤勉尽责是指企业应当本着对投资者等利害关系者、对国家、对社会、对职业高度负责的精神，应当爱岗敬业，勤勉高效，严谨细致，认真履行会计职责，保证会计信息披露工作质量。

企业应当在附注中对“遵循了企业会计准则”作出声明。同时，企业不应以在附注中披露代替对交易或者事项的确认和计量，即企业采用的不恰当的会计政策，不得通过在附注中披露等其他形式予以更正，企业应当对交易或者事项进行正确的确认和计量。此外，如果按照各项会计准则规定披露的信息不足以让报表使用者了解特定交易或者对企业财务状况、经营成果和现金流量的影响时，企业还应当披露其他的必要信息。

第八章思考题和习题